Thomas Ebersberg
TuK on tour

Teil 1

Zu diesem Buch

Die Reisenotizen habe ich meistens am Abend meiner tapferen Reise- und Lebensgefährtin Karin diktiert. Manchmal reichte es nach erlebnisreichen, erschöpfenden Tagen nur zu knappen Zusammenfassungen. Wir haben immer versucht, unsere jeweilige Stimmung, die oft kuriosen Erlebnisse und Begegnungen mit Reisenden oder Einheimischen festzuhalten, ebenso wie die gelegentlichen Pleiten, von denen wir nicht verschont blieben. Geschrieben meist im Telegrammstil, haben wir in den Text oft nicht immer korrekte Wortneuschöpfungen, besonders gerne auch in Form von Anglizismen, eingefügt. Der leicht ironische Touch, der sich durch die meisten Texte zieht, gibt etwas von dem entspannten, spielerischen Blick auf Land, Mensch und Natur wieder. Unsere Reisen standen ja nicht unter dem Zeichen kritischer Dokumentation oder nüchterner Recherche. Sie waren für uns Ausbrüche aus dem Alltag, Ausflüge in die Freiheit spontaner, nicht berechenbarer Erlebnisse in zum Teil exotischen Ländern und Kulturen. Neben der Neugier und Abenteuerlust waren sie geprägt von dem Bedürfnis, besondere Augenblicke fotografisch festzuhalten, immer auf der Suche nach ästhetisch ansprechenden Motiven.

Thomas Ebersberg, Jahrgang 1945, trat nach dem Abitur in den Jesuitenorden ein. Nach drei Jahren verließ er den Orden und studierte Pharmazie und Psychologie. Er veröffentlichte 1987 »Zarte Stachel – Süße Ohrfeigen, Ein Kulturstrip ohne Scham und Traurigkeit«, 1990 »Abschied vom Absoluten, Wider die Einfalt des Denkens, 2014 »Christentum adieu! Das leise Sterben eines Mythos«, 2016 »Kritik des Manifests des evolutionären Humanismus«, 2020 »Vom Urknall zum Gottesmythos, Utopie und Evolution«. Infos und Leseproben: www.abschied-vom-absoluten.de. Seine auf zahlreichen Reisen rund um die Welt entstandenen Fotos präsentierte er in Dia-Multivisionsschauen und auf seiner Website www.thomas-ebersberg.de.

Thomas Ebersberg

TuK on tour

Thomas und Karin auf Reisen

Teil 1

Bibliographische Information der Deutschen Nationalbibliothek. Die Deutsche Nationalbibliothek verzeichnet diese Publikation in der Deutschen Nationalbibliographie. Detaillierte bibliographische Daten sind im Internet über http://dnb.de abrufbar.

Websites des Autors:
www.thomas-ebersberg.de
www.highlights-round-the-world.de
www.abschied-vom-absoluten.de

ISBN: 978-3-7543-7273-9
© 2022 Ebersberg, Thomas
Herstellung und Verlag: BoD – Books on Demand, Norderstedt
Printed in Germany

Umschlaggestaltung: Thomas Ebersberg

Inhalt

Mexiko

29.01. – 27.03.1973

29.1. Der Rucksack wird in Eile gepackt, die Kleinigkeiten halten auf: Apotheke, Socken usw. Kurzer Anruf bei Peter, der Jumbo wartet auf uns. Kontaktadressen und Sprachführer Nr. 2 bleiben zu Hause. In Frankfurt ist es eisig kalt. Proviant: Bananen und Ritter Sport.

Der Flughafen: Nummerierte, unübersichtliche Gänge, kein Turbinenlärm, kein Flugzeug zu sehen, sterile Plastikmöbel, am Schalter die drängenden Massen; zollfreier Gin zum Verdauen und Aufwärmen.

Zweierplatz am Ende des Jumbos. *Gin-Tonic Longdrink.* Die Beschleunigung drückt uns an die Rückenlehne. Alle kriegen Spießchen, Th. bekommt Diätfleisch, Kartoffelbrei und blassgrüne Bohnen. Nach dem Essen schlafen alle, trotz Krimi und Romy Schneider. Erst als das Flugzeug heftig rüttelt, erwachen sie. Karin bringt Geld und Papiere an den Körper, Th. auch. **New York** von oben. Abfertigung, die deutsche Reihe in massivem Angriff auf Schalter, dicke Dame greift von Flügel her an. Rucksack als Handgepäck. Fliegen und Schlafen, kaltes Büfett. Erst im Morgengrauen kommt Bewegung ins Flugzeug: die *Rocky Mountains*, verschneites Gebirgsland.

Los Angeles: *West Imperial Airport* im strömenden Regen, alles nass, auf den Straßen strömt das Wasser. Bus zur Downtown. Klassische Hamburgers mit Corn. Greyhound nach *San Isidor.* Karin sieht beim Aufwachen den Pazifik, er ist grau.

Mit einem Häufchen Peatones über die Grenze nach Mexiko, immer der Masse nach. Mit Glück und Instinkt zur Busstation der »Tres Estrellas de oro«. Zug gibt es nicht. Um vier Uhr nach **Hermosillo**, wir hören 2 statt 12 Stunden. Unterbrechung mit Übernachtung noch possible. In *Mexicali* Rindfleischsuppe, Bohnenpüree und Maisfladen.

Im Bus manchmal heiß, der Nationalgeruch: Bohnen mit Speck. Passkontrolle bei Nacht, nachher noch mal

Polizeikontrolle. Um 6 Uhr an der Hauptstation der Bus-
linien, großer Wartesaal mit Cafeteria und Musik.
Hermosillo, bunte Stadt mit Park. Militärkapelle, viele
kleine Läden. Im Hauptmarkt kaufen wir Bananen, an den
Ausgängen sind Bars, wo das Nationalgericht Maisfladen
mit Füllung gegessen wird. Im schmucken Café überkommt uns die Müdigkeit. Der lange Schlaf beginnt um
12:00 mittags und endet am nächsten Morgen um 9:00.
Trotz Zimmermädchen und keinerlei Vorsichtsmaßnah-
men keine Diebstahlprobleme.

Mit Gebäck und Bananen als Proviant fahren wir nach
Culiacan. Unterwegs Siedlungen mit Häusern wie Garten-
schuppen, dürres Gestrüpp, Kakteen, Bettler, der geduldig abseits steht. In *Guamochil* am Abend viele Stände
mit Gasleuchten, wo die Fladen gebacken werden. Ein
Junge bringt geröstete Maiskolben in den Bus.

Culiacan: Sandwich und Bier, und ein Fladen, mit ein
paar Fleischstückchen, Zwiebeln, Krautsalat und Chilipfef-
fer gefüllt. Zimmer tropisch heiß, ohne Fenster, mit Propeller. Allgemeines Ambiente: Musik im Bus und in den
Wartehallen, die Leute verhältnismäßig ruhig. Viele Männer mit Texashut an der Straßenecke oder sitzend an der
Hauswand; die Frauen stark geschminkt, mit Rouge auf
den Wangen.

2.2. Frühstück auf der Station, halb betrunkener Mexikaner; die Gescheiterten und Armen treten mehr ins Bild.
Pollo, die Bedienung gibt Th. 20 Centavos zurück; Th.
lässt ihr einen. Mit dem Bus in die Tropen, es ist sehr
schwül im Bus.

In **Mazatlan** werden wir zum Hotel »Yvonne« geführt;
großer Innenhof, kräftiges Grün und Blau an den Wänden. Spaziergang, gekochter Maiskolben mit Salz und Zitrone. Bier gibt es nicht überall.

3.2. Erste Anregungen in der Stadt, Café Oriental,
Markt mit Basar, *Quesadillas con queso de Chihuahua*,
Huevos mexicanos (bekannt), *Tacos de Carne*, knusprig
gebraten. Tacofließband: vom Teig zu den gebackenen
Tacos. Sie werden stapelweise gekauft, Salz darauf ge-

streut und eingerollt gegessen. Strand, doch verlockend zum Bade.

4.2. Morgens auf den Markt; *Chihuahua* Käse, Pampelmuse, nur Toastbrot, Milch. Das Wasser schön warm; kilometerlanger Strandspaziergang, müde, hungrig. Stände mit knusprig gebratenem kleinem Schwein, Meerestiere, Getränke, frisch ausgepresster Orangensaft, große Bottiche mit Säften, Ananasscheiben.

5.2. *Pacifico Transportes*, Zimtaufguss anstelle von Tee, Air condition bläst Kaltluft in den Bus, Magen leicht angeschlagen. Station in der Hitze: Buden mit grünen und blauroten Papageien; grüne Kokosnüsse werden mit der Machete zurechtgeschnitten, geköpft und die Kokosmilch getrunken, getrocknete Bananen. Durch Bergland, Vulkanbrocken, Agavenfelder nach **Guadalajara**.

6.2. Hotel »Emperador«: unerträglicher Lärm, zum Touristikzentrum, kein Programm Am Platz *Mercado Libertad* spielt Mariachi-Kapelle: 2 Trompeten, 3 Geiger, 2 Gitarristen, 1 Bassgitarrist, auf Bestellung im Café. Die Runde wird fotografiert. Sehr heiß auf dem Rückweg zum Hotel. Karin verträgt die zwei kalten Schoko-Milch nicht. Mittag mit Genesung verbracht.

7.2. Ausflug nach *Tlaquepaque*. Mit dem Bus für 50 Centavos; der Bus hält auf Wunsch überall und lässt die Leute einsteigen. In **Tlaquepaque** große Geschäfte für Stickereien (Karins Hemd), Silberschmuck (Krieger) und sonstiges. Die Tonwaren überzeugen nicht. Arkaden-Café um einen großen Platz herum; gesetzte Mariachi-Kapelle und Sängertrio für wehmütige Lieder. Manche Geschäfte mit riesigen Räumen und bombastischem Angebot. Das Steak in dem kolonial eingerichteten Restaurant ist unübertrefflich dünn und zäh. Wir sind mit unseren Einkäufen zufrieden. Mit gewohnt sicherem Instinkt haben wir die besten Stücke ausgesucht.

8.2. Kulturtag – für das Museum ist die halbe Stunde fast zu viel, der Mammut-Elefant und ein propellergroßer Rückenwirbel. In der Kathedrale rutschen zwei Frauen auf den Knien zum Altar vor. Siesta von 3:00 – 5:00. Trotzdem sind wir erschlagen. Liegt es an der Höhenlage oder am Klima oder an den roten Blutkörperchen? Drama mit dem Film, der im Labor steckengeblieben ist. Es gibt noch eine andere Linie nach *Uruapan.* Schönes Abendessen: *Milanesa.*

9.2. Theater mit dem Film; aber dann überraschend gelungene Fotos. Mit *Flecha amarilla* die besten Plätze. Leicht nervöser Fahrer. Beifahrer muss immer aufspringen. Gegen Ende der Fahrt uriges Dorf, Männer mit schwarzen Decken um die Schulter. Der Gestank im Bus wird immer deftiger. Der berühmte *Paricutin* ist unter den vielen Bergkuppen nicht auszumachen. Bei Nacht sieht **Uruapan** nicht gerade wie ein »Schmuckkästchen« aus.

»Posada Amada« billig und kalt, mit Bretterdach und Vorhängeschloss. Um Kirche großer Gemüsemarkt. Im »Hotel de Flores« staubt Diener die Blumen ab; wir bestellen das Beste: *Tampiqueña, Filete a Parilla,* ordentlich Bohnen, Peperoni und grüne Sauce; getoastete Brötchen mit Butter; Peters Geburtstag. Böse Folgen des Essens: dreimal aus dem Bett in die Kälte.

10.2. Ästhetisches Foto aus dem Klofenster, Auftakt für Bilder auf dem Platz mit dem tropisch anmutenden Baum. Die bemalten Holzteller nicht nach unserem Geschmack; geschnitztes Besteck. Mit *Occidente* nach **Patzcuaro***;* die Schmetterlingsnetze sehen wir nur auf der Postkarte. Geschnitztes Salatbesteck. Menü: wildes Rind (Hirsch?). Langer Spaziergang mit Überraschungseinkauf: besticktes Leinenkleid; unterwegs viel Geflochtenes und Gesticktes. **Morelia***:* einfaches, billiges Zimmer mit Bad.

11.2. Sonntagmorgenspaziergang, Orgel und Schlagzeug in der Kirche, Kolonialstil (wie Dubrovnik). In **Irapuato**: ausgehungert, Menü: *Chuleta de ternera;* Rindfleisch = wenn der Ochse am Alter stirbt; Kalbfleisch = wenn er kurz vorher geschlachtet wird. *Guajanato* Bus: völlig überfüllt, Karin bekommt Sitzplatz neben Philosophiestudentin, die Hesses »Damian« liest. **Guanajuato***,* Hotel »Reforma«. Spaziergang, Corso, Hamburgesa. Sänger kauert an der Wand, Hut übergezogen, ähnlich wie Celentano...

12.2. Kein Appetit, Café im Freien mit lackierten Dienern, Tag der dünnen Milch. Wir schleppen uns nach Hause, völlig geschlagen, kraftlos. Fieber, Schüttelfröste und Tierchen, die rascheln. Wir warten auf den Morgen.

13.2. Überraschende Besserung, doch keine Malaria! *Lipton* Tee bei Großmütterchen und Brötchen. Durch Berge und wüstenähnliche Hochebene, zweitrangige Fotos von dokumentarischem Wert. Widerspruch zwischen Dokumentation und Kunst: die Armut, die keinen Stil mehr hat. **Queretaro.** Mit dem Taxi wird es nichts, schönes Zimmer. Th. geht zu Bett, Karin widmet sich der Schönheit und der Wäsche. Diät-Abendessen, galliger Kellner; Ladies-Bar nebenan.

14.2. Schwarzer Mittwoch, Abwertung unserer Dollars; über Nacht 200,- DM verloren; trotzdem bekommen wir zum alten Kurs umgetauscht. Geld-Anlage in Schmuck oder Unterwäsche? *Artesiana*-Markt, Onyx-Aschenbecher. Omnibus-Fahrer nach Mexico City versucht, sich mit allen Mitteln wach zu halten; wir retten durch unsere Aufmerksamkeit den Bus. **Mexico City:** Mit sicherem Instinkt finden wir das Hotel »Jena« (70,- Pesos). Deutsch-Kanadier, *Alameda* Park.

15.2. Großmütterchen-Kuchen bei *Denny's. Avenida Juarez,* Schmuck-Einkauf, gekachelter Palast, im Innenhof speisen die Oberen Zehntausend bei gedämpftem Tageslicht. Bedienung mit Schmetterlingsflügeln. *Sanborus* Nusskuchen ist deftig. Kino: »Duell in der Sonne«. Karin ist sehr ergriffen. *Torre Latino-Americano, leche malteada,* dickflüssig, sahnig. Konventionskarten.

16.2. *Paseo de Reforma:* Mit Taxi zum Busbahnhof. In **Toluca** wieder Fußwanderung bis zum Markt; wir finden schöne Poncho-Decke. Betongebäude, gepflastert, mehr Krämermarkt, kalt und windig. Fußwanderung den ganzen *Paseo* entlang. Th. Geburtstagsessen im *»Sinza«* al carbon: Fleisch mit Tacos.

17.2. Offizielles Taxi, Pesero oder nicht? Anthropologisches Museum – Surrealisten mit *Poema* im verdunkelten Rundgang. *Paseo de Reforma.*

18.2. Frühstück bei *San Fernando;* Ballet Folclorico, mehr spanische als indianische Tradition, Mariachi Musik! Reinfall bei *Sanborn:* Eisrolle mit Schokoladensauce. Schwimmende Gärten von *Xochimilco;* schlammige Fluten, trotzdem Stimmung gut, man prostet uns zu, ruft *»beso!«* – »küss sie!« Auf dem Rückweg (zu Fuß!) gebratene, gezuckerte Banane. Zukunft als Palatschinken-Bäcker.

19.2. Bus nach **Teotiuhacan?** *San Lazaro!* Volkstümlicher Bus, bretthart, fährt durch sämtliche Dörfer und Schlaglöcher, eine Strapaze! Sonnenpyramide nur zum Teil bestiegen, in Souvenirs gewühlt: Thema Sonnen-, Feuergott vollendet. Keine Reliefs und Quezalcoatls, dafür das schönste, aber sehr schwere Onyx-Schach! Rückmarsch! – Filete Mignon: mit Speck umrandetes Filet.

20.2. U-Bahn-Erlebnis, französische Bäckerei. *Acapulco*-Busse, wertvolle Rucksäcke im Gepäckfach, Privatrennen der Busfahrer. **Taxco**, Hotel *»Melendez«.* Erster Rundgang durch Silberläden, und Vogelbilder.

21.2. Deutscher Künstlertyp zeigt uns einheimischen Markt. In kleinem Silberladen guter Einkauf: 2 x Aztekenkalender plus Kettchen plus Manschettenknöpfe. Siesta; trotzdem wie erschlagen. Auf der Straße nach Acapulco Überraschungseinkauf: Ring und Stein, für Waltraud und Enny; teurer Neppladen; mit Bus zurück, gutbürgerliches Menü.

22.2. Beschwerlicher Abstieg zum Bus, 1. Klasse, **Cuernavaca** – *»Flecha roja«.* »Estrella roja«, in der 3. Klasse mit Ananasgeruch nach *Cuantla,* Sandwich, Cola, *»Damas«.* Th. schleppt das gesamte Gepäck, während Karin sich bei den *»Damas«* verweilt. In **Oaxaca** Hotel »Veracruz« mit Rezeptionsgauner.

23.2. *Zocalo*-Gauner – fade Eier und hohe Preise; »Schanger«(~Genre)-Foto auf dem Markt mit bösem Ende – Marktfrau wirft mit Ananasstrunk auf Karins Brust! **Monte Alban** mit deutschem Romantiker: Gitarre und Heia Safari. Hotel »Francia«: Kolonialstil und 5 Gänge! Hühnersuppe, Cannelloni, Fischfrikassee, *Bistecca* mit

Kraut, Schokopudding und Kaffee (wer war der Täter?). Heimwanderung, *Artesania palacio,* (verdächtiger) Durst.

24.2. Bus nach *Salina Cruz.* Halb ausgenüchtert, Buttergebäck und Wasser. Karin hat mit den Bergen zu schaffen – Th. ahnungslos schlafend, dann großer Drang. Th. lässt den Bus halten und verschwindet beim Auspuff. *Reasec* konnte es nicht verhindern. Karin bekommt ähnliche Gefühle – diesmal verschwinden wir gemeinsam beim Auspuff, zwei weiße Hintern... Wir erreichen **Salina Cruz** mit letzter Kraft. Hotel »America«. Wasser und Brötchen. Info für *Ferrocarril:* ein Zug zu dem Golf. 10 Stunden Fahrtzeit.

25.2. ½ 6 Uhr Wecken. 1 Stunde am Bahnhof. Start bei Sonnenaufgang. Schlechte Komödie: »Maschinenschaden«. Zugführer: Sadist, dumm und nachtblind. Vorstadtbus durch Dschungel, im 20 km-Schritt-Tempo zum Auf- und Abspringen. Ein Teil der Leute versucht, mit dem Lastwagen ans Ziel zu kommen. Spendiere ungewollt Bier und bekomme dafür Brötchen. Quälender Hunger, die Leute lassen sich nicht aus der Stimmung bringen. Schweine an der Leine und Truthähne im Einkaufsnetz sind mit von der Partie. 6 Stunden Verspätung.

Fazit: 16 Stunden für 300 km. Zug und Personal verlottert; daher kann *Salina Cruz* keinen Aufschwung nehmen. Nach **Coatzacoalcos.** Und dann noch ein alter Rezeptionsgauner. Kurz vor Mitternacht, in letzter Minute *Filete!* Schlaf der Erschöpften!

26.2. In Restaurant »La Flor de Istme« kalte Rühreier. Blick auf die Flussmündung mit Fischmarkt. Schanger, Schanger! Am Ufer entlang. Siesta. Großmütterchens Biskuit mit Dörrpflaumen, im Zentrum, am Ufer Tanz der Ratten. Abendessen: Gebratener Fisch – wie eben Fisch schmeckt. Denn Fisch ist kein Fleisch.

27.2. Großmütterchens Kuchen; mit AC, kühler Luftzug macht nur Schenkel steif. Durch flaches Dschungelgebiet nach **Villa Hermosa.** Wieder Rezeptionsgauner, »Grand Hotel Hilton«, über den Dächern. *Filet »Mignon«* bei Elektroorgel und 3 Sorten Kellner. Karin fällt in Tiefschlaf. *»La*

Venta Park« ist schon geschlossen. Mut zur Lücke. Karin flirtet mit kleinem Schuhputzjungen. Vergebliche Suche nach *Tequila*. In der Apotheke billiger Alkohol. Nur Nylon-Socken. In der Bar Gin-Tonic.

28.2. Zugige Nacht beschert mir Schnupfen. Drama: Kampf um Plätze und Fahrkarten. Belagere 1 Stunde den Schalter. **Campeche**, *Filet Mignon* in abgeschwächter, schwacher Form. Langer Weg zum Zentrum. Im Hotel »Cuanthemoc« überlegen sich die Rezeptionsgeier, ob sie uns nehmen sollen. Th. verblüfft durch genaue Berufsbezeichnung: »Farmaceutico aleman«.

Nahe am Meer, Rum *Bacardi*, eifrige Englisch-Schüler. Alter Kolonial-Palacio, Gebäudekomplex um Innenhof; riecht nach Bohnerwachs. Waschpulverallergie im Bett und über uns eine morbide Decke, von Eisenträgern gestützt. In der Zimmermitte Tischchen mit Stuhl, schlecht funktionierender Schaukelstuhl.

1.3. Tag des Beschisses: Schon beim *Café con leche* beginnt es; Taxichauffeur schließt sich an; Filet noch zäher. Wir fallen ständig auf Überrumpelungsmanöver herein, das soll sich ändern! In **Merida** Hotel »Caire«: Luxusklasse mit Swimmingpfuhl, wir nützen es gleich aus; dann gemeinsame Dusche: »primera clase«. In Bürgerkneipe Speckeier, flotter Chef.

2.3. In der Stadt Hitze, Durcheinander, stilloses Gerenne. Trachtenbilder mit verhutzelten Weibern. Wir essen fette Speckeier auf Vorrat. Verdauung bleibt stehen, öliger Magen – Rum und Fermente retten uns. Abends folkloristischer Tanz: »Maya und Mestizenhochzeit«, Licht- und Toneffekte im tiefgekühlten Raum. Nacht der Schnakenjagd und Schlaflosigkeit.

3.3. In 2. Klasse nach **Chichen Itza**, in der Sardinenbüchse über Land, Fahrrad und Küken; Landarbeiter in der klassischen Ausrüstung. *Bimbogebäck* mit Beigeschmack und *Taco* wie üblich. Im Laufschritt mit gezückter Kamera durch die archäologische Zone – eindrucksvoller als die anderen Kultstätten. Mit Schwarzfahrer nach **Merida**, er lässt uns im Zentrum aussteigen, um mit dem leeren Bus am Terminal anzukommen. Mückenmittel und Dusche. Plötzlicher Heißhunger, Einladung zum Dinner: Shrimp-Cocktail (Tomatenketchup mit Zitrone), Zitronen-suppe; Sishkebab: Filetspieß; Truthahn à la Yukatan, Schoko- und Ananas-Eis (»Nieve«). Statt Spaziergang Querlage; Schnakenstiche trotz »Repellente«.

4.3. Sonntag: Kaffee und Kuchen im Bahnhof. Baden, Schreiben, Baden. Punkt 3 Uhr Schlüsselabgabe. Sand-wich. Umzug zum Schwimmingpfuhl. Kuchen, Leche, Schreiben, Baden usw. Um 20 Uhr verlassen wir das Ho-tel. 21:30 Abfahrt nach *Coatzacoalcos*, Nacht in der Tief-kühltruhe. Wir kommen völlig erschöpft in *Coatzacoalcos* an.

5.3. Ruhetag; mit Gesprächen über Vergangenheit und Zukunft; Wohnung in Griechenland mieten und 3 Monate der Erholung und Muße leben.

6.3. Fahrt nach *Veracruz*. Die Landschaft sieht grüner und fruchtbarer aus; in *Veracruz* drückend schwül. Hotel neben Busbahnhof. Erschöpfungsschlaf trotz Buslärm. Einfache Kneipe beschämt uns: schmackhaftes Fisch-süpplein, Filet und hochfeiner Sandkuchen.

7.3. Namenstag, Stadt nach dem Karneval: Betrunke-ne, Perverse und andere. Am Hafen blüht der Kitsch: Har-fe spielende Urechse. In der Tropenhitze Suche nach ei-ner Briefmarke; verblüffende Direktheit einiger Frauen. Schlaflose Siesta, Diskussion in der Nacht, Betthupferl.

8.3. Stadt unter den Kolonaden; frische Krabben im Korb. Wir werden aus dem Zimmer geklopft. Pünktlich und frisch geduscht verlassen wir es. Noch einmal bestes *Filet de pescado*. 19:00 nach *Puebla*. Theater beim Ein-steigen. Im Hotel »Royality« um halb eins. Kein Bier mehr möglich. Zimmer frisch desinfiziert, aber verlottert.

9.3. Frühstück nebenan. Hotelwechsel ins »Palace«; wieder old fashioned. Suche nach Onyx. Dafür nach *Cho-lula:* 5. Klasse-Bus, selbst die Hühner schreien. Gammli-ges *Cholula,* no shopping. Barockkirche aus reinem Blatt-gold auf berghoher Pyramide. Th. muss Karins neuem Hut nachlaufen. Endgültig letztes Foto von Kirchen, Kuppeln und Laternen. Zurück nach **Puebla**. Auf der Suche nach dem absoluten Schach. Kuriositätenmarkt »*El Parian*« und Onyx-Straße. Schach entweder mit Rand – oder – Figuren mit Brett nicht übereinstimmend. »Mañana!« ein neues Dutzend Bretter! Erstaunlich phlegmatische und uninteressierte Verkäufertypen, alles auf Onyx-Versand eingestellt. Nachgeholtes Namenstagsessen: natürlich *Filet Mignon.* Schlaflose Nacht; Träume von unzähligen und unpassenden Schachbrettern.

10.3. Ohne Kaffee und pünktlich beim Onyx-Geier, wieder werden wir auf den Nachmittag vertröstet. Vorher Decke und Gürtel; weiße Decke mit Tauben fällt auf, wird aber als Dublette abgetan. Zufall und Instinkt meines Talismanns bescheren mir ein neues Schach: uriger, kontrastreicher, männlicher!

Einige primitive Bilder. Spätfrühstück, im Hotel wird endgültig über Schachbretter entschieden und der Einkauf der Decke beschlossen. Ein Mensch braucht eine Decke zum Zudecken. Nach vergeblicher Siesta Kampf um die Decke: vom Phantasiepreis 280,- auf 180,- herunter gehandelt. Beim Neupacken des Rucksacks entdeckt Karin den Gelddiebstahl. Vermehrte Sicherheitsvorkehrungen, u.a. Spezialknoten (4-fach). Wenig Schlaf in der Nacht.

11.3. Unternehmen »Sennes« glückt nur mit Kaffee. Am *Popocatepetl* vorbei nach *Mexico City.* Glänzende Busverbindung, Bier nur mit Hilfe von Flan-Pudding zu bekommen. **San Luis Potosi,** Hotel »Napoles«. *Artesania*-Markt mit viel Kitsch.

12.3. Spaziergang mit schweren Taschen, wohlhabendes Städtchen. Nachmittag im Bett, obenherum lädiert. Abends stärken wir uns mit Fleisch: *Milanesa de Ternera,* schlimme Nacht.

13.3. Gang Café – Apotheke: klassische Nasentropfen. Karin trinkt Kaffee, die erwünschte Wirkung tritt ein. Gemeinsames Frühstück mit Großmütterchens Kuchen. *Primera clase* um ½ 2 h. Um ¼ 2 h essen wir lockeren Reis und rennen dann auf den Bus. Fahrt durch flache Wüste mir neuem Palmentyp. *Saltillo*: sauberes Städtchen, *Marimba*-Musik in zwei Arten: volkstümlich und als Tanzbararrangement, ebenso *Mariachi*-Musik. Restaurant *»al Pastor«: Cabrito* = Ziegenböcklein, über Holzkohle geröstet.

14.3. Nach **Torreon**, durch Wüste; Hotel »Galizien«, in den Gängen schön gekachelt, die Zimmer heruntergekommen. *Huevos Rancheros* im *»Diners Club«* mit grün angeleuchteten Blattpflanzen; der süße *»Beso de Angel«* war so deftig! Attacke auf dem *Zocalo*.

15.3. Café und Geldwechsel – **Chihuahua**. Strauchsteppe; zwei jugendliche Landstreicher wollen zweimal fünf Pesos. Hotel »Kobra«. Superdesinfizierte Wassergläser und lange Finger. Am Bahnhof: Kuttelsuppe und Knochen in roter Sauce, kalt. Wir überlegen, wie wir den Rückzug aus dem kriminellen Haus »Kobra« gestalten werden. Schöne »Geode« – schon wieder ein Geschenk.

16.3. Mit Taxi zum *Pazifik-Expreß,* Karten in letzter Minute. Unverschämter Pascha nimmt uns die Aussicht. Unterbrechung am Canyon: primitive Indianer-Kunst erworben. Bei Abfahrt gewaltige Druckunterschiede. Th. bekommt Probleme, Druck auf den Ohren, halbtaub.

Los Mochis, *d*as große Ereignis tritt ein. Hotel »Catalunia« – ein dicker und ein dünner Geier, 10 Pesos herunter gehandelt. Mit Glyzerin Ausschüttelungsverfahren am Ohr, ohne Erfolg. Dauerlauf durch die Stadt macht Th. für die Polizei verdächtig, Diskussion und Diagnose. Die Zimmertür mit Stuhl und Wassergläsern abgesichert, Dolch am Kopfende, Geode ebenfalls.

17.3. Besserung im Gehör. **Guaymas**, Hotel »Rubi«, nicht gerade schmuck. Zum *Sanatorio Dr. Sanchez,* zwangloses Durcheinander im Arbeitszimmer; er kennt Deutschland und untersucht Th. so nebenbei, Diagnose: Mittelohrentzündung, *Urfamycine,* kein Baden! Fischfilet in mexikanischer Sauce und Minibier.

18.3. Wir schleppen die Taschen in die Stadt. Kaffee und Apfelmuskuchen, wir gehen zurück ins Hotel. Unterwegs *Nieve-Copa* (Eisbecher). Lange Siesta. Fischfilet.

19.3. Bei Geldwechsel eine Unmenge degenerierter Amerikaner zu beobachten. Pergament-Ziegen neben ihren jungenhaften Männern. Fettarschige, ausgefranste, puffärmelige Pflanzen. Saukerl schickt uns zehn Blocks weiter nach dem Azteken-Kalender. Siesta. Long-Distance-Gespräch mit zuhause. Also es ist überhaupt rein gar nichts, aber auch gar nichts passiert! Schmackhaftes Omelett und preiswertes Fischsüppchen.

Circus Grande nationale d'Italia. Show unter dem Motto: »Tarzan ist der Größte«, Reckturner vom FC Freiburg; der Peitschenschwinger, Messerwerfer, Vulkantaucher, Magier, Balancekünstler; Tarzan mit Elefant, mit Tiger ohne Käfig, mit Schimpansen; mit Lederschurz und Smoking. Clown und Tropenforscher bestreiten die Rahmenhandlung. Wir tragen wieder einmal zum Gelingen der Vorstellung bei – Wahrsagerin erkennt unsere deutsche Staatsangehörigkeit.

20.3. und 21.3. Kaffee mit viel, viel Erdbeermarmeladebrot; Mangoeis. Im Café *»Chile«*: Schuhsohle und Champignoncremesuppe. Beim Markt Beinahe-Einkäufe, Poncho und Schuhe. Mann verbietet mir, Bilder von seinem Töchterchen zu machen: »No pictures!«. Reinfall mit der Champignoncremesuppe. Fettäugige, krisselige Hühnerbrühe.

22.3. 6:00 Taxi. Über Hermosillo durch die Wüste nach **Mexicali**. In Grenznähe häufen sich Autofriedhöfe und Galgenvögel. Hotelsuche in Mexicali: Hotel »Kennedy«: Rezeptionsgeier. Hotel »Playa«: sehr einfach, zuvorkommender Chef. (»Alemanes«). Kalte Nacht. Fette *Milanesa*.

23.3. Schnapseinkauf; verlustreicher Geldwechsel im Wechselhäuslein; eiliges Eierfrühstück mit den letzten *Tacos*. Gerade noch Plätze im *Segunda clase* Bus nach *Tijuana*. Bergdrama: erneuter Gehör-Verlust droht, die Gefahr läuft glimpflich ab. **Tijuana** mit Prädikat »hässlichste Stadt mit vielen Grenzgeiern«. Schneller Vorstoß per Bus zur Grenze. Restbestand an mexikanischer Währung: *5 Centavos!* Grenzübertritt gelingt. Die Zivilisation hat uns wieder. Karin ist begeistert über die großzügige Anlage der kalifornischen Städte. Hotel »Cecil« in unmittelbarer Nähe vom Terminal. In schon bekannter Cafeteria: Fisch. Zimmer mit TV. Gymnastik-Film mit *Perry Mason,* mit Reklame.

24.3. International Airport, **Los Angeles.** Keine Auskunft. *West-Imperial-Terminal,* wie bekannt bei *El Segundo:* keine Auskunft. Siesta, *Broadway*-Bummel, Pizza (leider ohne Sardellen); Taschen mit Wertsachen noch im *Locker,* obwohl bleicher Polizist davor auf dem Boden liegt. Mini-Saft und Maxi-Milch. Morgen steht Obsttag bevor! Im TV: »Das letzte Bataillon« ohne Happyend. Karin weint.

25.3. Absoluter Schontag: Wärme, Wärme, Wärme. Im TV: »Tochter liebt Gangster und muss erkennen, dass es ein Fehler war. Eifersucht hält Polizisten wach. Sie beginnt ein neues Leben am Arm des Gesetzes (Burt Lancaster).« Im Treff der schönen Männer: modische Hüte und Schuhe, von den Schwarzen bevorzugt.

Flotter Kellner serviert Süppchen, *Half pound ground round Steak* (gehäckselt) und Pommes frites (gelöchert). Dem schmucken Koch sind Gewürze, darunter Salz und Pfeffer, anscheinend unbekannt. Zwei Glas Milch gratis vor lauter Schwung. Buchstabenspiel und Unterhaltung aus dem Apothekerkalenderchen.

26.3. Ahnungsloses Frühstück – rasche Rückkehr ins Hotel wegen schlackenreicher Kost am Vortag. Sitz und Qualität der Hose entsprechen nicht unseren Vorstellungen. Anruf beim Management (falsches Telefon). Weitere Verwirrungen, aber schließlich mit Karins Wendigkeit, Charme und Sprachkenntnissen gelingt die Verbindung: »Es ist überhaupt gar nichts gekommen, grüßen Sie Ihren Bruder und Deutschland von mir«. Taxi, Flughafen.

Polizist ertappt uns beim *Tequila*-trinken und verbietet uns die Flasche. »We are German!«. Wir suchen Trost im *Beer Miller* ohne Alkohol im halbdunklen Cocktail Room. Flippern und Hexenjagd. Letzte Station vor Rückflug mit *Condor* nach Frankfurt. Unser erstes großes Abenteuer ist geglückt.

USA/Südwesten

30.08. – 30.09.1975

30.08. Zwei Uhr mittags Start von Bühl mit Eilzug. In Frankfurt zum Flughafen, am *Condor*-Schalter wird schon eingecheckt; wir bekommen zwei Plätze in der Mitte hinten links. Es ist schwül warm, wir trinken ein Bier. Unser Handgepäck fürs Flugzeug ist überdimensioniert; hochdeutsche Nachbarn, Start 20 Uhr. Das große Essen und Trinken beginnt mit Sekt, Schweinerouladen mit Reis, Pumpernickel mit Cheesy, Biskuitroulade mit Erdbeercremefüllung ... Film: »Butch Cassidy und Sundance Kid«, das Erfolgspaar aus der »Clou« in einem Western mit nostalgisch romantischen Szenen und blutigem Ende.

Ruhiger Flug. Kalte Platte: Wurst, Kartoffelsalat, Pumpernickel und Exquisa-Käsesahne. Passkontrolle in *Chicago*, zwei Stunden Aufenthalt. Alles schläft bis zum Frühstück um 3 Uhr morgens Ortszeit. Käse, Wurst, Kompott ...

Vor **Los Angeles** böse Überraschung, Flugplatz wegen Nebel geschlossen. Zurück nach *Las Vegas*, jedoch keine Landung. Noch einmal Versuch in Richtung Los Angeles, wieder Nebel, Landung in Las Vegas. Wir erwarten den Sonnenaufgang; nach drei Stunden Start trotz Nebel, nur in Bodennähe schwache Sicht. Glückliche Landung auf dem *West Terminal*. Großes Gedränge um die Koffer, die einfach ins Freie gestellt werden. Mit *Avis Express* zum Hauptflughafen. Bei *Avis* großer Andrang, kein günstiges Angebot.

In Downtown zum altbekannten Self-Service im Busterminal: *Barbecuebeef* im *bun.* Spaziergang ums Viertel. Viele Mexikaner und mexikanische Kneipen, *fried chicken* Restaurants, Einzelteile paniert und zu Bergen aufgehäuft. Hotel »Cecil«, schäbiges Zimmer im Verhältnis zum vorigen Mal, kein TV. Zwei Uhr, wir legen uns ab und raffen uns erst wieder um 9 Uhr auf, um das Gepäck zu holen. Zum Abendessen *hot dog*, zurück und gleich ins Bett.

1.9. In der Nacht Geschrei und Autogehupe vor dem Hotel. Zum Frühstück Cornflakes, Toast und Sausage, Kaffee zweimal, Portionen nicht zum Überessen. Mit dem RTD-Bus nach *San Bernadino*. Der Fahrer hat mit dem Unverstand der Leute zu kämpfen, jeder will wo anders hin. Im Terminal von *San Bernadino* hilfreicher, holländischer Cafeteriabesitzer. Wir mieten bei *Hertz* einen *Hornet* von der *American Motors Company,* mit Air Condition, metallic grün, mit beigem Dach, Calif. 805 MCE. Erster Hamburger im Terminal.

Fahrt zum **Joshua Tree NP**, vorher im *Yucca Valley,* vermeintliche *Yucca* Pflanze ist *Joshua Tree.* Schönes *Visitor Center* am Anfang des Joshua Tree Parks mit Erklärungen von Flora und Fauna. Typisch: *Joshua Tree und Cholla*-Kakteen, Felsen »*White Tanks*« (klein Plumanach). Durch ausgewaschene Sandberge nach **Mecca**. Mecca – das sind Plantagen, das ist eine verrottete Tankstelle und eine ebenso verrottete Kneipe mit mexikanischem Anstrich. Wirtin empfiehlt *Budweiser* Bier – eiskalte Flasche und eisgekühlte Bierkrüge. Bei der Hitze tritt die Flüssigkeit sofort wieder aus den Poren.

Es ist dunkel geworden, kein Motel in Mecca. In **Indio** Motel mit Pool, Eismaschine, Cola-Automat, Zimmer mit Aircondition, TV (12.75 $). Wasser im Pool sehr warm, entsprechend der heißen Außentemperatur. Cheeseburger und Milch vom mexikanischen Schnellimbiss.

2.9. Heiße Nacht, öfters lassen wir die Aircondition rauschen. Frühstück bei *Sanbo's,* superschnell, echt amerikanisch. *French Toast Special and Sanbo's Special:* ein Rührei, zwei dünne, gebratene Speckscheiben, einmal mit Toast, einmal mit kleinen *Cakes,* Pfannkuchen aus Griesmehl, ein Bällchen Bütterchen, Eiswasser und Kaffee nach Belieben.

Plantagen, Zitrus und Dattelpalmen, Salzsee riecht faulig, **Anza-Borrego Desert State Park**: extrem trocken, staubig, heiß mit den dünnen *Borrego*-Kakteen. Wieder Wüste mit kümmerlichen Buschgewächsen. Cheeseburger und Buttermilch. Feine hohe Sanddünen. Eiskaltes

Bier aus dem Supermarkt. *Painted Rocks* mit Überraschungseffekt, Felszeichnungen auf Basaltblöcken, ähnlich wie die nordischen: Menschen, Tiere, Sonne, Schlange ... Erste Orgelpfeifenkakteen. In *Gila Bend* »Desert Gem« Motel. Gesprächige deutsche Landsmännin aus Berlin; Pool, Eismaschine, Cola-Automat.. (10.50 $).

3.9. Morgens in den *Organ Pipe National Park;* gleich am Eingang vermeintliche Orgelpfeifenkakteen fotografiert. Im *Visitor Center* Diavortrag für uns zwei über Leben und Treiben in der Wüste (Tiere, Unwetter, Blüte ...). Auf *Ajo Mountain Drive:* mehrere große *Organ Pipe* Kakteen mit Bergkulisse, allerdings Schotterweg und sehr heiß. Unterwegs kein Imbiss, müde und hungrig nach *Tucson.* Zweistöckiges Motel (13,50 $), Pool. Junior grillt Koteletten. Wir essen Beefsteak (Gehacktes) mit Barbecuesauce, Ranger's Kartoffeln, Saubohnen und Krautsalat, Buttermilk, freundliche Bedienung mit Piepsstimme. Wir schauen in Farbe Bericht über Sänger und Prediger in Alaska, der sein Buch empfiehlt, den täglichen Führer zu den Wundern und zum erfolgreichen Leben.

4.9. Zu der Missionskirche *St. Xavier.* Alte Wachtel hält uns auf; jedermann ist freundlich und fragt uns nach Herkunft. Mineralien aus Arizona und Mexiko. *Old Tuscon* teuer und kitschig. Gewitter zwingt uns zur Umkehr vor der Wüste *Saguaro National Monument*, dafür Mittagessen bei McDonald's: ein *Big Mac* und ein *Quarter Pounder* mit *Cheese* in Kartons und Tüten verpackt.

Casa Grande enttäuschend, kümmerliche Grundmauerreste und überdachte Ruine. Durch Sandsturm nach *Phoenix*, auf Umwegen ins »Liberty« Motel (10,50 $). Im *Coffeeshop* gegenüber *Mexican Food: Chillerenello* (Omelett mit Käse und Tomaten und Paprika) mit Bohnen und spanischem Reis. Gichtkranker Chef, ratternde Aircondition, aber eigener Kühlschrank.

5.9. Schon in der Stadt Motorversagen (kein Gas); durch Wüste Richtung *Flagstaff*, wieder Motoraussetzen; Garage in *Camp Verde*. Freundlicher Alter reinigt Vergaser und Luftfilter umsonst. In vergammelter Kneipe: Hamburger. Alter Cowboy neben uns mit dem typischen Geruch nach *Cow!* **Montezuma Castle***:* Wohnhäuser in Felsnischen, weicher, weißer Kalk. Im *Visitor Center:* tödliche Tiere (Klapperschlange, Skorpione), gefährliche (Tarantel, Spinne), harmlose (Tausendfüßler). Schmuck aus Muscheln mit Türkismosaik, mit Insektensekret aufgeklebt. Farbstoff: gepulverter Hämatit. Flechten und Weben. Töpferkunst: Mäander. Schlagen von Steinsalz und Werkzeuge, Holzstäbe fürs Feuer anmachen. Indianerkultur gleich »*National Monument*«?

Oak Creek Canyon*,* Wetter ungewiss, aber wir haben Glück, die *Red Rocks:* leuchtend roter Sandstein: höher, kühler, baumreich. Zu *Hertz, Flagstaff Airport:* wir steigen vom *Hornet* auf *Plymouth* um! Himmelblau, schwerer Salonwagen (611 NBQ, California). »Travel Lodge«, verbilligtes Zimmer wegen des fehlenden TV. Nebenan McDonald's, zwei *Big Mac* (Doppeldecker mit Zwiebel, Gurken, Dressing und Käse). Fromme Sprüche über Kochkunst und Völkerverständigung, Hitler und Chruschtschow… keine Aircondition, kein Fernsehen, kein Pool, kein Eis.

6.9. Regenverhangener Morgen, später Start, mit Optimismus zum **Grand Canyon**. Durch nordisch anmutende Wälder und gelb blühende Wiesenteppiche, Eintritt 2 $, von Aussichtspunkt zu Aussichtspunkt, wegen des bedeckten Himmels gedämpfte Farben, rotbraun bis blaugrau. Die Kulisse ist mächtiger, als man es sich vorgestellt hat. Durch die Höhe und Entfernung hat es etwas Unwirkliches – gigantische Ausmaße, die man nicht nachvollziehen kann. Superkulisse, Lehmstein, Sandstein, Granit. Leichter Nieselregen zwischendurch. Das Aufleuchten der Farben durch die Abendsonne fällt aus. Entlang am Canyon des *Little Colorado* durch Wüste zurück nach **Flagstaff***,* preiswertestes Motel, schäbig (9.50 $), *Crown's burger special:* trocken, fade, ohne *Dressing* und Accessoires, stattdessen wüstentrockene Pommes frites! Alles in allem ein etwas verunglückter Tag.

7.9. Geburtstag K. am Sonntag! Nachts donnert die Santa Fé Bahn vorbei, morgens strömender Regen. *Sun-*

set *Crater* und *Walnut Canyon* werden ausgelassen. Steppenlandschaft, Prärie, *Buffalo Bill* und andere Indianershops am Straßenrand. Phantasiepreise für Schmuck und Decken. Die Orte machen einen trostlosen Eindruck. Die Indianer, wie überall, ärmlich. Steinladen in *Holbrock,* zwei Stücke aus dem **Petrified Forest**.

Derweil lichtet sich der Himmel und wir können auf Fotosafari in den Nationalpark. Bäume liegen nur vereinzelt, jaspisfarben zwischen braunrot und weiß, etwas gelb. Bei den letzten Sonnenstrahlen Blick auf die **Painted Desert**. Motel in **Navajo** (11.40 $), *Quarter Pounder* doppelt so teuer und halb so gut wie bei McDonald's. Die Überraschung am Abend: indianische Einlegearbeit, Türkis und Koralle in Silber als Brosche zum Geburtstag.

8.9. Morgens strahlender Sonnenschein, wieder am Straßenrand *Indian Villages;* neun Zehntel Ramsch, Silberschmuck sehr teuer, überteuert. Um 11 Uhr jeder zwei *Big Mac.* Der Versuch, den **Chaco Canyon** bei Sonnenschein zu erreichen, misslingt. Wolkenbruch, strömende Bäche auf der Straße. In *Grants* in Juwelery, Jünglinge fertigen Indianerschmuck *en masse* an, Türkissteine in Silberdrähte gefasst. Navajo-Einlegearbeiten: *Zumi* und *Hopi.* Durch verschiedene Wolkenbrüche in Richtung *Albuquerque, Scenic view,* Indianerdorf aus Lehmhütten, Kleinausgabe marokkanischer Erlebnisse.

Es wird sonniger, wieder rote Sandsteinmesa, dann plötzlich Sonnenuntergang und Wolkenstimmung über den *Rocky Mountains.* In **Albuquerque** zu »Motel 6«, das nur noch den Namen und nicht mehr den Preis hat. Hundemüde, Abendessen: Trauben und Honigkuchen.

9.9. Spätes Erwachen, wie gewohnt selbstgemachtes Frühstück: Milchkaffee (*non dairy creamer*) und old fashioned *Pound Cake.* In die *old town* von Albuquerque, eine Plaza mit Kirchlein u. Souvenir-Palazzos: Schmuck, Mokassins und Decken, Sandmalereien und Pottery.

Schöne Stücke von Petrified Forest und ein Hochzeitskrug von *Jemez Pueblo.* Die Indianer unter den Arkaden sind teurer als die Geschäfte, keine Kette unter 100 $!

Seitenstraße nach **Santa Fé**, *large* Hamburger. Geister-stadt *Madrid* – verfallene Mine, ein paar Holzhäuser, mickriges Geschäft – versucht, mit wenig Aufwand und schäbiger Kulisse Geld zu machen. *Rocks and Minerals* in Santa Fé, *Achat* und *Gems,* polierte Abfallsteinchen. Gegenüber im Supermarkt *barbecue chicken, hot chili.* Ins »Motel 6«, wieder einmal brechen die Wolken über uns. Das *chicken* scheint schon 14 Tage im Heizofen gelegen zu haben.

10.9. Auf der Fahrt zum **Pecos National Monument** schwarzwaldähnliche Landschaft. Ruinen eines *Pueblos* und einer Missionskirche, zwei *Kivas* vollständig restau-riert. Wir steigen die Leiter hinunter in die *Kivas.* Santa Fé old town, Santa Fé village, Gebäudekomplex mit kleinen Geschäften und Museum. In einem Silberladen deutsche Besitzerin noch schockiert vom Einbruch. Jokerkette mit grauen Muscheln, Melon Muscheln und Türkis gekauft.

Hinüber zur *Plaza Albuquerque,* gesäumt von Souve-nirgeschäften, eine Halbe dünnes *ice cold beer* in einer Kneipe im Western-Style. Bei einer Indianerin ein kleines Beispiel für die schwarze Keramik aus *Santa Clara* von Maria Martinez erworben. Bei Burgerchief ein *Big Chief,* Konkurrenz zu *Big Mac,* ebenso gut. In »Motel 6« Einbett-Zimmer zu 10.50 $. Im Pool. Im Market: *corned beef, 6 buns ... gas, food and lodging* – 6 Bavarian Beer.

11.9. Dreiviertel-grauer Himmel, **San Ildefonso** *Pue-blo,* Pseudo-Pueblo-Häuser aus Beton, mit Lehmfarbe ge-strichen und mit Leitern, um über das Dach in die Woh-nung zu gelangen. Schmuckes Touristenpueblo scheint geplant und im Aufbau. Schon jetzt braucht man zum Fo-tografieren eine Erlaubnis, die wahrscheinlich bezahlt werden muss.

Im geschmackvoll eingerichtetem *Indian Art Gallery and Shop* läuft Indianermusik in Stereo, Preise noch teu-rer als gewöhnlich, die schönsten Stücke unverkäuflich. Auch hier ein Andachtsaltar für das indianische National-heiligtum *Maria.* Für Körbe ebenso wie für Decken phan-tastische Liebhaberpreise. Die Töpferkunst und Webkunst sind Sache einzelner Künstler mit Handsignierungen, keine eigentliche Volkskunst mehr.

Im **Bandelier National Park** Wolkenbruch. Ein-Mann-Bar, Hamburger, Kaffee, Candy. Schönwetterfront für Felsenwohnungen, den natürlich ausgewaschenen Felsenhöhlen abgeschaut, sehr klein, nur in Sitzhöhe, Kauerstellung, Hocke, über Leitern zugänglich. Von Pueblo mit Kiva nur Grundmauern übrig, sehr kleine Räume, eineinhalb Meter auf zwei. Über *Nature Trail* zurück.

Im *Visitor Center* Diavortrag, auch für kleine Besetzung. Kleines Indianermuseum mit Andachtsaltar für *Maria*. Durch »Hochschwarzwald« mit vielen Edeltannen, über Schotterstraße nach **Cuba,** Nest mit arroganten Blutsaugern. Platz in der »Cuban Lodge« à 12.50 $, im TV John Wayne als Marshal.

12.9. Kalte Nacht in der unheimlichen »Cuban Lodge«. Vier seltsame Zufälle: Gasheizung lässt sich nicht abstellen, Fensterverriegelung kaputt, Türschlüssel mit falscher Nummer auf Rückseite und keine Quittung. Ein Nest mit Blutsaugern: zwei gelackte Motelbesitzer, ein unverschämter Tankwart, ein düster verfallenes Hotel mit frisch abgezogenem Fell über dem Zaun. Wolkenbruch mit Hagel. Sonnenschein. Weite Prärien mit silbrig grünen Grasbüscheln, keine Büffel, viele *limbestone-mesas,* canyonähnlich.

Auf Staubstraße zum **Chaco Canyon**. Verschiedene Pueblo-Grundmauern mit Kivas und kleinen Wohnräumen. Indianer mit gelben Schutzhelmen restaurieren, Mauerreste aus Naturstein, keine künstlerische Bearbeitung. Im *Visitor Center* geologische Erklärungen und Miniaturrekonstruktionen mit Szenen aus dem Indianeralltag. Frauen kochen, weben und töpfern, die Männer bauen Kivas oder bringen totgeschossene Hasen nach Hause. Die Säuglinge hängen, in Tücher gewickelt, an der Wand. In **Bloomfield** bei »Lotaburger« ein *Lotaburger,* abendbrottellergroß, mit viel Salat, ergiebig, aber nicht die Klasse von *Big Mac*. In **Farmington** in »Zia's Motel«, 12.50 $. Freundliche österreichische Besitzerin, *queen-size bed,*

Color TV, gepolsterter Schaukelstuhl, Kriegskomödie »Mash«.

13.9. Unruhige Nacht, lärmende Nachbarn, betrunkener Indianer. Himmel grau. Zur Aztekenruine, Mauerreste ohne Kulisse, bemerkenswert nur der ausgebaute große Kiva mit Indianermusik. Bei Druck auf Knopf Film über die Arbeit eines Archäologen: Buddeln, Baumrindendatierung, Skelette, Scherben, Puzzle. *Indian Trade Post.* Ausgehungert zu McDonald's. Zwei *big mac and hot apple pie,* sehr gesättigt. Durch dürre Sandberge, Mondlandschaft, canyonartige Felswände und Abbrüche.

In *Utah Indian Trade Post,* schöne Sandmalereien und Ring! »Utah Mountain Motel«, 12.60 $. Krimi zur Nacht: »The Last of Sheila«. Drei versoffene alte Ami's als Nachbarn, Lärm in der Nacht.

14.9. Früher Start bei Sonnenschein. Rosinenbrot mit Butter. **Mesa Verde.** Hochplateau, tatsächlich grün vom Kiefernbestand. Bei *Cliff Palace* ungünstige Lichtverhältnisse fürs Fotografieren. **Cliff Canyon** mit vielen *cliff dwellings.* Zutrauliche Rehe. Mittags noch mal zum *Cliff Palace.* Besichtigung am Trail entlang. Häuser und Turmreste am beeindruckendsten. Kein reines Kuriosum wie manche dürftige Grundmauern. Museum: anschaulich, lebendig durch fiktive Szenen aus dem Indianeralltag, von den *basket makers* bis zu den *pueblo*-Indianern, Häuserbau, Flecht- und Töpferkunst.

Indianische Erfindungen: Indigo, Kaugummi, Gummi, Baumzucker, Tabak, Kakao, Koka etc. Medizin: Kokain, Chinin, Curare, Ipecacuanha … Nahrungsmittel: *corn, beans, squash,* Tomaten, Chili, Erdbeeren, süße Kartoffeln, normale Kartoffeln … Farbstoffe für die Webkunst aus Zwiebelschalen, Wacholderbeeren, Ritterspornblüten u.a. Gepulvertes Gestein für Töpferkunst und Sandmalerei. Medizinmann hat Bergkristall zum Einritzen des bösen Geistes. Kräuterpfeife.

Hochentwickelte Stickkunst auf Lederhandschuhen, Westen und Schuhen. Töpferkunst ohne Töpferscheibe. Unerwartet noch ein *cliff dwelling.* In Cafeteria Fleischklößchen mit Makkaroni. Nach acht Stunden Besichtigungstour der *Mesa Verde* zurück nach **Cortez** ins Motel »El Capitan«, 10.50 $. Um 8:00 im Bett, ohne TV.

15.9. Seit langem wieder einmal eine erquickliche Nacht. Morgens klarer, sonniger Himmel! Ernüchterung in der First National Bank, eine halbe Stunde um *American Express* DM-Schecks zu wechseln, fünffacher Wechselpreis! Verärgert bis *Monticello*. Nicht in *dining room,* sondern in *Coffeeshop.* Schwächlicher, aber teurer Hamburger. Formationen aus rotem Sandstein, *Wilson's Arch,* Vorgeschmack vom **Arches National Monument.**

Bei 90° Fahrenheit über rote Sandtrails zu den einzelnen *arches,* mehr kurios als imposant. Die Landschaft mit den Felstürmen und Spalten und Felswänden beeindruckender. Eiskaltes *Budweiser* stärkt die Kampfmoral der Truppe zum neuen Einsatz. Wir schonen weder uns noch das Filmmaterial. Bei Sonnenuntergang zurück nach **Moab** ins preiswerte Motel, »Grand Valley Motel«, 9.50 $, aber sehr gut! Das rote Tal des *Colorado River.*

16.9. Diesmal zur Abwechslung Musik im Nachbarzimmer, die ganze Nacht. Auf die dummdreiste Art organisiere ich Eis. Wir kaufen ein halbes Dutzend *Old Milwaukee* in Blechdosen zu zwölf Fluid Unzen, hergestellt aus reinem Wasser und Malz, und Peperonisalami, zwei Burger zu je 39 Cent, einfach gut.

Elf Uhr morgens über *Blanding* und *Bluff* nach *Mexican Hat.* Büschelwüste, »türkisch«, Sinfonie in Rot, *Valley of Gods,* rote Sandsteinwände, Vorgeschmack vom **Monument Valley,** Silhouette, schöne Pferde vor Valley-Kulisse. Bei der Hitze läuft der Motor nach dem Abschalten noch eine Weile weiter. Wir fahren im Indianerdorf **Cayenta** ein und landen im »Wetherill Inn« Motel, 18.50 $.

17.9. Reine Wüstenfahrt mit ein paar Schafen und keinem arbeitenden Indianer. *Navajo Monument* nur auf Pferderücken und mit Ranger erreichbar. Wir begnügen uns mit der Fünf-Minuten-Slideshow und dem Museum. *Cow Springs* ist eine *Indian Trading Post. Tuba City* ist nicht viel größer. Indianer lungern, wir hungern. Mittagessen 1:30. Ein *bun* mit Pfefferschinken, fad und teuer. Ein *bun* mit Pepperonisalami, Paprikawurst, die man sich erst pfeffern muss. In *Cameron* Motelzimmer reserviert und direkt danach zum **Grand Canyon** gerast. Wettlauf mit den Wolken. Schöne Canyonblicke mit der Fotokiste festgehalten. Dieser Besuch gratis.

Nach Sonnenuntergang zurück am *Little Colorado* entlang. In der Ferne zart rosa die **Painted Desert** unter zart blauem Himmel. Quartier bezogen. Ein *bun* mit Philadelphia Käse und Traube von gestern, und ein halber Liter Vollfettmilch pro Person. Kein TV. 22:00 ins Bett.

18.9. Überraschend warme Nacht im »Hopi Court« der *Cameron Trading Post.* Zweites Frühstück: *bun* und Dosenwurst, weil im Lokal noch keine Hamburgertime ist. Ausgeglühte Schutthalden wie beim Bergwerk, gelb, rot und grau. Ein paar dürftige Verkaufsstände der *Navajo* Indianer mit *beads,* kitschige Halskettchen aus Glasperlen mit viel Flitter oder Holzkörnern, mit Samen oder Muscheln. Ein paar Decken zu unverschämten Preisen, ein Meter mal eineinhalb Meter etwa 340 $.

Glen Canyon Dam. Lake Powell enttäuschend, keine schöne Umgebung, nur flacher und sandiger Canyon. Örtliche Gewitter. Weiterhin Büschelwüste bis *Kanab.* Banana-Milchshake. Im »Rockshop« drei Trilobiten und Geode mit Rauchquarz – Donnerei als Geschenk. Kuriosität der anderen Rockshops sind *Wonderstones,* verschieden farbig geschichteter Sandstein in Platten gesägt und im Bilderrahmen, gleichsam als Gemälde der Natur.

Geode gleich »mexikanische Kokosnuss«, jede für 1 $, reines Glücksspiel. Vorbei an Korallensanddünen, rotocker bis orange, talaufwärts an einem lieblichen Flüsschen entlang zu saftigeren Weiden bis **Hatch,** einem Nest ohne Bier! Wir haben nur künstliche Gesöffe in Blechdosen bei uns, *Seven up,* ein farbloses Saccharinwasser, und *Grape Soda,* ein violettes Wasser mit kitschigem Bonbongeschmack. In der einfachen Lodge zu 7.40 $.

19.9. Metallbett mit Holzillusion, Tisch und Stühle auch. Wolkenloser Himmel beim Erwachen nach kühler

Nacht. *Cooked Salami* und *Olympia Beer* mit dem berühmten Brauwasser zum zweiten Frühstück um 11:00. Der **Red Canyon**, Vorgeschmack vom **Bryce Canyon**, wieder die rotocker Fleischfarbe, pink? *Sunset Point* überwältigend, manchmal kathedralenähnlich, gotische Türmchen. Noch verschiedene Aussichtspunkte.

Betagte Amerikanerin spricht auf Band, sie liest die Punkte auf den Erklärungstafeln ab, beziehungsweise die Landschaft von links nach rechts. Der amerikanische Schmalfilmfreund kurbelt die Szenerie kreuz und quer mit Tempo ab, auf der Leinwand wie vom Flugzeug aus mit besoffenem Piloten oder Sturmböe. Die amerikanischen Rentner und Twens sind freundliche Menschen, alle grüßen mit »*hello!*« oder »*hi!*« Slideshow im *Visitor Center*. »*Indian Trading Post*«: Indianer in Holz, in Lebensgröße und Kostümierung sitzen vor der Tür auf dem Stuhl.

In das preiswerteste Motel von **Hatch**, 7.42 $, besseres Zimmer! *Rock Shop:* Geoden. Der Zimmernachbar, ein Enkel von Helmut Schmidt aus Deutschland, drückt uns ein frommes Blättchen in die Hand. Im Nebenzimmer wird noch bis in die Nacht diskutiert und gebetet.

20.9. Hochwasser vor dem Zimmer, das Äckerchen halbverdorrten Maises wird bewässert. Hinauf nach *Cedar Breaks,* weißgetünchte Birken wie in Lappland. Lavabrockenfelder, schmal hochgewachsene, teilweise abgeootorbene Zedern. **Cedar Breaks** 3.100 m hoch, kalter Wind trotz Sonne. Aussicht auf Amphitheater, rosarote *breaks* d.h. Brüche, mit Zedern bewachsen, daher der Name. Am Nordaussichtspunkt Pastellfarben: weiß, rosa, goldocker, violett. Schwarzwaldkulisse, hinunter nach **Cedar City**, Anflug von Herbst. *Cedar City* Boulevard, Café, Tankstellen, Motels, ein paar Drugstores … Amerikaner in ihrer farbigen, karierten Kluft naiv und selbstbewusst.

Im Café: *Apple and Cherry Pie,* wie bekannt – neu: *Bananacream,* dünner Blätterteigboden gefüllt mit Bananenpudding, bespritzt mit Zuckereierschnee. Trilobit, der einzige Einkauf im *Indian Arts and Craft.* Nester in Richtung *Zion's,* einzelne schmucke Häuschen mit saftiger Rasenfläche, schattenspendenden Bäumen und Gartenstühlen, ein in *Arizona* und *New Mexico* nicht gekanntes, gesehenes Idyll. Lodge »El Rio«, Pool, keine Dusche, dafür Riesenheuschrecke, 12.72 $.

21.9. In der Nacht befällt Th. Durchfall, am Morgen Hexenschuss. *Zion's National Park,* schöne Diaschau, vielversprechender, als es der Park halten kann. Zunächst nur Sandsteinwände, alpin, alle Felsen mit frommen Namen benannt, Mormonen. *White Cliffs,* Kalkspitze und geschichteter Sandstein, wellenförmig. Auf *Interstate South 15* kurz durch Arizona, dann durch die Wüste von Nevada. Wieder sehen wir den *Joshua Tree* und den *Cholla.* Wir ahnen, dass der Kreis sich schließt.

Durch bergige, ausgeglühte Mondlandschaft nach *Las Vegas.* Im Vorbeifahren Reklamegeflimmer. An uns verdienen nicht Spielbank und Flipperautomaten, nur die Geierwally von Motel »Domino«, 13.25 $. Zuerst Bretterbett, Zimmerumtausch. Bei *Denny's: Petit Shirloin Steak,* Salatsauce *Thousand Island,* Maiskörner, gekochte Kartoffel mit Butter, dicker Vanilleeisbecher! TV: Abenteuer des Odysseus.

22.9. Ein Ständerchen *Olympia Beer* für die Fahrt durch die Wüste, Wurst-*buns.* Umständliches Geldwechseln in der Bank. Blick in die Spielhöhlen von *Las Vegas,* wo der kleine Mann mit kleinem Einsatz sein Glück versucht. Wüstenblick der gleiche wie gestern. *Joshua Tree* vor gefälteltem, graubraunem Gebirge. Einfahrt ins **Death Valley** zwei Uhr mittags. Tipps zum Überleben. *Dantes View:* Überblick über das Death Valley mit dem Salzsee und verschieden gefärbten, sandigen Staubbergen, herum. *Zabriskie Point:* weiße, helle, zerfurchte, grob gewellte Hügel aus Lehm. Gluthauch weht herauf um halb fünf Uhr nachmittags. Sandbraune gewellte Hügel, Dünengebiet, klein aber fein, *Devil's Cornfield.*

»Stove Pipe Wells Village«, Zimmer im Landstil, sehr schön, stilisiertes Doppeljoch über den Doppelbetten, zwei ausgesägte Ochsenköpfe als Lampe, 18.25 $. Großer Swimmingpool, extra Tonic Wasser, weil normales

Wasser zu viel Mineralien enthält. Th. erfrischendes Bad, mitgebrachte Steaks hinter der Tür gebrutzelt.

23.9. Im Store ein Ständerchen Bier und ein Ständerchen Soda für die Fahrt durch die Wüste. Zurück zum *Zabriskie Point,* dann zum *Devil's Golf Course,* aber unterwegs Abzweigung zum *Artist Drive.* Verschiedene Färbungen durch Mineralien, *Devil's Palette.* Fahrt führt zurück durch Berge. *Devil's Golf Course* enttäuschend, Borax-Feld nicht kristallin, mit Lehm vermengt, unschön. Im *Visitor Center* Slideshow, schwach.

Wir verzichten auf Kraterfahrt, *80 miles,* verlassen Death Valley westwärts. Über schwarze Lavaberge mit ätherisch durchsichtigen Kräutern, dunkel düsteren Farbnuancen, eine Art Fortsetzung des Death Valley. Großer Flüssigkeitsverbrauch. Wieder vorbei an einem Salzsee, *Sierra Nevada* in Sicht. Vanilliemilchshake. In **Bishop** schönes Quartier, 11.50 $. TV: eine Familienserie nach der anderen.

24.9. An der *Sierra Nevada* entlang, dann Pass in Richtung **Yosemite Park**. Vesper in Kiefern-Rest-Area, schwarzwaldlike, Schneereste, höchste Erhebung ça 9.956 *feet,* kleine Seen, muntere Bäche, zwei Rehe.»Kiefern und Granit – das ist Yosemit(e)«. Zwei Wasserfälle abgeschaltet, viele Campgrounds. Wir landen in »Oakhurst Lodge«, 13.50 $, Mittelklasse, aber nicht billig.

25.9. Richtung *Fresno* goldgelb dürre Weiden, erst in der Umgebung von Fresno die erwarteten kalifornischen Plantagen: Orangen, Grapefruit, Wein. McDonald's kündigt sich an, *two Big Mac's and hot applepies.* Auf der *180* zum **King's Canyon**. Wieder steigen wir ein paar Tausend Füße hoch, um eine monumentale Natursehenswürdigkeit zu besichtigen, den *»Sequoiadendrum giganteum«,* hier *»Grant«* genannt. Der *»General Grant«* ist der »Christbaum der Nation«. Man kann zwischen dem Wurzelwerk spazieren gehen. **Sequoia National Monument** bietet das gleiche, den *Giant Forest.* Zu guter Letzt bleiben wir im »Sequoia Motel«, 13.78 $, mit Pool und TV: Amerikanisches Kriegsheldenepos »Fireball forward«.

26.9. Zuerst durch dürre Berge, dann saftiger. Rinderherden, Plantagen ... In *Porterville Big Mac, applepie and
shakes.* Hitze. Das »Alterchen« köchelt. Baumwollplanta-
ge. Durch ganz dürre Berge, fast wie *Zabriskie Point,* über
Pine Mountains in kurvenreicher Fahrt mit wenig Benzin
40 Meilen. Jenseits der Berge am Pazifik Nebeldampf um
17:00. Nach **Ventura**, ohne Hoffnung auf zwei erholsame
Badetage am Meer. Bei Inderin Motel, 11.50 $.
   27.9. Telefonat mit Condor, Flug planmäßig. Letzter
Einkauf: Feigenbrötchen, Schokochips, *Farmer John's
Ham,* Zwiebel-buns, Eier-buns... Ein Doppelcheeseburger
bei *Hi-Ho* mit Peperoni. Auf Highway nach *Santa Paula,*
Orangenhaine links und rechts, wie vor Valencia. *Valencia* selbst nicht zu finden, wir weichen aus nach *San Fernando,* Klitschen, weiter Richtung *Los Angeles,* wir müssen
kurzerhand nach **Hollywood.** In der Nähe der *Universal*
»City Up« Motel, um 4:00 Schläfchen, Erschöpfungszu-
stände, Schinken-bun und TV bringen uns zum Leben,
»Maverick«, Western Oldtimer.
   28.9. Für 5.40 $ ins **Universal City**, *the largest movie
Studio.* In der *Glamour Tram* mit hysterischer Hostess
durch die verstaubten Kulissen Hollywoods, Schaumgum-
mifelsen und kümmerliches Rotes Meer... Das Ganze
mehr ein Museum als ein *Action Studio.* Paintings anstatt
Kulisse, *Ironsidebureau,* Straßenbahn von San Francisco
und Horrorstudio als Kinderbelustigung. Wirklich gut nur
die Stuntshow, eine Satire über das Schießen und Sich-
Verprügeln. Dressierte Papageien und Hunde, *Screen-
Test*: Besucher als Fernsehstars. Hamburger und Eis auf
der Terrasse. Am Abend durch *Beverly Hills* mit Prachtvil-
len nach **Inglewood** in »Marlette's Motel«, eineinhalb *miles* vom **International Airport**, 15.80 $. Flugzeuglärm mit
kurzen Unterbrechungen.
   29.9. Um- und eingepackt, Gewichte verteilt. Zum
»Red Baron«, *in time.* Nachtbeleuchtung. Kalter Kümmel-
brot-Sandwich mit *french fries* anstatt saftigem Steak.
»It's lunchtime, no dinnertime«! Firma Hertz nimmt ihr Geschenk (voller Tank) wieder zurück. Geldwechsel wieder

mit vielen Schwierigkeiten, dann erfrischendes Zapfbier an der Flughafenbar. Meilenweiter Marsch zum Motel. Am Abend neuer Versuch beim »Red Baron«: *Prime Rib* (gekochtes Rindfleisch nach Großmütterchenart) und Pfeffersteak, ohne Pfeffer, statt dessen Gemüsemehlschwitze drauf! Gut: Salatbar und Rosé, heißes Brot auf dem Brett. Erschlagen, aber nicht beglückt.

30.9. Warten auf Jumbo, die Heimat ruft. Wir haben es nicht eilig.

Brasilien

04.02. – 26.02.1976

Mi. 4.2. Start früh 6:30 ab Baden Baden; Terroristen und Haie in Dschibuti; vor uns das Abenteuer *Rio*. Zürich: Manteldepot bei René und Vesna. Abflug 3:00 mit DC 8; relativ eng und weniger komfortabel als der Jumbo; keine Filmvorführung und Möglichkeit, sich die Füße zu vertreten, dafür besseres Essen: kaltes Fleisch, Schweizer Qualitätskirschtörtchen, echter Champagner! Gegenwind. Zwischenlandung *Dakar*. Moderner Flughafen mit Springbrunnen und Souvenirshops. Soupé: Räucherlachs, Kalbscurry. Landung 1:00 in **Rio de Janeiro**, Gewächshausluft. Als Erste verlassen wir den Flughafen. Mit Bus und Hostess zum Hotel »Florida«, gieriges Bier an Bar.

Do. 5.2. 4:00 ins Bett. Frühstück: europäisch. Zusätzliches: Fruchtbecher, Saft und Bananen. Begrüßungsrunde mit Hostess; Achat-Aschenbecher, Partylöffel, »Batida« Zuckerrohrschnaps, Limonen und Zucker. Taktische Mittagspause. »Kathete« in Stadt: staubige Möbel, schmale, lange Geschäfte, Besitzer stehen vor der Tür, tropisches Durcheinander. Kampf der Fußgänger ums Überleben.

Bau der U-Bahn. An der Kirche brennende Kerzen und Zigarren auf Streichholzschachteln – *Makumba;* nicht viele verlockende Lokale. Neugier auf *»Pastéis«*: mit Fleisch und Käse in Fett gebackene, große Maultaschen. Aus Zuckerrohrhäckselmaschine fließt olivgrüner Saft. Flughafen. »Flamengo Park« Hotel.

Fr. 6.2. Kathete südwärts; durch Parkspielplatz für gehobene Klasse; *Corcovado* im Dunst. Markt: Obst und Gemüse und Fisch! Aufgeschichtete Orangen, goldgelbe Kürbisscheiben, Maiskolben mit »Fenster« ... Gewimmel der Rassenmischungen in allen Spielarten. Hotel, Hausbar: übliches Bier. Erschöpfungsschlaf bis zum Abend. »Rio by night«! 1.) *Churrascaria:* kleine Würstchen, Spieß, Tomaten/Zwiebeln Salat, Reis, »Sägemehl« (Maismehl?), Eis mit Früchten, Kaffee schwarz, 2.) *Makumba*-Kerzen am Straßenrand – zwei Trommler schlagen Rhythmus, singende Tanzgruppe am Rand der Tanzfläche, zigarrenrauchende Geisterbeschwörer, zwischendurch pseudo oder echt ekstatische Zuckungen und Schreie... 3.) Nächtlicher Blick auf Rio auf dem Hügel *Dona Marta,* 4.) *Sambashow* bei *Copacabana »Katacombé«:* Gemischtes Programm, Sänger, Sambamädchen, indianische Musik und Schwerttänzer, Sambarhythmustruppe mit Schöpfkellenmusik...Tourist-Einlage: Grüße an alle Nationen. Um 4:00 ins Bett.

Sa. 7.2. Mit Taxi zum *Quinto de Boa Vista:* vergammelter Residenzpalast mit einer Sammlung präparierter Viecher der ganzen Welt; wenig Brasilianisches ohne ästhetische Gesichtspunkte, kein Vergleich mit dem mexikanischen Museum von Mexico City. An der Bahn entlang vorbei an Elendsvierteln zum geschlossenen Stadion.

Mit Taxi zurück ins Zentrum. Durch die Fußgängerzone, Geschäfte werden geschlossen, wieder keine einladenden Bars. 5 »Chopas«, Bakschisch-Kellner: *»obrigado, obrigado« (danke, danke!).* Barockgrüppchen vor Wolkenkratzer; Taxi zum Hotel, Erschöpfungsschlaf. An der »Praia Bar«: *Churrasco* und *Filet Mignon.* Flucht vor dem Tropenregen; mehrere Schoppen.

So. 8.2. Mit Taxi zum Hippiemarkt in *Ipanema*; im Großen und Ganzen keine originellen Artikel, nicht zu vergleichen mit *»Rastro«!* Das Publikum: typisch gelangweilte, langweilige Badeurlauber. »Pampasstühlchen«, Schoppen im Strandcafé. Regenschauer, zur *Copacabana:* Strand mit Hotelkette, die Hübschen von Rio sind nicht zu sehen, überall nur Volleyballspiele. Zuckerhut in Wolken, dauernde Schauer, mit Taxi zum Hotel, tropische Mittagspause. In »Praia« Bar *»Alcate«:* 2 zähe Beefsteak und ein roher Spieß, Bakschischjäger – zurück zur alten Urlaubskonzeption! Trinkgelder sind alle inbegriffen.

Mo. 9.2. Mit Taxigauner zum *Corcovado;* rote, altertümliche Zahnradbahn. Jesus lächelt einfältig. Blick auf ganz Rio – etwas dunstig. Mit Bus zum Botanischen Garten – die erhoffte tropische Blütenpracht bleibt aus, Orchideenhaus geschlossen; gutmütige Amerikanertrupps. Mit Bus »nur« bis *Botafogo*-Bucht, vorbei am Zuckerhut. *»Pasteis«* in einheimischer Bar, Mittagsschlaf; einheimische Schinkenwurst und Schweizer Käse. Buchung bei Hostess.

Di. 10.2. Mit Taxi zum »Zuckerhut«, weil wieder einmal klares Wetter; mit moderner Schwebebahn zum *Urca;* trompetende Narrengruppe, Sicht auf *Corcovado,* Flamencotänzer, Souvenirfotografen... Weiter zum *»Pao de Azugar«,* schöner Rundblick auf gegenüberliegendes *»Nitervi«* und Copacabana; wieder Ansammlungen von Amerikanern. Souvenirteller und Bild erstanden. Zu Fuß am Yachtclub entlang, per Bus zum *Flamengo:* »pasteis« und Bier, Erschöpfungspause.

Mineraliengeschäft um die Ecke verkauft leider nur Abfall. Durch die staubige Kathete zurück zum *Flamengo*-Strand – Abendstimmung am Meer. Die ideale Stadt wäre: 1) Lage und Bevölkerung von Rio, 2) schmucke, spanische Bars, 3) saubere, deutsche Fußgängerzone, 4) französische Pâtisserien, 5) klares, abgasfreies Mittelmeerklima – da könnte man leben.

Mi. 11.2. Mit Taxigutschein zum Juwelier »Desirée« an der Copacabana. Distinguierter älterer Herr fragt uns nach bestimmten Vorstellungen über Schmuck, beginnt mit preiswerten Tagesringen bis zum Smaragd. 500,- DM ist die untere Grenze, bargeldlos – über Sparkasse in Raten zahlbar. Wir schnappen uns die zwei schönsten Auslage-Steine – schwarzer und grüner Turmalin – und ziehen uns diskret zurück.

Marktszenen, im Strandrestaurant erste brasilianische Pizza: dicker Käse, »klein«!, »brotino«, »medio«, »extra«. »Roditi« mit teuren, zweitrangigen Mineralien – der Tanz durch die Steinläden. Hauptschlager: Achat-Aschenbecher, Amethyst und Citrin-Drusen, Fossilien, Rauchtopas: 3 Crs pro Karat? Reiseunterlagen für Rundreise; Hotels inzwischen 50% teurer dank Inflation!

Do. 12.2. Frühstart um 5:30, Gaunerkombinat: der Aufzugchauffeur und sein unrasierter Schwager, für 20 Crs zum Flughafen »Dumont«! Mit Flughafenbus zum »Domesticon«; ein zerzauster holländischer Ingenieur gibt uns Steintipp. Gute Organisation und Kontrolle; schmucker, kleiner Jet – mehr Platz als im Jumbo und DC 8. Beim Aufstieg bräunlicher Smoke über Rio. Ausgiebiges Frühstück um 8:30; eine Stunde bis *Belo Horizonte*.

In den Außenbezirken erinnert es an Mexiko: kleine, farbige Bruchbuden. Hotel »Excelsior«, viel Marmor und überflüssiges Personal; im 21 Stock ist unser Zimmer. Buchung für *Ouro Preto*. Walz durch die geschäftige Stadt. Fußgängerstraßen mit Grünbouquets, amerikanisch angehauchter Schnellimbiss: *Misto* (Toast) und falsche Hühnerkeule! – birnenförmige Croquette mit Zahnstocher als Hühnerbein und Geflügelfüllung: Überanstrengungssymptome; neues Konzept: kürzer treten, Mut zur Lücke!

Fr. 13.2. Frühstart! Frühstück – dem vornehmen Hotel entsprechend. Nach knapper Überlandfahrt nach *Ouro Preto* mit Bus; ruft Erinnerungen an Mexiko wach! Wir nehmen uns für die Zukunft wieder die alte Konzeption vor! Mit den volkstümlichen Verkehrsmitteln, auf eigene Faust! Auffallend rote Erde. Malerbrigaden weißeln Straßenrinnen; grünes, bergiges Land. Zahlreiche Barockkirchen in Ouro Preto nicht mehr weiß. An der Plaza Souvenirgeschäfte, geschliffene Achat- und Edelsteine, was an Mineralien noch übrig geblieben ist, ist nur Abfall.

Beliebt sind vor allem die geschliffenen Edelsteine, die nach Gewicht verkauft werden – sehr teuer. Straßenhändler verkaufen vor allem Topas und Amethyst in Papier gewickelt! Der Speckstein in allen Formen: Kannen, Vasen, Schlüssel, Hände, Tiere, Aschenbecher, Kerzenständer, Tassen, Madonnen und Propheten und ... Speckstein ist das Gold des modernen Ouro Preto! Der Barock in den Kirchen ist völlig dörflich, bunt, unproportioniert – Aleijadinho`s Figuren beeindrucken uns nicht; die steilen Gassen hinauf und hinunter – nicht sehr schmuck und fotogen.

Mittagessen in der ländlich rustikalen »Casa de Ouro Prêto«: Filete nach Art des Hauses (Rumpsteak mit Käse darüber) und Filete Milanese (Wiener Schnitzel) – alles reichlich und schmackhaft. Sehenswürdigkeiten in Ouro Prêto sind erschöpft – wir auch! Vorzeitige Rückfahrt mit dem Bus; auf der Dachbar Schlummerbier mit Chips.

Sa. 14.2. Morgens ins Stadtgetümmel, kümmerliche Mineraliensammlung beim Juwelier: Siderit. Milchshake mit Morango (Erdbeeren). Ausflug per Bus nach **Congonhas**. Rasender Fahrer; mexikanisch ärmliche Dorfszene, beschwerlicher Pilgeraufstieg zum »Bom Jesus« – gepflegter, frisch getünchter Barock, gedrungene Prophetengestalten aus Speckstein. Wohlverdiente Erfrischung in der Pilgerstube: solider »Misto«! Jugendstildekoration ringsum. Aus Souvenirshop Specksteinaschenbecher; mit »Turismo«-Kleinbus zur Station, Eisenmine, gemütliches Ein- und Aussteigen; Abendschoppen auf Dachbar.

So. 15.2. Per Bus zum Flughafen »Panpulha«. In der VASP Boeing schmackhaftes, zweites Frühstück: Schinkeneier, Kuchen, Obstsalat, Törtchen – gut gesättigt landen wir in **Brasilia.** Warten auf städtischen Bus; im »Torre Palace« Hotel: zehnter Stock! Schwarz gebeiztes, chinesisches Mobiliar, nicht mehr 100%ig in Schuss. Gleich aufs Dach zum obligatorischen Rundfoto, Pause. Per Taxi zur Kathedrale, wie eine Krone! – vorbei an 7 gleichförmigen Ministeriengebäuden zur Plaza de Tres Poderes: In der Mitte doppeltes Kongressgebäude mit Kuppel und Schale; links und rechts (Abgeordnete und Senat) Regierungsgebäude und Bundesgericht; der Präsidentenpalast (Palast der Morgenröte) außer Sichtweite auf einer Halbinsel im See, Schwanenteich. Soldaten bewachen die Ministerien. Denkmal für den großen Präsidenten *Kubitschek.* Walzen zurück zum Einkaufscenter: *Filet* mit *bacon* und *ovos.* Das Volk drängt sich nur am Busbahnhof. Blitze über Brasilia, Glanz und Elend des Beamtentums.

Mo. 16.2. Thomas Geburtstag! *Plaza de Tres Poderes* per Bus, Fotos; per Taxi zum *Palacio Présidente* = Palast der Morgenröte. Sperrbezirk, Wassergraben mit Münzen, Präsident unsichtbar. Per Bus durch die ärmeren Viertel, zwei lustige Kinderchen; *Podoviaria: Filet* wie gehabt *Sunday* (mit *bacon* und *ovos).* Zeitschinden bis zum Aufbruch.

Regengüsse; mit Volksbus durch *W3 do Sul* – rechter Hand die einstöckigen und genormten Beamtenbungalows, links zweistöckige Einkaufszentren, dahinter Wohnsilos. Diesmal wieder Flug mit *VASP*; Filet Mignon; nach eineinhalb Stunden Landung in **Salvador da Bahia.** Im Bus Karnevalsgedränge; freundlicher Amerikaner. Hotel »Pellourhino«, umgebautes Kloster, schummrige Gasse.

Di. 17.2. Vom Frühstückstisch Blicke auf die Stadt. Ergiebiger Fotowalz durch barocke farbige Häuschen zur Unterstadt. Fischerboote werden klar zum Segeln fertig gemacht. Obstmarkt an der Mole: tropisches Gedränge und Gerüche. Bier auf der Terrasse des *Mercado Modelo.* Zurückgerast zum Hotel aus dringendem Grunde. Mittagspause.

Nochmals in die Unterstadt, Bankenviertel, modern. Zurück zur Oberstadt, Weihrauchverkäufer, Frauen, die Schmalzgebackenes und gebratenen Fisch verkaufen; viele Musikhöhlen. Auf Hotel-Holzbalkon »bahianisches« Abendessen mit Blick aufs Meer! 1) *Vatapa:* Palmöl, Kokosmilch und *Cayu* Nüsse – cremeartige Sauce mit vereinzelten Crevetten, 2) *Carucu:* Bohnen-Paprika-Gemüse mit einem Hauch von Fleisch und Crevetten, 3) Reis und Maispulver.

Mi. 18.2. Freundlicher Alter zeigt uns den Weg zur *Monte Serrat* Festung, hohe Palmen. Strandszenen vom Bierbalkon – per Bus zum *Campo Grande:* Park mit Kinderkarussell... Hotel »Vila Velha«, 2 Tage Verlängerung;

per Bus zum *Mercado Modelo:* viel Volkstümliches und Kitsch, bunt bemaltes Indianerinstrument, Geschnitztes aus Jacaranda, Amulette in allen Größen und Arten: Tierzähne, Menschenhände, Kesselchen für Kult und Magie, Lederzeug... alles nicht sehr originell. Flugumbuchung mit Schwierigkeiten, Sonntag früh um 8:00.

Do. 19.2. Inselausflug! Eine halbe Stunde Schaukeln vor Abfahrt, bunt gemischtes Völkchen auf dem Boot; ça eine Stunde bis zur gegenüberliegenden Insel. Wir müssen in kleine Kähne umsteigen, da das Ufer zu flach. Mit klapprigem VW-Bus landeinwärts – Gedränge, Fliegen und Schwitzen! Palmen, Bananenstauden und Gestrüpp!

Hauptort *Itaparica* heruntergekommen. Badevölkchen am Strand, Kette von Sommervillen der Reichen, rot blühende Bäume mit Schotenfrucht. Es wird wolkig, schwarze Knäblein zeigen uns den Weg zum Abfahrtpunkt des Busses. Alter klappriger Mann aus der Kolonialzeit steuert den Wagen. Auf der Massenfähre mit TV nach *Salvador,* einheimischer Jüngling will nach Kanada und Werbemanager werden – für ihn ist Brasilien alles andere als das Paradies, zu warm.

Ausgehungert auf unserem Klosterbalkon, diesmal solider: 1) *Filet Stroganoff,* 2) *Churrasco à maitre d'Hotel;* Stroganoff schön gewürzt, *Churrasco* mit Knoblauch eingerieben   alles schmackhaft und solid! In der Nacht wieder einmal kein erquickender Schlaf wegen der feuchten Hitze.

Fr. 20.2. Heute beginnt wieder die Regenzeit! Koffer packen, kurz bei Smaragdhändler: Smaragd, Turmalin und Aquamarin – alle in 6-kantigen Strahlen! Barockbesichtigung in Kirche *Sao Francisco,* Eintritt – alles in Gold gerahmt und verziert; blau gekachelter Rundgang und Sakristei mit Potentaten in Gips, Grabplatten aus Marmor. Gegenüber dem Goldbarock schmutzige Gassen. Auf dem Platz vor der Kathedrale spielt wieder eine Amateurkapelle. Abschied vom säuerlichen Gastgeber mit Zitronengesicht! Per Taxi zum »Vila Velha« – modern eingerichtet mit Frigobar: *Mistos.* Dolce far niente! Draußen grau, echter Regentag. Abends Höhepunkt der Folklore: rassige Weiber, sportliche Männer! Volles Programm.

Sa. 21.2. Tag mit Hindernissen, »*Frigobus*« bis zum *Barraporto!* Film klemmt am Strand – alles umsonst. Frauen, Fisch, Barkarole – Mulattenweib mit Bauernschläue: Maismehlkrokette mit Krabben, Rührei und Salat – statt *5 Cruzeiros* 5 Erdnüsse Rückgeld; Kleinstdrachen...

Nachmittags am *Campo Grande* – Volksvergnügen für den kleinen Geldbeutel: Boxautos, Ringewerfen, aufgeblasenes Plastikzelt für hüpfende Kinder... Am Abend im Folklorezentrum: kahle Halle aus Zement mit Neonröhre, schwarzes Grüppchen zeigt klassische afro-bahianische Tänze.

So. 22.2. Frühstart mit rasendem Taxi; mit *Varig* schöner Flug über Dünen und Palmenstrände – zweites Frühstück im Flugzeug, nicht befriedigend. Ankunft in **Rio** um 10:00. Per Taxi und gemütliche Schleifen ins Hotel der »grünen Geier«. Mittagspause. Aufbruch zum Flamingostrand kurz vor Gewitter; Wolkenbruch, wir müssen unterstehen. In Churrascaria »Amazonia«, portugiesische *Batida* als Apéritif – Salami, Oliven, Gurken. 1) *Espeto misto* 2) *Filet mignon* – solide Fleischportion!

Mo. 23.2. Die Regenzeit dauert weiter an, Shoppingtag auf der *Copacabana!* Kette aus Lapislazuli und Achatascher; zurück wegen Geldmangel. Nachmittags Achatplatte und nach langem Zögern Karnevals-Samba 1976! Tropengewitter; halb Rio ersäuft!

Di. 24.2. Die Regenzeit dauert weiter an!! Mit Bus ins Zentrum, Blumenmarkt ohne Romantik, kümmerliche Geschäfte, teils abbruchreif; wahllos ein paar Wolkenkratzer und immer wieder miserable Luft und von Autos gehetzt! Kathete zurück – im »Amazonia« 2 »*Espeto misto*«! Trüber Nachmittag mit Koffer packen, Gewichte verteilen...

Mi. 25.2. Regenzeit dauert weiter an! Mit Bus zum »*Largo do Boticario*«- kümmerliche Romantik von Rio. Kathete zurück, ins Bett; Versuch zu entspannen – Zimmerweiber scherzen vergeblich auf dem Flur und stehen Spalier! – Einchecken! - *Mistos* und Bier – Warten...

Thailand – Burma

24.01. – 16.02.1977

Di. Flug Frankfurt – Bangkok
26.01. In **Bangkok**. Amerikanisches Frühstück im Coffeeshop, zu Fuß auf verkehrsreicher, staubiger Straße Richtung »*Siam Center*«, Blumenstände mit viel Orchideen, Blumenketten für Heiligtum am Straßenrand. Laternen zum Anzünden der Räucherstäbchen, Stäbchen werden zum Gebet geschüttelt ... Geschäftstüchtiger junger Thailänder in türkischer Marine, Freunde in Frankfurt, *Factory* in der Stadt ...

Siam Center: viel Schmuckläden, hauptsächlich Jade, Buddhas, kunstvoll geschnitzte Elefantenzähne, immer wieder Seide. Restaurant: *Chicken* mit *Chili* und gebratener Reis mit *beef.* Gegenüber *Siam Square* – mehr Gebrauchsartikel, Straße mit Antiquitätengeschäften, verbotene Buddhas, Garudas und Tänzer zwischen 10 – 120 $. Per Fuß zurück, im Coffeeshop wieder ein kaltes Bier. Unten im deutschen »Biergarten« Teutonengesänge!

27.01. Im Dauerlauf zur Bank. Wir starten mit Hoteltaxi zur ersten Tempeltour. Entnervende Anfahrt, eine Stunde, Abgaswolken, Staus. *Wat Suthat:* schönes Giebeldach mit dreiköpfigem Elefanten, im Säulenumgang 160 vergoldete Buddhas mit Schärpe, teils frisch restauriert. Im Innern Riesenbuddha, darum herum vier kleine Pavillons mit je einem stehenden und sitzenden Buddha. Irrfahrt mit einem Taxifahrer, der das Bild vom Marmortempel nicht kennt und scheinbar Analphabet ist.

Auf Umwegen über den Königspalast zum *Marmortempel.* Versuch, den höllischen Durst mit Johannisbeersirup und Cola »*on the rocks*« zu löschen. Tempel weniger beeindruckend. Im Säulenhof werden Souvenir-Buddhas in Plastik zu Hunderten gestapelt, pro Stück 3.000 *Baht.* Mit Taxi zum *Goldenen Berg.* Mühevoller Aufstieg, Blick auf Bangkok mit zwei vergoldeten Chedis: *Wat Arun* und *Königspalast* im Dunst.

Am Fuß der *Wat Saket,* reich verziertes Giebeldach, Kreuzgang wieder mit unzähligen Buddhas. Privateinlass ins *Vihara:* Riesenbuddha mit zwei kleinen Buddhas zu Füßen. Viele Kerzenständer und Blumen, Rot-Gold-Decke, Raum ganz ausgemalt. Zu Fuß zur Bierkneipe, unter »Brücke«. Magischer Goldener Chedi verlockt in falsche Richtung. Per Taxi zum bewährten Siamcenter: Reis mit *beef, chicken, bananasplit.* Per Taxi zum Hotel »Grace«.

28.01. Diesmal per Taxi (1 h) zum *Königspalast* (plus Jacke, plus Krawatte in der Tasche). Bewölkt mit Sonnendurchbruch. Im Laufschritt ohne Plan durch die ganze Anlage, überladen, alle Stile, Rosenmuster, goldener Chedi, Wächter, bunt, Jade-Buddha, leider 12:00 Torschluss. Cola nebenan in einheimischer Kneipe.

Per Taxi mit Klimaanlage zum Hotel »Oriental«. Wann und wie viele Boote für *Floating Market?* Im Gartenuferrestaurant, schön, feine Brise, kleine Vögel, Boote... Bier und Nüsschen. Engländer mit Thai-Mädchen bester Laune, Th. macht für sie Foto.

Per Fuß durch heiße, stinkende Straße. Erster Laden: Besteck für 600 Baht, letztes Geld, gratis Taxifahrt. Weiter zu Fuß, Begucken der Souvenirgeschäfte. Jade-Elfenbeinkette-Einkauf, da hereingebeten worden, auf Kredit, junger Mann fährt mit zum Hotel mit Kette bei sich. Fahrt im offenen dreirädrigem Taxi, stinkend, staubig, lang – erste und letzte Fahrt zugleich. Bezahlung im Hotel mit $. Im Restaurant oben gefeiert?

29.01. Flug nach **Rangoon**, Sightseeing, Mit *Diethelm-Travel* Reiseleiterin zum Flughafen. Ein »Monsieur«, eine »Madame«, eine »Lady« und wir beide – Burmatruppe! Abflug mit einer Stunde Verspätung. An Bord: engl. Teekuchen, Sandwichs nach engl. Art, mit Schinken, mit Käse, *Mandarine Tea,* orangerot, aber gut. In Rangoon bei Zoll: Monsieur füllt für Reisegruppe Zollerklärung aus und überreicht Programm kleinem, einheimischen staatlichen Führer. Per Omnibus zu fünft, zum Hotel am See. Großes, etwas verlottertes staatliches Hotel, für unsere Verhältnisse ärmlich.

Gemeinsames Essen, europäisch mit kleiner Auswahl, im runden Esssaal mit eigenartiger Deckenbeleuchtung und vielen Kellnern und wenig Ausländern und Touristen. Australische Lady trinkt nie etwas beim Essen, da sie im Koffer Flasche schottischer Whisky aus Australien mitgebracht hat und immer vor dem Essen damit desinfiziert. Monsieur, aus Laos kommend, Professor.

Chinesenviertel: sehr arm, aber freundlich. Droschken, wenig alte Autos, viele neugierige Kinder, schrecklicher chinesischer Tempel. Stadt selbst verfällt, Häuser vernachlässigt, kurz vor dem Zusammenbruch. Am Hafen freundliche Menschen, wenige Schiffe, kleine Boote. »Feuchte« Pagodenbesichtigung, immer barfuß. Per Lift hinauf, überwältigend. Führer: »Wechseln Sie nur ein wenig Geld!«. Abends Geldwechsel an Hotelrezeption, nur mit Schein und Eintragung möglich. Vogelgezwitscher.

30.01. Nach **Pagan**, Sightseeing, frühes Wecken, engl. Frühstück am Flughafen. Propellerflugzeug, lotterig und kalt, orangener, süßer, feiner Tee! Fluglinie über einziger Straße, Blick auf viele Pagoden, die übers Land zerstreut sind. Am kleinen Flughafen zwei kleine Mädchen, die lachen. Per Bus zum einheimischen, überdachten Markt. Frauen mit dicken Zigarren, schön aufgestapelte Waren, freundliche Menschen, ruhig, nicht aufdringlich, sehr exotisch. Abstecher zum Fluss, Wasserbüffel, Wäschewaschen... Pagode? Zum Hotel, europ. Mittagessen, Zimmer im Lodgestil, für vier Paare, schön angelegt, mit Garten am See. Nachmittags Besuch von **Old Pagan**: *Ananda Pagode* mit vier stehenden, riesigen Buddhas. Viele Souvenirläden davor, später zwei Lackarbeiten gekauft.

Zu Fuß durchs Dorf, viele Kinder, staubig, Mädchen beim Waschen am Brunnen, Herstellung der Lackarbeiten vom Flechten bis kauffertig, zum Schluss Lackarbeitenfabrik, Einkauf. Zweite Fabrik, weniger gut, Tonbandgerät und Schnaps. Besuch bei Abt, Tee mit Süßigkeiten: Palmen- oder Kokossaftkugeln? Zuckerrohrbonbons?. Pagode mit liegendem Buddha, Wandmalereien. Gute Wandmalereien in anderer Pagode.

Mo. 31.01. Nach Pagan-Sighseeing – zurück nach Rangoon. Frühes Wecken, mit freundlichen, lustigen Amis zusammen zum Flughafen, wieder kleine Mädchen. Flug nach **Mandalay**. Großer, nicht so schöner Flughafen, Stadt ebenso unschön, Industriestadt. Erster Tempel: am schönsten die goldenen Bögen und die vergoldete Decke. Vor dem Tempel Aufgang mit Souvenirläden, Monsieur kauft Gong ein. Kleine Mädchen verschenken Eulen.

Vorher Museum besichtigt, dann kleiner Raum mit außergewöhnlichen Wandmalereien, extra Schlüssel geholt, außen ebenfalls Wandmalereien. Besuch der Klosteranlage mit holzgeschnitzten Außenwänden des Hauses, kleiner Mönch lässt sich vor Glocke fotografieren. Markt am Fluss. Europäisches Mittagessen im Hotel. Besuch einer Seiden-Webfabrik. Stoffe, die sehr teuer sind, werden an Touristen nicht verkauft. Besuch einer Fabrik, in der sie Kleider für die Mönchsweihe und Kopfbedeckung herstellen. Besuch einer Fabrik, in der sie Elfenbein, Stoßzähne und Knochen verarbeiten. Einkauf von Monsieur und Madame. Im Eilschritt zum Flugzeug, Trinkgeld?!

Warten. Raum verlassen nötig, da ein Minister erwartet wird. Hippies, Pärchen aussteigend fragt uns aus, manche erinnern an Australier-Typus. Unverschämter, großer Deutscher, älteres Semester, hindert Th. bei Einsteigen.

01.02. Tour mit Guide à 2 $, danach Flug nach **Bangkok**. *Indian* Viertel von **Rangoon** unschön, Straßenreinigung... Museum ärmlich: rundherum Waffen, Kleider, Schmuck, Thronsessel... Bilderausstellung furchtbar. Im Diplomaten-Shop Einkauf von zwei Lackarbeiten. Gedeckter Basar: viele Schmuckläden, Monsieur kauft dicke ein, Jade; leiht Geld bei Führer, der ist zunächst verschwunden. Nettes Mädchen, Adresse. Th. unterhält sich mit Buben auf Englisch, im Bus furchtbar heiß. Per Bus zum Flughafen. Keine Zollkontrolle, Warten auf Flugzeug. Madame bekommt doch noch ihren Schmuck. Wir sitzen auf Fensterbank einer Boutique der Flughafenwartehalle mit Lady. Sitz in erster Reihe, mit Möglichkeit, ins Cockpit hineinzuschauen. Erste Flugstunde für einheimischen Piloten, dem alles erklärt wird. Wir sind nicht ganz glücklich über den Flug, Th. Schwierigkeiten durch Ohren. Monsieur Schwierigkeiten beim Visum. Lady gewandt, findet Koffer und wartet in der Reihe. Per Bus, kühl, bis »Siam« Hotel, Abschied von Madame und Lady, per Taxi zum Hotel »Grace«, schönes Luxuszimmer, blau und neu, frischer Obstteller, glücklich, alles noch da.

02.02. Vormittags Karten und Umzug ins Zimmer 222. Mittagessen oben: Hummer! Th. gegrillt, K. mit Sauce. Nachmittags »Wat Pho«, liegender, riesiger Buddha, Eintrittsgeld. Kleines Mädchen, mit geschäftüchtiger Mutter im Hintergrund: »kaufen Sie meine Bananen, zwei Bananen zwei Baht – achetez mes Bananas, deux Bananas deux Baht«... Schuhhüter verlangt Geld, taubstummes Mädchen verkauft Bilder. Reispapierabdrucke und handwerkliche Souvenirstände. Einkauf von Büffellederschnitten und Reispapierabdrucken. Müde, aber glücklich auf einer Bank, gerade Vorlesung für Mönche beendet, Th. filmt. Abends Bier an der Bar oben im Hotel.

03.02. Exkursion, organisiert. Salinen: Frauen schaufeln, Männer tragen die Körbe über Schultern im Laufschritt. Frauen schaufeln Wasser von einem Reisfeld ins andere. Halt bei Zuckerfabrik. Reinfall, Touristenfalle, wenig Motive, viel zu viele Busse. Verträumtes, junges Paar verzögert die Abfahrt. Mit schnellen Motorbooten zum Floating Market. Nur eine halbe Stunde Aufenthalt, keine Zeit fürs Trinken und Souvenirs. Mit großem Boot, Reisbarke, gezogen von Motorboot, zum »Rose Garden«. An Bord einheimische Früchte in Bowle, sehr gut, drei Gläser. Im »Rose Garden« thailändisches Mittagessen: Gemüsesüppchen, paniertes Schweinefleisch mit Zwiebeln, Tomaten in süßlich-scharfer, roter Sauce, Omelett mit Hackfleischfüllung, panierte Calamaresringe, Rindfleisch in dunkelbrauner Knoblauch-Pfeffersauce. Sehr gut!

Danach Show: Prozession zur Mönchsweihe. Tanz der Fingernägel. Thailändisches Boxen. Tanz der Stämme aus dem Norden. Hahnenkampf. Bambustanz. Schwerttanz. Hochzeitszeremonie, Fotofans rennen alle nach vorne. Draußen kann man kostümierte Mädchen, besondere Vögel, Schlangen, die man sich umhängen kann, Elefanten bei der Arbeit fotografieren.

04.02. Bewölkt, zeitweise Regen. Post: Karten persönlich eingeworfen. Bank: Schecks sind wieder einmal weniger wert, nur Bruchteile. Zu Fuß zum *Siam Center,* Bluseneinkauf. Gemischter Reis und Eis im Eislazzarin. Th. erlebt Reinfall: farbenprächtiger, grünlicher Eisbecher. Zurück zu Fuß, Kleenex-Einkauf, versuchter Betrug.

Kaufhausbesuch, in Souvenirabteilung Überblick über gesamte handwerkliche Kunst. Preise niedriger, Qualität geringer. Abends organisiert: thailändisches Abendessen mit Vorführung klassischer *»Banthai«*-Tänze. Abendessen im »Baanthan«: Gemüsesüppchen, süßliches *chicken curry,* halbroher Blumenkohl, Reis, Rindfleisch in schwarz-braunem Chili-Knoblauch-Sößchen. Sehr gut. Tanzvorführungen kurz, prächtige, bestickte Kostüme.

Viele Fotografen, liegen vor der Treppe. Th. hat verhältnismäßig guten Platz. Voll besetztes Haus. Abrupter Aufbruch nach der Vorstellung, Unterhaltung am Tisch mit einer blonden, lustigen, jetzt in der Schweiz lebenden Landsmännin, und gemeinsam mit Kellner. Internationaler Tisch, vorwiegend Damen älterer Semesters.

05.02. Morgens bewölkt. Direkt per Taxi zum *Wochenendmarkt,* Krämermarkt und Flohmarkt in einem. Man kann alles Erdenkliche kaufen: Lebensmittel, Gebrauchsgegenstände, Kitsch, Vögel, Hunde, Hühner, Schuhe, Kleider, Besteck, Souvenirs... Wir kaufen Büffellederschnitte und Mokkalöffelchen. Es ist heiß, staubig und großes Gerenne und Geschiebe. Verschiedenartige Düfte. Mittagessen im einzigen Restaurant in der Nähe, Etwas mit Reis, gut, und ein großes Bier.

Wieder quer über den Markt zum Museum. Leider zu erschöpft, um alles mit Genuss anzusehen. Pause – mit zum Teil liegenden Einheimischen, unter schön getäfeltem Dach im Museumshof, ruhig und erholsam. Zweiter Anlauf, hinterer Teil des Museums. Quer über den Markt zurück, und wieder großes Bier im Mittagsrestaurant.

Abends chinesisches Essen im »*Golden Dragon*«. Th.: salzloses Hühnersüppchen mit Eiweißeinlauf, ganz dünne Nüdelchen, in Streifen geschnittenes Hühnerfleisch mit Pilzchen, angebraten in Butter, überkrustetes Schweinefleisch in süßem Ketchup-Sößchen, *Beef* in dunkelbraunem Knoblauchsößchen. K.: Krabbenfleisch mit Pilzen, Reis, Flan, Bambusspitzen in Zuckerwasser? Lychees. dürftig, Kellner unfreundlich, Atmosphäre kalt. Mehr Touristen als Einheimische, die sind hinter einem Paravent.

06.02. Massiver, goldener Buddha, Tempel schäbig. Japanische Touristentruppe ist in drei Minuten mit Besichtigung und Fotografieren fertig! – wir nicht. Zu Fuß durch Chinesenviertel, ärmlich, Geschäfte offen. Kleine Seitenstraße als Lebensmittelmarkt ausgebaut, eng, Gedränge, viele Enten. Th. muss blitzen, da dunkel. Menschen nicht unfreundlich. Taxipreise unverschämt. Erst ein gutes Stück zu Fuß, heiß, staubig, dreckig. Polizist hilft beim Erklären, Taxi fährt uns zur Bootsanlegestelle.

Wat Arun. Leider wird er restauriert. Überladen mit Röschenmotiv. Cola und falsche Nüsschen. Kurzer Besuch des *Wat Pho* durch uns bekannte Hintertür (ohne Eintrittsgeld). Beim Künstler Reklamation des zu hohen Preises für unsere Lederschnitte. Abends Thai Dinner und Tänze, nicht organisiert, Rezeptionschef empfiehlt das Lokal. Vorführung gut, Essen schlecht, Bedienung nachlässig, zu teuer! Kein Trinkgeld. Per bezahltem Taxi hin und zurück. Abmachung für *Floating Market* mit Jüngling, Bedenken, eventuell Falle?

07.02. Frühes Aufstehen. Schnelles Frühstück im verhältnismäßig warmen Coffeeshop, Kühlung noch nicht an. Jüngling pünktlich mit offiziellem Taxi, wir erleichtert. Kleines Grüppchen. Ehepaar vom Vorabend, bekannt, Englisch sprechend, mit kleinem Sohn und Tochter. Englisch sprechender Vater mit Sohn und Tochter. Zunächst Fahrt auf großem Fluss. Auf Hausbooten wird Morgentoilette gemacht. Gute Morgenstimmung über Palmen, wie im Urwald. Eigentliche Wege des *Floating Market* nicht fotogen, wenige Verkaufsboote, spärlicher Verkauf, gar kein Vergleich zum anderen, Touristenfalle. Halt bei Souvenirläden. Angebundener »kranker« Elefant als Motiv. Gemalte Figuren zum Kopf-Hineinhalten und sich fotografieren zu lassen. Großes Gedränge, da viele Boote angelegt haben, vor allem Japaner – alles wird von ihnen fotografiert, Schutzmänner passen auf, wir wärmen uns an kleinem Fleckchen Sonne. Halt beim Zoo. Zwei bis drei Tiere, aber Eintritt. Wir warten davor und sonnen uns. *Guide* zeigt uns Reliquie, sehr sehenswert, krank gewesene Nonne als Skelett, furchtbar! Wir durch einfältige, fremde Deutsche ins Gespräch verwickelt.

Halt am *Wat Arun*. Massentourismus, viele Stände und Buden aufgestellt mit Souvenirs. Stopp am Souvenirladen. Cola zur Begrüßung. Wir kaufen Seide für Rock mit letztem Geld. Kleine Jungen an Ampel mit Zeitung.

08.02. Koffer packen. Zu Fuß zum »Chevalit« Hotel. Unterwegs viele Souvenirläden, kein Glück mit Bluse. Erste Bank kein Geldwechsel, zweite Bank Geldwechsel. Mittags heiß, zu Fuß zurück. Im Hotel von Hostess Geld für Taxi zum »Mandarin«. Sie einmal für 25 hin, wir erhalten von ihr großzügigerweise 30 *Baht,* Th. macht es aus für 20! »Mandarin« Hotel zwei bis drei Stufen nobler, großes, schönes Zimmer, nachts jedoch Lärm von Straße störend. Swimmingpool, wir haben keinen Schwung.

Hamburger im Coffeeshop, amerikanischer Stil, gut. Blick auf Straße durch dickes Glas. Im Restaurant Möglichkeit zum »Kalten Büfett«, zu spät entdeckt, vielleicht, wenn zurück von Rundreise. In Hotelhalle Souvenirläden.

Koffer umpacken, da halbes Gepäck im *Mandarin* bleiben soll, wird gegen Quittung abgegeben bei Aufbewahrung, geht es auch gut? Abends sitzen wir in Ledersesseln der Hotelhalle und lauschen der Mitternachtsmusik, die abwechselnd und zusammen von zwei hübschen, jungen Gitarristinnen gespielt wird. Ein Bier und ein *Mandarin Drink, Longdrink,* kühl und grün, mit Pfefferminzlikörgeschmack.

09.02. Start zur Nordthailand-Rundreise. Frühes Wecken, englisches Frühstück im Coffeeshop. Als letzte betreten wir den Bus, alle sitzen schon! Ehepaar Blatter hat hinten zwei Doppelplätze belegt, jeder mit Fensterblick. Wir, kein guter Platz, Balken. Es ist ein altes Modell von Bus, klein und nicht bequem, *Hotelplan* hat gespart! Hinten sind unsere Koffer, kein Kofferraum, keine Toilette.

Folgende Sitzordnung wird beibehalten bis Ende der Fahrt. Wir sind die Einzigen, die gewechselt haben, mit *Franco,* dem Belgier. Reihe hinter dem Fahrer: Älteres Schweizer Ehepaar um die 70, sie ohne jedes Gepäck, da sie meinten, jeden Abend ins Hotel zurückzukommen. Sie kauft sich zweite Bluse, er ein Hemd, um etwas zum Wechseln zu haben, ab dritten Tag. Mittelaltes Schweizer Ehepaar, sie blond, mit kleinem Fotoapparat, um einiges jünger als er, er − sehr müde, schläft zwischendurch, raucht Zigarren und Pfeife.

»Michel« braucht zwei Sitze, allein wegen seiner verschiedenen Fotoapparate, groß, kräftig, kurze Hosen, lustig, originell, lacht viel, Fotofan erster Ordnung, wie gut sind seine Fotos wirklich? *»Franco«* − junger Belgier, befreundet sich im Laufe der Reise mit Michel und uns, hat Filmkamera, macht mit. Herr *Blatter,* (Elterngeneration) − im Laufe der Reise befreunden wir uns, Unternehmer, Schweizer, lebt in Spanien, Villa am Meer, Segelboot, zwei Söhne, einer zur Zeit am Amazonas, seit vier Wochen keine Nachricht, unternehmend, noch auf vital machend, braungebrannt und guter Laune.

»Regine« − Frau von Michel, dunkel, schmal und zierlich, Südfranzösin? − sitzt meistens allein, Michel: *»Ça va Regine? − Je veux voir ma épouce favorite!«* (immer wieder mal) − Madame stellt sich ungerührt, damit sie mit den Fotos nichts zu tun hat, akzeptiert seine Fotoliebhaberei, hat immer gute Laune, unser Alter.

Linke Seite: auf Notbank, abwechselnd unser schweiz-italienischer Führer *Claus Müller* und einheimischer Führer *Bug: »Nennen Sie mich Ping Pong!«.* Claus Müller, unser Alter, kein Fotofan, Oberstleutnant, Pünktlichkeit ist ihm das Wichtigste! Blond, kleiner Schnurrbart, den er, wenn er nervös ist, gegen die Nase quetscht − erzählt zum Teil Interessantes über Land und Leute, angenehmer und interessierter als sein Nachfolger, kein Foto! Dunkelhaarig, gedrungen, liest von morgens bis abends Zeitung, selbst im Boot bei interessanter Flussfahrt, wird im Laufe der Reise krank, lässt sich bedauern und verwöhnen. Er spielt sich auf gegenüber *Pong,* unangenehm, zum Glück nicht unser Führer. Interessantes wird auf Kassette aufgenommen, zwecks Auswendiglernen und sich nicht selber vorbereiten müssen. Stopft schon am ersten Tag die Düsen der Klimaanlage mit Zeitungspapier zu, später darf die Klimaanlage und Fenster wegen ihm nicht mehr aufgemacht werden und wir schmoren! Th. und ich sitzen zu unserem Bedauern hinter ihm. Dicker Metzger aus St. Gallen, um die 40, erstaunlicherweise schon viel herumgereist, weiß einiges zu berichten, von »Geckos« (Fliegenfängern), Reisanlagen in Ceylon, mit kleinem Fotoapparat, macht ab und zu Fotos. Frau *Blatter,* nett, ruhig, ihr Leiden bricht hin und wieder durch, Bandscheiben, wegen der schlechten Straßen, fährt aber bis zum bitteren Ende mit. Unoriginelles weiteres Schweizer Ehepaar, unser Alter, sie blond, groß, Brille, er macht ab und zu Fotos.

Thailand-Rundreise-Programm: Originaltext

Mi. *Bangkok – Pimai – Khao Yai* Nationalpark
Beginn der Rundreise. Die heutige Etappe führt Sie zuerst durch einige Industriegebiete, anschließend durch flaches Landwirtschaftsgebiet. Via **Saraburi** erreichen Sie dann **Pimai.** In der ersten Hälfte des 11. Jahrhunderts beschloss der Erbauer von *Angkor Wat,* der *Khmer* König *Suriyavarnam II.,* die Errichtung der Stadt und Kulturstätte *Pimai.* Das alte *Pimai* wurde genau nach den vier Himmelsrichtungen als Rechteck (1030 m x 565 m) mit Wall, Stadttoren und Wassergraben angelegt. Die Gesamtarchitektur und Details der Tempel (Reliefschmuck der Wände, Balustraden, Ornamente usw.) sind besonders für Besucher interessant, die *Angkor Wat* nicht besuchen können, ein eindrucksvolles Beispiel der *Khmer*-Bauwei-

se. Sie besuchen auch das Freiluftmuseum. Anschlie-ßend Fahrt zum **Khao Yai** Nationalpark. Der *Khao Yai* Nationalpark ist ein unberührtes Waldgebiet mit Gebirgs-bächen, Wanderwegen, Bergwiesen und Wäldern. Tier und Pflanzenwelt stehen hier unter Naturschutz. Unter-kunft in der »Khao Yai Lodge«.

Do. *Khao Yai* Nationalpark – *Lopburi* –*Tak*- *Phumipol* Fahrt via *Saraburi* und via **Phra Buddha Badh,** wo Sie den Tempel mit dem heiligen Fußabdruck Buddhas se-hen, nach **Lopburi,** Stadtrundfahrt. Sie besuchen das Museum, den heiligen dreitürmigen Tempel **Prang Sam Yod,** sowie die Ruinen eines *Khmer*-Tempels und des Af-fentempels. Weiterfahrt via *Kamphaengphet,* einer der einflussreichen Städte aus der *Sukothai*-Zeit, zum *Phumi-pol*-Staudamm. Unterkunft im *Phumipol Guesthouse.*

Fr. *Phumipol – Ban Hong – Lampoon – Chiengmai* Zuerst fahren Sie nach **Ban Hong,** wo Sie die weißen *Ka-ren*-Stämme besuchen. Weiter geht es nach *Lampoon* mit Besichtigung der ältesten Kultstätte Thailands, nämlich **Wat Phra That Hariphunchai.** Anschließend Fahrt nach *Chiengmai.* Unterkunft im Hotel »Rincome«

Sa. **Chiengmai** ist die zweitgrößte Stadt Thailands und Hauptort des Nordens. Als Stadt der Rosen, Orchideen und anmutiger Mädchen, genießt Chiengmai den Ruf ei-nes romantischen Urlaubsorts. Vormittags Fahrt zum *Meo* Bergstamm, der noch heute vom modernen Leben unbe-rührt geblieben ist. Anschließend Besuch des **Wat Doi Suthep** Klosters.

Am Nachmittag besuchen Sie die Werkstätten der Handwerker. Herrliche Lackarbeiten und Meisterwerke der Seidenweberei, Töpferei und Silberschmiedekunst – eine einzigartige Einkaufsgelegenheit! Sie besuchen ebenfalls die berühmte thailändische *Celadon*-Töpferei, sowie das **Dorf der Schirmmacher.** Dinner bei Thaitän-zen: Reischips, Gemüsesüppchen mit Fleischstückchen, scharfe Fleischstückchen, panierte süß-saure Fleisch-stückchen, süße Strohkartöffelchen. Unterkunft im Hotel »Rincome«.

So. *Chiengmai – Sukhothai – Phitsanulok.* Der Vormittag steht zu Ihrer freien Verfügung. Gelegenheit zu einem Ausflug, »Arbeitselefanten«. Am Nachmittag Fahrt via **Sukhothai** nach **Phitsanulok.** Unterkunft im Hotel »Amarintr Nakorn« in *Phitsanulok.*

Mo. *Phitsanulok – Sukhothai – Nakhon Sawan.* Besichtigung des Tempels *Wat Phra Si Ratana Mahathat* sowie der berühmten Tempelruinen **Wat Mahathat** und *Wat Si Chum* in *Sukhothai.* Weiterfahrt via *Kamphaengphet* nach **Nakhon Sawan.** Unterkunft im Hotel »Anodard«.

Di. *Nakhon Sawan – Bangkok.* Nach dem Frühstück Rückfahrt nach **Bangkok,** mit kurzem Aufenthalt in **Ayutthaia.** Zimmerbezug in Ihrem gebuchten Hotel.

Kanada – USA

28.06. – 12.08.1977

28.6. 7:19 Uhr mit dem Eilzug nach Frankfurt, knapper Anschluss zum Flughafen, keine Zeit für Halsbonbons, obligatorische Erkältung zum Beginn der Reise. Viel Platz in der KLM Maschine, aber kein Gabelfrühstück. Eine Stunde bis Amsterdam. Gedränge zum Jumbo der orangeroten CP Air, *Canadian Pacific.* Etwa 400 Leute. Auch innen freundlich, orangerot, viel Platz für Füße. Als Drink zum Aufwärmen *Bordeaux.* Älterer Herr als Steward, gemischte, freundliche Besatzung. Kalter Lunch: Schinken, Chicken, gefüllte Tomate, feiner Fruchtsalat... Film mit Kinderstars. Pausenloses Entspannen. *Hot Dinner:* exzellentes Filetsteak, butterzart, obwohl halb roh, mit Böhnchen und Kartöffelchen. *oeuf surprise,* Pfirsich auf Reiscreme mit Schlagsahnerand. Start etwa 14:00.

Landung etwa 15:00 in **Calgary.** Information: Kanadischer Automobilclub ist weit weg in Edmonton. Wir gönnen uns den Luxus per Taxi zum »Holiday Inn«, 9 $. Im *Country Style,* Originalplanwagen aus der Westernzeit. Dezente Beleuchtung in der Bar, die Mädchen mit Cowboyhut. *Calamares* mit *Barbecuesauce* zum Probieren. Schönes Zimmer, frühzeitig ins Bett, nächtliches Erwachen.

29.6. Zum Frühstück im Ranch-Restaurant »Golden Rush«. Dünner Kaffee, unbegrenzt, *Bacon* mit Rührei und Kartöffelchen, gebutterter Toast mit *Jam.* Debakel mit elektrischer Taschenlampe, zu Hause in Steckdose gelassen, teurer Anruf. Autovermieter trifft pünktlich ein. Fünfköpfige Familie aus Deutschland will auch auf Rundtrip. Schmucker *8-feet-Camper* mit dem bezeichnenden Namen »Frontier«. Im Supermarkt tätigen wir Großeinkauf für die nächsten acht Tage: Fleisch, Milch, Eier, Brot, Kartoffeln, Mehl... Keine Spirituosen.

Start bei etwa 5.140 Meilen Richtung *Banff,* ein Ticket für vier Tage 2 $. Abstecher zu den *Hoodoos,* Feenkamine. Camping im Wald mit Feuerstelle und gespaltenem Holz. Kleiner Spaziergang, Hackfleischpfanne sorgt für innere Hitze in der Nacht, es wird überraschend kalt, eisig.

30.6. Bei Sonnenaufgang mit Fotoenthusiasmus Berggipfel. Schmucke Fahrt, Rehe neben der Straße, stimmungsvoller See. Zurück auf Highway, nach **Banff**. Höhenkurort. In der *Touristinformation* Kartenmaterial und Diashow: Eisenbahnbau, heiße Quellen, Natur, Tiere... Auftauen mit heißem Kaffee. Abstecher zu *Bow Falls,* breiter Wasserfall. Golfgelände am Hotel im hier üblichen Schlossstil.

Sundance Canyon, nicht jeder Canyon ist ein Canyon! Auf der alten Straße nach **Lake Louis**, Besuchermassen wie am Titisee. Grünlich-weißer See mit Gletscherkulisse, wolkig, daher kein Bilderbuchfoto. Spaziergang am See, ebenfalls Schlosshotel. Zum Campingplatz am Fluss, riesiger Holzhaufen, alldieweilen wird gegrillt. Auch alte Herrschaften mit Zelt.

1.7. Nacht nicht ganz so kalt. Früher Start zum *Moraine Lake.* Schneebedeckte Bergkulisse. Zum *Lake Louis* bei Sonne. Viewpoint-Strecke ist **Ice-Fields-Parkway**. Blicke auf Gletscher und Seen. Ein türkisfarbener See. Viele Camper unterwegs. Bei Kaffeepause zwei uralte Leute aus North Carolina. »Mount Cirrus Camp«. Holz hacken, Haare waschen, halb rohe Bratkartoffeln und zähe *boneless Steaks*. Gefräßiges Eichhörnchen frisst Kartoffeln, Fleisch – sitzt in der Bratpfanne und schlürft Bratensauce. Zu Fuß Richtung Wasserfall, Trinkwasser für Camping. Nachts Regen. Eisschrank taut auf wegen des schrägen Stands des Autos.

2.7. Halb bedeckt, deshalb erst um 7:00 Start. Bewährtes Frühstück. Kaffee, heiß, zum Auftauen, mit *Coffeemate*, Brot mit harter, salziger Butter, Honig und rotem Traubengelee. Nächtliche Kälte in den Knochen, wenig Möglichkeit zur Morgenwäsche. Die ersten Stunden während der Fahrt in doppelter Kluft, Schlaf- und Trainingsanzug.

Richtung *Columbia Ice Field* immer trüber. Gletscher sieht aus wie alter Schnee, das meiste in Wolken verschwunden. Wir lassen *Jasper* wegen schlechten Wetters ausfallen. Zurück zum *Highway Nr. 1* Richtung Vancouver. **Joho National Park**, erster Campingplatz besetzt. Wetter lichtet sich.

Am jadegrünen Fluss entlang zum »Hoodoos« Campingplatz. Wanderung auf steilem Pfad, *Hoodoos* nicht in Sicht. Wir kehren auf halber Höhe um und kühlen die heißen Füße im eisigen Bach! Zwiebelfleisch im Trapperstil mit heißem, ungesüßtem Tee. Nachbarn werfen Hufeisen, grillen und sitzen am Feuer bis spät in die Nacht. Kalt.

3.7. Bedeckt. Nach *Golden*. Information in schmuckem Holzhaus. Bereitwillig bekommen wir sämtliche Straßenkarten und Prospekte über Parks. Eintragungen im Gästebuch: *beautiful, fantastic, very nice, too much rain, lovely...* Wir schreiben rein: *very nice, but cool!*

Überraschend billiges Benzin, halb so teuer wie in *Banff*. Sonntagmorgen nur *Grocery* offen. Brot, Pfirsich, Milch... Rast. Palatschinken backen. Beim Teigrühren entdecken wir einen Bären an den Abfallkörben. Wir lassen ihn auf ein paar Meter ran und flüchten ins Auto. Er schaukelt am Abfalleimer und schnappt sich einen Apfel.

Im **Glacier National Park** *Powderland*, bestäubte Gipfel, in Wolken. Campingplatz ohne Gebühr (3 $) am Gletscherfluss. Wanderung Richtung *Marion Lake,* nur *2,5 miles* in steilen Serpentinen. Farn- und Moder-Romantik, sehr feucht in Wolkennähe, kehren wieder kurz vor Ziel um, Ehrgeiz reicht nicht aus. Regen setzt ein, ziemlich durchnässt zum Auto. Tee und *Philadelphia-cheese*-Brot. 4.7. Eisige Nacht. Trail zum Gletscher lassen wir ausfallen, da bedeckt. Unterwegs lichten sich einige schneebedeckte Gipfel. Nach *Golden.* Benzin doch Normalpreis, fromme Täuschung. Ein bisschen Food und im *General Goverment Liquor Store: Beer* und *Canadian Whisky, double distilled and 5 years old. Good!* Am Rastplatz unrasierter, freundlicher Alter auf Roundtrip. Kraftfutter, kernige Haferflocken mit Rosinen, *brown sugar* und Datteln. Fahrt durch alpines Gelände nach **Radium Hot Springs**. Termalschwimmbad mit fetten, sich aalenden Gästen.

Campingplatz am Fluss *Meadow.* Eineinhalb Meilen Trail zum *Dog Lake.* Diesmal schaffen wir das Ziel! Wilde Feuerlilien, abgestorbene Bäume. Kanadisches Frühstück als Abendessen. Wieder Blick aus dem Auto, stattlicher, schwarzer Bär bis auf 10 m, sucht die Rastplätze ab, trottet wieder davon. Schweizer mit Afrikanerin auf Welttrip.

5.7. Vorbei an *Powdered Mountains,* ein einzelnes Reh am Straßenrand. Zu den *Paint Pots,* Farbtöpfe. Stacheltier. Rötlicher Lehm, gebrannt und mit Tierfett oder Fischöl vermischt, als Indianerfarbe. Quelle bildet durch Ablagerung Kegel.

Marble Canyon: sehr schmale, tief eingeschnittene Felsschlucht von einem kleinen Fluss. Ständiger Wetterwechsel, typisch, auch im *Banff*-Park, rechts Regen, links Sonne. Klarer, blauer Himmel mit weißen Wölkchen über der Prärie. Wir bekommen noch einen Platz mit Wasseranschluss... *Hot Showers.* Pfannkuchen. Warten auf *Stampede.* Trailer-Park wird langsam voll. Viele aus Kalifornien, in *Aluminium-Raketen-Look.* Pets zugelassen.

6.7. Nacht kühl bis kalt. Morgens blauer Himmel. In der Sonne warm, im Schatten kalt. Keine Rede von kanadischer Hitze. Zum Stampede-Stadion, wir prüfen Plätze und kaufen Tickets. Downtown **Calgary**. Selbst Banken im Western-Look. Die 8th Avenue als Fußgängerzone. *»Chinook«* Einkaufscenter: vornehme Ausstattung, Holztäfelung... bessere Geschäfte, *BC Jade, British Columbia Jade...* *Convention Center* mit Museum, gegenüber vom *Calgary Tower.* Auf dem Campingplatz großer Andrang.

7.7. Amerikanisches Frühstück: *bacon and eggs.* Kraft zum Museumsbesuch. *Self*-Tanken 76,9 Cent, 20 Cent gespart. Parkplatz im Zentrum. *Glenbow Museum,* Moderne Kunst, kanadische Teppiche... *W. Reiss* Ausstellung, Spezialist für Indianer. Im Aufgang *Aurora Borealis,* ein Acryl-Aluminium Kunstwerk, Eiszapfenlüster oder Baum mit Lichteffekten und ätherischer Musik, *Spirit of the North.* Hervorragende Ausstellung, Themen: Eroberung des Westens, Lebensstil der Siedler... Verschiedene Indianervölker und Eskimos. Alles in Schwarz. Spotlichter auf die Ausstellungsgegenstände, verschiedenfarbige Podeste und alles nobel. Großzügig beschriftet und grafisch erläutert. Vierter Stock: Juwelen, Militär, Waffen, Folterkammer, Mineralienausstellung... – das ansprechendste Museum, das wir je gesehen haben.

Über *air conditioned Skywalk* zum *Palliser Square Shopping Complex. Cheeseburgers and hot coffee.* Geschäfte sind ähnlich wie im *Chinook Center,* Holz und Chrom. Unerwartet Sonnenschein. Auf der Fußgängerzone lässig heiteres Leben. Duschen, Socken. Pfannkuchen auf Campingplatz.

8.7. Die ganze Stadt auf den Beinen zur Parade, die Tribünenplätze längst ausverkauft. Guter Platz. Reklame, Münzen werden mit ausgespannten Tüchern und Eimern für den guten Zweck gesammelt. Die Persönlichkeiten der Stadt, Indianer, Musikkapellen, Tamburinmädchen, Wagen mit Plastikflitter, Clowns, Oldtimer...

Stimmung fällt ab gegen Schluss, da sehr lange. Mädchen, Deutsch sprechend, erklärt uns einiges. Windig, kalt, aber sonnig. Speckeier im Auto. Mit dem *Stampede Express* zum *Grand Stand.* Eintritt für Rummelplatz – wie bei uns. Rodeo, Kälber fangen von Hand, mit Lasso, *Broncos-Rides,* glimpfliche Stürze. Einlagen: Reiterregiment in roter Uniform, zwei wild reitende Schwestern, die Clowns mit Hündchen und Auto. *Stierreiten.*

Durchs Gedränge ins *Indian Village,* Prinz Charles und die Indianer. Ehrung der Ältesten der Stämme, *Stoney, Sarcee, Blackfoot...* mit Medaille und Wolldecke. Bewusstes Trara um die Indianer verrät schlechtes Gewissen. Man bemüht sich um konfliktloses Zusammenleben in der Zukunft. Tänze finden nicht statt. Zurück zum Camp, Duschen, Cornflakes mit Rosinen und Milch...

9.7. Gemütliches Frühstück, beinahe zu spät zu *Saturday morning round up.* Durch Zufall *Stampede Express* an der *Westbrook Mall,* Einkaufszentrum.

Stampede: Junior Rodeo, Ladies Barrel Race, Stierreiten... Rodeoreiter mit gegipstem Arm bleibt hängen, Clown mit Auto, *Chuckwagon Race...*

Indian Village, Rummelplatz, Ringe auf Flaschen, *Dimes* auf flache Glasteller... Preise sind hauptsächlich kitschige Stofftiere bis zum Jumboformat. Fischen, *just to winning,* Glücksspiel mit Maus oder Würfel, Zahlen, Monate, Farben... Wurfspiele mit Bällen, Schießen: Sterne ausschießen, Westernszene ohne Gewinn, jeder Treffer setzt etwas in Bewegung, Farmers Töchter: Strickleiter, unbezwingbar... Alles Spiele mit wenig Erfolgschancen. Riesenrad, Achterbahn, Karussell, sehr rasante Schwebebahn. Großproduktion Zuckerwatte, verzuckerte Äpfel, Maiskolben, *Dog in Corn,* Popcorn, Eismohr mit Erdnüssen... Deftige eigene Hamburgers im Auto, Entspannungspause. Abend Fotoausstellung.

Chuckwagon-Race: Start um Tonne, danach Rennen ums ganze Feld. Nummer Eins gewinnt oft wegen Innenbahn. Begleitmänner laden zum Start Kiste auf und reiten hinterher. Acht Rennen mit je vier Wagen. *Glamour Show:* Glitzernde Kostümierung, Kinderauftritt, Märchen aus Tausendundeiner Nacht, Ballettnummer, Schimpansennummer, Varieté. Aufmarsch der Fahnen und Nationen, *we are many people.* Jede Vorstellung beginnt mit Nationalhymne. Zum Schluss Prachtfeuerwerk. *Midnight-Special Ticket* für die Nacht, wir aber zurück ins Camp.

10.7. Grau, Programmpunkt Zoo wird gestrichen, Müdigkeit überkommt uns, ausgiebiger Nachmittagsschlaf. Spaziergang Richtung *Happy Valley,* zu weit, Wetterumschwung, Schauer...

11.7. Richtung **USA**. Sonnig, Indianerland, *Cardston,* pompöser Tempel der Mormonen, schäbiges, heruntergekommenes Nest. Ein-Mann-Betrieb an der Grenze. Keine Food-Kontrolle. **Montana!** *Blackfoot* Indianerland. *Babb* und *St. Mary, Indian Crafts,* Mokassins, Glasperlenschmuck, Taschen, Gürtel... ebenso verkommen wie vor der Grenze. KOA Camping am Fluss. Krasser Wechsel von Sonne zum Regen.

12.7. Sonniger Morgen, schon fast Hitze im Auto. *Montana,* Hügelland, zum Teil versteppt, baumlos, Whiskey, Milch und Dollars. Vergammelter *Rock-Shop.* Pfannkuchen, *Pancakes.* Pause am *litter barrel.* In *Great Falls* direkt zum Safeway, Verpflegung für die nächsten zwei bis drei Wochen, 70 $. Im K-Mart Super8 und Minirucksack. *Giant Spring,* größte Quelle der Welt, etwa 10 m Durchmesser, eingefasst, aufsteigendes Grundwasser, einige Hundert Jahre braucht das Wasser von den Bergen bis zur Quelle, 500.000 l pro Minute. Forellenzucht.

Alle Tanks voll mit Billigbenzin, 59,9 Cent pro Gallone. Propan aufgefüllt, obwohl die Flasche noch ¾ voll! 80 Cent für 4 *Pound!* Auf neue Autobahn, *Scenic Road* durch *Missouri*-Tal. Dunkelrotbrauner Sandstein, scharfe Zacken. Milde Hügel mit Matten und Tannenbäumchen. *Missouri* träg und breit. Camping *free,* im allabendlichen Gewitter.

13.7. Absolut regnerisch, später Start. *Gates of the Mountain Wilderness* um die Ecke am See, nur per Boot. Fotos nicht attraktiv, wir verzichten, fahren weiter. Es wird sonnig, weite Kornfelder, trotz Regen wird ständig mit Wasser besprengt. Zu den **Lewis and Clark Caverns**. Lewis und Clark waren die Kundschafter des Landes. Zweistunden Unternehmen, Bergpfad als Anmarsch, junger Ranger, verschiedene Räume, Stalaktiten hängen, Stalagmiten stehen, *flowing stone.* Bezeichnungen: *Pop-*

corn, Elefantenzahn, *Garden of Gods, Paradise Room, The Cathedral...* Braun durch Eisen, weniger fotogen als kurios. Hitze draußen. Schöne Schweineschnitzel und *Olympia* Bier.

Auf der Autobahn zum *Yellowstone River Tal* durch schwarzes Gewitter, dahinter schönster Sonnenschein. Kurz vor Parkeingang Elchgehege und Bergziegen. Gegenüber Camp. Vier jugendliche Schweizer von New York zum Jasper, nach Mexiko, dann wieder zurück nach New York – in 7 Wochen. *Yellowstone* ist ja so klein, 1 Tag.

14.7. Elchfotos. **Yellowstone NP,** Nord-Eingang, bis 11:00 seien alle Camps belegt. Noch gut Platz bei *Mammoth Hot Springs.* Zuerst zu Fuß, dann per Auto zu den Sinterterrassen. Opalterrasse, Schwefeldämpfe. *Minerva* und *Jupiter*-Terrasse am schönsten. Dampf, heiße Wasser, *the World largest,* Großteil ausgetrocknet. Ungewohnte Ballerhitze macht uns zu schaffen. Zartes *Shirloin Steak.* Nach Mittagspause nochmal zu den *Hot Springs.* Im Abendlicht weniger leuchtend weiß, dafür farbiger. Campingsystem: Platz suchen, besetzen, 3 $ in Briefumschlag, jeden Morgen das gleiche Abenteuer.

15.7. Bei Sonnenaufgang an den Sinterterrassen, wie in Pamukkale, mehr Dampf. *Loop* zu den anderen Quellen. Friedlicher Elch am Straßenrand. *Roaring Mountain,* rauchender Berg. Auf Camp wird nach langem Suchen ein Platz frei. In Mittagshitze zu *Norris Geyser Basin, Porcelain Basin,* weiß mit Farbflächen, grünlich, rostbraun und hellblau. *Africa Geyser* in Dauerausbruch, *Little Wrighling* alle 10 Minuten, bis Wasser völlig verschwindet und nur sein Nachbar aus zwei Quellen spuckt. Viele kochende kleine Wasser.

Im zweiten *Basin* große *Geyser,* die nur selten aktiv sind, kein außergewöhnliches Glück. *Steamboat* schweigt seit Jahren. Viel Schwefeldampf. Pause. *Artist Paint Pots,* ausgetrocknet. *Beryl Spring,* grünlich kochendes Wasserbecken. *Porcelain Basin* am Abend überraschend weniger farbig. Deutsch sprechender, aus dem Staate Washington: »...die schönsten Berge auf der Welt sind in Washington...«. Zwei Jünglinge übernachten im Freien auf unserem Platz, da »*Campground full*«.

16.7. Früh am *Geyser Basin*. Dampfküche. Nach *Canyon Village* auf Camp. Schön, schattig unter Bäumen. Canyon-Rundfahrt, sehr steil, gelb bis rötlich, sehr eindrucksvoll. Gigantische Wasserfälle, *Artist Point*, Farben. Hamburger aus Chicago sagt, dass es früher noch viele Bären gegeben habe, jetzt seien sie ins Hinterland gebracht worden, wegen der unvorsichtigen Touristen. Kleiner Walz zum quasi *Inspiration Point*, nicht viel farbiger als mittags. Bierkonsum wegen der Hitze gewaltig gesteigert.

17.7. Ruhetag. In Duschanstalt aufgemöbelt, Wäsche, *Shirloin Steak*, Pause...

18.7. Früher Start nach *Tower Falls*. Wasserfall, auch von unten nicht eben beeindruckend, malerisch. Picnic Area im Wald, Erschöpfungsschlaf, dann Trail zum *Cascade Lake*. Warnung vor den Bären, hinter jedem Baum kann ein Grizzly stehen, 6 – 7 Fuß. 2,5 Meilen, flach, sonnig, Wiesen und Wälder. Gut bei Fuße, aber leider Ziel nicht, wie erwartet, klarer See für Ruhepäuschen, sondern brauner Tümpel in sumpfiger Wiese. Direkt zurück. Beine werden schwerer mit jeder Meile. Auf dem Camp Pfeffer-Zwiebelfleisch aus altem Steak, sehr gut! Müde vom Wandern.

19.7. Morgensonne über dem Canyon bringt keine neue Stimmung, Licht zu bleich, weiter. Elch badet im Fluss. Elch *(Moose)*, Wapitihirsch (*Elk*). *Sulfur Cauldron*, Kessel, gelblich, Blasen. *Rotten Egg*, Dampf. *Mud Volcano*, schlammige Kochtöpfe, grau bis schwarz...

Sour Lake... Picknick am Anglerfluss. Schwingtechnik mit Angelleine ohne Köder, kein Fangerfolg. Abendlicht im Canyon ebenfalls ohne neue Akzente. Allabendliche Rangerwarnung vor den Bären, um die Camper in der Illusion zu wiegen? Keine Zelte erlaubt, Food in Autos!

20.7. Ausgeschlafen. Erstens: Trail zu den *Lower Falls*. Zweitens: *Uncle Tom's Trail* gegenüber. Noch steiler, auf Stufen hinunter zum *Fall*. Doppelte Niagarahöhe. Fotonachlese. Pancakes auf Camp mit Blueberry Gelee. Freier Spätnachmittag mit Dusche. Gewitter. Amerikanischer Käse, ockergelb, würzig, mit Ketchup veredelt, und dänische Salami.

21.7. Morgens immer noch grau, trotzdem früher Start. Friedlich äsender Wapitihirsch. Campingplatzübernahme von abrückender Familie in *Madison Junction,* nicht so gepflegt wie die anderen. Wegen Regen Erschöpfungsschlaf.

Nachmittags Fahrt der kleinen Attraktionen! Erstens: *Firehole Canyon,* warme Zuflüsse, Fischreichtum, frei für *Flyfishing.* Zweitens: *Fountain Flats Drive,* flache Quellen. Drittens: *Fountain Paint Pot,* kochender Brei, leicht rosa, Fumarole, abgestorbene *Lodgepole Pines,* Behausungspfahlpinien. Viertens: *Midway Geyser Basin,* schöner, weißer Zufluss, *Grand Prismatic Spring.* Fünftens: *Firehole Lake Drive,* großer Geysir mit Sinterterrassen, kochender See, *hot lake.*

22.7. Morgens grau. Überraschendes Aufklaren. Erstens: *Midway Geyser Basin, Grand Prismatic Spring.* Zweitens: *Biscuit Basin,* nicht so stimmungsvoll, dafür *Black Sand, Emerald Pool, Rainbow Pool, Sunset Lake!* Alle gleiche Art, von Hellblau über Gelb zum Rostbraun. Drittens: **Old Faithful,** großes Massengedränge, auf Bänken Warten auf Vorstellung, kommt pünktlich, alle begeistert. Pause auf Parkplatz nicht erholsam.

Danach großer Trail: *Geyser Hill,* einige *Cone Geyser* mit Horn aus Geyserit oder Sinter. *Beauty Pool, Cromatic Spring, Riverside Geyser,* lange, mächtige Eruption. *Grotto Geyser,* originell geformt. *Morning Glory Pool,* am Abend, bedeckt.

23.7. Sonnig, Glück mit Wetter, *Tag der Rosinen.* Bergblick auf *Grand Prismatic Spring. Black Sands Basin,* abgestorbene, angekalkte Bäume in farbigen, stillen Wassern. *Old Faithful* Gelände, überraschende Geysirtätigkeit. *Saumill,* Sägemühle, plötzlich. Trio, fleißig. *Grotto,* heftig und andauernd. *Beautypool* und *Morningpool* in vollem Licht. Erschöpft. *Olympia* Bierchen. Nochmals Vorstellung bei *Old Faithful,* anschließend *Geyser Movie. Egg and Bacon.* Vorratskauf bei »General Store«. Zurück in gemütlichem Tempo, Gewitter.

24.7. Absolut grau. Zum Glück alle Höhepunkte abgehakt. Über die Kontinentalwasserscheide nach **Grant.** Großer Campingplatz, direkt am See, für Angler und Bootsbesitzer. Keine Möglichkeit für Unternehmungen. Postkarten. Absolute Ruhepause.

25.7. Wider Erwarten reißt die Bewölkung auf. In Eile zum *West Thumb Geyser Basin,* kleine Nachlese der *Thermal Features.* Im *Visitor Center,* in Grant Village, schöne Slideshow und der beruhigende *Sound of the Wilderness* im Ohrmuschelsessel. Großreinigung in der öffentlichen Shower-Anstalt für ½ $. Zitterhunger, Speckeier. Pause. Gemütlicher Spaziergang an die Mole. Hobbyangler mit Kindern, eine *Browntrout, 14 Inches.* Am See sehr ruhig.

26.7. Sonniger Aufbruch. Massen auf der Süd-Nord-Achse. Wir verlassen den Yellowstone Park, ohne einen Grizzly gesehen zu haben. *General Stores,* Futter und Kuriositäten, holzgeschnitzter Ramsch, Türkisschmuck...

Grand Teton NP, alpine Kulisse, alter Schnee. *Colter Bay Visitor Center,* nach dem *Glenbow Center* in Calgary, das bisher geschmackvollste Museum für indianische Kunst und Leben. Alte Indianerin zeigt alte Korbflechtkunst mit Entenfederchen.

Moose Village Visitor Center, Ausstellung über die frühe Trapperzeit. Trapperpfade Missouri aufwärts bis Yellowstone und Grand Teton Gebiet. Hauptsächlich Biberfelle, Vorderlader... »he was tough or dead!«, er war zäh oder tot – Resümee über das Trapperdasein. *Jackson Hole,* ganz auf Wildwest, Saloons, Holzblockhäuser... reiner Ferienort. Über *Teton* Pass nach **Victor,** vergammeltes Kaff. Gesprächiger Alter im Rockshop mit Tankstelle, *Teton-Jade...* Einsames »KOA« Camp, Abendsonne und *Olympia Beer.* Schöne Dusche.

27.7. Die Nacht kühl, obwohl tagsüber warm. Durch hügeliges Waldland nach **Idaho Falls.** McDonald's: *Big*

Mac in gewohnter Qualität. Vorratskauf bei Safeway, insbesondere Bier. Günstig vollgetankt. Wüstengegend mit *Sagebrush,* graugrünes Gebüsch. 40 Atomreaktoren, Lavafeldergegend. *Lost River* – versinkt, fließt unter Lava durch und bildet weiter südlich Quellen am *Snake River.* Direkt neben Wüste Kartoffelfelder und braungelber Weizen. Kartoffelhauptstadt der Welt ist in der Nähe. Kleine, schmucke Buschsonnenblumen am Straßenrand.

Craters of the Moon National Monument, erinnert an Lanzarote, aber nur schwarze Lava. Ein paar Lavakegel, Tunnels, verschiedene Formationen, trocken und heiß. Köstliches Bier! Camping inmitten erstarrter Lava. *Campfire*-Programm, Erklärungen über *AA-Lava* und *Pahoehoe-Lava*...

Ton-Diaschau über Nationalparks von Alaska, Oregon, Washington, Idaho und Nordkalifornien mit Geschichtseinblendungen. Anschließend haben wir noch die Möglichkeit, den Mond durchs Teleskop zu betrachten.

28.7. Im Morgengrauen gelbe Königin der Nacht fotografiert. Nach Frühstück Nachschlaf. Erholsamer Morgen am Lavacamp. Durch absolute *Sagebrush*-Wüste, extreme Hitze, original *Beefburger,* hausgemacht. Entlang am *Snake River,* teilweise Bewässerung.

Bruneau Sand Dunes State Park. Freundliche Information. Warten in Sonne, mit Wasserschlauch, auf den Abend zur Dünenwanderung. Kleinere Düne vor dem See, flacher Buckel, dann schmaler Grad, feines Wellenmuster, Abwärtsstapfen sehr angenehm. Gegenüber elegant liegende Düne mit »Bauchnabel«.

Bis Sonnenuntergang am See. Auto sehr heiß, starker Wind, unruhige Nacht zwischen Schwitzen und Abkühlen. Campingplatz überraschend gepflegt, Rasen wird besprengt. Hochmoderne Duschen im Astronauten-Look.

29.7. Total geschlaucht von der Nacht, erst nach Sonnenaufgang zum großen Dünen-Trail. Um Seespitze herum kleine Düne zum Einüben, mühevoller Aufstieg zum Dünenkamm, 450 Fuß, Freiburger-Münster-Höhe. Immer nach zehn Schritten Pause, starker Wind, knöcheltiefes

Versinken im Sand, aber wir schaffen es! Erhabener Ausblick. Sehr angenehmer schneller Abstieg. Wir gehören noch nicht zum »alten Eisen«.

An Picnic Area super *Beefburger.* Entspannungspause, zurück auf schönes Camp, Erholung, kombiniert mit Duschen und Haarwäsche. Immer noch sehr windig, daher kühler als gestern. Abendlicher Walk auf die kleinen Dünen, schöne Wellenmuster, elegante Linienführung. Abendessen im Mondenschein.

30.7. Wieder wolkenlos. *Mammoth and Shoshone Ice Caves* schon von außen nicht überzeugend, außerdem zu teuer. Alles noch Wüste mit *Sagebrush.* Berge ziemlich dürr. Kleinstadtmuseum im Nostalgie-Look. »Sun Valley KOA« Camp leicht heruntergekommen. **Sun Valley** selbst ein Ort für golf- und tennisspielende ältere Herrschaften. Eigentliche Saison im Winter. Viele Holzchalets.

Neues, rustikal nobles *Visitor Center* der *Sawtooth National Recreation Area.* Touristisch erschlossenes Gebiet für alle Geschmäcker. Schöner Campingplatz am *Wood River,* lichter Espenbestand und üppig blühende Blume des Nordens, Weidenröschen. Erschöpfungspause mit üblichem Abend-Talk.

31.7. Ruhetag. Höhepunkte, Filet Mignon..., ausgiebiger Mittagsschlaf in den elysischen Gefilden, Spaziergang am Abend zum *Wood River,* am Baumstamm sitzend, Füße im Wasser baumeln lassen... erfrischend.

1.8. *Galena Summit Pass.* Blick auf »*Sägeblattberge*«, rosa und grau, Granit und Batolit. Im Tal einige Ranchs mit viel Rindvieh. **Redfish Lake** *Visitor Center,* Attraktion: *Chinook Salmon, Kokanee, Rotfisch.* Die Slideshow schwach. Viele Campingplätze, gut besetzt. Letzte Pfannkuchen, letzte Wäsche. Kleiner Spaziergang am See, Badebuchten, Wasserski...

2.8. Wolkig. Tag des *Salmon Rivers of no return,* nach *Sawtooth Recreation Area.* Land immer trockener, wie in Arizona oder Colorado, rotbraun bis fahlgrün. Canyonartige Wände und Schluchten. *Filet Mignon spezial.* **Salmon City** leicht verkommen. In der Umgebung stillgelegte

Bergstollen und *Ghost*-Blockhäuser. KOA Camp am *Salmon River*. Restauration, Dusche und Haarwäsche.

3.8. Über den *Lost Trail Pass,* nicht mehr so dürr, nordisch, kanadisch, Pinien. Das schlechte Wetter folgt uns. *Montana, the country with the big blue sky!* An einer der zahlreichen *Lewis and Clark*-Gedenktafeln ein deftiges Farmer's Mittagessen: Bratkartoffeln mit Zwiebeln, Speck und Spiegeleiern. Hervorragend! *Lewis* und *Clark* hungerten an diesem Ort.

Am *Bitterroof River* entlang, viele schöne Pferde und Rinderranchs. Auf verkehrsreicher Strecke nach **Missoula**. Wohlhabender Ort, am Airport, Sonntagsflugzeuge der Reichen. Fleischvorrat für Burgers und Steaks. Dürr, Indianerland, *National Bison Ranch,* kleine Zuchtherde auf besprengter Wiese. Zwei zahme Antilopen und müde Elche im Hintergrund. Staubsturm, Gewitterstimmung. Wir finden doch noch einen schönen Campingplatz, Besitzerin ist ein echt »Pälzer Mädschen«!

4.8. Regen. Ausgiebiger Nachschlaf, später Start. *Flathead* See, sehr groß, grüne Wasser. Kirschenparadies. Recreation Area an einer Bay, *Cheeseburger homemade.* Leises Plätschern am Ufer, Päuschen. Vor *Glaciar NP* ins »Hungry Horse« Camp. Kleiner Spaziergang zum Fluss. 11:00 nachts packt uns der Hunger, *american cheese,* Brot und Bier.

5.8. Wolkig, später Start. Giftshops: ein bisschen Pottery, Leder, Indianerschmuck... **Glaciar NP**, McDonald's, Lake, Giftshops und *Visitor Center.* warme Brezel und *Cheese* und *hot coffee. »Going to the sun Road«,* an dem Fluss entlang mit roten Sandsteinfelsen, dann ansteigend, abgestorbene Bäume, wie mit Silberbronze angestrichen. Gletscher schmutzig, kurvige Passfahrt. Rummel am *Logan* Pass.

Besonders gelungene Cheeseburger, homemade. Die Szenerie insgesamt nicht so beeindruckend wie die kanadischen Rockies – es fehlen: klare Luft, sauberer Schnee und tiefblauer Himmel! **St. Mary Lake** mit *Visitor Center* und letzter Slideshow über *mountains, snow and wildlife.*

Im KOA Camp von *St. Mary* schließt sich unser Loop durch die States.

6.8. Letztes billiges Tanken bei den Geiern von St. Mary. An der kanadischen Grenze Grenzbeamtinnen. Schöner Campingplatz am **Waterton Lake**. Zum *Red Rock Canyon*. Letzte Bratkartoffeln mit Speck und Eiern. Plötzliches Gewitter. Zahme, desorientierte Antilope am Parkplatz. *Nature Trail* den *Canyon* entlang, Geschichte der Rocky Mountains, Sedimentgebirge. Abendspaziergang in die *Townsite*. Der übliche Kitsch in den Geschäften, schönes Buch.

7.8. Kalte Nacht mit allen Kluften, sonnig, zum *Cameron Lake,* müde, Gletscher, zwei angebliche Grizzlys auf Wander-Trail. Wieder zahme Antilopen und Bergziegen. *Tenderloin Steak,* Mittagspause, an den kalten Wassern des *Waterton Lake* Füße gewässert. *Cameron Falls,* Wasserfall über die ältesten, sichtbaren Schichten der Rockies. Spaziergang an der Mole, Kleinjachten, Butterscotch-Eis, Flipper.

8.8. Sonnig, klar, Büffelherde auf Steppe, prächtige Tiere. Wir fahren bis *Alberta Information Center.* Letzte *Tenderloins, Pounders,* mit Zwiebelringen. Zwischen Gewittern bis **Calgary***,* auf »Sunalta Trailer Park«. Packen, Camper und Pfannen reinigen. Salami-buns mit *countrystyle eggs.*

9.8. Letzte Handgriffe am Auto, Tanken, verspätete Quittung für Oil. Stopp beim *Chinook Center,* Föhn, Countrymusic. Check-out beim Autoverleiher. Pummelige, deutsche Austauschstudentin mit Galgenhumor über Erlebnisse in Kanada. Nachmittags in die Stadt: Kette, zwei Burgers und *Strawberry Shake extra thick!* Im TV Trapperfilm mit Bär und Biber.

10.8. Kein Anschluss zum Flughafen. Im *Yellow Cab* Chinese oder Indianer? Wir hören zum ersten Mal vom Streik. Zum Airport, 5 Minuten vor Abflug Einchecken. Bester Laune nach **Edmonton***,* dort kein Flugzeug heute! Deutsch sprechender CP Angestellter macht für uns Zimmerreservation im »Riviera« Hotel, 28 $. Per Bus. Halb-

67

dunkle Bierbar, Spaziergang, Autos, Deutscher aus Peru schwärmt von British Columbia, *but not good business!* Im TV: Irische Volksmusik, Herztransplantation, John Dillinger   11.8. Warten... Warten...

Nordindien – Nepal

21.01. – 05.02.1978

Sa. 21.1. Früher Start nach Baden-Oos; kalt. Um Zürich Schnee – im Bus zum Flughafen ein paar Inder! Wir werden von *»Kuoni«* in Empfang genommen; in Genf gemeinsames Mittagessen der »Truppe« (23 plus Reiseleiter), die meisten viel gereist – Lehrerin aus franz. Gymnasium in Freiburg: 8 Tage nach Pension nach Rio zum Karneval; jüngeres Paar aus Stuttgart, fotografierender Jüngling... Mit *Air India:* knapper Lunch. Langer Aufenthalt in *Kairo* im Flugzeug. Essen: Kompromiss zwischen indisch und thailändisch, typische Gewürzbeilagen, süße Mangofrüchte und salzig-scharf.

So. 22.1. Morgens in leichtem Nebel in *Delhi,* ziemlich kalt. Zum Hotel »Claridge«*:* engl. Frühstück, Zimmer in der Hinterhaus-Suite, etwas muffig. Erschöpfungsschlaf. Mit Taxi zum *Red Fort,* gegenüber der Moschee. Versuch, in die Altstadt einzudringen, wird bald abgebrochen – nicht chaotisch-orientalisch, sondern elendig und dreckig!! Zurück ins Ghetto der Kunst und Kultur – Nationalmuseum: *Gupta* Skulpturen, Szenen mit vielen Menschen, Tieren und Ranken; Bronze, Keramik, Gefäße mit Silberfäden, eingehämmert *(~ Meknes),* Miniaturmalereien, preiswerte Drucke... mit Taxi zurück.

Hotel-Bazar: Kashmir-Teppiche, klassische Muster, Wolle mit Seide oder reine Seide; fantastische Preise, 2 Teppiche für 13.400 Rupie (ça 3.300 DM). Geschnitzte Figuren aus Sandelholz und Batiken! Für 260 DM!! Seidenladen: Batikseiden 6 m lang (500 Rupie) für Sari oder Rock. Truppe bei *»Sound and light« (Son et lumière)* – wir

Abendessen auf Balustrade: Lamm und Hühnercurry: Sängerin singt: »Sag mir, wo die Blumen sind...«

Mo. 23.1. Englisches Frühstück ohne Eier. Mit einheimischem Führer in Neu-Dehli: 1) Moderner Hindutempel, Schlangenbeschwörer, 2) Regierungsgebäude, 3) Siegesturm mit Eisensäule (Arme vorne herum: Liebe – Arme hinten herum: Geld), Sari-Frauen-Motiv, 4) Kunsthandwerk-Galerie: Seide (Krawatten), Marmoreinlegearbeiten, Pause in Restaurant mit Lammcurry, 5) Ghandi Denkmal, 6) Freitagsmoschee, 7) Red Fort, Sandstein mit Blumenmotiven, 8) Geschäft: Modenschau, Saris und Kaftane...

Di. 24.1. Diesmal Frühstück mit Ei. Mit Bus nach *Jaipur*. Kamel-Einspänner, Elefanten, Raps und Senf, altertümliche Brunnen mit Ochsen. In einem Dorf Kampf mit Kindern, keine Muße zum Fotografieren. Wo Wasser, da grüne Oase – Frauen auf den Feldern, Akazienzweige zum Zähneputzen. Geier und umgestürzte Laster. Dörfer und Reparaturwerkstätten wie in der Türkei. Kleinküchen mit Messingtöpfen und Pritschen im Freien zum Ausruhen für Fernlastfahrer; Dorffrauen mit bunten Flittersaris.

Grenzstationen zwischen den Staaten – trocken, steinige Landschaft, zwei Ernten im Jahr, wenig Regen, rotbraune Altstadt von *Jaipur;* Hotel »Maharadscha«: ehemaliger Palast; großes, hohes Zimmer, vornehmer Dinnersalon, alles in Grün. Diener mit gelbem Turban: Anrede mit *Maharadscha* und *Maharani! –* Menü: Suppe, Fisch oder chicken oder mutton; bei mutton immer exotische Beilagen: Kartoffel gefüllt mit Ei und Rosinen; Aubergine mit scharfem Gemüse; Linsen mit »Pfefferminze«? Bohnen mit orientalischen Gewürzen ... *Rogan Josh* mit Knochen, scharfe Saucen mit Chili und Curry... Nachtisch: Pudding auf Früchten: Birnen, Ananas, Pfirsich – in Rum getränkte Kekse – oben roter Gelee... sündhaft teures Bier, Mangosaft... Nachmittags fakultativer Ausflug zum Dorf mit Hindutempel. Nur für Führer lohnend. Ein Tempel mit nackten »Buddhas«, kümmerliches Dorf. »Fabrik« für handbedruckte Stoffe, wegen Vollmond keine Arbeit – trotzdem Vorführung. In der Stadt zum Schmuckgeschäft;

Unruhe unter den Fotografen – zuerst in die Stadt, aber...
zu spät, Sonne weg! Am Abend: Tänze! Mehr Nomaden-
Folklore, keine Klassik; Schellentanz an Armen und Beinen, Ringelreihen und Balanceakt; gepudertes Pudding-
gesicht von Truppenchef – Gratisdrink an der Bar, alkoho-
lischer Zusatz: Rum plus Safran, Gewürze.

Mi. 25.1. Fotohalt am *Palast der Winde,* Affen an der
Fassade. Nach **Amber** – Schlangenbeschwörer, per Ele-
fant zum Palast, Elefant greift Sonnenblende. Marmorsäu-
lenhalle mit Sarifrau; Spiegelsaal mit durchbrochenem
Marmorgitter... Nachmittag in der Stadt; wir verzichten auf
Museum und Palast, um Straßenleben zu fotografieren,
älteres Ehepaar mit von der Partie. Aufdringliche Kinder:
»*one rupie?*« Auf manchen Straßen Müllhaufen mit
Schweinen und Ziegen. Am Abend: goldene Elefanten für
Touristentruppe am Hotel.

Do. 26.1. Busfahrt nach *Agra* – Straßenbau, Frauen
tragen Steinkörbe... Picknick: Tee bezahlt, nicht getrunken, Wurst, Käse, Ei, Früchte – wir geben Paket an Ka-
melwagenfahrer. **Fatehpur Sikri***:* Sandsteinpaläste von
Akbar; Moschee mit Grabmal aus Marmor für Heiligen.

Agra: Hotel »Mogul«*;* First class*,* Beton; zu warm klimatisiert. Selbstbedienungsbüfett am Abend: chinesische
Nudeln, Lamm, Chicken und Reis... verschiedene Puddings zum Nachtisch. Mondscheinromantik am *Taj Mahal*

Fr. 27.1. 1) Stadtrundfahrt, zum *Taj Mahal* – monumentaler als von Bildern bekannt, Einlege- und Durch-
brucharbeiten...

2) *Red Fort:* Akbar und Söhne, Sandstein bis Marmor,
Marmorgefängnis reich verziert...

3) *Sikandra:* Grabmal für Akbar; Sandstein mit Mar-
moreinlegearbeit, Affen, Papageien, grün... Marmorfabrik:
große Auswahl, preiswert!! Mittagessen, Magier mit Seil,
Karten, Sand in Wasser...

Nachmittags kurze Pause; Abendstimmung am *Taj
Mahal.* Wir müssen mehrmals als exotische Statisten für
Fotografen herhalten: Professional Fotograf und Priester!
Bakschisch für Foto! Per Fahrradriksha zurück durch Alt-

stadt – Gaslaternen und Glühbirnen geben den Verkaufs-
ständen (Mandeln, Essen...) romantischen Anstrich.

Sa. 28.1. Sehr früh morgens Flug nach **Khajuraho** –
Hotel »Chandella«, nicht einfach. Morgens Besichtigung
der Tempel: Sandstein, reich verziert, teilweise restau-
riert, erotische und Szenen aus dem täglichen Leben; *Shi-
va* und *Vishnu* und viele Frauen in allen Posen! Bier an
Bar! Nachmittags: Museum und *Jainisten*-Tempel (25
Propheten nackt oder mit Tuch vor dem Mund), streng ve-
getarisch, gewaltlos, asketisch! Zweite Tempelgruppe.
Touristendorf mit Brahmanenfamilie für Foto; Szene mit
Tonkrügen und Brunnen; Bier für ça 5,- DM.

So. 29.1. Flug nach **Benares** – durch unschöne Altstadt zum Hotel »Clarks«, muffig. Buddhistenzentrum
Sarnat, wo Buddha erste Predigt hielt im Hirschpark; große Stupa, Grundmauern unansehnlich; Museum mit feins-
tem Buddha der Welt. *Ashoka* – Steinplastik mit 4 l öwen,
Rad (1. Predigt), Stier und Löwe gleich Symbole; Buddha:
Geburt aus Achselhöhle der Mutter, 7 Stufen mit Lotus-
blüte; auf weißem Pferd verlässt er Luxusleben; krank unter Baum reicht ihm junge Frau Schale mit Getränk. Geburt, Erleuchtung, erste Predigt, Tod – vier Stufen im Leben des Buddha. 600 Jahre nach Tod bildliche Darstellung. Hinduismus und Buddhismus – wie Mutter und
Tochter. Im Hotelgarten Schlangen- und Yogaschau.

Dann 1) *Mutter Indien* Tempel, 2) zum *Ganges*, total
verkommene Stadt; Kühe ziemlich arrogant, 3) goldener
Tempel, schäbig. Rauch in den Straßen, ausgemergelte
Bettler... Essen in Indien: fade Suppen, Mutton mit Curry
und Minze gut, Fisch gesotten oder gebraten, wie bei uns;
Chicken in *Curry*, Reis oder Spinatkartoffeln; Peperonige-
müse, Linsensauce zum Reis, Erbsen oder Bohnen mit
Minze; Nachtisch: verschiedene Puddings.

Mo. 30.1. Sonnenaufgang auf Boot am *Ganges.* Lange
Verspätung des Fluges nach **Kathmandu**, kälter, Hotel
»Annapurna«. Informationsgang in der Arkade; preiswerte, schöne Gebetsmühlen! Zimmerwechsel vom Neben-
gleis in 3050!

Di. 31.1. Frühstücksbüfett: auf Flammen gewärmte Pfannen; Toast, Einback, Butterhörnchen (the best of the world!), gekochte Eier, Rührei, Bacon, Schäufele, Säfte... eifrige Bedienung in Landestracht: helle, enge Röhrenhosen, langes Hemd und darüber ärmelloses Kittelchen, Fes. Pagode *Swayambhunath* auf Hügel vor Stadt; Stupa mit 4 Augenpaaren... rege Andacht im Tempelchen.

Stadtrundfahrt: Holzschnitzereien an Fenstern und Giebeln. Beispiel: das Haus der lebenden Göttin *Kali!* Stark geschminkt in rotem Kleidchen zeigt sie sich für wenige Augenblicke. Königspalast: Affengott mit rotem Tuch über Kopf; erotische Schnitzereien. Zu Fuß zurück; erste *Thangka*-Malerei mit *Mandala.* Holzschnitzer, viele Fahrradrikschas und Träger.

Nachmittags nach **Patan**: Haus mit Bad in Boden eingelassen. Durch Gassen zum Hindutempel, Kinder: »Vorsicht Birne! (Kopf)«, Neckermann? Preise in Geschäften sehr teuer. Bild mit Pagoden und Himalaja im Hintergrund. Tibetisches Flüchtlingslager: Teppichknüpfer, Drachenmuster und geometrisch; Frauengesang, Wolle wird mit Drahtbürste ausgekämmt und gleich als Faden aufgespult – fantastische Preise!

Schönes Abendessen im Hotel! Wiener Walzer... Menü mit ausgezeichnetem indisch/nepalesischem Lamm; russische Eier mit Kaviar – und Punschkuchen! (ça 30 DM); Ehepaar Lutz mit am Tisch; schwäbischer Professor schaut geistesabwesend zu den anderen Tischen – Frau Lutz dergleichen.

Mi. 1.2. 1) Ausflug nach *Pashupatinath:* Verbrennungen am Fluss; Blick von gegenüber liegendem Hügel auf entfernten Hindutempel; Tausch von Sandalen und Hemden gegen Gebetsmühle! 2) *Bodnath:* weiße Stupa mit goldenem Turmaufbau (8 Stufen zur Erleuchtung); Augen in alle Himmelsrichtungen und Gebetsfahnen; Gebetsmühlen, fliegende Händler: Becher, Schelle, Dolch, Armband, Gebetsmühle! 3) *Bhaktapur:* goldenes Tor, hohe Pagode, hinunter zu Platz mit Töpferei – nackte Frauen, die sich ölen. Thangka von Einwohner für 140,- DM und

5,- für Baby an Mutterbrust, Puppeneinkauf. In Cafeteria Toast mit Filetsteak?

Mit Rikscha in die Stadt, ein paar Bilder. Nepalesische Tänze im *Rana* Palast: folkloristisch, Liebeswerben humoristisch mit Pfau, Medizinmann und Kranker (Patient); urtümliche Instrumente; Tänzer mit Freude und Einsatz dabei. Abendessen am Kamin und mit Kerzenschein; Platte mit mehreren Schalen: Suppe, Reis, Lamm, Gemüse – Reiswein aus kleinen schwarzen Tonstampern.

Do. 2.2. Gemütlicher Spaziergang durch die Stadt; genussvolles Betrachten erotischer Skulpturen; tibetanische Holzdrucke; mit Rikscha auf Umwegen zum Bus nach *Bhaktapur* – voll und alle 200 m Anhalten, wir steigen aus. Schaffner versucht Geschäft: 70 Rupie. Zu Fuß zurück, wieder mit Rikscha in Stadt, bei Steigungen gehen wir zu Fuß neben der Rikscha. Zu Thangka-Gauner: von 600,- auf 300,- DM, in anderem Laden 2 Thangkas, 10 $ bar versteckt er schnell in Tasche (also doch Schwarzmarkt).

Abends Essen im Hotel à la carte: a) Mixed Grill, fleischreich, aber mehr europäisch, b) Lamm-Cevapcici und Reis mit Zimt und Lorbeer. Hamburger Ehepaar am Tisch – er: dicklich, freundlich, sie: dünn und freundlich; sie sind mit billiger, großer dänischer Truppe unterwegs.

Fr. 3.2. Fragwürdiger Tagesausflug nach *Daman*, kurvenreiche Fahrt, Reisterrassen an Steilhängen manchmal nur 20 cm breit, Netz von Trampelpfaden. Steinklopfer, die Steine von Hand- bis Kiesgröße zerkleinern – mit Metallring – auch Kinder. Tageslohn: 7 bis 10 Rupie! 1 kg Reis für 3 Rupie. Dörfer: Häuser rotbraun gestrichen. Aussichtsturm auf Himalajakette: *Ganesh*-Berg. Lunch: Käseschnitte, Tee und selbst besorgte harte Eier.

Auf Rückweg Fotopausen. Zuckergewinnung auf Feld: Presse mit Rinderantrieb, im Boden Lehmofen, ausgepresstes Zuckerrohr als Brennmaterial; in 4 großen Töpfen wird Saft eingedickt; wenn karamellartige Konsistenz – Umgießen in kegelförmiges Erdloch. Zuckerrohrstück als Tragehenkel. Schweizer Jungvolk singt Wander- und Burschenlieder, kleine Jungen versuchen im Bus, Kekse und harte Eier zu verkaufen. Wegen Reklamation doppelter Abschlussdrink: mehrstöckiger Whisky pur, Gin/Tonic, Nüsschen, Chips und Fleischbällchen und Schinkenhäppchen! Wir essen uns satt und picheln kräftig und wanken ins Bett!

Sa. 4.2. Morgendlicher Ausflug nach *Dakshinkali*. Stimmungsvoller Dunst über Kathmandu-Tal. Opferstätte in Schlucht: Tieropfer, Schalen mit Blumen, großes Gedränge am Altar, mehrere Metzger; die geopferten Tiere werden am Fluss zum Kochen vorbereitet. Zwei »Tourismus«-Sadhus geldgierig. Auf Rückweg Spaziergang auf staubiger Straße wegen Himalajablick! Bakschischkinder! Auf eigene Faust mit Plastiksack, Unterwäsche und Sandalen in die Stadt zum letzten Thangka-Erwerb! In altem, schäbigem Laden gelingt der Tausch, plus 10 $, plus 2 Kugelschreiber. Im Hotel Hektik wegen Zimmeraufgabe; letzte Rupien für Löwe und Postkarten.

Warten auf Flugzeug – Himalajaglühen! Billiger Whiskykauf. Außergewöhnliches Essen an Bord der *Royal Nepalese Airline;* Umsteigen in *Delhi*; per Airbus nach *Bombay*; Fußmarsch zum Tower wegen Softdrink. Schikane bei Passkontrolle. DC10 großzügig, weiträumig; Platz in Mitte neben Italienerpaar. Bündner Fleisch... Schlaf, da Nacht. Ankunft in **Zürich**. Abschied, Warten mit Italienerpaar, wärmere Klamotten, per Bahn nach Bühl.

Indonesien

15.10. – 14.11.1978

15./16.10. Wegen Nebel vier Stunden Verspätung. *Garuda* DC10, üppiges Essen, indonesisch, Sojasauce und *Sambal, Peking*-Ente... *Athen – Bombay – **Singapur***. Sauber, viel Grün und nass. Nobelhotel »Ming Court«. Gleich auf *Orchard Road* in *Shopping Center*. Beim dritten Versuch gelingt der Einkauf der »*Zenza Bronica*« Kamera nach Geschäftsschluss.

Di. 17.10. Flug nach **Medan**. Unschöne Hauptstadt. Chinesisches Restaurant, Fleisch wird auf heißer gusseiserner Pfanne auf Tisch angebraten. Maissuppe, Hühnchen in roter Ketchupsauce, Papaya, Ananas... Unterwegs Dschungel, Reisfelder, Zuckerrohr, Betelnuss-, Kokos- und Palmölpalmen... Betelnuss und Kalk: chemische Reaktion, Rauschwirkung, rote Zähne. Saftig grüne Landschaft, im Gebirge nur noch Kiefern und Farne, keine Bananen und Palmen. Kaffeepause in einheimischer Pinte: nachtschwarzer Sumatrakaffee, Zuckersirupkuchen. Altes Kolonialhotel in **Brastagi**. Nacht sehr kalt und laut, weil Einheimische feiern.

Mi. 18.10. Morgens reißt es auf, der Himmel ist blau mit Wolken. Der schmächtige, bescheidene, kleine, grauhaarige Herr ist überglücklich! Erstes **Bataker**-Dorf: trist, schmutzig, schwarze Schweinchen... Drei Obststände mit Webarbeiten der Karo-Bataker, zwei Tücher für 5.000Rp. Unterwegs am Straßenrand werden Kaffeebohnen auf Matten getrocknet. Erster Blick auf **Toba**-See, mit Wasserfallquelle aus Fels. Mittagessen unterwegs, kleine Holzspießchen mit Rindfleisch und brauner Erdnusssauce (Satay), Hühnchen, Sojakeimlinge, Cracker aus Krabbenfleisch, Cracker mit Erdnüsschen, einheimische Früchte: Papaya, Maracuja (Markisa) – gallertige Frucht mit Kernen, süß oder sauer, rot –, Baumtomate, holzige Äpfel. Langhaus des Königs und seiner zwölf Frauen. Kleine Tanztruppe, Regen.

Kurvenreiche Fahrt durch Gebirge – Regen, schlechte Straße. Zum See, mit Boot auf Insel **Samosir**. Kühle und windige Fahrt hinter Regenschirm. Nach Abendessen Gesangsgruppe, vier junge Hotelangestellte. Folklore gemischt aus Polynesien, Südamerika... Obligatorischer Touristentanz. Bier an der Bar. Forsch lässiger Reiseleiter Jürgen, kann sich über Fischdrama nicht beruhigen. In zwei Jahren Erbschaft verreist, in Indonesien hängen geblieben, will Batakerin heiraten und Familie gründen.

Do. 19.10. Bewölkt, Bootsfahrt nach Simanindu. Tanz für Touristen vor Bataker-Haus, nicht überzeugend. Zweites Dorf *Ambariza* mit Richtstätte. Bataker-Kalenderein-kauf, Kinder und Bonbons. Im Hotel Mittagessen. Zum *Tomok*-Dorf. Am Aufgang zu den Königsgräbern massen-haft Geschäfte mit Bataker-Kunsthandwerk: Stoffe, Kalen-der, alte Bücher, geschnitztes Horn und Knochen und ver-schiedene Antiquitäten... Weiter oben Opferzeremonie aus Stein: Königspaar, daneben Musikanten, Wasserbüf-fel wird geopfert, Tänzerinnen.

Zwischen zwei riesigen Bäumen Königsgräber. Kleine Steinsärge für unbeliebte Häuptlinge, große für bedeuten-de. Die Sage vom König, der seine Schwester nicht heira-ten durfte. Kopf des Königs und Fräulein aus Stein an den Sargenden, damit ihre Geister/Seelen heiraten können. Bataker-Kalender aus Horn. Neben der Kirche zwei schö-ne Bataker-Häuser, schwarz-weiß-rot bemalt.

Zu Fuß zurück, am Wegrand Mimosen. Erdnussernte, Kinder vor altem Bataker-Haus. Am Stand, in der Nähe vom Hotel, doch noch Bataker-Kalender, aus Bambusröh-re, als Gefäß verwendbar. Beim Hotel wird aus alten Ori-ginalteilen Bataker-Haus für Folkloredarbietungen nach-gebaut. Reichhaltiges Abendessen, Omelett mit Zucker-palmensirup. Nochmals Sängertruppe und Tanzvorfüh-rungen: fast bewegungslos, leichtes Auf-und-Abwippen von Körper und rechtem Fuß, Hände in Gebetshaltung fä-cherförmig gespreizt, manchmal von links nach rechts und von rechts nach links. Orchester: Xylofon, Flöte, Kla-rinette, Minigitarre. Tänze drehen sich meist um Hochzeit, wenn Mann neue Frau holt oder wenn sie sich auf Reis-feldern kennenlernen. Es dürfen nur Mitglieder aus ver-schiedenen Dörfern heiraten, das ist das Problem.

Fr. 20.10. Abschied vom *Toba*-See, Führer von seiner Bataker-Frau. Sehr sonnig. In *Lumban Julu* schöner Markt auf Wiese, leider zu kurz, Früchte und getrockneter Fisch. Unterwegs Abstecher zu einem verborgenen Bataker-Dorf mit vier Originalhäusern, schön geschnitzt und bemalt.

Die beiden bebrillten, getrockneten Schwestern laufen ständig ins Bild, um Kontakte mit der Bevölkerung zu knüpfen. Am Straßenrand wird auf Matten Reis getrocknet, wegen der Luftfeuchtigkeit muss er jeden Tag in die Sonne gelegt und vor dem Regen geschwind wieder ins Haus hereingeholt werden. In *Balige* großer Markt, Krämer- und Lebensmittelmarkt, Salzberge, getrockneter Fisch, Schweine... Reiseleiter trinkt wieder seinen geliebten schwarzen Sumatrakaffee. Schulstadt mit vielen, lernwilligen Kindern in weißen Hemden – alle wollen mit uns ein paar Brocken Englisch reden. Unterwegs Quelle mit Sinterterrassen, stark demoliert, schwefelhaltig.

Mittagessen in kleiner Stadt bei einem Chinesen. Strömender Regen. *»Saraki«*, Bataker-Reiseleiter, kauft Ananas. In einer halben Stunde Essen fertig. Suppe mit Fleischklößchen und Sojakuchenstücke, Vorsicht, unangenehmer Geschmack. Zerhacktes Huhn, paniert, mit wenig Fleisch und viel Knochen. Fisch in süßer Sojasauce mit scharfem Chili. Chinesisches, sehr gutes Eieromelett und Nudeln (*Goreng*). Alles heiß und schmackhaft, köstliche Ananasstücke!

Im Dauerregen über die Berge, kurvenreich, grün, umgekippter Touristenbus. Wir verpassen schöne Gruppierungen von Farnbäumen. *Sibolga,* Hafenstadt. Wir fahren zur Übernachtung weiter nach **Padangsidempuan**. Sehr stimmungsvolle Fahrt vor Sonnenuntergang. Bretterbuden unter Palmen und zwischen Bananenstauden, beleuchtet von Gaslaternen und Kerzen – viele kleine Kramläden, die Leute sitzen zusammen vor den Häusern, nirgends ein Fernseher. Im Dunkeln Ankunft im Hotel. Zimmer mit einheimischer »Dusche«: großer Steinkrug für Wasser und Schöpfkelle. Gutes Essen, Nudeln, Ananas. Tropisches Regengeprassel die ganze Nacht.

Sa. 21.10. 4:30 Wecken, Abfahrt vor Sonnenaufgang, sehr stimmungsvoll! Bretterhütten am Straßenrand unter Palmen, Kinder stehen eingehüllt in karierte Tücher, ruhiges, langsames Erwachen, brennende Feuer zum Erwärmen. Palmen, Bananenstauden, Reisfelder, tropisch, üppiges Grün bei verhangenem Himmel, leider kein Fotostopp! Die 200 km nach *Sibolga* waren am beeindruckendsten! Erst später Fußwanderung durch »Dschungel«, optisch uninteressant, Geräuschkulisse mit Grillen und Vögeln. An Fluss mit lehmbraunem Wasser entlang. Kaffeepause mit Kokoskuchen und gebratenen Bananen. Schlechte Straße durch Gebirgslandschaft.

Über Landesgrenze nach Westsumatra, Land der *Minangkabau*. Farbenfroher gekleidete Frauen, goldorangene Blusen, Matriarchat. Mittagessen. Neugierige Kinderschar, weil wir mit Messer und Gabel – und nicht mit der rechten Hand wie die Moslems – essen. Omelett mit Corned-Beef-Füllung, Tomaten, Käse, Knoblauch und Zwiebeln. Sehr heiß.

Plötzliche Panne mit Motor, Wasserpumpe defekt! Sensation für Dorfbewohner, zuerst ängstlich, dann posieren ganze Gruppen für die Fotoapparate. Geerntete Zimtrinde. Nach einer Stunde Schaden behoben. Wir verabschieden uns mit »*Horas!*«, dem Zauberwort für alle Gelegenheiten. Kinder johlen und eine ganze Schar rennt hinterher.

Im Regen und auf kurvenreicher Strecke nach *Bukit Tinggi*. Kurzer Stopp auf dem Marktplatz, ein paar Stände mit Obst und Saté (Fleischspießchen). Auf holpriger Straße zum *Maninjau See*. Hotel direkt am Wasser. Grätige Fische mit süßer Sojasauce, fleischreiche Hähnchen, Reis bleibt immer übrig. Im Zimmer schmatzende Geckos und kleine Fröschchen im Bad. Statt Dusche Schöpfbad!

So. 22.10. Die anderen schwimmen im See, danach Frühstück. Dann 29 von 45 Serpentinen per Bus hinauf und zu Fuß hinunter. Herr Hammerliedl schließt sich an. Durch Reisterrassen, glitschige Pfade, Baumfarn, Nelkenbaum, Muskatnuss, Ananasblüte. In Mittagshitze hinunter zum kühlen Bier! Fisch und Hähnchen, wie gehabt. Mittagsschlaf bis Unwetter, klatschender Regen, ab 16:00 regelmäßige Regenfälle auf der ganzen Fahrt! Frau Rothe bekämpft mit unserem Spray die Mücken, Herr Rothe steht keuchend im Zimmer! Reiseleiter hat statt Wildschwein Flughund geschossen.

Mo. 23.10. Im »Dorf des Morgennebels« weder Nebel noch Grastaschen. Zuckerrohr, Einmalbecher aus Bambus und Einmalteller aus Bananenblättern bei Festen, pro Kopf 1 kg Reis und 1 Ei als Gastgeschenk. Schöner Markt auf Eisenbahnschienen. Minangkabau-Häuser, Zimtplantagen. Am *Singkarak* See entlang nach **Padang**. Regen und Schlaglöcher. Im »Grand Hotel« chinesisches Mittagessen: Krabben und Zwiebeln in roter, scharfer Sauce. Kleiner Schuhputzer. Hafen und Stadt uninteressant. Am Flughafen große Pilgerschar nach Mekka. Flug nach **Jakarta**.

Kleiner, dauerlächelnder Chinese bringt uns zum »Hilton«. Geschnitzte, goldverzierte Kassettendecken, entsprechendes Publikum, internationaler Försterkongress. Abendessen im Restaurant mit neu angekommener *Java*-Truppe. Vorspeise: gefüllte Avocado, danach Reis und *Chicken* mit Mandelsauce, Eis mit Früchten. Bier in der Schummerbar. Vier Philippinos mit Gitarre, Reiseleiter und indonesische Kollegin. Ungewiss, ob Flug nach *Bali* am Morgen oder Mittag.

Di. 24.10. Frühstück, Selbstbedienungsbüfett! Feine, süße Teilchen, Schneckennudel, Schokokuchen und Früchte. Mit lächelndem Chinesen zum Flughafen. Doch noch Platz in erster Klasse! Flug nach **Bali**, 2 – 3 Vulkankegel auf *Java* in Sicht! Weißgekleideter Reiseleiter empfängt uns, Hotel »La Taverna«. Drink im »Sanur Beach« Hotel, Informationen. Mit Taxi zum *Garuda*-Office in **Denpasar**. Schleppende Abfertigung. Kunstläden in der Hauptstraße nicht überwältigend, zurück ins »La Taverna«. Erstes Mal im Pool, sehr warm. Abendessen beim Chinesen gegenüber: Pfeffersteak, gebratene Nudeln, süß-saures Schweinefleisch mit roter Sauce und Ananas,

Mi. 25.10. Zum ersten Mal ausschlafen! Reichliches Frühstück. Am Strand zum »Bali Beach« Hotel, *Garuda* noch nicht erledigt. In Zwischenzeit Blick auf die Shopping-Arkaden, wir finden Batikkleid und Silberschmuck. Es klappt doch noch. Erschöpft zurück am Strand. Taxifahrer für Airport. Bier an der Bar und kurzes Bad im Pool.

Do. 26.10. Taxifahrer erscheint, wie versprochen, um 5:00. Heilloses Gedränge am *Garuda*-Schalter. Flug entlang Vulkankette, eine Stunde. Koffer kommt doch noch an. Wir werden erwartet und zum »Mutiara« Hotel, Stadt-mitte, gebracht. Schnelles *american breakfast,* dann *Bo-robudur-Tour* mit älterem, amerikanischen Paar. **Yogya:** flache Häuserbuden, ungeteerte Gehwege, relatives Flair, im Gegenteil zu Jakarta. Viele Fahrradrikschas *(Becak).*

Sonne bricht durch bei **Borobudur**-Besichtigung. Drei Plateaus entsprechen den Stufen des Seins. Erstens: die Weltliche, mit Szenen. Zweitens: die Halberleuchtete, mit durchbrochenen Stupas und Buddhas. Drittens: die Zen-tralstupa, ist Vollendung, abstrakt. Schwarz-grau, mit hel-len Flechten überwachsen. Restaurationsgerüste. Zwei Seitentempel.

Zurück in die Stadt zum *Wayang Golek*-Spiel (*Wayang* = Puppe, *Golek* = Holz). *Ramayana*-Geschichte mit Ga-melan-Orchester, Xylophon, große »Pfannen« und ag-gressives Blechinstrument bei Kämpfen und wenn man Schärpe hochwirft. Zwei neue Puppen erworben. Zurück ins Hotel. Unser Reiseführer ist Hauswirt von *Johnny Mül-ler,* ehemaliger Mitnovize von Th. bei den Jesuiten, der z. Zt. in Jakarta lebt. Bier an der Bar, einzige Labsal und Er-nährung, tiefer Mittagsschlaf. Um 17:30, bei Einbrechen der Dunkelheit Suche nach Batikfabrik, zu Fuß. Batik-künstler, *Harry D.,* im Hinterhaus. Auf Rückweg gegen-über »Antik, Antik!« – ein Satz Puppen aus West-Java und den gesamten Bestand an Schattenspielfiguren. Per Becak zurück und Bezahlung im Hotel. Bier an der Bar.

Fr. 27.10. Nach Frühstück *Prambanan.* Zuerst Sultans-palast, siehe Bahnhof Baden-Baden, bemalte Eisensäu-len, Kuriositäten aus aller Welt, Thron aus Frankreich, Gaslaternen aus Holland, Marmor aus Italien, große Trommel aus einem Stück Baum, Audienzhalle mit Game-lan-Orchester – alles ohne spezifisch indonesischen Stil. In Batikfabrik geniales Kännchen für geschmolzenes Wachs, zum Aufzeichnen der Muster. Vier Frauen sitzen um Feuerstelle mit Wachspfännchen (½ Wachs, ½ Paraf-fin). Auch Wachsdrucke mit Schablonen, Färbebad, Ab-kratzen und Auskochen von Wachs. Muster nicht nach unserem Geschmack. Ausstellung von Topkünstler *Amri*, abstrakt, 500 $ aufwärts. Silberfabrik in *Kotagede:* Arbeiten filigran mit Lötrohr und einfachstem Werkzeug.

Nach **Prambanan**, Hindutempel, dreimal *Shiva*, einmal *Durga (Parvati)* in vier Himmelsrichtungen. Reliefband mit Ramayana-Epos. Viele verfallene Tempelreste, schwarzgrau mit Tempelflechte. Deutschamerikaner aus Nevada, er alt, sie jung. Ins Hotel, Bier an Bar. Mittagspause bis 17:30, großer Regen. Spaziergang in andere Richtung. Gut sortierter Antikshop. *»Kris«*-Dolche von 3.000 bis 6.000 DM. Unterschiede in Einlegearbeit der Klinge, schön geschnitzte Holzgriffe. Gut erhaltene *Wayang*-Figuren und Puppen. Mit Becak zurück.

Sa. 28.10. Morgens Markthalle, Krämermarkt. Bank, Post, mit Becak zum Vogelmarkt. Geflochtene Käfige mit Ziervögeln, rote Papageien und Tauben. Gleich daneben Gemüsemarkt. Mit geduldigem Becak-Fahrer zur Ramayana-Batik – kurz vor dem Bankrott (Reiseleitertipp).

Lange Strecke zurück, Yogyakarta-Randgebiete. Üppiges Grün, wenig Autos, flache Häuser, keine Großstadthektik. *Wayang* Schattenfiguren in Antikshop. Packen. Wasser abgestellt, Dusche mit Kelle. Tropenstimmung in der Bar: kühl, muffig, krächzende Musik, an der Bierflasche läuft Wasser herunter! Per Taxi zum Airport. Flug nach **Bali** eine Stunde früher. Zwei Taxifahrer erwarten uns, wollen gleich große Tour ausmachen. Abendessen bei »Marco«: saftige Steaks auf heißem Gusseisenteller.

So. 29.10. Mit Hammerliedl zur *Batubulan-Kintamani-Tour* mit anderem Taxifahrer. Barong-Tanz vor schöner Tempelkulisse. Schäbiger Tempel mit Trinkgeld für faulen Wächter. Zu Fuß in die Schlucht mit den Königsgräbern, schöne Reisterrassen, nach dem Aufstieg ist »the cold beer, the best!«. Heilige Quellen, wo Frauen und Männer getrennt nackt baden. Wieder wollen sie Geld für Tempelschärpe. Zum Vulkan mit See, trübes Wetter. Taxifahrer mürrisch, weil wir bis *Kintamani* wollen. Zurück über *Bangli*. Teilweise restaurierter Tempel (Dämonengesichter) in moosiger Anlage. Durch Zufall sehen wir Vorbereitungen für Verbrennung. Männer flechten den Turm. Der Stier, schwarz mit Gold, ist schon fertig. Bier beim Chinesen »Raoul's Dragon«, weil halb so teuer. Nach Erfrischung im Pool *sweet and sour pork* beim Chinesen.

Mo. 30.10. Bilder von Zimmermädchen. Frühstück mit Papaya, amerikanisch. Mit *Terramar*-Bus und *Fascination-group* zur **Verbrennung**. Prozession der Frauen mit Opfergaben, Gamelan-Orchester. Verbrennungsturm und Rampe. Sarg wird auf Turm gebracht. Träger rennen mit Turm unter großem Geschrei in Richtung Friedhof. Mönche schütten mit Eimern Wasser aus dem Graben auf Träger und Turm. Alle ziemlich fröhlich, im Zickzack.

Sarg in Stier unter weißem Tuch, und Opfergaben, Holz und Öl. Feuer brennt ziemlich lange, zum Schluss wird mit einer Art Tauchsieder und einer Benzinleitung von einem Kanister auf einem Baum nachgeholfen.

Die Einheimischen sitzen friedlich in Gruppen auf Wiese, die Touristen rennen mit Kameras schwitzend um das Spektakel herum! Gruppe wartet schon ½ h auf uns, sie bangen um ihr Mittagessen! *2 big beer* beim Chinesen.

Zum »Segara« Hotel, Herr und Frau Rothe von Java Abenteuer zurück, das große Erlebnis war Dschungelwanderung und Beobachten der Schildkröten beim Eierlegen und Ausschlüpfen. Gegrillter Fisch am Strand in »*Beach Market*«, gut, aber nicht ergiebig. Im Dunkeln zurück am Strand. Auslegerboote mit gefährlichen Stangen und ständig kläffende Hunde. Soda an der Bar. Hammerliedels Heimkehr.

Di.31.10. Ausschlafen. Ins Pool, ausgiebig. Miss Clara-Mara bringt Tickets. Mittags am Strand zum »Bali Beach« Hotel. Kleine Kinder verkaufen Postkarten und Muscheln: »*two for one $, okay?*« – Taxiangebote und Angebote für Anglerboote. An der Snack-Bar *Cheeseburger* und Bratkartoffeln, saftig und schmackhaft. Zum Dessert »*banana split*« und »*Sunday-Butterscotch*«.

Blick auf Strand, wo Fotograf mit großer Ausrüstung und kleinen Motiven arbeitet. Zurück und kurze Mittagspause. Kofferpacken für Celebes. Filme in Basthütte von

Familie Rothe, Souvenirshow. Wieder am dunklen Strand zurück. Koffer in Vorratsraum hinter Küche. Ringsum Trinkgelder, um Belegschaft bei Laune zu halten bis zur Wiederkehr. Kleines Handgepäck.

Mi. 01.11. Wecken um 4:00! Frühstück 4:30 auf Vorterrasse vor Sonnenaufgang, dunstig, Vogelgezwitscher. Flug nach **Sulawesi/Celebes**. Einheimischer Buginesen-Führer, Komfortminibus. *Buginesen*-Dörfer, Häuser auf Pfählen, oft hell-, dunkelgrün, Kassettenmuster, bemalt, überkreuzter Dachfirst. Sumpfpalmen liegen im Wasser, bis sie zum Dachdecken benützt werden, geschnittene Bündel. An der Küste entlang, gedörrte, aufgeklappte Fische. In *Pare Pare* chinesisches Mittagessen: Krabben in Sojasauce und Hummerscheren. Richtung Bergland, grüne Matten, Rinder, kaum tropisch, Straßenbau, moderne Betonbrücken. Stopp bei Reisstampferin mit Familie.

Kaffeestopp mit Blick auf Berge, Cola und Tee (gut, stark). Erotische Berge: Geschichte von Göttersohn, der Schwester heiratete und von Vater den Götterberg herunter geworfen wurde. Ankunft im **Toraja-Land**, erste typische Häuser in der Ferne, gegen Abend in **Rantepao**: »Torajavillage« Hotel, mehrere Bungalows auf Hügel verteilt. Maracujasaft zur Begrüßung, Abendstimmung mit zirpenden Grillen u. Glühwürmchen. Abendessen europäisch, Hamburger und Pommes frites.

Do. 02.11. Nach Frühstück erst 8:30 Start wegen angeblichen Nebels. Misstrauen gegenüber unserem Guide. Nach *Lemo*: Felsengräber, relativ bescheiden, nicht überwältigend. *Siguntu:* Toraja-Häuser, Reisspeicher meist noch schöner als Wohnhäuser. Nach *Merante* zur Hauseinweihungszeremonie.

Trägerinnen bringen Körbe, an Bambusstangen hängende Schweine, von 4 Männern getragen, 54 Schweine geschlachtet, Leute sitzen gruppenweise zusammen um die Häuser, Männer und Frauen getrennt. Fleisch wird zerlegt, in Bambusrohre gefüllt und über Feuer gegrillt. Innereien werden am Spieß gegrillt. Palmwein aus Bambusrohren. Immer wieder: »*Gula*«, *gula* (Bonbons?) und Nelkenzigaretten. Rauch, Schweine quieken, Lautsprecher-musik,, alles ohne Hektik!

Wir brechen auf, bevor wir mitessen und -trinken sollen – Fleisch fett und halb roh, überall liegen Einzelteile von Schweinen herum. Zum Schmuckdorf *Merante* – wie ausgestorben, da alle beim Fest. Mittagessen in *Rantepao* beim Chinesen: panierte Krabben, Schweinefleisch in Soja, panierte, knoblauchgewürzte Schweinehackfleisch-bällchen, Nudeln... *Londa:* mit Gaslampen in Grabhöhlen, Särge und Totenköpfe. *Ke'te Kesu:* schöner Fernblick auf Dorf, Toraja-Schnitzereien, hinter dem Dorf morbide Höhlen. *Karasik*-Festplatz mit bunten Toraja-Häusern, nur für Totenzeremonie, vor einem Monat wurden 100 Büffel abgeschlachtet.

Kurz über den Markt, Ananas, Palmwein (= Most)... Im Hotel Information von Guide über Sittengesetz der Buginesen. Frauen dürfen nicht berührt werden, hoher Preis bei Heirat. Frauen kämpfen mit langen Fingernägeln wochenlang gegen Ehemann, Eltern bestimmen Partner, Knaben bringen gleich Geld, Mädchen erst bei Heirat. Buginesen heiraten nicht Toraja-Mädchen aus Angst vor teuren Totenzeremonien in Verwandtschaft. Original indonesisches Abendessen mit *Saté* (Spießchen), Omelett und gefüllten Auberginen. *Terrong*-Pudding (rote Markisa) mit Saft. Österreichische Reisegruppe und Weihnachtsmusik.

Fr. 03.11. Eine Stunde früher Frühstück und Aufbruch. Leute unterwegs zum Markt in *Rantepao* mit Palmwein-bambusrohren (3 bis 4 l), mit einem Hahn oder einem an Bambusrohren festgebundenen Schweinchen. Frauen mit runden Hüten, wie in China. Theorie: wegen dieser Hüte meint man, dass die Torajas aus Kambodscha oder Yunnan, Südchina, stammen.

Auf Holperpfad in die Berge. *Palawa:* großes Dorf, Witwe bietet für Rochlitz 30 Büffel. *Lempo:* Haus mit 100 Büffelhörnern. *Lokomata:* gebirgig mit Reisterrassen, große Felsbrocken mit Felsgräbern. Wir folgen dem Klang der Trommeln. Dorfzeremonie vor neuem Reisspeicher, tanzende Mädchen, wir bekommen Sitzmatten. Ein Huhn wird geopfert. Wir verteilen »*gula, gula!*« und Zigaretten. Holperstrecke zurück. Zum chinesischen Restaurant mit Popmusik. Einlaufsuppe, Knoblauchhackfleischbällchen mit Blätterteigflügeln, (wie Schmetterlinge), geröstet, paniertes Schweinefleisch, Omelett mit Hackfleisch, Gemüse mit Krabben und Fleisch. Zum Büffelmarkt am Fluss: schwarze Büffel und Hängebauchschweine. Zum Hauptmarkt: Krämermarkt, Messer, Macheten, getrocknete Fischchen in allen Größen... viele alte Frauen – wegen Betelnuss rot verschmierter Mund, zahnlos. Markt nicht stimmungsvoll, dazu armselig und durcheinander. Früh am Nachmittag zurück zum Hotel zum Regenerieren. Abendessen: *Chicken* mit Kartoffelbrei, *Terrong*-Saft.

Sa. 04.11. Zum Frühstück ein gekochtes und ein gebratenes Ei! In flotter Fahrt Rückzug aus dem Toraja-Land. Wieder Männer mit Hähnen unterwegs, zum heimlichen Ort des Wettkampfs. Wieder vorbei an erotischen Bergen. Hosen nass, weil der Fahrer den Bus im Fluss gewaschen hatte. Wieder Mittagessen beim Chinesen in *Pare Pare:* panierte Hummerscheren, gebratene Krabben, süßlich, scharf, nach Pekingentenart. An Küste entlang *Bukinesen*-Häuser, Rinder- und Büffelherden.

In **Makassar** – Hauptstadt **Ujung Padang**. Unterwegs Regenschauer. Ins Hotel »Widhana«, einfach, aber sauber. Während Monsunregen Entspannungspause, dann mit Beçak zum sogenannten »Shoppingcenter«. Gammelige Straßen mit Goldschmuck und Souvenirgeschäften. Farbenprächtiger Sonnenuntergang. An der Hafenpromenade Erdnussverkäufer mit Petroleumlampen aus Blechdosen. Abendessen im »Asiabarung«, *Seafood*-Kneipe im Shanghai-Stil. Am Eingang werden große, flache Fische und Langustinos gegrillt. Katzen warten unter den Tischen auf Happen. Aus den Lautsprechern Seemannsmusik. Feucht, heiß und viele Chinesen. »Widhana« Hotel, gut.

So. 05.11. Inseltour. Gammeliger Hafen, barfuß aufs Boot, Auslegerboot. Mit *Makassar*-Kapitän auf erste Insel: staubige Dorfstraße, viele Kinder hinter uns her, Frauen schauen aus Fenstern und hinter Zäunen. Schuppen mit Silberwerkstatt, eine Bude mit Schwarze-Korallen-Künstlern. Schwarze Korallenreife werden gegen *black magic* verwendet. Unter großem »Hallo« zurück aufs Boot. Zur nächsten Insel. Wir ankern im klaren, zartgrünen Wasser, Badeparadies, trinken Kokosnussmilch, schnorcheln. Korallen mit hellblauen Spitzen, blau und grün fluoreszierende Fischchen, Tausende von winzigen Glasfischen, stundenlang in der Sonne im Wasser.

Zur nächsten Insel. Sonnenbrille bleibt im Meer zurück. *»bad name«*-Insel, menschenleeres, fast vegetationsloses Inselchen, blendend weißer Strand, Muschel- und Korallenstückchen, verlassene Hütte, viele, große Seesterne, beige mit braunen und schwarzen Tupfen, auch blaue. Fischerboote der *Makassar* mit schwarzen Segeln.

Brise kommt auf, an Insel vorbei, zurück, leicht verbrannt. Stadtrundfahrt: holländisches *Fort Rotterdam* nichts Besonderes; zum Hafen, einige Hausboote mit Leuten, die von Insel zu Insel fahren, um Geschäfte zu machen, alle sehr freundlich: *»Hello, Mister?! Good afternoon!«*. Chinesischer Tempel, alles in Rot, Puppengötter in Kostümen auf dem Altar, zwei bohnenförmige Hölzer zum Voraussagen: Geschäft und Fruchtbarkeit.

Bei Muschelsammlung und Orchideenzüchter, pro Blüte fünfzig Pfennig. Mit Beçak zum Sunset – ohne Erfolg. Abendessen im Chinesischen Restaurant im dritten Stock, unten Hochzeitsgesellschaft. Spezialreis, Fleischbällchen mit Knoblauch, *Chicken*.

Mo. 06.11. Morgens Rückflug nach *Bali*, Jeans und Sandalen für Guide. Mit neuem Jeep zum Flughafen. Abschied von *Celebes* und von Herrn König und Herrn Rochlitz – die Säuerlichen, die Markisa über alles lieben, auch Sambal und Wasserski. Rochlitz kichert hinter jedem Satz und hat ständig Angst, zu kurz zu kommen.

In **Bali** Sonnenhitze. Hotel »La Taverna«, Nr. 35, ebenerdig. Zu Herrn und Frau Rothe, Filme aus heißer Bambushütte. Überraschender Bildeinkauf, verstaubt, unnachgiebig, auf 30% Erlass bestanden – traditionelle Bilder aus *Klungkung.* In der Dämmerung ins Pool. Zum Chinesen, Reinfall mit indonesischer Reistafel, alles schon gekannt und besser gegessen: *Saté, chicken,* Fisch, Erdnüsse, Kokosstroh, Krabbenchips, *»gado«*-Salat mit Soja-Puddingstückchensuppe.

Di. 07.11. Morgens Suche nach Reiseleiter, »Sanur Beach« Hotel. Kein Ramayana-Balett, dafür schöne Tänze bei »Raol's Dragon«: Begrüßungstanz von Mädchen, Maskentänze. Wieder *»sweet and sour porc and black pepper steak«.* Mittags beim Spaziergang zum »Segara« Hotel zwei Bilder gekauft, in Blau und Braun, *»good price for business«,* weil noch kein Geschäft, Papaya als Geschenk.

Mi. 08.11. 6:30 Frühstück, dickes Trinkgeld. 7:00 Start zur Tempeltour. *Sempidi, Klungkung,* in *Kediri* kein Tiermarkt. *Mengwi*-Tempel: große Tempelanlage mit Wassergraben und Seerosen. Weiter zum Affenwald von *Sangeh:* freche Affen springen an Handtaschen, moosiger Tempel im Wald. Nach **Ubud:** Bilder bei Malschule. Große Verbrennung. In *Mas* Holzschnitzer: aus Ebenholz, mit Schuhwichse geschwärzt und poliert, und hellem Hibiskusholz. Altmodische Figurengruppen, kein Angebot an Masken. Im Silberpalazzo von *Celuk* Drachenset. Unterwegs Dreschszene, Kaugummi und *money.* Total ausgedürstet im *Beach Market* kaltes Bier mit Erdnüssen, später Knoblauchsteak. Zu Fuß auf Straße im Dunkeln zwischen kläffenden Kötern.

Do. 09.11. 6:30 Frühstück, 7:00 Start mit gleichem Taxifahrer – jungenhaft, Negereinschlag, geduldig – auf Ost-Bali-Tour mit Rothes. Erstens: *Klungkung,* Gerichtshalle, Deckenmalereien, Betrug mit Leinwandmalerei – vertauscht! – zurückgebracht und mit Polizei gedroht: *»bad business – no business!«.* Dann *Besaki*-Tempel, nicht beeindruckend. Vulkan *Gunung Agung* in Wolken, Hauptteil des Tempels geschlossen. Flussdurchquerung, schöne Reisterrassen im Kessel, Blick vom Restaurant aus, kühles, großes Bier. Wasserschloss bei *Karangasem,* an der Küste entlang durch Bananenplantagen mit Kalkbrennereien. *Tenganan* = *Bali-Age*-Dorf, langgezogenes Dorf, in der Mitte Halle für Zeremonien. Blick ins Wohnhaus, Palmblattbücher, die Dorfbewohner leben nur für Heim und Hobby, Großgrundbesitzer. Die anderen Dörfer arbeiten für sie. Die berühmten handgewobenen Tücher gefallen uns nicht, verschwommene Muster.

An der Fledermaushöhle – festlich gekleidete Leute vom Lande, Spitzenblusen, Röcke und Schärpen, Blumen im Haar. Strömender Regen schon um 16:00, einige Verkehrsunfälle. Weil am bequemsten, zum Chinesen, altbewährt, *sweet sour pork and black pepper steak,* ungemein zäh, aber schmackhaftes Sößchen.

Fr. 10.11. Um 5:00 an Strand wegen Sonnenaufgang und Prozessionen – weder, noch! Wir verlieren die letzten Illusionen. Nüchtern ins Pool. Auf eigene Initiative in die Stadt. Tempel wird für Zeremonie geschmückt (Zeremonie bei Vollmond). Durch Shopping Street, Kramläden mit riesigen Musikboxen, *Gamelan*-Kasetten.

Überdeckter Basar am Fluss, überraschend großes Angebot an Gewürzen. Regenguss noch früher, echte Regenzeit hat begonnen. Abends Tanzvorführungen beim Chinesen, gleiches Programm wie am Dienstag. Riesenplatte mit *King Prawns* (Garnelen), zusammen mit Ehepaar Rothe und Krupp-Managerin.

Sa. 11.11. Frühstart zum Markt *Jambodja.* Wieder eine Illusion weniger. Auch *Sanur*-Markt kümmerlich. Himmel reißt auf, kurz entschlossen zum Barong-Tanz in *Batubulang.* Mehr Engagement der Akteure als letztes Mal, einheimisches Publikum geht mit. Zurück ins Pool. Nebenan am Strand derweil Tanzvorführung der Islam-Balinesen. Große Gestelle mit Opfergaben, wir erleben den Abzug – schön gekleidet, wie an der Fledermaushöhle. Lastwagenweise fahren sie zurück. Rothes fotografieren ihr Seafood auf Bananenblättern. Im *Beach-Market* am Strand Knoblauchsteak und gebratene Bananen mit Alkohol. Mittagsschlaf. Bei strömendem Regen zum »*Kecak-Dance*«. Stimmungsvolle Kulisse. In der Mitte mehrarmige Öllampe. Opfergaben von zwei Priestern. Tänzer in schwarzweiß kariertem Rock, im Kreis sitzend, rhythmische »chak, chak...«-Rufe. In der Mitte wird von Tänzerinnen die Ramayana-Geschichte dargestellt.

Im überfüllten *Bemo,* auf Knien sitzend, zurück. Zufällig am *»Drama balinese«* vorbei. Im *Beach-Market* Krabben-cocktail und *fried noodles.* Kellner setzt sich zu uns »to learn English«, er täuscht sich aber, kein Trinkgeld. Zu Fuß zum *»Drama balinese«.* Wir sind die einzigen Frem-den, volkstümliche Vorführung, mit ¾ h Verspätung.

Am interessantesten sind die Zuschauer, von Oma bis Säugling, alle sind dabei. Es geht recht leger zu, auch Un-terhaltung mit Nachbar während der Vorführung ist ge-stattet. Wir halten etwa zwei Stunden durch, obwohl wir kein Wort, aber die Gesten verstehen, ab und zu können wir mitlachen! Zu Fuß zurück, keine kläffenden Hunde, da schon zu spät?

So. 12.11. Spaziergang am Strand in die andere Rich-tung. Einheimische holen in Schwerarbeit Korallen und Steine mit Korb aus dem flachen Wasser und transportie-ren es per Boot in zwei Hängekörben oder auf dem Kopf ans Ufer. Andere sieben den Sand am Ufer. Th. ver-schenkt sein Hemd an einen Träger. *»Come in my shop! Only looking!...«* Die Einheimischen sind oft schon unver-schämt. Muschelkauf bei kleinem Bürschchen, dem flie-genden Händler, am Strand. Ins Pool.

Zum »Bali Beach« Hotel. Hamburger, Bier, *1 Fresh Fruit Drink,* letzterer umsonst. Letzte Karten. Im Cof-feeshop *»two Butterscotch Sundays«,* sie geben uns den Rest. Der Monsunregen setzt mit Wucht ein. In Pause barfüßig mit hochgekrempelten Hosen und unterm Schirm am Strand zurück. Kurzer Mittagsschlaf. Th. merkt zum ersten Mal seine Mandel.

Am Abend werden wir zu *»Legong-Dances«* abgeholt. In derselben Halle *(Ayuna)* wie am Vorabend werden den wenigen Zuschauern vier sehr gut getanzte Stücke vorge-führt. Die Tänzerinnen sind sehr anmutig und wir ver-schießen unsere letzten Bilder. Beim Chinesen »Ab-schiedsessen«: *Crevettes* mit pikanter Sauce und *»one* *big beer!«*. Th. nimmt eine Gelonida und zwei Schlafta-bletten, kann aber die ganze Nacht nicht schlafen.

Mo. 13.11. Abflug eineinhalb Stunden früher, als am Vorabend angekündigt. Wir müssen in Windeseile packen und sind in allerletzter Minute fertig! Transfer zum Flugha-fen mit *Terramar*-Reiseleitung. 1:20 Flug mit *Garuda* von *Denpasar* nach *Jakarta* – weiter nach Frankfurt.

Südindien – Ceylon

19.01. – 11.02.79

Fr. 19.01. / Sa. 20.01. Bei Minusgradkälte Start mit dem Zug in die Tropen – diesmal von München aus. Alles tief verschneit. Direkter Busanschluss zum Flughafen. Ohne Pausen (schnell noch einen kleinen Whisky Flachmann aus dem Duty-free Shop*)* in den LTU-Tri-Star. Nicht sehr gemütlich, erinnert an Militärflugzeug, wir sitzen hinter der Rampe zur Bar im Keller. Altdeutscher Eintopf, Würst-chen, Kartoffeln und Speck. Gratis Sekt! Ohne Schlaf nach Kuweit in 4 ½ Stunden, nochmals 4 ½ Stunden bis **Colombo**. Ins Nobelhotel »Lanka Oberoi«.

Freundlicher ceylonesischer Reiseführer spricht Erklä-rungen ins kaputte Mikrofon. Erster Eindruck: indisch, ärmlich. Goldgelbe Kokosnüsse zum Trinken, viele Pal-men, Ochsenkarren mit geflochtenem Dach. Hotel im Atri-umstil, überdacht und kühl. Warten aufs Zimmer, sofort ins Bett, nur mit Hilfe des Weckers zum Mittagessen. Mä-ßiger Fisch im Swimmingpool-Café, sofort wieder ins Bett bis zum Empfangscocktail (*Markisa* mit *Arrak*). Rundreise um einen Tag verschoben.

Bummel durch Shopping-Arkade, Batikkünstler für Kunstwerke ab 100,- DM aufwärts. Erste Information über Sternsaphire und »Riesenklunker«, Topas (Rauchquarz) massenweise in Schatullen im Fenster, mit Taschenlam-pe »*dancing stars*«. Büfett-Dinner im Freien am Pool: Pasteten, kaltes Fleisch, Sprossensalat, Nudeln, Normalgulasch, *hot* Gulasch, Gemüsecurry... alle Sorten Puddings, Törtchen, Obstsalat-Keks-Pudding. Am großen, runden Tisch *Neckermann*-Trio und später essfreudige, lautstarke Jugoslawen – Ferien oder business?

So. 21.01. Frühstück im »Ran Maloun«, wieder Büfett, geplündert. Weiße Rühreier, Sägemehlwürstchen und fetter Speck! Später Buttercroissants. Mit Verspätung *City-Tour.* Schlangenbeschwörer als klassischer Auftakt, dann Beton-Buddha, kleiner Markt, kitschiger Tempel, Deutsch sprechender Mönch: Gelb = Farbe der Weisheit und des abgefallenen Blattes, was bedeutet, dass der Mönch (halb abgestorben) der Weisheit näher ist als die Normalsterblichen. In Jewellery: Unterschied zwischen Kornblumenblau und Royalblau: Royalblau dunkler als Kornblume und nicht so teuer. Saphire, Katzenauge, milchig, grünlich mit Schlitz. Tempel mit liegendem Buddha außerhalb, schöne Fresken, heiliger *Bo*-Baum, mit Fähnchen geschmückt, Ständer mit Öllampen...

Zurück ins Hotel, »Londongrill«, *Chicken* wie im Wienerwald. Zu früh zum Flughafen, Warten auf Propellerflugzeug, Gratissandwich von *Air India.* Einsatzerprobter Capitain, nach **Trichy** (Südindien), eine Stunde und 20 Min. Großes Schauspiel beim Zoll! Alle müssen ringsum Platz nehmen, werden einzeln aufgerufen und kontrolliert. Zöllner in Dress und Manier wie Generäle. Zierlicher Reiseleiter. Mit drei Taxis im Dunkeln über Schlaglochstraße in dreieinhalb Stunden nach **Madurai.** Mitternachtsimbiss: weiße Suppe, *sweet corn* (alle Suppen sind weiß).

Mo. 22.01. Privatprogramm mit Rudolf für Frühaufsteher, mit Taxi über Fluss, erster Eindruck von indischem Chaos und Farbenfreude. Schulmädchen in dunkelroten Saris und Blumen im Haar. *Sarong*-Weber auf Straße, 20 m lange Bahnen, entwirren Fäden. Auf Umwegen zum Haupttempel, Nähmaschinen, Basar. Zum Fluss, Wäscherinnen. Zurück ins Hotel. Ab 11:00 offizielles Kulturprogramm. Zuckerrohrpresse vor Palast – Mischung aus Rom, Islam und Hindu. Fotogierige Schulklasse. Großer Tempel ab 1:00 (ohne Einheimische) frei für Touristen und Fotografen. Tempel für *Parvati,* die Fischäugige. *Vishnu,* der Erhalter, blau, weil aus dem Meer, mit Diskus und Muschel. *Shiva,* der Zerstörer, mit Axt und Gazelle (Seele). *Brahma,* der Schöpfer. Tempelteich einmal im Jahr mit Tempelfest auf dem Wasser. »Halle der Tausend Säulen«, eckig, aus Granit, mit Skulpturen. Vielarmiger Kriegsgott, mit Butter beworfen zum Besänftigen. Eisen-*Lingam* in Tempelchen. Messingfahnenstangen. Stier: Reittier von Shiva. Shiva und Parvati als *eine* Figur mit *einem* Busen, Symbol für Schöpfung: männlich/weiblich.

Schlafende Pilger im Vorraum. Museum, Teil des Tempels, Bronzefiguren, tanzender Shiva, Festwagen... alles erschöpfend. Mittagessen: Gulasch mit Kartoffeln und Weißkohl, dann Fahrt über Land nach **Trichy**.

Fotostopp bei Dreschszenen, Kokosfaserverarbeitung, Wasserbüffel und Dorfgottheit (Pferd). Tamarindenfrüchte getrocknet (wie große Bohnenschoten). Staat verpachtet nummerierte Bäume am Straßenrand. Landschaftsbild: Reisfelder, sumpfig, Teiche, Granitfelsen. »Sangam« Hotel in *Trichy.* Drink im Garten, Reiseerlebnisse. Rindergulasch, dunkelbraun.

Di. 23.01. Die anderen absolvieren Tempelprogramm, wir mit dreirädrigem Taxi zum *Rock Fort.* Spaziergang durch Straßen. Glasklunkerschleifer. Per Zufall auf Kornmarkt, Siebszene. Brauner Zucker wie Sand und als kleine Karamellklötzchen, sackweise. Gemüsemarkt, großes »Hallo!?«, alle begierig, fotografiert zu werden. Mit Dreirad-Taxi zurück. Mittagessen indisch: rosarote Suppe, Kartoffel/Zwiebel/Curry, Maismehlblasen in Fett ausgebacken, Risi-Bisi mit Hammelcurry. Zum *Vishnu* Tempel auf Insel. Tausendsäulenhalle (Hochzeitshalle), zwei Frauen des Vishnu: *Lakshmi* (Wohlstand, Reichtum) und *Budewi* (Göttin der Erde). *Rama* (7. Inkarnation des Vishnu), auf Säulen verschiedene Inkarnationen des Vishnu: Fisch, Schildkröte, Eber, Halb-Löwe-halb-Mensch...

Zum *Shiva* Tempel. Theater mit Tempelwächter wegen 5 *Rupie.* Zum *Rock Fort,* Besteigung, Blick auf Stadt. Mit Taxi zum Flughafen, mehr Treiben auf den Straßen als am Morgen. Menschenmassen gut gelaunt, lässig, locker, alles relativ gesehen. Mit Propellermaschine und Gouverneur nach **Madras**, »Connemara« Hotel, englisch-kolonial, kaputte Klimaanlage im Zimmer. Dinner im großen Bahnhofsspeisesaal, Bierflaschen unterm Tisch, Alkohol nur mit Erlaubnisschein.

Mi. 24.01. Morgens nach **Mahabalipuram**. An sandiger, unfruchtbarer Küste entlang, Kiefern, Tempel aus Granitblöcken gehauen, monolithisch, unvollendet. Weiter zu den Felsenreliefs, *Arjunas* Buße, zum Strandtempel und schließlich zur Krokodilsfarm. Männer decken Dach mit Palmyrus-Blättern. Zurück nach Madras. In die halbdunkle Bar, kühles Bier, dann indisches Büfett: Hammel- und Lebergeschnetzeltes, Joghurt, schöne Süßspeisen, viktorianischer Kuchen und Fruchtsalat mit Schlagfit.

Für uns gekürzte Stadtrundfahrt, nur Bronzefiguren im Museum: tanzende *Shivas, Vishnu* und seine zwei Frauen Im Huftschwung... Zum VTI, *Handicraftcenter,* viel zweite Qualität, wir suchen die schönsten Batiken aus. Auf der Hauptstraße zurück, Dorf- und Kaschmirkunsthandwerk nicht überzeugend. Im Hotelshop zwei schöne Schals, zwei schöne, kühle Bierchen in der Bar. Elfenbeinminiaturmalerei, Hindumotiv und Erotikmotive, feine Arbeit, aber teuer (ça 3.700 *Rupie* ~ 900 DM). Büfett, indisch und sehr gut.

Do. 25.01. Wecken 4:00, wir fliegen mit Propellermaschine nach *Bangalore*. In Bangalore kühl, 900 m hoch. Per Taxi nach **Mysore**, rotbraune Erde, Agaven, Rizinus, Mädchen bei Zuckerrohrernte... 1) Tempel in *Srirangapatna, Hoysala* Tempel, gedrechselte Säulen, heiliger Schrein mit liegendem *Vishnu,* vom Kampf ermüdet. Priester kassieren zuerst – Campher (das Böse) wird verbrannt – und verteilen heiliges Wasser zum Trinken und Reinigen. Tempel ungepflegt bis schäbig, viele Schreine mit Priestern, Vishnu-Zeichen auf der Stirn, 2) Moschee, indo-sarazenisch, der Tiger, 3) Sommerpalast, wie Bahnhofshalle, Wandgemälde, Kampfszenen, maurisch, bunt. Ins »Lalita Mahal« Hotel, kleiner Petersdom, »*Taj Mahal*«,

Kolonialstil, viele Säulen, Stuck zartblau und grün, riesiges Badezimmer mit nostalgischer Badewanne und Wassermischhähnen, Himmelbett mit Moskitonetz... Wir geraten in eine heftige Diskussion mit »Pani« über späte Startzeit, 4) Maharadschapalast: Bahnhofshalle und Jugendstil, Kunstgalerie, 5) zum Sonnenuntergang auf den Hügel, schwarzer *Nandi*-Stier, 6) *Chamundi* Tempel, 7) im Dunkeln Fahrt zum *Brindaven*-Garten: Wasserspiele bunt beleuchtet, allgemeines Flanieren... Hirsemehlfladenbrot und drei Sorten Curries, Bohnen-, Chicken-, Hammelcurry. Religionsunterhaltung mit *»Pani«*.

Fr. 26.01. Fahrt nach **Somnathpur**. Stopp bei Zuckerrohrpresse (wie in Nepal), eingedickter Sirup in Würfelgefäß (Eiswürfel). Somnathpur *(Hoysala* Tempel*)*, 1268 errichtet, Speckstein, *Vishnu* Tempel, da *Hoysala* Vishnuverehrer waren. Zum *Keshava* Tempel (»Die schönsten Haare«), drei Schreine: *Vishnu* als *Krishna* mit Flöte, Beschützer mit Keule, und als *Keshava*. Sterngrundriss, unvollendet, 7 Reliefs: Darstellungen aus *Vishnus* Leben und Inkarnationen. Elefantenband = tragen ganze Welt auf Schultern, *Vishnu* stützt Himmel mit Fuß, gedrechselte Säulen, Dach Bananenblumen. Seidenkokons, *toddy* = Palmyrapalmsaft. **Bangalore***:* »Westend« Hotel. Botanischer Garten, Blumenschau, Gedränge, kein Bier. Abendessen à la carte im Halbdunkel: *Mutton* (Hammelfleisch) in roter und grüner Spinatsauce, Coupe Jaques.

Sa. 27.01. Flug von Bangalore nach Madras. Warten, ob Plätze frei. Flug von Madras nach **Sri Lanka**, Streik, ADAC-Frau. Schönes Zimmer im Hotel »Lanka Oberoi«. Begrüßungscocktail, Gruppeneinteilung für Ceylon-Rundreise. Abendessen im *Ball-Room*, Büfett.

So. 28.01. Nach **Negombo**. Dekoration mit jungen Kokospalmblättern am Straßenrand für Prozession, Feiertag, heiliger Sebastian. *Toddy*-Gewinnung: *Toddy tapper* auf Seilen zwischen den Palmen, die Blüten werden angeschnitten, mit Hefe eingerieben, um Flüssigkeit herauszuziehen; sie wird am Abend in Kürbis gesammelt. Was nicht gleich getrunken wird, wird zu »Arrak« gebrannt.

Hängende Hühnerställe wegen Mungos. Kokosmilch und Ananas am Stand. Kokospalmenplantagen. Drei Kokospalmen reichen zum Überleben, drei Ernten bis 100 Stück pro Jahr. Kokosmilch zum Trinken und Kochen, Kokosnussschale gebrannt und als Filter verwendet. Aus Fasern Seile. Teakholz abgeholzt, jetzt in den trockenen Dschungelgebieten Eukalyptusbäume.

In *Anuradhapura* Mittagessen, ceylonesisch: Auberginen in Öl gebraten, Obst-Gemüse-Salat (Ananas, Papaya, Gurken...), Kokosflocken, weiß, und mit Chili *»hot«* Chilifleisch und mildes Curryfleisch. Nachmittags zu den Tempelbezirken, Schwimmbäder, Vierkantsäulen, *Dagobas, Bo*-Baum, nur Zweig – alles nicht besonders beeindruckend, da nur Rudimente. Abendessen europäisch. Alter indischer Yogakünstler, Körper durch Messingring. Viele Moskitos, aber Moskitonetz.

Mo. 29.01. Durch Dschungelland. Bauernhaus, davor Mais, Hirse, Rizinus – getrocknet. Haus aus Lehm gestampft, Fachwerk-Prinzip, sauber. Großer stehender Buddha: *Arkana.* Nach *Polonnaruwa.* Kreislaufattacke von Jürgen wegen Klimaanlage – wir sitzen hinten wie in der Sauna. Stopp wegen Elefanten. Mittagessen ceylonesisch. Nachmittags Ruinenstadt: Reliefs, Löwen, Gnome, Elefanten, Tempelwächter und Mondsteine am Eingang. Wilde Affen. Inschrift singhalesisch. Mongolen-Koloss. Drei Buddhas: sitzend, stehend, liegend. Antikhändler mit Fahrrädern und Kisten. Sonnenuntergang am See. Abendessen europäisch. *Carrom*-Spiel (billardähnlich) mit Reiseleiter, Mangosaft.

Di. 30.01. Nochmals zu Buddha-Statuen wegen Fotos. Rasante Fahrt vom Brunnen- zum Höhlen-Tempel im Fels. Schwerer Aufstieg. Fresken und Buddhas. Zur Pause wieder Ananas (beste Qualität). Weiter zum *Sigiriya*-Fels. Mörderischer Aufstieg zu den »Wolkenmädchen«. Restaurierte Fresken. Misstrauischer König, deshalb Palast unzugänglich. Auf den obersten Teil verzichten wir. Mittagessen ceylonesisch. Richtung *Kandy,* Landschaft wird üppiger und saftiger, Palmen und Reisfelder, Kakao-

und Kaffeeplantagen, Gummibäume. Besuch im Gewürzgarten: Betel, Pfeffer, Muskat, Koriander, Zimt, Nelken... Am Abend zum Tempel mit dem »Heiligen Zahn«, Blumenopfer und sinnloses Gedränge. Danach Tänze. Vier mexikanische Musiker bei Abendessen. Batikeinkauf mit Rupien, altem Hemd und Zigaretten. Im Hotelhof Swimmingpool. Shop-Besitzer lauern wie Geier auf Gäste.

Mi. 31.01. Blick auf Stadt mit See, dann zum Botanischen Garten. Orchideenhaus, gepflegter Park, die »Queen of Tropics« (Zierbaum aus Burma mit rotem Blütengehänge), Akazien mit gelben und roten Blüten gleichzeitig, gelber Bambus aus Ceylon... Shoppingtour: Batikladen (Erotikbatik), Gems und Klunkers (Petra kauft blauen Saphir für 1000 Rupien, Ute Elfenbeinelefant für 750 Rupien), Messingfabrik (schöne Masken und teure Silbercocktaillöffel).

Nach dem Essen in die Berge. Zuerst schüttere Teeplantagen, dann satte Teppiche. Teefabrik: Trockenhalle, Zerkleinerungsmaschine, Fermentierung und Sortierung nach Blattsprosse, Blatt und Stiel. BOP(F) = broken orange pekoe (fenings). Pfund Tee für 15 *Rupies* (2,- DM). Wetter fast neblig. Höhenkurort **Nuwara Eliya.** Alter Kolonialpalast, gleich Karten für »*Candy and lowland dances*«. Wenig Publikum, klassisches Programm, zwei Trommler und Klarinette, Kerzentanz zur Begrüßung, Fischertanz, Feuerschlucker, Kobra, Maskentanz, Jägertanz, *Kandy*-Tanz mit Prunkkostüm relativ temperamentvoll, ausladende Arm- und Beinbewegungen, manchmal ballettähnlich, Truppe ~ Kulturbanausen!. Ceylonesisches Abendessen, kühle Nacht, im Zimmer englisches Kamin, lange Gänge.

Do. 01.02. Morgens ceylonesisches Frühstück, dünne Pfannkuchen in Topfform mit eingelassenem Spiegelei oder süß... Dunstig, kühl, schöne Nebelstimmung mit Bergen. Im letzten Moment noch Teepflückerinnen und Aufseher. Landschaft üppiger, tropischer. Steinklopferinnen, 10 Rupien pro Tag. Reisterrassenszene mit Reissetzerinnen und Wasserbüffelpflug. Immer heißer und feuchter. Hütten mit Vogelnestern als Touristenfallen. Im Seehotel zum Mittagessen, danach im Jeep zum *Yala-National-Park*. Reisfelder mit Kokosnussplantagen, staubig. Kleines Museum am Eingang. Wildhüter fährt mit – Moslem und Spitzbub! Leguan, Elefanten, Pfaue, gelber Bienenbeißer, Eisvogel, nochmals Elefanten... Am Meer Fischer, alte Knaben, unverschämtes Trinkgeld – von *Siri* diktiert – für Spitzbub und Fahrer. Nach Abendessen *Carrom*-Spiel (Fingerbillard), Siri und Jürgen gegen Th. und Hotelmanager (viermal Gewinner!). Heiße Nacht, schlechter Schlaf. Über allen Betten Moskitonetze, vornehme Version, Himmelbettkonstruktion, einfach, trichterähnlich.

Fr. 02.02. An die Küste. Heiß, Traumstrände, türkisgrünes Meer, goldgelber Strand, Kokospalmen. Zwei einzelne Stelzenfischer, nur zum Kassieren. Hippiekolonie – Reifenwechsel, Obststand, freundliche Mutter mit Kind, Holzapfel als Gegengeschenk. Schulbesuch – Reisschälmaschine. Kokosfasergewinnung: dicke Faserschale, noch grün, wird auf Messer aufgespießt und vom Kern getrennt, Schalen werden in Meerwasser gelegt und weichgeklopft... In *Galle* Shoppingtour. Klunker, mit Korund geschliffen an Kupfer- und Eisenscheiben, poliert mit Reisasche. Mondsteine als Geschenk. Klunkerelefanten für einige Tausend Mark... Rudolf tauscht Fernglas gegen Ring. Elefantenschnitzerei schäbig. Per Zufall Hochzeitspaar. In Schildpattfabrik: Altmeister und Lehrmädchen, Hornprodukte, mit heißer Zange zusammengeschmolzen und mit Blättern und Kreide poliert. In der Gruppe keine große Kauflust mehr. An der Küste nach *Hikkaduwa*. Korallengärten – mit Glasboot. Vor *Galle* Szene mit Fischern, die ihr Netz unter Gesängen am Strand einholen.

Einzelne Badeorte, ab **Bentota** löst sich Truppe auf. Jürgen und Johanna zuerst, dann wir... Schönes Zimmer im »Palm Beach« Hotel, oberer Stock mit Terrasse, spanisch, erinnert an Lanzarote, ruhig, Blick aufs Meer.

Sa. 03.02. Spätes Frühstück, wir ordern ceylonesisches Dinner. Junges Paar aus Hamburg am Nachbartisch, Selbstreisende. Über Bahngleise zum Strand, Kabinen, Wasser nicht gerade kristallklar, grünlicher Schaum, kurzes Bad, zurück zum Mittagsschlaf. Danach erster Spaziergang rund ums Revier, nicht gerade malerisch! Autostraße mit Verkaufshütten, vereinzelte Touristen. Zum »Mt. Lavinia« Hotel, Shopping-Arkade mit Doppelpreisen, viel Kolonialstil und entsprechendes Publikum. Klassischer Sonnenuntergang auf Terrasse. Zurück zum Dinner, überraschend gut, Reis und Curry mit Beef, gegrillter Fisch mit Zwiebeln, brauner Nusspudding.

So. 04.02. Spätes Frühstück. Mittagsschlaf. Begrüßungscocktail. Dame von ADAC gibt Tipps. Spaziergang am Strand, Einheimische promenieren, alle fröhlich. Dinner von Ersatzkoch, nicht so befriedigend. Ungebetener Gast im Zimmer, frisst Seife und Mars.

Mo. 05.02. Spätes Frühstück. Spaziergang am Strand zum Fischerdorf, verkommene Hütten, deutscher Touristentrupp kommt aus Hütte. Aus Opposition gehen wir zum Lunch in die Langusterie am Strand. *Crab-Cocktail* ist Krebs-Cocktail, fasrig, undefinierbar. *Prawns* sind Krabben mit Mayonnaise, Thunfisch mit Rosmarin, alles dritte Wahl! *First and last time!* Nicht nach Feinschmeckerart. Keine Lust für den Zoo. Bei Bier Unterhaltung mit Hamburger Pärchen, auch ein Lothar, plus Camper...

Di. 06.02. Per Taxi zur Zentralbank. Feierlicher Erwerb der historischen Silbermünze (60 *Rupies).* Leute am Straßenrand stehen Schlange wegen des indischem Premiers. Geldwechsel, Briefmarken und überraschend schöne Maske, *»no discount!«.* Ins »Interconti«, Bier an der Bar. Seiden-Batik-Ausstellung, nicht überragend, *Vipula*-Batiken begeistern uns auch nicht mehr. Ins »Lanka Oberoi«. Zwei Batikblusen aus Baumwolle, zwei Seidenblusen. Zweimal *Dunhill,* 100 *Rupies* Gewinn! *»Filet à la Maison«,* zäh, nach Landesart, und russisches Schaschlik (was heißt hier »russisch«?).

Doch noch zum *Kelaniya* Tempel. Männer dunkelhäutig, nur mit Sarong; Mädchen und Frauen meistens in gedruckten, kurzen Kaufhauskleidchen, da Saris aus Indien eingeführt werden und teuer sind. Der singhalesische Typ ist nicht so schön wie die indische unvermischte Rasse.

Ortschaften im internationalen Bruchbudenstil, vermutlich durch lange Kolonialzeit. Typische ansehnliche Lehmhäuser nur vereinzelt in abgelegenen Dschungelgebieten.

Kinder extrem auf Betteln eingestellt, auch die, die es nicht so nötig haben: »*toffee, scoolpen, money...?!*« – hartnäckig und egoistisch. *Kelanya* Tempel: Fresken und liegenden Buddha geblitzt. Museum mit vergoldeten *Dagobas* für Buddhas Fingernagel(?) entspricht Monstranzen. Buddhas aus Marmor, Elfenbein und Kristall... Dorfgruppe mit Tempelblumen (Frangipani, weiß) zum Buddha-Altar, Mönch stimmt Litanei an. Zurück zum Hotel. Hummerpremiere: zwei kleine Hummer mit Mayonnaise.

Mi. 07.02. Frühstück mit vielen Tricks von Untermanager. Fahrer mit Tick. Palmen am Fluss, Flussromantik. *Toddy-taper*-Vorstellung für uns. Palmsaft für Kandiszucker, nicht für Toddy oder Arrak, da spezielle Lizenz erforderlich. Wenn alle Toddy zapfen, gibt es keine Kokosnüsse mehr. Die Ausfuhrpreise bestimmen Inlandpreise. Was Japaner bezahlen, müssen jetzt auch die Einheimischen zahlen. Lobster werden unerschwinglich. Fahrer gibt Unterricht: *Tapok*-Früchte hängen an waagrechten, blattlosen Ästen wie Weihnachtskugeln (Baumwolle). Mango, Papaya, Brotfrucht...

Fischer am Seil, es dauert Stunden bis das Netzende eingeholt ist. Wir fahren durch wegen Stelzenfischer, keiner da. Lunch auf Anhöhe in *Galle,* Reis mit Curry. Korallenkalköfen bei *Hikkaduwa.* Maskenschnitzer in *Ambalangoda.* Dicker Enkel des berühmten Großvaters lässt Kinder schnitzen und macht deftige Preise. Grauhaariger Vater hat dasselbe Angebot. Im Hinterschuppen Kleinangebot eines altgedienten Schnitzers. Aus Gutmütigkeit nehmen wir eine Maske mit. Rückweg nicht gesegnet an Motiven, es bleiben nur ein paar Batikabstecher zum berühmten *Bandula,* modern angehaucht. Zwangseinkäufe. Zurück. *Beef* mit Reis und Curry vom Chefkoch.

Do. 08.02. Morgens auf Hotelroad. Batiken beim zahnlosen Altmeister: naive Szenen von Land- und Liebesleben, mit Silberkugelschreiber Preis gedrückt. Fünfzig Meter weiter wird gerade Batik eingefärbt mit deutscher Farbe. Junger Künstler zeigt uns seine Kleinfabrik mit Arbeiten auf Bestellung. *»The lovers at the river in black and white, typical of Sri Lanka«.* Mit Taxi zur Chartered Bank. Direkt zum Maskenspezialisten, wir schlagen zu: Garuda-, Pfauen-, Feuer- und Kobramaske! – *»no discount!«.*

Mit Taxi zurück. Verpackungsprobleme! Abends: *»rice and curry with beef«* und gegrillter Fisch, besonders schmackhaft. Taucher aus Niederbayern erzählt von seinen Unternehmungen mit »ceylonesischem Freund« mit Klapperkiste, in alle Geheimnisse Ceylons eingeweiht, von der Teefabrik bis zur Edelsteinmine; er isst auf Klippe mit Kindern Bananen und Ananas, Bezahlungshöhe wird ihm überlassen ... Zweimal Passionsfruchtcocktail. Nacht unter Moskitonetz.

Fr. 09. 02. Kofferpacken. Abendessen: *»hoppers«* mit Leber. Einheimisches Fest. Regennacht.

Sa. 10.02./11.02. Früher Start zum Flughafen. Wahnsinniges Gedränge am Schalter, ohne ADAC-Führung! Orchideen, zusätzliches Handgepäck. Johanna und Jürgen berichten über nicht funktionierende Gruppe aus Südindien! Briefmarkeneinkauf. Schöne Plätze, Zweierplatz beim Abstieg zur Bar. Besseres Essen, zweimal Sekt! In *Dubai* Zwischenlandung nach 4 Stunden, wir dürfen das Flugzeug nicht verlassen. Vier Stunden später in München. Schnee und kalt! Alles geht glatt (Zoll!). Erstes Bier und Gulaschsuppe. Tel. Bühl und Buchheim. Per Zug – »Orient Express« – etwa 4½ h bis Baden-Oos. Th. Mutter holt uns ab. Zwei Uhr morgens zu Hause in Bühl.

USA / Südwesten

19.04. – 05.06.1979

Do. 19. April: 6:00 morgens mit Zug über Weinheim zum Frankfurter Flughafen. Fensterplätze schon vergeben, viele Amis, *Condor*-Jumbo. Nach altem Brauch Sekt

»Deinhardt lila«, dann Essen: Schaschlik auf Reis, Fleischportion nicht überwältigend. Über den »großen Teich« nach *Chicago*! Kriminalkomödie, über den kanadischen Bergen Schnee. Unser Gepäck: Samsonite Koffer, Seesack und schwarzer Sack für Zelt, außerdem Film- und Handtaschen.

5 Uhr nachmittags in **Los Angeles**. Zu *Hertz*. Kleines Auto nicht vorhanden, außerdem teurer als Vorinformation, trotzdem anständiger Preis und flottes Auto: *Toyota Coupé*, sportliche Schalensitze, blau metallic! Im Dunkeln durch Los Angeles, »do it!« Auf Highway nach **Riverside**, Motel bei Mexikaner, 16 US$ plus Tax, todmüde.

Fr. 20.4. Sehr früh nach *Big Bear Lake*, noch Schnee, Wintersportorte, Marys Bakery mit süßem Feingebäck, Apfel, Aprikosen, Schoko, Schmalzgebackenes... Großer Kaffee muss draußen getrunken werden, disziplinierte Schulkinder beim Einsteigen in den Bus. Hinter dem Gebirge hinunter in Richtung **Mojave Desert**. Abkürzung nach *Barstow*, viele kleine blühende Wüstenpflänzchen.

In **Barstow** Wüstenmuseum. Suche nach Campingartikeln, Safeway... bis K-Markt: Luftmatratze, Schlafsack, Kocher... *Amexo* Kreditkarte nicht beliebt. Abstecher *Calico Ghost Town*. Zu McDonald's. »Cactus Motel«, *Barstow*, über Nacht voll.

Sa. 21.4. Kaffee mit Raisinbread und Coffeemate. Tanken: 1 l ça 50 Pfg., ça 10l/100 km. Auf Highway, Abzweig zu *Kelso* Dünen, schöne rot und violett blühende Kakteen. Dünen im hellen Mittagslicht uninteressant. Wüste mit einzelnen mutigen Bewohnern. Salzgewinnung aus ausgetrocknetem Salzsee.

In **29 Palms** vergebliche Suche nach Hamburgern, stattdessen gekochter Schinken. Überraschung im *Visitor Center*, Campingplätze voll! Wir nehmen Hotel am Ort »El Ranchero«. Abenddrive, erste echte blühende *Joshua* Bäume. Rangerkontrolle wegen parkender Autos. Felsgebilde ähnlich wie in Bretagne. *Joshua*-Bäume im Abendlicht! Wieder überraschend kühl am Abend, Erkältung als Folge. Hysterische junge Amerikanerinnen im TV.

So. 22.4. Eis für »Kühlschrank«, direkt zum *Cholla Cactus Garden*. Aggressive Stacheln mit Widerhaken, Vorsicht bei jedem Schritt. Höhepunkt für Fotografen, Kaktusblüte violett. Wir beschließen, am Abend noch einmal zu kommen. Wegen Mittagslicht Markierungspunkte für Abenddrive. 1) *Ocotillo*, dünnstielig, stachlig, mit roten Blütenrispen, 2) Prachtexemplar von *Pink Cactus*, 3) *Cholla Garden*. **Joshua Tree NP**.

Zeltplatz, junger Amerikaner russischer Herkunft hört Musik, schläft im Freien, Benzinpreise gestiegen, Toyota sehr gutes Auto, in Russland »no freedom«! Zeltaufbau wie in alten Zeiten. Minipropangaskocher bringt keine große Leistung für Rühreier mit bacon! Siesta in Mittagshitze, zuerst im Zelt, dann im Freien unter Busch und Bank.

Ça 15.30 Abenddrive. Zuerst erfolgreich, Wind macht Schwierigkeiten für Makroaufnahmen. *Chollas* im Abendlicht! Halbschuhe, alles gut bis Stacheltragödie, Stachel im Po, und am morgen die Feststellung: Leica war falsch eingestellt! Kalte Nacht einigermaßen gut überstanden.

Mo. 23.4. Aufstehen bei Sonnenaufgang, Abbruch, Minitrail zur *Cottonwood Oasis*. Zum Tanken, es war doch noch eine gute Reserve vorhanden! Meilenfressen auf *Highway 10*, überraschend viel blühende *Occotillos*, rote Rispen. Kurze Stopps für Philadelphia Frischkäse und Olympia Beer. In *Gila Bend* super *Papa-Burger* und *Teenburger*. In **Organ Pipe Cactus Monument**, sofort Start zum *Ajo Mountain Drive*. Keine *Chollas,* dafür *Saguaros* im gelben Abendlicht! In der Dämmerung viel Wildlife, Vögel und Hasen! Bei Dunkelheit Zeltaufbau auf steinigem Boden. Abendwäsche im Freien unter klarem Sternenhimmel! Nacht nicht so kalt wie bisher.

Di. 24.4. Strammer Saguaro neben Zelt. Frühstück bei Sonnenaufgang, vor Campingplatz schön blühende *Chollas*, »*Teddy Bear*«! Beautiful, but painful! Stacheln am Fuß und sogar am Po! K. rettet mit Pinzette die Situation! *Puerto Blanco Drive*: a) rosarote *Chollas* = *hedgehot,* b) orangerote und gelbe, rosenähnliche = *backhorn Chollas,* c) *chainefruit Chollas* = kettenähnliche Früchte. Durststrecke bis »*Senita Basin*«, noch einmal Kakteen wie im botanischen Garten. *Visitor Center*, Dia-Show. Günstiger Schattenplatz am Zelteingang, doch noch Mittagspause auf Luftmatratze, zwei Liter kalter Kaffee gegen Kreislaufschwäche. Vor Sonnenuntergang Spaziergang auf Camp. Alle Kakteen blühend vorhanden, letzter Versuch *Chollas* im Abendlicht. Th. kapituliert, wieder Stacheln im Fuß.

In der Dämmerung gebratener Speck mit Spiegeleiern, Zwiebeln, black pepper, echtes Country-Vesper. Nachts heult der Kojote, morgens Vogelgezwitscher, lila *Woodpecker* (Specht), mit rotem Punkt auf Kopf, trommelt!

Mi. 25.4. Aufbruch aus *Organ Pipe Nat. Monument*, letzte Bilder von Saguaros und Ocotillos vor Bergkette. Vor **Tucson** Saguaros gleichmäßig verteilt wie Telefonmasten. Zu Safeway und McDonald's, dann Motelsuche. Keine historische Übernachtung wegen unverschämter Besitzerin, dafür preiswerteres »Arizona Motel« (14,50 $), nach langem Hin und Her mit zwei Betten! Erschöpfungsschlaf. Abendtrail zum **Saguaro NP**, Arizona Desert Museum, 4 $ pro Person, umfassende Kakteensammlung: a) *hedgehog* = pink Igel, b) *prickly pears* = flacher Kaktus mit gelben Rosenblüten, c) *teddy bear chollas*... Wildkatzen, zwei spielende Ottern unter Wasser zu sehen, *Bighorn-sheep*, *golden eagle*, Habichte und Eulen... Füchse, Kojoten und mexikanischer Wolf...

Fakten über »Saguaro«: die kleinen brauchen Schutz, erste Seitenverzweigungen etwa mit 70 Jahren, Prachtexemplare »*Patriarchs of the Desert*«, ça 150 Jahre, ça 10 Tonnen! Aus Früchten gewinnen Indianer Sirup, Vögel nisten in Höhlen... Nach dem Museum Versuch, Sonnenuntergang hinter dem Hügel zu betrachten. Überraschend schöner Abendhimmel mit allen Kakteen als Konturen am Horizont! Restauration im Hotel mit Haarewaschen, TV und Chesterbroten mit French Dressing!

Do. 26.4. Wecken bei Sonnenaufgang, zum Kaffee üppige Schneckennudeln mit viel Rosinen. Minipropangaskocher bewährt sich. Zum Ostteil des *Saguaro NP*, *Golden Eagle Pass* für 10 $. *Loop drive*, nichts wesentlich

Neues! Geöffnete *prickly pear* (Stachelbirne) Blüten. Im *Visitor Center* Slideshow über die vier großen Wüsten: 1) *Great Basin* (Nevada), 2) *Mojave* (California), 3) *Sonora* (Arizona, Mexiko), 4) *Chihuahua* (Texas, Mexiko).

Auf Highway bis *Willcox*. Suche nach *Hamburgers*, zuerst nur Motels, dann »Sonic Burgers«, Bestellung und Bedienung am Auto. Großformatiger *Burger*, schmackhaftes *Burrito*, in Fett gebratene Blätterteigrolle, gefüllt mit Hackfleisch, Mais, Zwiebeln und viel rotem Paprika, mit Sauce und Käse überbacken, plus *Sunday* (Eiscreme mit Schokosauce) und *Shake* (verquirltes Eis).

Abstecher zum **Chiricahua Nat. Monument**, herbstlich dürre, halb verdorrte Bäume, Felserosionen aus Tuffstein. Rundblick auf *Massai point*. Campingplatz unter Bäumen, kühle bis kalte Nacht.

Fr. 27.4. Der Park war früher Lagerplatz von *Cochise*, fruchtbares Waldgebiet. Auftauen bei Morgenkaffee. Auf »dirty road« Abkürzung zum Highway, zwei Bachüberquerungen, Schotterpassstraße. Kilometerfressen auf Highway. Navajo-Schmuck: zwei Armbänder. Bei »Stockeys« Hamburger und Shake. Vor den **White Sands NP** militärische Straßensperre für ½ Stunde.

Direkt in die weißen Sanddünen, feiner Gipssand, ein paar frische grüne Pflänzchen... bis nach Sonnenuntergang. Ranger sammelt letzte Besucher ein. In Dunkelheit nach **Alamogordo** »Western« Hotel. Freundlicher alter Herr schickt uns ins letzte Zimmer, aber gut eingerichtet, dicke Matratzen, zwei Kingsize Betten, Color TV...

Sa. 28.4. Diffuses weißes Morgenlicht, daher drive durch den Dünenloop fotografisch nicht ergiebig. Weites, weißes Dünengebiet. Wir nehmen Sandprobe mit! Im *Visitor Center* Darstellung der geologischen Entwicklung. Grabenbruch, Wasser mit gelöstem Gips trocknet aus, Dünen werden zusammengeweht...

Zurück nach *Alamagordo*. »taco Villa«. Bestellung per Lautsprecher: *Taco*, *Burrito*, Kaffee und Milch. *Burrito* diesmal Tasche aus Tacoteig, schmackhaft mit scharfer, roter Tacosauce, ergiebiger als Hamburger.

Gut gesättigt Richtung Norden, Überlandfahrt. In Frontier »Liquor Shop«, ein Dutzend *Budweiser Beer*. Besitzerin ist in Schottland geboren, »fast dasselbe wie Germany!« Keine »Scenic route«, graugrüne Weiden mit ein paar Rindern. Ansonsten bergig, windig, niedrige zerzauste Kiefern! Bei Straßenkreuzung Kaffee mit *Pie*. Zweiter Kaffee gratis. Schneebedeckte »Rockies« in Sicht.

Gegen Abend Ankunft in **Santa Fé**. Im Vergleich zu damals nostalgisch aufgeputzt, alles im *Pueblo Style*: Lehmbauweise wird vorgetäuscht, Deckenbalken ragen an der Außenwand heraus, manchmal sogar Leiter zum Einstieg auf dem Dach. Motels und Villen, verschachtelte Pueblobauweise. Einkauf im Nobelshop: Sandpainting und Halskette! Snobs und Hippies in Santa Fé!

Hinter Santa Fé Campingplatz unter Puebloverwaltung (6 $). Staubiger, weicher Lehmboden, schöne Duschen mit Spezialverriegelung (Code: 2082). Imbiss am Auto, frische Nacht!

So. 29.4. Ausschlafen! Kein Dringlichkeitsprogramm. Alle Camper haben Freunde oder Bekannte aus Germany! Am *Rio Grande* entlang nach *Taos*. Bei »Sonic« zwei *»foot long cheese coneys«*! Überraschung! Lange *hot dogs* mit Paprika, Fleischsauce und geschmolzenem Käse! Schmackhaft, ein Hauch von Mexiko. Der *Cherry Shake* ist eine Enttäuschung: artificial colour and flavour!

Wo ist das Pueblo von Taos? Rundgang auf der Plaza. »Black Indian Pottery« aus Santa Clara! Hagelschauer. Gut durchwachsenes Wetter auf der Straße nach Colorado. Schneereste, starker Wind.

Colorado = *Colourful State*, noch winterlich grün/grau, zwischen Regen und Schneeschauern, schneebedeckte *Rocky Mountains* Kulisse zur rechten. Die **Great Sands** beeindrucken durch Größe, aber sie sind durch winterlichen Schnee und Regen zusammengebacken. Ranger sagt, Frühling hier erst im Juni/Juli. Eindeutig zu früh für diese Gegend.

Wir verlassen die *Great Sands,* ohne zu campen. Einfaches Motel in **Saguache** mit Kochnische, kleinem TV und Abenteuerfilm mit viel Degenfechten. Kühle Nacht im Kingsizebed.

Mo. 30.4. Aufgelockerter Himmel, Weideland mit Rinderherden, winterlich spröde Berglandschaft, noch kein frisches Grün, Nordische Fichten und Schneereste. *Gunnison* Luftkurort, Blockhüttenstyle. Bei »Kentucky Fried Chicken« *two pieces chicken, one dark, one white.* Feine Panage mit Barbecuesauce, Roastbeefsandwich, hot sweet corn! Es war ergiebig und schmackhaft! Immer ça 5 $ für two persons.

Durch alpine Landschaft weiter zum **Black Canyon of the Gunnison**. Rimdrive entlang der steilen schwarzen Felsschlucht, mehrere Viewpoints, Wettlauf mit der Sonne. Es wird flacher und wärmer, Obstbäume blühen. »Prospector Motel«, freundlicher, alter Herr: »Es gibt viele Wolken, aber wenig Regen hier«. Lukullisches Abendessen: Beefschinken, Krabben mit french dressing, dazu weißer kalifornischer *Chablis* (feiner, trockener Landwein). Film aus den Fünfzigerjahren, unruhige Nacht im schmalen Bett.

Di. 1.5. Zum **Colorado Nat. Monument**, Rimdrive. Sandsteincanyon mit glatten Wänden, Bögen und Felskaminen. Gerade vor Gewitterregen drive beendet. Ausgehungert ins einzige Café »Fruita«, mexic. food: *enchillada* und *burrito* und »twix«, Doppelschichtkeks mit Karamellcreme. Blauer Himmel über uns, seitlich wolkig, sandige Mesas, Halbwüste...

Wir überschreiten die Grenze nach **Utah**, großzügiges Touristinformationsbüro. Prospekte und freundliche Auskunft über Wetter: »viele Wolken, wenig Regen!«.

Arches Nat. Monument kündigt sich durch mächtige dunkelrote Sandsteininformationen an. »Campground full!« Möglichkeit im »back country« zu campen, d.h. außer Sichtweise der Straße. Wir fahren bis zum ersten Viewpoint: South Park Avenue. Steile Sandsteinwände. Weil es dunstig wird, Richtung **Moab** zum »Commercial Camp Slimrock«. 6 $ mit Dusche und Store. Unter Balkendach Zeltaufbau im Sturm, Nacht mit Wolkenbruch und Blitzen!

Mi. 2.5. Himmel wolkenverhangen, schlechte Stimmung, sind wir zur rechten Jahreszeit hier? Viel Zeit fürs *Visitor Center:* Slideshow, geologische Erklärungen über verschiedene Sandsteinschichten und Entstehung der *Arches*. Informationsdrive durch den Park ohne Fotos, da Himmel total grau. Mittagspause im Zelt, Warten auf besseres Wetter. Nachts Dauerregen, Resignation nimmt zu.

Do. 3.5. Lustloses Erwachen. Per Zufall entdeckt Karin blauen Streifen am Horizont. Blitzstart ohne Frühstück zum Park. Sonne und Wolken im Nacken. Ralleymäßig Richtung *»Devil's Garden«*. Es beginnt ein langer, harter Trail, immer noch nüchtern, eisige Winde, von Arch zu Arch. Als Krönung felsiger Weg zum *»Double O Arch«* mit einem älteren Freundespaar aus Germany. Wir hätten beinahe 100m vor Schluss aufgegeben wegen des schmerzenden Knies. Dann aber doch Belohnung durch außergewöhnlichen Blick auf Bogen und Landschaft! Vorher extra Klettertour von Th. zum *»Landscape Arch«*.

Beim Rückmarsch machen sich Schwäche und Erschöpfung bemerkbar. Bier als Erstes! Inzwischen wieder wolkig, deshalb und aus Übersättigung zurück auf Campingplatz. Kräftiges Countryessen: gebratener Speck mit Eiern! Migräneattacken, Erschöpfungszustand im Zelt. Zum Sonnenuntergang Th. im Alleingang zur »Windowsection«, hauptsächlich wegen »Double Arch«. Zurück und nach *Moab* zum Tanken und Essensvorräte im Country Store: Brot, Bier, Säfte...

Fr. 4.5. Wolkenloser Himmel, aber kalt. Sehr gemütlicher Zeltabbruch mit Dusche. Zum **Dead Horse Point State Park**. Überwältigender Ausblick auf Flussschleife des Colorado durch dunkelrote, schwarzgrüne Sandsteinschluchten. »The Legend of Dead Horse«: Ein paar wilde Mustangs, die auf der Mesa gehalten wurden, konnten nicht ans Wasser, da die schmale Ausgangsstelle durch ein Gatter verbarrikadiert war (die Cowboys behaupten das Gegenteil). Die Mustangs mussten sterben mit dem Blick hinunter auf die Wasser des Colorado. Fotoexperimente mit Polfilter, um den blauen Mittagsdunst zu durchdringen (Rudolfos Masche). Sehr komfortabler Camping-platz mit Einbauschrank und Zeltrampe; rustikaler Tisch und Bänke und erloschene Feuerstelle. Wann gibt es die saftigen Steaks?

Sehr gemütlicher Trail am *Rim* entlang, nachmittags frei für Muße und Erholung. Höhepunkt bei Sonnenunter-gang am Canyon fällt aus, sehr matte Abendsonne. Campfire-Programm wie Märchenstunde; wir können uns diskret zurückziehen zu Rotwein (kaliforn. *Almaden*), feu-rigem *Burgunder* mit Fassgeschmack und Käseschnitten nach American process.

Sa. 5.5. Grauer Himmel bremst unser Aufstehtempo. Wolkendecke reißt auf. Zum **Canyonlands Nat. Park**. Erster Abstecher zum Salzkrater; durch die Sandstein-schichten durchbrochene Salzschicht, kurios. Blick auf den »*Green River*«, scharf eingeschnittenes Flussbett. »Grand View Point«: Blick auf *Colorado*-Canyon, der sich hier mit dem *Green River* verbindet. Ausblicke nicht so fantastisch wie »Dead Horse Point«. Wind kommt auf, fei-ner Sand weht über die Straßen. Zurück zum Camp. Spiegeleier mit Schmelzkäse im Einbauschrank als Wind-schutz gebraten. Zelt stürzt ein bei Windböe, es ist auf Sand gebaut. Sand weht herein bei der Siesta. Sonnen-untergang bringt nicht die erhoffte Stimmung am Canyon, zu lange Schatten, zu blasses Licht.

So. 6.5. Morgens Abschied von »Dead Horse Point«. Nach *Green River*. Country Store hat geschlossen. Hoff-nung auf Fleisch und Honig zunichte. Im Taco Haus: mä-ßige, kalte *enchillado* und *burrito*. Zweiter Versuch im *Bur-gercafé*: heißer Kaffee mit Röschen. Ein paar typische amerikanische Jugendliche, total zerfranste Hosen, unge-waschen, Hippielächeln. Durch unerwartet dürres Land, Büschelwüste mit kleinen Sanddünen.

Badlands bei *Caineville*: grünlich bis gelb, aschgrau. Tummelplatz für Rocker und Black Angels und *Dirth* Fah-rer, *offroad vehicles*. **Capitol Reef Park**: weißgelbe Kup-peln, frischgrüne Bäumchen am *Freemont River*. Reich-lich Platz auf dem Camping. Noch am Abend *scenic drive*.

Besonders schön die gestreifte, dunkelbraune Schicht, wie ägyptischer Tempel. Mächtige gelbrote Sandsteinklippen. Kalter Wind, Rotwein und *American cheese* im Auto, sehr kalte Nacht.

Mo. 7.5. Total grauer Himmel, Pflichtprogramm im *Visitor Center*, außergewöhnlich schöne Slideshow. Orientierungsfahrt zum *Goosenecks Viewpoint*. Blick in den Canyon des *Sulfurcreek*, gelb. Auf der Suche nach dem Countrystore kommen wir am »Rim Rock Motel« vorbei, beschließen kurzerhand, vom kalten Zelt ins warme Motelzimmer überzuwechseln – und wir sollen es nicht bereuen! Dauerregen am Abend in Schnee übergehend.

Restauration, zum Dinner im Restaurant, rustikal eingerichtet mit Feuer im Kamin. *Ortegas Steak Supreme,* Rohgemüse, warmes Maisbrot mit Butter, Salat mit *italian cream dressing.* »Steak« (aus *groundbeef* = Hackfleisch) mit Paprika gewürzt und *cheese* überbacken, halboffene Kartoffel mit Sauerrahm und Melonenscheibe. Unterhaltung mit kanadischem Studenten aus Quebec, spricht besser Französisch als Englisch. Politische Wissenschaften, Reiseerfahrungen aus Europa und Amerika. Dinner bis 22:00. Motelbesitzerin wird aus Schlaf gerissen, muss unsere Heizung in Gang bringen. Sofort wohlig warm, *Science fiction* Film bis nach Mitternacht, es schneit.

Di. 8.5. Überraschender Ausblick aus dem Fenster, total verschneite Landschaft. Schnee beginnt bald zu schmelzen, etwas Sonne bricht durch, doch noch ein Paar Bilder vom **Capitol Reef**. Durch *Badlands* wieder nach *Hanksville*. Im »Western Steakhouse«, rustikal, leicht vergammelt, *Cheeseburger* und knusprige *english chips* (Kroketten). Südlich, Richtung *Lake Powell, Glen Canyon* Gebiet. Wieder rote Sandsteinschluchten, nicht so beeindruckend.

Entlang am *White Canyon*, Hochebene mit Pinienforest, mit Schneegestöber, Dunstschwaden über Straße wie am Mummelsee oder am dark Moor! Auf kurvenreicher Straße hinunter mit Blick auf *Valley of the Gods* bei **Mexican Hat**. Vorratskauf in der *Trading Post*. Wolken reißen auf, wir beschließen zu campen. *Monument Valley* wieder düster. Lodge »no vacancy«, auf KOA-Campground. Heißer Tee und Vesper im Auto, wir rüsten uns für kalte Nacht.

Mi. 9.5. Nacht so kalt wie erwartet, aber wir haben überlebt. Zelt trocknet in kurzer Morgensonne. Zwischen Sonne und Wolken Richtung *Canyon de Chelly*. Wolkendecke schimmert rötlich vom Sandstein. Bei Hagelschauer Ankunft am Canyon. Das große neue Motel und die »Thunderbird Lodge« »no vacancy!« Viele Touristen auf Indianerkulturtrip, der Canyon eine Goldgrube. Schneller Drive am *Rim* entlang unter blauem Fleck am Himmel, wir schaffen drei *overlooks*, gerade genug, um eine Vorstellung zu bekommen. Künstlerische Spitzenfotos werden auf nächste USA-Reise verschoben.

Zweimal Snackbox im »Kentucky Fried Chicken«, wir sind im *Navajoland,* breitgesichtige, gedrungene Indianer. Keine Lust, im Hagel zu übernachten, weiter Richtung Süden. Wiederholung von gestern, *Buschmesa* und *Forest* in dichtem Hagelschauer. Die *Indian Trading Post* hat nicht viel an Kunsthandwerk zu bieten. Teppiche zu Phantasiepreisen z. B. 3.000,- DM!? Indianische Teppichkunst: ursprünglich Decken, erst später von Händlern animiert, dickere Qualitäten zu weben und als Teppiche zu verkaufen. Bei *Chambers* ins »Best Western« Motel am Highway, Spitzenpreis 30 $! Schlechte Flimmerkiste mit mäßigen Programm: »Hello Dolly« und »Das Gewand des Erlösers«. Th. schläft K. zeitweise unter der Hand ein.

Do. 10.5. Kaffee kochen im Motel klappt prima. Wieder dünner Schnee auf Autodach, aber Wolkendecke aufgerissen. Sofort in die *Painted Desert* und *Petrified Forest.* Im *Visitor Center* Lehrfilm über Entstehung versteinerter Bäume, Makroaufnahmen, großes Shopping Center und Cafeteria. Wir direkt in *Painted Desert,* rötlich gefärbte *Badlands,* dann *Indian Petroglyphes. Blue Mesa* geschlossen. Fotografische Anstrengungen bei *Chrystal Forest.* Wir suchen nach schönsten Farbkompositionen und warten auf Sonne! Eisiger Wind, Himmel bald wieder grau! Cheeseburger mit 5 Sorten *Relish: italian, french, blue cheese, sweet* und *tomato. Coffee* und Großmütterchens *pie* und Schokokuchen. Schwarze *pottery.*

Fahrt auf Highway entwickelt sich zur Shoppingtour. Navajo-Schmuck und Hopi pottery. Wir erreichen nur **Winslow.** Im Motel, das »very clean« ist, braten wir trotzdem Eier mit Speck und Th. schläft K. wieder unter der Hand beim TV-Programm ein.

Fr. 11.5. Morgendlicher Erschöpfungsschlaf. 10:15, eine Viertelstunde, nachdem wir müssen, verlassen wir das Motel. Heute echter Arizona-Himmel: blau mit wenigen, winzigen Wölkchen. Plichtabstecher zum **Walnut Canyon**: farbloses Grau. Repetitionskurs über Indianerleben. *Yucca:* Wurzel für Seife, Fasern für Sandalen, Seile, Körbe. *Prickly Pear* Frucht für Jam. *Bean-* und *Squash-* (Kürbis) und Kornanbau. Knochen für Nadeln und Flöten, Pfeilspitzen aus Obsidian, Muscheln als Schmuck. *Kiva* (Kultraum).

Hinter *Flagstaff* wieder *Kaibab Forest*, Kiefernbestand, anscheinend kein so raues Klima hier, Bäume gut gebaut, *Williams* (Ski- und Luftkurort). Nach dem Kaibab in tiefere und wärmere Zonen. Allein auf dem neuen Highway. In *Kingman* testen wir *Kingburger:* saftig und fast noch schmackhafter als *Big Mac.* Spezialität: *Whopper,* und Vanilleshake. Beim Tanken rationierte Benzinmenge auf 7 $, daher zweimal Tanken.

Über *Hoover Dam* zum **Lake Mead.** Schöner Campingplatz mit üppig blühenden Oleanderbüschen: weiß, rosa, dunkelrot. Nachbarn grillen auf ihren Campfires.

Sa. 12.5. Warme Nacht und sehr warmer, sonniger Morgen. *Boulder City*, gepflegte Garten- und Rasenstadt. Bei Deutsch sprechendem, dänisch gebürtigem Chef zweimal Hosen, Shorts und Badehosen günstig eingekauft. Tipps für preiswertes Dinnerbüfett in Las Vegas.

Direkter Weg zum *Death Valley* mit dem Gespenst im Nacken, kein Benzin und Campingplatz zu bekommen. Im Radio sprechen alle von Benzinknappheit, Panikkäufen und steigenden Preisen. Kurze Rast am Straßenrand mit

Walnussschnecken und Milch. Wir fahren über *Jubilee-Pass* ins **Death Valley** ein.

Temperaturen steigen, Backofengefühl, weiße Salzkrusten, knochenharter Boden und *Badwaterpool*, 85 m unter dem Meer. Die kühlen Bierchen verzischen wie auf glühenden Felsen oder in vertrockneten Puszta-Brunnen. Vor Sonnenuntergang schneller Abstecher zum *Zabriskie Point*. Immer noch überwältigender Eindruck dieser zusammengebackenen, goldgelben *Badlands*.

Camp bei **Stovepipe Wells** geschlossen, daher Einzug ins historische Hotel mit Ochsenjochbetten und erfrischend kühlem Pool. Erstes, saftiges, selbstgebratenes Steak, Tomatensalat mit *French-* und *Thousand Island Dressing*... Heiße Nacht.

So. 13.5. Kleiner Trip auf Piste zu Sanddünen. Bei hellem Tageslicht erscheinen sie mächtiger als am Abend vorher. Man könnte in Fotorausch verfallen, immer noch eine Düne weiter, immer prächtigere Ausblicke. Hitze und Durst rufen zurück zur Kühlbox im Auto. Weiter zum *Ubehebe Crater*. Für uns nicht so überwältigender Eindruck. Wegen Mittagshitze zurück ins kühle Motel. Saftiges Steak und erholsamer Mittagsschlaf.

Eine Stunde vor Sonnenuntergang großer Dünentrip. Dünen manchmal fast festgebacken, gehen Versteinerung entgegen. Elegante Kurven und Linien, mächtige Dünenberge. Bis Sonnenuntergang haben wir einige der größten erstiegen. Erschöpft, zufrieden und durstig zurück. Blumige, alte Dame verkauft uns *icecold beer* und öffnet für uns das Swimmingpool. Kühle Erfrischung für die Nacht. Getränkefazit für zwei Tage Death Valley: 12 Dosen Bier, 1 Liter Apfelsaft, 2 Liter Sprudel...

Mo. 14.5. Vor Verlassen des *Death Valley* letzter Abstecher zum *Dantes View Point*: 1.300 m höher als *Badwater* und 13°C kühler. Salzsee, reines Weiß und größer als beim letzten Mal. Noch feucht vom Winter. Richtung *Las Vegas*. Die vermeintlichen *Hedgehocks* sind *Beavertails*? Die gleiche Farbe, aber flache Blätter. Durch **Las Vegas** kein Burger zu finden.

Auf Highway zum *Valley of Fire State Park*. Romantischer Campingplatz inmitten der Felsen. Rote Sandsteinformationen wie züngelnde Flammen. Von Erosion zernagt, viele kleine Bögen und Filigranmuster. Abstecher zu schmalem Canyon mit Petroglyphen und *Mouses Tank*, natürliches Wasserbecken im Sandstein. Wieder schönes *roundeye steak* mit Tomatensalat. Warme Nacht.

Di. 15.5. Morgens Fotojagd nach Erosionsmotiven. Die Natur als Künstlerin: Skulpturen und Strukturen. Nach Zeltabbau erfrischende Dusche aus Kanister vom Felsen herab. Über *Lake Mead* durch kleine Nester, ohne Benzin auf Highway, keine Rest Area, wir hängen hungrig und matt in den Seilen. Ausfahrt bei Shell Tankstelle (99 c/G). Gleich nebenan saftiger *Jum Jum Burger* und ergiebige Vanille- und Schoko-Shakes!

Mit *icecold beer* versorgt, guten Mutes weiter. *Information Center* von Utah zwei Auskünfte; *Snow Canyon* nach einem Mann namens »Snow«, und das Wetter wird morgen gut sein! Unterwegs viele *Beavertail Cactus*. **Snow Canyon** Schlucht: schwarzes Lavagestein, fein geschichtete weiße und rote Sandsteininformationen, feine Linienmuster. Camp wieder direkt am Felsen. Großes Steak auf *salted butter* gebraten, Bierkonsum immer noch immens. Nacht zuerst sehr warm, dann sehr kühl.

Mi. 16.5. Zirruswölkchen am blauen Himmel! Kleine Eidechse hält still zum Portrait-Foto. *Vulcanic-Area,* nur schwarze Lavabrocken. In *St. Georg* bei Safeway: für drei Tage Steaks, Bier, Brot, Kaffee... Anschließend *car wash* auf Automatikstraße. Vor *Zion's* Städtchen mit viel Rasen, Rosen und schmucken Häuschen. Im **Zion's** romantischer Campingplatz, Zelt und Auto im Schatten, ringsum frisches Grün, *Mt. Watchman* als Kulisse. Nachmittagsdrive in den *Zion's Canyon* entlang der *Patriarches* zum *Weeping Rock*. Nicht so beeindruckend wie auf Bildern, nur einzelne Tropfen, außerdem fragwürdige Belichtung beim Fotografieren. Erkundungsspaziergang am Ende des Canyon in Richtung Schlucht. Sumpfromantik, aber kühl und zu dunkel. Saftiges Steak mit letzter Flamme aus

Propanköcherlein (vier Wochen treue Dienste), dazu bewährter Tomatensalat. Nachts windig im Canyon.

Do. 17.5. Stabile Gutwetterlage. Ausflug in den Ostteil des Parks. Mächtige rote Sandsteinformationen, von weißen Kuppeln gekrönt. Früher einmal Sanddünen, fein geschichtet, Farbkompositionen im Fels, feine Gittermuster von Erosion auf *Checkerboard Mesa*. Sehr ausgiebige Tour, Erschöpfung und Zermürbung am Mittag, wir verpassen rechtzeitigen Start zum *Weeping Rock*. Weitere Konzentrationsfehler beim Fotografieren, dafür positiv am Abend: überaus zartes und umfangreiches *Tenderloin Steak*. In der Nacht wieder Stürme über dem Canyon.

Fr. 18.5. Früher Zeltabbruch, Schluchtenwanderung zu den berühmten *Narrows*. Wanderweg endet im reißenden *Virgin River*. Blick auf Felsspalte bleibt versagt, stattdessen feuchte Felswände, junges Grün und schließlich totale Gegenlichtromantik. Wir verlassen *Zion's*. Nach **Cedar City** auf der Suche nach *Hertz*, um Vertrag zu verlängern. Auskunft bei Reisebureau, zur *Chevron* Tankstelle. Chef kümmert sich nicht um Auto, schreibt kleinen Zettel. Bei »Kentucky Fried Chicken«: *two pieces dark chicken*. Vorräte bei Safeway für die kommenden Tage.

An *Cedar Breaks* vorbei, da noch geschlossen. Dichte Schneedecke auf Bergen. Skeptisch in Richtung *Bryce Canyon* weiter. Historische Übernachtung im Motel von **Hatch**, kein TV, aber Heizung für kalte Nacht. Wieder im Bad saftige Steaks gebraten.

Sa. 19.5. Früher Aufbruch. Zimmernachbarn: älteres Paar aus Lothringen zum zweiten Mal am Canyon wegen Filmdebakel. Erste Aufnahmen am **Red Canyon**, Vorgeschmack auf orange- und pinkfarbene *Pinnacles*. Im **Bryce Canyon** direkt zum *Sunrise Point*. Sunset-Picknick auf Campingplatz. Vorinformation an den übrigen Viewpoints, Schlachtplan für den nächsten Tag. Morgens Aufsichten, mittags *hiking*. Reservation »Ruby's Inn« erst für nächsten Tag, deshalb auf Camp. Wir riskieren Frostnacht. Schöner Platz auf Anhöhe, und in Abendsonne deftige Steaks. Tatsächlich sehr kalte Nacht.

So. 20.5. Langsames Auftauen in Morgensonne. Aufsicht auf *Inspiration Point*, dann *Sunset*. *Rimtrail* zum *Sunrise*. Abstieg in *Queen's Garden,* etwas zu spät, klassische Wolkenbildung am Mittag. *Queen's Garden* unter düster blauem Himmel. Deutsches Hikerpaar trinkt Bier und wartet auf Sonne. Wir schwenken ab zum *Navajo Loop,* treffen älteres amerikanisches Ehepaar, das von *Rotel Tours* begeistert ist. Gewitter mit Regenschauer, wir suchen Schutz unter Fels, dann durch steile Schluchten mühsamer Aufstieg zum *Sunrise Point*. Verdientes Steakpicknick. Zeltabbau und Umzug in »Ruby's Inn«.

Schlechtes Wetter, Pflichtbesuch im *Visitor Center*. Abend zur Erholung im rubinroten Hotelzimmer. TV bringt Melodrama aus dem amerikanischen Bürgerkrieg. Gutes Dutzend Grußkarten nach Germany.

Mo. 21.5. Sehr früher Start zur Wiederholung des gestrigen Trails bei strahlend blauem Himmel. Weiße *Pinnacles* schimmern wie verwunschene Schlösschen. Großer Fotoeinsatz beim Trail, *Queen's Garden* hat nicht die erwünschte Stimmung, etwas zu sonnig. Viele deutsche Touristen beim Hiking. Wieder mühsames Ende des Trails bei steilem Aufstieg, aber schimmernde Schluchtenromantik. Mit letzter Kraft zum Picknick am Camp.

Letztes Bier aus der Kühltasche. Abgesättigt vom *Bryce Canyon* zum **Kodachrome Basin**. *Tropic*, kein Bier, ebenso wenig in *Henryville*. *Kodachrome Basin* zeigt nicht den erhofften Farbenrausch, von allem ein bisschen im Kleinformat. Einsamer Campingplatz.

Nach kurzer Pause auf Luftmatratze Kehrtwende zurück zum nächsten Etappenpunkt **Coral Pink Sand Dunes**. Zunächst überraschend schöne Dünen am Berghang. Bei näherem Hinschauen herbe Enttäuschung: auf allen Dünen Reifenspuren von *off-road vehicles.* Hier scheint *funny recreation* wichtiger als Naturschutz. Auch auf Camp Lärm und Gestank von den Vehikeln.

Di. 22.5. Morgenhiking zu den Dünen. Vergebliche Suche nach jungfräulichen Dünen. Ein paar Detailaufnahmen von abgestorbenen Bäumen und feinen Spuren im

Sand. Da die Dünen insgesamt verschandelt sind, beschließen wir vorzeitigen Aufbruch. In Kanab *Wonderstone*: farbig und in Goldtönen, wie Gemälde der Natur in Sandstein. Saftiger gekochter Schinken als Picknick am Straßenrand. Wieder zum *Kaibab Forest*. Wolkenfronten über *North Rim*. Sehr hilfsbereite Rangerin der *Park Information* macht für uns Reservation in der »Grand Canyon Lodge«. Auf dem Weg zum *North Rim* nimmt der Schnee tatsächlich zu, aber Tauwetter. Nur *Bright Angel Point* geöffnet. Kleiner Walk zwischen *Viewpoint* und Lodge.

Wir bekommen Blockhütte mit Heizungsrohr, billiger als erwartet für 22 $, aber mit Kochverbot. Also wieder Saftschinken und *american cheese* mit Bier. Am Canyon sehr dunstig und verhangene Sonne, deshalb nicht so stimmungsvoll; auch Sonnenuntergang bringt keine wesentliche Steigerung des Eindrucks.

Mi. 23.5. Früher Fotoversuch am Canyon ohne Erfolg, erst zwei Stunden später klassische Stimmung, bläulichvioletter Schleier über Canyon. Hungrig, da Coffeeshop noch außer Betrieb, zurück nach *Jakobs Lake*. Drei verwunderte Hirsche über Schnee; Aspenromantik auf später verschoben. In der Lodge Cheeseburger und Kaffee an der Bar. Regen und sehr kühl. Nach Verlassen des *Kaibab* plötzliche Hitze, total anderes Klima. Am Sandsteinrim entlang zum **Marble Canyon**. Dunkelgrüner *Colorado River* wie Wildwasser.

Aufziehendes Gewitter, deshalb weiter in Richtung **Monument Valley**. Beim Eintritt in *Navajo Reservation* Kauf von Schmuckset. Schwarzgraue Wolkenbank, Sandstürme, wir beschließen trotzdem, im Monument Valley zu campen. Park unter indianischer Verwaltung, deshalb Eintrittsgeld. Campingplatz entspricht nicht amerikanischem Standard, eher osteuropäisch: doppelsitziges Klo, kein Wasser; reumütig zum KOA-Platz. In Regenpause Zeltaufbau und das wohlverdiente Steakdinner. Zum Glück nicht mehr kalt, kein Vergleich zu vor zwei Wochen.

Do. 24.5. Lange Nacht, da grauer Himmel und leiser Regen nicht zu einem Programm drängen. Erholen und

Restaurieren, d.h. Schlafen, Haarewaschen, Steaks und Tomatensalat mit *Thousand Island Dressing*. Wetter lichtet sich, aber feine Zirrusschicht bleibt. Als wir beschließen, den *roundtrip* zu fahren, ist die schwarze Gewitterwolkenbank schneller. Wir müssen uns wieder durch Sandsturm und Regen zum Campingplatz zurückziehen.

Fr. 25.5. Morgens immer noch grauer Himmel. Nachbarn wollen nach Alaska und müssen weiter, wir haben Zeit und harren aus. Nachschläfchen, bis sich am späten Vormittag der Himmel lichtet. Sofort zum Drive durchs Monument Valley. Am Anfang klassisches Bild mit bizarrem Baum vor Monumentenszenerie. Nicht ganz so beeindruckend wie erwartet. Gelbschwarz gemusterte *Rattlesnake(?)* kreuzt die Straße. Sanddünen noch feucht, aber günstiger Vordergrund für »Totempfahl«, ausgehungerter Hund. Drive glücklich in Sonne beendet. Sofort weiter nach *Gooseneck*. Getäuscht von rot gefärbter Postkarte, die dreifache Flussschleife ist in Wirklichkeit graugrün.

Zurück auf Camp. Kinderreiche schwedische Familie in totalem Chaos. Ein schweigsames Paar aus Deutschland grillt geduldig und stundenlang. Nacht relativ warm.

Sa. 26.5. Starten bei Sonne, doch schon bei *Kayenta* beginnt der Dauerregen. Vergebliche, verzweifelte Suche nach Bier. Indianer dürfen nur *Popcans* trinken. Bei Einfahrt in **Grand Canyon South Rim** trostloses Wetter, kein Blick von den Viewpoints. »Yavapa Lodge« bereits komplett, zum Glück, erspart uns viel Geld und ermöglicht Camperromantik. Campground zwar *full*, aber mit Wartenummer und wenigen Minuten Geduld bekommen wir Platz im *Juniperloop* zugewiesen. Nach Zeltaufbau am Nachmittag reißt Himmel überraschend auf. Erste Pflichtbilder bei klassischem Canyonlicht, bläulich, dunstig.

Gut sortierte *Grocerie* und *Liquor Shop*. »Paul Maçon: Chablis«, erste Klasse Weißwein und *cold Olympia beer*. Steaks leider nicht abgehangen und zäh. Es folgen zwei gut durchwachsene Tage und Nächte.

So. 27.5. u. Mo. 28.5. »Memorial Day«. Rochade zwischen *Viewpoints* zu allen Tageszeiten. Schöne Stimmung am Abend. Hikerfreuden mit Rucksack am *West Rim.* Opulentes Mittagessen: Steaks, Bier, Wein, *sweeties* u. anschließendes Erschöpfungsschläfchen. Nachts heult der Kojote, der tagsüber durch das Camp streift.

Di. 29.5. Aufbruch vom Canyon nach Vollreinigung in der Massendusche. »Chablis«-Reserve. Vorbei am *Little Colorado Canyon.* Viele Stände mit Indianerschmuck – Früchte, Ketten, echte und falsche Türkise, Vögelchen aus Perlmutt, »Joker«-Halsketten für Frauen und Männer, hauptsächlich Auffädelkunst. Auch *Navajo Tribal Art and Craft* bringt nichts Neues mehr. Wir fahren zum **Sunset Crater National Monument.** Campingplatz auf schwarzem Ascheboden. Dürftiger *Nature Trail,* für Leute mit Kratererfahrung nichts Neues. Kalte Nacht.

Mi. 30.5. Ausschlafen. Große blaue Vögel mit schwarzem Schopf suchen Brosamen am Tisch. Durch *Flagstaff,* kilometerlang Motels. Suche nach Bierreservoir, schließlich bei *Kingburger,* seine *Whopper* sind die besten *Burger!* Groß und saftig! Zum **Oak Creek Canyon.** Die roten Felsen sind nach so viel Sandsteinromantik nicht so beeindruckend wie beim ersten Mal; frisches Eichengrün, plätschernde Bachromantik. **Sedona,** Feriencenter mit gehobenen »Art and Craft Shops«; besonders ausgewählte Stücke *Indian Pottery.* Bier und *Porterhousesteak,* zurück zum Waldcanyon auf Camp. Frisches Eichenlaub (Oak). Zum abendlichen Wein knusprige Salzbrezelchen (feinste Qualität) mit Butter. Wieder kühle Nacht.

Do. 31.5. Geruhsamer Start, wir verlassen saftig grünen *Oak Creek Canyon,* durch *Chaperal* Gebiet, dann am Berghang *Jerome,* alte Minenstadt, historisches Monument, Nostalgie aus den Pioniertagen. Selbst Altrocker sind beeindruckt, mit Rauschebart, schütterem Haar, Nickelbrille, Lederwestchen auf nacktem Oberkörper, auf donnerndem Feuerstuhl! Im Camp im Walde (*Potato Patch*) fürstliches Picknick: *Porterhousesteak,* Tomatensalat, *Chablis* und *Burgundy* und *Twix.* Gemütliche Abfahrt zum KOA bei **Prescott.** Nachmittags Wäschewaschen für die letzte Runde, nachts zuerst warm, dann kalt.

Fr. 1.6. *Prescott,* echte *Downtown* mit fast historischem Anstrich, aber kein Fleisch und Sprudel. Überaus kurvenreiche Strecke durch Bergland hinunter in die Wüste. Wiedersehen mit alten Bekannten: *Prickly Pear, Yucca* und *Saguaro,* alle blühend – und natürlich – *Cholla.*

Hungrig durch wenig versprechende Orte. In *Aquila* klimatisiertes, halb verdunkeltes Café: Cheeseburger mit Bier, mürrische Chefin, gutmütiger Chefkoch. Im Fernsehen wieder einmal Ratespiel um Dollars. Wir schichten Burger, Ketchup, Zwiebel, Gurken, Tomaten, Salat und beißen zu: *happy burgertime!* In *Blythe* tanken wir noch einmal Arizona-Benzin und sind besorgt wegen Benzinkrise in Kalifornien. Preis inzwischen 90 cent/Gallone.

Am frühen Mittag wieder Einfahrt in **Joshua Tree NP**. Park wirkt trotz Wochenende verlassen. Campingplatz ohne Gebühr. Nochmals Abenddrive zum *Cholla Cactus Garden*, viel Wildlife unterwegs, Chipmunk (Streifenhörnchen), Schlangen, Hasen... Bei den *Chollas* nicht mehr der alte Fotografieschwung, dafür bleibt Pinzette unbenützt. In der Dämmerung zurück, wir braten im Mondenschein unser *Porterhouse/T-Bone* Steak.

Sa. 2.6. Bewölkt und relativ kühl, schneller Zeltabbruch vor *Flashflood,* die nicht eintrifft. Ranger wirbt für Abendmovie, auch er hat wie viele Amerikaner deutsche Ahnherren. *Joshuas* verblüht, dafür blühen riesige gelbe Sträucher und die Wüstenweide mit vornehmen, orchideenähnlichen Blüten. Durch den **Painted Canyon** nach *Mekka.* Der Canyon ist mehr *Badlands* in verschiedenen Grautönen. Am *Salton-Sea* paradiesische Fruchtbarkeit: Oleander, Mais, Zitrusbäume... *Salton City* hat Golfplatz.

Wir schwenken ab in den **Anza Borrego State Park** *(Anza = Name, borrego = Schaf).* Wieder *Badlands* mit vielen *Ocotillos*, die aus Wassermangel braun bis schwarzgrau geworden sind. Wir finden doch noch Picknickplatz für unsere *Round Ribeye Steaks.* Schwül, aber zum Glück bewölkt. Modernes *Visitor Center* unter der Erde im Aufbau. Unterwegs nochmals blühende *Chollas* und viele gelb blühende Agaven.

Durch Wüstenberge in fruchtbarere Regionen. Rinderherden im Freien für Steaks, und an der Futtermaschine für *Coffeemate*. *Mt. Palomar* fällt wegen Regen aus. Es wird in Richtung Küstennähe immer diesiger. Der erste *State Beach Park* ist *full*. Wir werden höflich, aber bestimmt ins Hinterland verwiesen. Beim nächsten **Beach State Park** ist noch Platz am Straßenrand, kein würdiger Abschluss unserer Reise. Freundliche Rangerin vermittelt uns letzten Platz am nächsten Beach, direkt am Bahngleis. Nachts donnert Zug durchs Zelt. Abends beim *Jack in the Box,* saftiger *Jumbo Jack* und *Shake!!*

So. 3.6. Ruhetag am Sandstrand, wir schauen der Surfertruppe an der Mole zu, dünne Knäblein in Gummianzügen und sportliche Altsurfer im leichteren Dress. Wedelkunst auf der Welle, verirrter Seelöwe unter den Surfern. Leichter Sonnenschimmer durch Pazifikdunst. Wir ziehen zwei Plätze weiter um, schattiger Baum, und braten die letzten Steaks (sie »riechen« schon), getrübter Genuss, große Bedenken wegen Gesundheit. Wir ersäufen mögliche Bazillen im letzten *Chablis*. Walz am Strand, am Abend letzte Salzbrezelchen mit Butter.

Mo. 4.6. Große Aktion: Kofferpacken auf zwei Tischen, Kühltasche mehrfach verseilt, Zeltsack und Seesack bis zum letzten Kubikzentimeter gefüllt. Gegen Mittag erst fertig, zum *Jack in the Box*, diesmal *Jumbo Jack* richtig aus Papier gegessen!

Geruhsame Küstenfahrt durch Badeorte mit europäischem Flair, Boutiquen und Feinschmeckerrestaurants. Tankstellen teilweise geschlossen, letzte Meilen auf Highway – Hektik, Haie links und rechts. Wir erwischen im letzten Moment richtige Ausfahrt zum LA-Airport. Telefonischer Anrufbeantworter: Maschine fliegt termingerecht.

Topmotels am Airport zu Toppreisen, ça 50,- $; letzter Versuch preiswertes Motel ça 30,- $. Wir geben Auto ab ohne Komplikationen. Als wir bezahlt haben, steht es schon frisch gewaschen am Parkplatz. Etwas wehmütig Blick vom Airportturm, zu Fuß zurück ins Motel. Zwei Movies, Science Fiction und Oldtimer Krimi. Nasse, frisch gewaschene Hose wird an der Klimaanlage getrocknet. Letzter Versuch, alles unterzubringen.

Di. 5.6. Um 5:30 mit 9 Gepäckstücken mit Hotelservicewagen zum Flughafen – 65 kg! Pünktlich im Flugzeug, aber es fehlen noch ein paar Essen. Wir lassen Dame aus Berlin ans Fenster. Drei Stunden bis *Minneapolis*. Opulente Verpflegung, Sekt in Strömen, Movie: »Der Himmel kann warten!«

Etwa 8 Stunden bis Frankfurt. Flotte Gepäckabwicklung, Ernüchterung im Zug zum Hauptbahnhof: mürrische, bleiche Gesichter, keine Spur von Hilfsbereitschaft. Wir sausen mit Gepäckwagen zum Anschlusszug, der glücklicherweise ein paar Minuten Verspätung hat. Beim Umsteigen in Baden-Baden verursachen wir mit unserem Gepäck zusätzliche Zugverspätung. Schaffner ist sauer, ohne jeden Humor. Glückliche Ankunft in Bühl.

Jamaica – Haiti

06.11. – 28.11.1979

Di. 06.11. Klassischer Start mit Morgenzug nach Frankfurt – diesmal sogar mit Intercity, zuerst erste, dann zweite Klasse. Mit *Air Jamaica* Flug über *Gander* in Neufundland. Nach gut 12 Stunden abends Landung in **Montego Bay**. Busfahrt am Meer entlang, Vollmond über dem Meer. Zimmerbelegung *»de luxe!?«*, scheinbar fadenscheinige Erklärung des Desk Managers. Hotel »Montana«.

Mi. 07.11. Frühstück mit Hindernissen. Werden wir bewusst vernachlässigt? – oder ist es die hiesige Art? Gebremste Bewegung der Kellner? Frühstück umfangreich und teuer (6.50 $). Im Regen zum Begrüßungscocktail im »Interconti« – rosaroter Rum Punch, schmeckt nach Bonbon und Rum. Die üblichen Tipps für Restaurants, Transportmöglichkeiten und organisierte Ausflüge... außergewöhnliche Preise, bis 40,- $ pro Person. Kunstangebot im

»Interconti« verdächtig wenig. Nachmittag verregnet, abends Barbecue: Hähnchen, Fischbulette, Kartoffel in Alufolie, gegrillter *Beef*-Schenkel (hauchdünn geschnitten), Schwarzwurz, Salat mit *French-Dressing.* Dessert: Kokospudding, Orangenpudding, engl. Teekuchen. Zwei Sänger mit Gitarre und »Zupfkiste« singen alte Calypsos... »*...come to the Kingston market...*«.

Do. 08.11. Nach Frühstück in Hitze zu Fuß zum »*Coconut Grove*«. Zwei Sonnenhüte, schwierige Wahl. Handschnitzkunst nicht überzeugend, viele Verkaufshäuschen, hauptsächlich Duty-free und Ramsch. Weiter zum »*Pineapple Place*«, dasselbe in Gelb. Automiete bei *Hertz* langwierig, weil die Angestellten Deutsch lernen. Weiter zu Fuß bis »Interconti«. Strand mit unschönem Ausblick auf Bauxitverladung. In Cafeteria »Patty«: Hackfleischpie. Mit falschem Sammeltaxi im Regen zurück. Mittagspause. Zwei mächtige Cheeseburger. Nacht bricht früh herein, 18:00. Eigenartiger Vogelgesang, eindringlich mit wenigen Tönen. Brandungsrauschen.

Fr. 09.11. Sonniger Morgen, wir rücken uns Holzliegen auf Betonsteg zurecht. Ringsum schwerbusige Damen, oben ohne. Wasser etwas klarer und mit Wechselbadeffekt, warme und kühle Strömungen, aber angenehm. Sonne nur minutenweise. Plötzlicher Wolkenbruch beendet Badevergnügen. Einheimische am Strand bieten schwarze Koralle als Anhänger und Bootsfahrten am »*White River*« an. Großes Stichwort heißt »*Plantation Tour*«, verspricht Plantagenromantik mit exotischen Früchten: Bananen, Kokosnuss, Ananas, Kakao... und *Blue Mountain Coffee.* Manche waten hinüber zur »Dschungelbar«.

»Fisherman's Restaurant« ist uns zu »einheimisch«. Cheeseburger und Sandwich, *Snack Time* bis 17:00. Unlauteres Manöver des Reiseleiters, damit wir Autoverleihfirma wechseln. Einziger Gewinner bei dem Manöver ist er – wir beschließen, zu *Hertz* zurückzukehren.

Sa. 10.11. Nach Frühstück übernehmen wir grünblaues *Crysler* »*Horizon*« Auto. Erster Gang problematisch zum Schalten. Umpolen auf Linksvekehr und Linkshandbetrieb. Rundfahrt beginnt bei »*Fern Gully*« – Farnschlucht. Versprochene Baumfarne sind nicht zu sehen, der Kleinfarn wächst im Schwarzwald üppiger. Durch hügeliges, grünes Land – nicht gerade üppig tropisch. Kümmerliche Hütten. Marktgedränge verlockt uns nicht zu Romantikbildern. Frauen in grell bunten Synthetikfähnchen. Richtung Sonne, zurück ans Meer. Dringend notwendige Abkühlung mit Bier, im »Caribbean Club Village«.

An der Straße Muschel und Koralle. Weiterfahrt durch Zuckerrohrfelder nach **Montego Bay**. Es macht nicht gerade den Eindruck, als sei es der mondäne Treffpunkt von Popstars und Prinzessinen. Shoppingrunde auch hier unergiebig, mangels echter Volkskunst. Bier am Pool eines Mittelklassehotels, wo frustrierte Mittelklasseplayboys ihr Bierchen trinken. Zurück. Gegenüber vom »Holiday Inn« »*Shopping and Craft and Dutyfree Center*« mit dem üblichen Programm. Wir halten uns ans Reelle: Club Sandwich und Steakburger. Zwei Reggae-Platten, in der Hoffnung, das Original von »*Rivers of Babylon...*« gefunden zu haben. Bei der Rückkehr wird es schneller dunkel als erwartet. Durch Wolkenbruch und überschwemmte Straßen ein ungewollter Touch von Abenteuer.

So. 11.11. Morgens erfreulich grauer Himmel, sodass wir guten Gewissens noch einmal das *full Jamaican Breakfast* zu uns nehmen können. Es geht nicht schneller, aber man nimmt es nicht mehr tragisch wie am ersten Tag und kalkuliert die unvermeidlichen 1½ Stunden im Tagesprogramm ein. Es geht ohne System, aber es funktioniert doch. Tassen, Zucker und Milch werden von Tisch zu Tisch verschoben, Butter und Servietten kommen, wenn man nicht mehr damit rechnet. Manchmal bekommt man doppelte Ration Toast. Die Eieromeletten schmecken originell, wegen des würzigen Käses. Der Ober erinnert sich an unseren Sonderwunsch nach Papaya, in der Hoffnung auf weitere US $. Wolkendecke reißt nicht auf, daher Schwimmen und Mittagspause. Erst nachmittags mit Auto ins Städtchen. Suche nach *Limbo-Show* und *Handicraft* – beides erfolglos.

Zu *»Dunn's River Falls«* – Jamaikas Natursensation, ähnlich wie Plitvicer Seen. Neben dem Naturschauspiel Schauspiel der Touristen, die, von einheimischen Führern geleitet, die Kaskaden erklimmen: ehrgeizige Fettwänste und Omas, bleiche Typen mit Spinnenbeinchen und Glatze... einheimischer Familienvater sitzt unter Wasserstrahl und genießt die Massage. Inzwischen hat Endlosregen eingesetzt. Wir kehren zurück ins Hotel und warten aufs Dinner-Büfett. Ahnungsloses Bestaunen des Büfetts, als Massenandrang einsetzt. Wir müssen Schlange stehen, bis wir an die kalten Platten herankommen. Früchte, gefüllte Eier, Krabben und Geflügelsalat, Cornedbeef und Zunge, heißer Reis mit heißem Krabbenfrikassee, *beef, pork, chicken* und *ham* in Scheiben, Salatteller. Dessert: Fruchttörtchen, Liebesknochen, sehr guter Flan. Käse bleibt wieder unberührt.

Mo. 12.11. Wetter gut durchwachsen, daher Start ohne *full breakfast* Richtung Osten. Kokospalmen und Bananenromantik. Mangels Bier Kokosmilch direkt von der Palme. Bis »Schmuckstädtchen« *Port Antonio.* Unschöne Bruchbuden. Hinauf zum Hotel »Bonnie View«. Blick über Bucht mit Luxusdampfer, kein Traumausblick. Dafür drei kühle Bier und zwei fröhliche Amerikaner vom Luxusdampfer, die an der deutschen Raumfahrtkapsel für das *Space Shuttle* arbeiten. Jüngling bietet wieder »Gras« an. Rückkehr. Abstecher zu den *»Summerset Falls«.* Kleinausgabe von *»Ochos Rios«,* dafür schöne Blumen: Porzellanrose und roter *Ginger,* Bambus und Baumfarn...

Verwalter aus Stettin. Vor Einbruch der Dunkelheit im Hotel zum abendlichen Bade. Abendessen im einheimischen »Parkway« Restaurant: *Chicken* auf Jamaicaart (in brauner Sauce) und *Sweet and sour Shrimps,* Reis mit braunen Bohnen. An der Hotelbar erste Punchs: *Yellow Bird and Planter's Punch!*

Di. 13.11. Zum ersten Mal Bilderbuchwetter. Wieder früher Start in den tropischen Osten. Ausgiebig Bambusromantik und Kokospalmenplantagen. Bei *Buff Bay* Abzweig in die *Blue Mountains.* Am Fluss entlang, ganze

Hänge voll Bambus. Süße und freche Kinderchen. Viele kleine Wasserfälle. Straße wird schlechter, Bewachsung weniger üppig, kühler, Baumfarne. Hinunter nach **Kingston.** Langersehnte Bierpause im »Blue Mountain Inn« fällt aus, da wir es nicht finden. Über *Spanish Town* relativ flott zurück. Einziges Essen unterwegs Bananen (5 Pfennig/Stück) und Pampelmusen. Unterwegs nur Obststände mit Pampelmusen, Bananen, Kokosnüssen...

An einem Ort dampfende Kessel und Gegrilltes, wahrscheinlich *»York Pork«.* In **Ocho Rios** ausgedürstet und hungrig, direkt zum Einheimischen: süß-saure Shrimps und Schweinefleisch. Zurück zum Hotel zum abendlichen Bade. An der Bar: *Yellow Bird* und *Ocho Rio's Hit* – ähnlich – und je nach Großzügigkeit des Barmixers mehr oder weniger gehaltvoll.

Mi. 14.11. Trotz Bilderbuchwetter Faulenzertag mit *full breakfast.* Anschließend zum *»Dunn's River Waterfall.* Noch menschenleer. Später Touristen-Ringelreihen und Späßchen im Wasser. Hibiskus am Ohr fürs Foto und auf Rutsche untertauchen. Dann zum »Pineapple Place«. *Heinecken* Bier an Bar mit Reggaesänger – Parfüm, Rum und Musik (Disco-Reggae). Für Masken reicht Geld nicht mehr, wir leisten eine Anzahlung. Erfrischung im Meer, dann dritter Anlauf zu den Masken. *»Shaw Park Gardens«* überteuert und enttäuschend, es reicht nur zu einem Hibiskusblütenbild. Unter dem »größten Baum Jamaikas« lungert ein Bakschischjäger, der uns schließlich noch verarscht, und auf *»Plantation Tour«.*

Zurück und zum Ausgleich für dürftiges Unternehmen mächtiger Cheeseburger mit reichlich Pommes frites. Wir sind zufrieden und blättern wieder einmal einen Jamaicadollar Trinkgeld hin. Im Halbdunkel noch einmal ins Meer zur Erquickung und Verdauung.

Do. 15.11. Wieder *Sunny Island!* Kleine Fischerromantik am Strand. Badegäste drängen sich ans Netz, zu den wenigen kleinen Fischen, mit schweren Kameras. Start zu einer kleineren Spritztour ins Landesinnere, an Stelle von einer strapaziösen Umrundung. Bananen-Plantation-Romantk! Zum Botanischen Garten von *Castleton.* Am Eingang zwei Bambus- und Kokosnussschnitzkünstler. Gefäße mit originellen Vogel- und Blattornamenten.

Durstig, mit Genuss Kokosnusssaft aus grüner Kokosnuss. Schmeckt klarer und erfrischender als aus der gelben. Spaziergang durch die Gärten beeindruckend. Besonders schöne Baumfarne. Parkwächter erzählt, dass es in diesem Jahr – von Januar bis November – ungewöhnlich viel geregnet hat.

Mit Trinkgefäßen beladen zurück. Direkt zum Einheimischen, bewährtes *chicken and shrimps.* Im Supermarkt dunklen *»spiced cake«* und Frischmilch für den Kaffee. Erschöpfungspause. Abendliches Bad bei Sonnenuntergang. Großer *Lobster,* Essen beim Einheimischen. Gegrillter *Lobster,* schöne Portion, gut, aber nicht zu Ekstasen verleitend.

Fr. 16.11. Markttag. Zuerst in *Ochos Rios,* dann in *Brown's Town.* Keine Fotomotive. Dürftige Gemüsestände und grüne Bananen. Unschöne Marktweiber. Ausgehungert zurück. *Two pieces chicken!* Großeinkauf an Säften und Rum für zukünftige, selbstgemachte *»Punches«!* Erster Punch*: Guavennektar* und *Pineapple* und *»Appleton special dark Rum«.* Wir schaffen an einem Tag 1/3 Rumflasche und 4 Punches (pro Kopf). Abendessen beim Einheimischen. Diesmal *fried chicken southern style* und *half chicken,* so richtig zum Sattessen.

Sa. 17.11. Autoabgabe bei *Hertz.* Keine Beule von uns am verbeulten Auto, trotz Linksverkehr, Rechtslenkung und Linksschaltung! Zu Fuß zum »Pineapple Place«. Missglückter Maskenerwerb. Kinderreiche Familie mit Hirnkorallen am Straßenrand. Gut gelaunt nehmen wir Präsente für Freunde mit.

Im Hotel direkte Kehrtwende zum »Pineapple Place« und zum Maskenumtausch. Bier an der Bar mit schwarzem Reggaesänger mit Gitarre. Er komponiert einen Abschiedssong und singt noch einmal *»..big bamboo, the little girl in Kingston Town... it was a confused family... «.* Wieder zu Fuß zurück. Schlimmer *Mango-Punch* mit

Fischgeschmack. Sonnenbaden auf Betonpiste. Spaziergang zur Dschungelbar, wo der Lobster auch 15 J$ kostet! Unterhaltung mit Einheimischen über Sitten und Gebräuche in Deutschland.

Früher Start zum Dinner – für günstigen Platz an Tanzfläche – für *»Floor Show«!* Opulentes Dinner (17 US$): *Ham and egg in Jelly, Pepper Soup, Shirloin Steak* mit Beilagen, Birne *Helene*, Kaffee. Reggaesänger-Trio singt noch einmal auf Wunsch *»come to Kingston market...«*. »Lennie, Herbert Aggregation« spielt vom Walzer bis zum Disco-Reggae, für jeden Geschmack. Alle Generationen schwingen vorschriftsmäßig das Tanzbein, besonders die Älteren.

Um 22:00 ist »Showtime«. Vier Negermädchen hüpfen herein, nach dem Motto: Manege frei. Bambustanz (aus Fernost?) mit drei Damen aus dem Publikum. Flammenschlucker- und –speiertanz auf Scherben von Bierflaschen. Sexytanz mit drei Herren aus dem Publikum. Dann der lang erwartete *Limbo*. Wieder eine gewisse Zirkushektik durch die herumhüpfenden Mädchen. Akrobatischer Tänzer schafft die Lattenhöhe einer Colaflasche! Übliches Touristen-Ringelreihen zum Schluss der Show. Wir schwingen auch einmal zum Reggae das Tanzbein.

So. 18.11. Das Boot vom *»Blue Moody«* erscheint nicht zur Morgenfahrt auf dem Fluss. Dafür springt die noch schlafende Besatzung aus der Hütte ein. Hinauf zur *»Plantation«*. Zurück lassen sie das Boot treiben und dann versucht *»Rocky«*, gegen alle Abmachungen 25 J$ von uns zu bekommen. Er beißt auf Stein und wir beißen unser Jamaica-Frühstück. Deutscher Surflehrer schaltet sich ein, trotzdem bekommt *»Rocky«* nur seine 3 US $ *(a small price).* Badetag mit Sonne.

Rum Punches und Abendbüfett. Wir konzentrieren uns aufs Wesentliche: Gulaschfleisch und Flan und Käsesorten. Gitarrist und Sänger als Alleinunterhalter. Ungleiches Paar aus Göttingen erzählt Reiseerlebnisse, gehört zu den *Terramar*-Geschädigten. Folkloreabend erwies sich als Pornoshow. Kofferpacken in der Nacht.

Mo. 19.11. Kofferträger schaut skeptisch auf Quarters, die anderen kugeln sich vor Lachen. Im Bus nach *Montego Bay*. Am Flughafen gibt's T-Shirts und *»Blue Mountain Coffee«*. Flug im hintersten Abteil der DC 8. Motorenlärm und Zigarettenqualm und zwei »Gentlemen«.

Kurzer Flug nach **Haiti**. Schikanöse Zollkontrolle. Zu kleiner Bus, daher mit Reiseleiter zum Hotel. Erster Eindruck der Stadt **Port au Prince:** vergammelt, leicht chaotisch. Schönes Zimmer mit Blick auf Stadt und Bucht. Zum Begrüßungscocktail Rum Punch: fruchtig, orangebraun, gehaltvoll. Wir melden uns nur zu *einer* Tour.

Zum Abendessen eingeladen von Peter und Barbara aus Hamburg. Flasche roter Burgunder, Dinner mit vier Gängen. Reiseerlebnisse in der Gruppe mit *Terramar*. Punches an der Bar. Hauptthema: Brasilien. Peter hat jahrelang in Südafrika und Südamerika gelebt und hat einen 16 Monate Trip von Feuerland bis Kanada unternommen. Sie ist blond und verbirgt ihr Bayerisch hinter Hamburger Hochdeutsch. Wolkenbruch und Sturm.

Di. 20.11. Blauer Himmel. Ausflug nach *Kenscoff* unter Leitung des Professors und eines geschniegelten Reiseleiters mit französischem Dialekt. Durchs Villenviertel von *Petionville*. Kühne Konstruktionen am Hang, viel Naturstein, es riecht nach Geld – in Haiti haben die Schwarzen die Macht und die Weißen das Geld!

Weit ausladende Akazienbäume. Die ersten Bäuerinnen mit Körben auf dem Kopf. Schön dekoriertes Obst oder Hühner. Leider sind die Berge von *Kenscoff* in Wolken. Der Markt wirkt im Moment kümmerlich, vor allem, da wir den Hauptmarkt am Anfang nicht finden. Blick von der Restaurantterrasse auf buntes Gewimmel.

»Die Truppe wartet schon..« auf die zwei jüngeren Paare, die noch fotografieren und Bilder erstehen. Reiseleiter gibt nur 10 Minuten für Aussichtspunkt mit Bildergalerie am Straßenrand. Es dauert länger. Schließlich doch noch in Rumfabrik, wo ein Dutzend süße Liköre durchprobiert wird. Peter trinkfreudig und lautstark. Mutter mit wohlerzogenen, halb besoffenen Kindern.

Kurze Mittagspause. Informationsspaziergang nach *Pétion-Ville*. Die anderen haben schwere Beine und bleiben bald an einer Bar hängen. Wir durchkämmen die Galerien und werden mit üblem Trick von einem »Schlepper« zur Galerie gelockt, wo wir ein schönes, naives Bild finden. Unser Zögern drückt den Preis und wir werden sogar vom Monsieur im Auto nach Hause gebracht.

Peter hat einen schlechten Herointrip in Pfahlbauspelunke hinter sich. Beim Punsch an der Bar Reisegeschichten und Erinnerungen aus der Jugend nach dem Krieg: Engländer vor den Zug gestoßen, und Mutter, die sich ins Heu legen muss, um vom Bauer etwas zu bekommen... er verachtet das deutsche Volk...

Mi. 21.11. Amerikanisches Frühstück, 3 US $! – halb so teuer wie in Jamaika. Kreolisches Omelett mit Zwiebeln, Tomaten und Schinken. In die Galerie (ohne Schlepper), nochmals 15 US $ heruntergehandelt (110 US $). Zum Eingeborenen-Markt. Sehr eng, mit Schlammlöchern. Angeboten wird hauptsächlich Gemüse und gemahlener Mais. Zurück durch verschiedene Galerien und Parfümfabrik. Viele Ami-Busse vom Schiff unterwegs. Musikkapellen an den Eingängen der Souvenirhöhlen lassen ihre Rhythmen anschwellen, wenn die Touristen nahen.

Wir handeln noch einmal die Preise für *Voodoo*-Mystik und naive Bilder herunter. Statt Kauf Bier an der Bar. Bildersuche zermürbend, da schwaches Angebot und fantastische Preise. Zurück und erschöpft ins Bett. Zwei fröhliche Rheinländer an der Bar aus Puerto Rico. Wagen für nächsten Morgen bestellt.

Dinner mit vier Gängen: Früchte, Vorspeise – meistens originell, aber knapp bemessen, damit man noch hungrig bleibt – z.B. *»Acra«* – wie tropfenförmige Kroketten aus Kartoffelpufferteig. Zwiebelkanapee: Toast mit Zwiebeln in Sauce Bernaise und Ketchuptropfen. Krabbencocktail. Kreolische Hauptgerichte: Fleischbällchen in Zwiebeltomatensauce, Schweinehaxen à la Brigitte, Calamares in brauner, scharfer Sauce... Dessert: flambierte Banane in Karamellsauce, Bananensplit, Flan und frisches Weißbrot mit salziger Butter. Rückkehr der beiden vom Abenteuer *Cap Haitien* – abenteuerlicher Bergritt auf Muli durch Tropenregen und dampfenden Dschungel zur Festung. Abschieds-Punsch auf der Terrasse mit Blick auf die Stadt.

Do. 22.11. Erwachen wie üblich in endloser Nieskaskade. Die Betttücher scheinen mit Niespulver imprägniert! Völlig übermüdet. Start mit dem Auto nach *Jacusel* an der Südküste. Langer Kampf durch das verrottete *Port au Prince.* An Küstenstraße durch Zuckerrohrfelder. Ärmlicher Markt mit keifenden, alten Weibern. In die Berge. Relativ trocken, wenig tropische Bewachsung.

Am Eingang von **Jacusel** werden alle Autos vom Dorfpolizisten eingetragen. Viele Führer bieten sich für die Strände an. Musikkapelle lässt uns erraten, wo das einzige Hotel der Stadt ist. Pension im alten Kolonialhaus. Kurzer Spaziergang durch Stadt. Häuser wie im alten »Wilden Westen«. Teilweise wie Geisterstadt.

Richtung *Reymond,* bekannt für den schönsten Badestrand Haitis. Holperstraße durch Bananenplantagen, windschiefe Lehmhütten (Holzgeflecht mit Lehm verspachtelt und Strohdach). Regenschauer. Wir nehmen zwei Mädchen mit, kehren aber um, wegen des schlechten Wetters. Viele misstrauische Gesichter, die Kinder wollen »*money!?*«. Einer verlangt Geld für die Filmaufnahme von Bananenplantage. Im Tropenregen Müdigkeitsattacken. Mit letzter Kraft zurück.

Riesige Kolonnen von uniformierten Schulkindern, blau und khakifarben, Mädchen mit verschiedenen Frisuren: Zöpfchen, Tollen, Kraushaar mit vielen Schleifchen und bunten Plastikspangen... Auf Rückweg durch Stadt Platten mit typischer Volksmusik – Haiti-Blues (Mischung aus Rhythmus und »Wurstigkeit). Sportliche Runde durchs Pool im Dunkeln.

Beim Abendpunsch schüttet Reiseleiter sein Herz aus, fühlt sich frustriert, weil er von Peter als »dumme Sau von *Terramar*« bezeichnet wurde. Sie standen ohne Ticket am Flughafen, weil »der lackierte Affe mit französischem Akzent im Bett bei seiner Freundin lag«. Reiseleiter verdient dickes Geld, 2.500 netto, Auto, Wohnung und reichliche Essensspesen frei, reicht für ein Häuschen auf Gran Canaria!

Fr. 23.11. Diesmal mit Sonne nach *Kenscoff* zum Markt. Wir dulden einheimischen Führer, um ungehindert auf dem Markt fotografieren zu können. Hauptsächlich Gemüsestände, Garküchen: gelbe Maissuppe, in die Brotstücke eingebrockt werden, dicker Maisbrei mit Zucker, gebratene Bananen, *Acras?*, kein Fleisch! Lila Kartoffeln, Kohl, Karotten, Auberginen, Tomaten... Führer geduldig, gegen Mittag löst sich der Markt auf. Viele packen ihr Gemüse wieder in große Säcke, ohne große Geschäfte gemacht zu haben.

Am Nachmittag in die Stadt zur berühmten Galerie *»Nader«*, Messeprodukte, unverschämte Preise, aus dem Ärmel geschüttet, 150 – 200 US $ aufwärts. Ahnungslose Amerikanerin. Chef lässt uns zurückrufen für Spezialgalerie im zweiten Stock. Das einzig Diskutable kostet 400 US$, unser Limit 100 $. Fantastische Abendstimmung, rosarote Wolken, Sonnenuntergang am Meer. Am Ankerplatz der Luxusdampfer, kilometerlang Bilder der Volkskünstler.

Sa. 24.11. Zaghafter Versuch in Richtung **Cap Haitien**. Eisenmarkt, Mahagonimarkt, Slums. Landschaft uninteressant, trocken, Steppe, ein paar Kakteen. Rings um die Dörfer Bananenplantagen, »Hüttenromantik«. Runter zum Fischerdorf. Schweine werden gebraten wie in Celebes. Alles ziemlich ärmlich. Wetter zu diesig. Wir, erschöpft und durstig, verzichten auf Weiterfahrt und kehren um. Schleppen uns durch weitere Galerien ohne Erfolg und zermürbt. Der Rest des Tages wie gehabt. Mittagsschlaf mit Allergieeffekt. Pool – schön klar und warm. »Kokosnuss-hour« – Kokosmilch mit Rum und Musik am Pool. Dinner und Punsch.

So. 25.11. Noch einmal in Richtung Norden. Leute sonntäglich angezogen, Kinderprozession zur Kirche. Doch noch Traumstrand mit *Beachclub.* Ohne Badehose und Schnorchel, daher nur 10 Minuten für ein Bier. Verpasste Chance! Weiter nach *St. Marc.* Holzhäuser in Wildwest Style, bunt, mit Kolonialvorbau. An der Bar – Geschichte einer Odyssee eines Touristen, über London und New York nach Haiti, weil er kein Visum hatte. Rheinländer berichtet vom Ausflug nach *Cap Haitien:* non-stop-Busfahrt und Zusatztrinkgelder für Eseltreiber. Bett, Pool, Dinner, Punsch.

Mo. 26.11. Generalstabsmäßig in die Endrunde. Zum Sonnenaufgang in die Stadt. Busmalereien, Autoabgabe, Frühstück. Galerie: zwei Bilder auf die Schnelle. Abkühlen im Pool. Koffer zu. Wieder Transferbus zum Flughafen zu klein. Nach langem Hin und Her mit schäbigem Haustaxi zum Flugplatz. Barbara und Peter in feucht-fröhlicher Stimmung: »... ihr glaubt ja nicht, was wir mitgemacht haben...«. Kampf um die besten Plätze im Flugzeug. In Frankfurt am Bahnhof Abschiedsbier mit Peter und Barbara.

Ecuador – Galapagos – Peru

04.07. – 29.08.1981

Unsere Südamerika-Reise beginnt in **Quito**, der Hauptstadt **Ekuadors**. Sie liegt in 4000 m Höhe; die Luft ist dünn. Von unserem Hotelzimmer aus haben wir einen Blick auf die Kathedrale, Sinnbild einer fatalen Vergangenheit. Auch Quitos Altstadt ist noch geprägt von der spanischen Kolonialzeit. An Markttagen herrscht hier ziemliches Gedränge. Kein Wunder, dass schon nach dem ersten Spaziergang unsere Einkaufstasche seitlich aufgeschlitzt ist. Es ist also etwas dran, an den Warnungen...

Südamerikanisches Flair mit Pflasterstraßen, flachen Häusern in Pastellfarben – Blau, Rosa, Grün – hat das Städtchen **Otavalo**. Die Otavalo-Indios konnten sich – anders als die meisten Indios – einen gewissen Wohlstand erarbeiten. Eigenständige Tracht: Halsketten aus Goldbronze-Perlen, weiße Kleider, schwarze oder blaue Ponchos und die Hüte. Die Geschichte mit den Hüten: von den europäischen Kolonialherren abgeschaut und dann in die eigene Tracht integriert. Kinder im Tragetuch auf dem Rücken, natürlich auch sie nicht ohne den obligatorischen Hut. Auf dem Markt werden spezielle Wandteppich-Webarbeiten in Naturfarben angeboten mit Vögel- und Inka-Motiven. Das Ganze spielt sich ab vor der Kulisse des 5000er Vulkans *Cotacachi* und des *Cayambe*.

Saquisili/Latacunga/Pujili/Ambato/Riobamba: Die Orte entlang der Panamericana vorbei am Vulkan *Cotopaxi* Richtung Süden sehen etwas trist und ärmlich aus. Nur an Markttagen herrscht Leben in den Gassen. Auf dem Viehmarkt von *Saquisili* führt man die Schweine an der Leine. Gauchos zeigen ihre Reitkünste...

Die Indios sehen wir selten lachen. Eher schon trifft uns ein Blick aus melancholischen Kinderaugen. An den Essensständen wird hauptsächlich Bohnensuppe gegessen. Als ausgesprochene Delikatesse gelten die gegrillten Meerschweinchen. Sie scheinen zu lächeln, doch uns lachen diese Tierchen nun wirklich nicht an.

Die Orte Ecuadors ließen sich nach den Hüten unterscheiden, welche die Indios tragen. Mal sind es Strohhüte nach Panama-Art, mal sehen sie aus wie runde Töpfe aus Filz.

Die Marktatmosphäre hat uns in Ecuador immer wieder fasziniert. Für die Indios gehört der Markt zu den bescheidenen Höhepunkten ihres Lebens. Und was uns vielleicht am meisten beeindruckte, das waren die Kinder mit ihren großen, fragenden Augen.

Tausend Kilometer vor der Küste Ecuadors liegen die **Galapagos-Inseln**, berühmt für ihre einzigartige Tierwelt. Ein paar Traveller haben sich zusammengefunden, um die Inseln zu erkunden. Im Flugzeug lernen wir einen von ihnen, einen Kanadier, kennen. Er wurde in *Guayaquil* dreimal innerhalb von zwei Tagen auf offener Straße überfallen. Gestresst sind wir alle: lange Bustouren, wache Aufmerksamkeit, es ist kein Land zum Erholen.

Unsere Gruppe ist international: ein Paar aus Frankreich, eines aus Schweden, ein Kanadier, eine Australierin und wir zwei aus Deutschland. Unser Schiff (»Economic-Tours«) ist ein alter Fischkutter mit einer Sechs-Betten-kajüte. Alter Diesel – während die Luxusschiffe noch dümpeln, nehmen wir schon frühmorgens Fahrt auf in Richtung nächster Insel.

Unser Kapitän, ein ehemaliger Fischer, kocht vorzüglich. Salate mit Avocados... frisch gefangenen Fisch in allen Variationen, z.B. Haifisch, auch Ziegengulasch,,,

Die Galapagos sind noch relativ »junge« Vulkaninseln. Auf *Santiago/James* scheinen die Lavafelder gerade erst erstarrt. Es gibt die unterschiedlichen Lavaformationen: Seil-Lava, schillernde blasige Lava mit kleinen Kratern.

So urtümlich wie die Lava erscheinen uns die Echsen, die See- und Landleguane – bizarr, aber bestens angepasst an ihre Umwelt. Oft liegen sie wie erstarrt aufeinander getürmt. Das genaue Gegenteil zu den gepanzerten stachelbewehrten Echsen – die Seehunde. Elegante Schwimmer, intelligent, verspielt. Sie begrüßen uns und laden uns ein zum Mitschwimmen.

Ob verliebtes Paar an den Klippen oder Mutter-Kind-Idylle: es sind schon liebenswerte Gesellen. Ihre Lust am Spielen und Faulenzen macht sie nur zu sympathisch.

Zur eher bizarren Tierwelt gehören die Galapagos-Krebse, die über die nassen, schwarzen Felsen huschen – für Th. als Fotografen allzu oft der reine Frust. Dennoch, ihr knalliges Orange und Rot reizt, sie mit der Kamera zu jagen und ihnen mit dem Teleobjektiv auf den Panzer zu rücken.

An der Felsküste haben die Schwalbenschwanzmöwen ihre Nistplätze, elegante Segler. Sie nützen die starken Aufwinde der Steilküste. Auch sie haben wie die meisten Tiere auf den Galapagos keine Angst vor den Menschen entwickelt und lassen uns auf wenige Meter herankommen. Landeinwärts entdecken wir die Landleguane. Diese halbmeterlangen »Minidrachen« ernähren sich hauptsächlich von den Früchten der Feigenkakteen.

Wo die Lava schon länger verwittert ist, bildet sie rotbraunes Gestein. Auf Santiago hat sich der Kratersee in eine Salzlake mit phantastischem grafischem Muster verwandelt.

Ein Adler hält von seinem flechtenbehangenen Baum Ausschau und Pelikane brüten in nahe beieinander liegenden Nestern. Der vielleicht spektakulärste Vogel der Galapagos ist der Fregattvogel – mit über zwei Metern Spannweite ein eleganter Segler. Zur Brunftzeit balzen die Männchen mit einem aufgeblasenen roten Kehlkopfsack um die Gunst der Weibchen.

Alles andere als elegant wirken die Blaufußtölpel. Zumindest an Land bewegen sie sich äußerst unbeholfen vorwärts. Ihre Start- und Landemanöver scheinen jedes mal in einer Katastrophe zu enden. Unsere Tölpel brüten gerade und einige Paare haben schon weiß-flauschigen Nachwuchs im Nest. Ein Jungvogel macht seine ersten Startversuche und sein halb-flügger Freund schaut verdutzt zu. Ob er das selbst jemals schaffen wird?

So unbeholfen die Blaufußtölpel wirken, so grazil und anmutig stolzieren die Flamingos in den Lagunen.

An unserem letzten Abend nützt der Kapitän den starken Wind und setzt die Segel. Für uns war der Abstecher auf die Galapagos-Inseln wie ein kleiner Ausstieg aus der Zivilisation. Der Komfort an Bord war zwar mäßig: knarrende Kajütenbetten, ein einziges Glas Süßwasser pro Tag für die Morgentoilette – wir freuen uns schon auf die erste Dusche an Land.

Aber die Begegnung mit den zutraulichen Tieren, die entspannte Stimmung an Bord unseres nostalgisch-romantischen Kutters hat das Galapagos-Erlebnis für uns unvergesslich gemacht und uns neue Energie für die Fortsetzung unserer Südamerikareise gegeben.

Vom Norden *Perus* aus fliegen wir die Küste entlang südwärts – zwischen dem Meer im Westen und der Andenkette im Osten. Von Lima geht es weiter mit der Schmalspurbahn über einen 4800 Meter hohen Pass in die peruanischen Anden nach *Huancayo*.

Von **Ayacucho** machen wir einen Abstecher ins Amazonastiefland. Auf einem Lastwagen, eingekeilt zwischen Indios, Gemüse und Schafen, fahren wir zunächst über die östlichen Kordilleren in eisige Höhe. Bei der Serpentinenfahrt ändert sich alles total – die Landschaft, das Klima. Im tropischen Dunst wachsen Bananen. Wir erreichen den *Rio Ucayali*, einen Quellfluss des Amazonas.

Auf einem schmalen Kahn fahren wir flussaufwärts und machen eine Wanderung in den Urwald. Baumriesen, undurchdringliches Grün. Die armdicken Lianen verführen zum Tarzanspiel. Papageien, Affen und anderes wildes Getier gibt es hier nicht mehr; dafür können wir einen Zug der Prozessionsspinnerraupen beobachten.

Die Leute hier leben in strohgedeckten Hütten. Sie bauen Zuckerrohr an, Kürbisse und Papayas. Die Früchte des Kakaobaumes – für uns neu – wachsen direkt am Stamm.

Es gibt kaum ein Land, das solche Gegensätze vereint wie Peru. Gestern noch in der kargen Andenregion oder im feuchtheißen Urwald des Amazonastieflands – befinden wir uns heute 20 Busstunden entfernt an der Küste bei **Pisco**, nicht weit von einer der größten Wüsten der Welt, der *Atacama*. Sie zieht sich über Tausende von Kilometern bis nach Chile hin. Es gibt Leute wie wir, die sind so verrückt, die Dünenberge von *Huacachina* in der Mittagshitze zu besteigen, wo die unglaubliche Ästhetik der Dünen doch eigentlich erst am späten Nachmittag zum Sonnenuntergang sichtbar wird

Unter uns liegt die Atacama-Wüste, ein schmaler Küstenstreifen zwischen dem kalten Pazifik und ödem Bergland. **Arequipa** wird »ciudad blanca« – die »weiße Stadt« – genannt. Ihre Häuser sind zum groOen Teil aus dem weißen vulkanischen Tuffstein gebaut. Das Kloster »Catalina« bildet ein eigene kleine Stadt mit Gässchen und Innenhöfen. Treffpunkt ist hier, wie in allen südamerikanischen Städten, die Plaza.

Von Arequipa aus führt uns ein letzter Abstecher hinauf zum *Titicacasee*. Wir fahren mit einem Sammeltaxi, dem »collectivo«. Es ist natürlich wie immer hoffnungslos überladen. Durch eine dürre Kakteenlandschaft geht es vorbei an den 6000 m hohen Vulkanen (*Misti*, *Chachani* und *Pichu Pichu*) hinauf in den »Altiplano«. Auf der Hochebene zwischen den beiden Gebirgsketten haben sich riesige Salzseen gebildet.

Überall im Altiplano weiden die Alpacas. Ihre Wolle ist feiner und wertvoller als die der Lamas. Deshalb benutzen die Indios auch nur die Lamas als Lasttiere. Der Altiplano ist steinig und trocken. Die Bauern trennen noch nach traditioneller Art die Spreu vom Weizen. Kurz vor dem **Titicacasee** findet ein Tiermarkt statt.

Auf der bolivianischen Seite des Sees liegt der Ort *Copacabana*, ein klangvoller Name, der ganz andere Assoziationen weckt. Hier können wir noch ein bisschen bolivianisches Marktambiente erleben – die Indiofrauen mit den originellen Hüten und den farbigen Ponchos.

Der Titicacasee ist ziemlich flach, zum Teil verlandet oder mit Schilf bewachsen. Zum Abschluss unserer Reise besuchen wir die **Uru-Indianer**. Sie leben auf künstlichen schwimmenden Inseln. Alles besteht hier aus dem Binsengras, mit dem sie auch ihre berühmten Boote bauen. Zu jeder Hütte gehört natürlich auch ein Platz für die Zucht der Meerschweinchen.

Am Titicacasee geht für uns eine Reise zu Ende, die von ungeheuren Gegensätzen geprägt war. Vulkane, karge Hochebenen, dampfender Urwald und Wüste; die Tierparadiese auf den Galapagos, das Grau der Großstädte und die Buntheit der Indiomärkte. Folklore – hart an der Grenze zu bitterer Armut – ein Ausschnitt aus einem Kontinent, der auf den Reisenden ebenso problematisch wie exotisch wirkt.

Karibik – Venezuela

11.01. – 13.03.1991

Fr. 11.1. 10 Uhr Bus, 14:25 Abflug von Mühlh. via *Santo Domingo* nach **Guadeloupe**, **Pointe-à-Pitre**, Landung 22.00 Uhr (3 Uhr früh europ. Zeit). Mit Taxifahrer (60 FF) zur Absteige. »plus belle!?« »plus belle, plus cher!«. Hotel »Bougainville«, 510 FF! Halbkolonial, Mittelklasse, Häuser mit Balkon gegenüber. Paris der Karibik.

Sa. 12.1. Ums Eck Markt, zentral, kleine Früchtearrangements, Bananen, Blumen, einfach. Gewürze: Vanilleschoten, Nelken, Kreuzkümmel, Sternanis, Kardamom .. Pfeffer zerstoßen »très fort!«, nicht zum Essen, »zum Riechen!«. Per Bus zum Flughafen, Information, und zurück. Mittagssiesta. Per Sammelbus nach **Gosier**, Strand, Superhotels. Erster Schwimm, »douche obligatoire«, an der Bar 2 Bier. Hotel »Arawak«, frisch gemahlenes Kokos-Eis, bescheidener Strand.

So. 13.1. Autorundfahrt, Budget »Opel Corsa«, **Basse Terre**, Schmetterlings-Insel, Bananenplantagen, Fußmarsch zu den *Chutes du Carbet*! Tropische Vegetation, Baumfarne, Urwald, Tropenguss. Etang: See, sumpfig. Chassez-et-Pechez, Bäume, La Traverse, *Soufrière*-Krater fällt aus, infernalisches Nebelgewölk!

Die Küste entlang auf der Suche nach dem »café au lait«. »Route des Deux Mamelles« zum Greifen nahe. Ein Hauch von Karneval, Narren fordern Wegezoll. Testfahrt zum Flughafen. Reggae und Calypso Musik in Minibussen. Wo bleibt die kreolische Küche?? Fisch.

Mo. 14.1. Zitterpartie am Flughafen, standby! *Dominica*: Urwald und Wolken; *Martinique*: Regen. **St. Lucia**: Sonne, leuchtende Strände. Resolute Tourist-Airport-Dame schickt uns per Taxi zur *Blue Lagoon* Hütte, zurück zu »Villa Beach Cottage« an der **Choc Bay**, 65 US$, old english cottage.

Th. Geld und Grundnahrungsmittel, falscher Pass, trotzdem Umtausch! In Sammeltaxi gequetscht, eng, aber good caribbean sound! Security-Wächter, Joseph Moses, schwarz, massig, Berlin und Frankfurt, military veteran. Erster Trick: »Wife is sick«, Er bekommt Kokosnüsse, *chicken and rice*, 5 E$! Zweiter Abend: Bananen, Kanada, Deutschland, Italy Militärorden und Bescheinigung für »collecting for hospital, not for me!«, 5 E$. Happy hours von 17.30 bis 18.30 im »Halcyon Beach Club«, *two drinks for one*, am ersten Tag viermal, am zweiten Tag je zweimal.

Di. 15.1. Per Sammeltaxi nach *Castries*, der Hauptstadt. Entlang der Straße Markt, Bretterbudenromantik.

Mi. 16.1. *Soufrière*-trip mit altem, kakaobraunem *Hyundai* (Korea) ohne Unfallversicherung. Vor Hotel Crash durch unseren Versuch, herauszufahren. Wir, die erschrockenen »unbeteiligten« Dritten, rollen zurück, die Einheimischen machen die Delle unter sich aus.

Wir mit Schwung auf left side (very british) und all under control. Banana-Valley, *Marigot-Bay*, Traum aller Yachter, nicht so doll! *Anse de Raye*: Onkel Tom's Holzhüttenromantik, nur die Farben sind idyllisch! Auf Haustür »live and let live!«. Horrortrip, Schlagloch auf Schlagloch, aber gesäumt von Baumfarnen und Bambussträuchern. Tourist-guides nutzen Unsicherheit aus!!

Leicht genervt im **Soufrière** Krater, deutsches Paar »Retter in der Not«, Eintritt und Guide 5 EC$, zwei kochende Schlammlöcher, ein paar Solfataren, no rainforest, zu weit weg. Gleiche Strecke zurück. Tropenschauer. Erfrischungsbad, happy hour dreifach! Irak-Attacke durch U.S. Air Force.

Do. 17.1. Caribbean morning, vor Frühstück Schwimm mit *Jellyfish diabolo!* Auto zurück an engl. Lady, 3 miles extra! Abstart (Sammelbus) nach *Gros Isle*t zum Traumstrand vor *Pigeon Point*. Schwimm und viel, viel Sonne! Mr. and Mrs. Lobster! Statt Trinkkokosnuss dry coconut! Herrliches Wasser, einziges Sonnenloch. Luxusyachten dümpeln. Wieder kein Kreolenfisch beim »St. Lucian Beach Hotel«, dafür Spaghetti! Unser security-man: Parfümverkauf für Schulbücher. Last happy hours, dreimal!

Fr. 18.1. No Taxi, 10 AC$ zum Airport, small and open! *Liat* Propellermaschine für 20 Passanger! »Scenic flight!«, vier Stopps mit Blick ins Cockpit, Einhalb-Inder (Pilot) und Einachtel-Kreole (Copilot), über *St. Vincent* (Pitons), *Grenadinen* (Yacht- und Taucher-Paradies!), Stopp auf *Carriacou*, *Union Island*. Beinahe Ausstieg! Ziemlich trocken, aber schöne Lagunenstrände.

Landung **Grenada**. Moderner Flughafen, Fräulein von Tourist Office behilflich, preiswerte Guesthouses etwas abseits vom Prachtstrand *Grand Anse*. Taxiradio: tragischer Unfall, riesiger Stein auf Kleinbus, acht Personen tot. »Roydon's Guest House« in der Kurve am Hang. Mit Kleinbus in Stadt, *St. George's*, an Hafen (der schönste der Welt?). Rudolf's Restaurant (Hafenkneipe), *flying fish* mit Mayo. (wie Fischstäbchen) und *daulphin creole* (Hauch Knoblauch). **St. George's** town: schmale Straßen, steile Hänge, wie St. Francisco. Barclay's Bank, english, mit roten Samtkordeln und Quasten, Schlangestehen, ärmlich und stillose Bekleidung.

Abends nach Sonnenuntergang erster Schwimm. Klares Wasser, makellos. Buchtenblick vom Hafen über »Ramada Cottage« bis zum Ende – der Himmel orange, apfelgrün, schwarzblau, Mondsichel scharf weiß nach unten, klarer Sternenhimmel. Streifzug durch »Ramada Renaissance« Empfangshalle, groß, weiß, »Minimal Art«, heller Marmortisch, Computer und schmucke Kreolin mit Goldgehänge. »Bird's nest«, chinesisch, *jumboshrimps* mit weißer *garlicflavoured cream sauce*, Th. *szechuan chicken, hot and spicy.*

Sa. 19.1. Drei Dinge braucht der Mann: Eine Kokosnuss, eine Banane und ein Bier! (Tagesration). *David's Car Rental*, 50 US$ plus Tax. Wieder *Hyundai*, kleiner, schicker und sportlicher. Ins Gebirge auf Umwegen. »*Watch on crazy drivers!*« Abstecher *Annandale Falls*, riesiger Salomon-Baum und orange blühende »Emotchel«. Herrliche Trinkkokosnuss: sweet, big, delicious, tasteful! Mit Guide durch kleinen botanischen Garten, *Ginger Lily*. Zum Wasserfall »small is beautiful!«. Eintragung ins Gästebuch, tip, Gespräch über Krieg am Golf. Zum *Grand Etang, Visitor Center,* zwei Papageien und Äffchen im Käfig, bescheidener Dschungelwalk, »Hurrican Janet was here!«. Hinab zur Ostküste.

Stopp im Dorf, »Mace« wird getrocknet. Paar aus London lädt uns ein zur Pampelmuse – er, Lehrer, war in Deutschland. Gewürzgarten, nutmag (Muskat), Früchte – wie Aprikosen – gehen auf wie Kastanien, schwarze Nuss von rotem Macisgeflecht umhüllt, ein Kilo für 1.20 EC$ (ça 70 Pfennig). Nussschale als Mulchbelag auf Gehwegen. Kakaobaum, Pampelmuse, Adressentausch, Bild ...

Nach *Greenville,* Mischung aus Westernstädtchen und New Orleans. Bretterbuden, Holzarkaden, rosarot, hellblau, lindgrün. Schlechte Straße an der Küste, alles grün überwuchert im Würgegriff von Epiphyten und Parasiten. Bessere Villen am Südzipfel, Yachten.

Abendschwimm neben »Ramada«. Zum Chinesen, *chicken in hoisin sauce* (süße Soyakruste), Kreolenfisch, Muskat-Eis! Muskat hier als Süßspeise, Longdrink.

So. 20.1. Sunrise morning swim! Kräftiges american breakfast, bacon/egg .. Kaum Autoverkehr an der Westküste, Abstecher *Concord Falls.* Bachtal, Bambus, Kakao- und Nutmeg-Plantagen. Wasserfall mit Springer,

Amerik. Segelyacht-boy – St. Vincent, Grenadinen, Grenada – »dreaming trip for yachting«, empfiehlt die »upper falls«, Th. bekannt vom Alternativbuch Felbinger.

Dschungeltrekking immer romantischer, herrlich erfrischendes Pool, üppiger tip (30 EC$). Kakaoromantik, heute sind alle sonntäglich aufgeputzt, ganz in Gelb, Rot, Blau, Weiß – und die vielen, vielen Negerkinderlein!

Durst treibt uns in Kneipe bzw. in Kolonialwarenladen! Gesprächiger Besitzer (Seemann), Fischer und »Henry Duncan«, der Reisefotograf, »the Embassador«. Er hat kein money, aber image, schreibt an bei seinem Freund.

Gewürzdemonstration: nutmeg, ginger, Nelken, Zimt, »sapote«-Holz für Potenz, Bitterkraut, lemon gras, selbst gebrannter Pflaumenschnaps: »good for man!« »I don't need it, but I take it!« Fischer bringt einzeln gedörrte, gesalzene Fische. Überraschende Erkenntnis: auch Schwarze bekommen Sonnenbrand! Allgemeine Zivilisationsprobleme, Luftpollution, Th. macht Voraussage »in 10 bis 20 Jahren wie bei uns« – wird energisch abgestritten – »statt Muskatduft Benzin!« Adresse, Kalenderblatt von Henry, tip für's Fischerdorf. Begräbnisfeier blockiert Dorf.

Zum **Levera Beach**, steiniger Pfad, Stopp vor winziger Hütte, prächtige Bougainville, großer Mann mit winzigem Baby, ernst, aber gelassen: »half a mile«. Kuhhirte, bester Blick auf *Levera Beach*, palmenumsäumter Sandstrand (Landzunge), *Two Sisters Island*. Lichtschimmer ...

Zurück auf kurviger Straße, die Bevölkerung sitzt vor Häuschen, Kids spielen auf der Straße, echte Sonntagsstimmung! Schönes, aber bisweilen blendendes Abendgegenlicht! Viel Hupen und alles im zweiten Gang!

Nach Sonnenuntergang »relaxing swim«, fragwürdige Unterhaltung im Wasser, netter Mensch oder Gauner? Beim Chinesen gedampftes Huhn mit Knochen, wird gerettet durch die *Jumboshrimps* mit *creamy sauce*. *Roydon's Grenada Punch* dreimal! (wie Planter's) als sleeping drink.

Mo. 21.1. American breakfast nach dem ausgiebigen Schwimm in der peaceful morning beach! *Hyundai* ade! Ab ins city life! Gewürzmarkt: ein Pfund Nelken 12 EC$ ~ 6.60 DM, Kokosnussdrink, einheimische Musik bei Mulattin, Reggae-Mix und Sacco-Sound im Nutmeg-Lokal im zweiten Stock. Blick auf den Hafen, *beef roti* (Kartoffel und Rindfleisch in dünnem Omelett), Segler- und Travellertreff, Einkaufstüten, *Burger* und *french fries*. Erschöpfungssiesta. Abendschwimm vor »Ramada«.

Bei »Roydon's« kreolisches Abendmenü: grüne Erbsensuppe, Jägerfisch auf gelbem Reis, Süßkartoffel, Kraut – und zum Dessert Fruchtsalat und Mango-Eis, Roydon's Punch, alles selbst gemacht.

Di. 22.1. »Relaxing day«, beachwalk, tropische Früchte, Foto, black-coral-Schmuck am Strand, Kokosnüsse angeboten, alter zahnloser Sänger mit kaputter Gitarre singt – mit frischen Blüten (Bougainville, Hibiskus) verzier-

142

ter Strohhut und rotes Gewand. Kompliment für Karin von Eingeborenem:»Beautiful wife, don't let alone too long!«
Abendschwimm an der *Grand Anse*, einer der schönsten Buchten mit feinem Sand und klarem Wasser! Schattenspendende Bäume. Wenn nicht in»Roydon's Guest House« Lärm und Geräusche der Straße zu aufdringlich gewesen wären, hätte man ... Abendmenü: Kohlsüppchen, *chicken* in Frikasseesauce, Kartoffeln, Erbsen, Mango-Karottenbrei ... Punsch!

Mi. 23.1. Abflugtag mit *Liat* nach **Trinidad***!* Wie kommen wir nach **Tobago**? Überraschende Lösung, drei auf einen Streich: erstens *BWIA open ticket* von vergittertem Standby-Schalter, zweitens Geldwechsel, drittens Reservation für letzte Nacht in Trinidad Hotel »Bel Air« am Flughafen. Mit Jumboshuttle in 15 Minuten nach **Tobago**.

Telefonaktion für ein Hotel möglichst in Flughafennähe, »Crown Point Beach« Hotel. Old fashioned, english, postkolonial mit kitchen, storebay, Balkon, Blick auf Park. Riesige Langhaarkiefern, nackter, kakaofarbener Baobab, tropischer Tellerbaum, Riesenmimose, kristallklares grünes Wasser direkt am Felsstrand. Amselähnliche freche Vögel lauern auf alles Essbare am Balkon. Absoluter Flachrasen, Preisnachlass. Grundnahrungsmittel aus hotelinternem Supermarket: Buns, Toast, bacon and eggs, Trinidad coffee, evaporated milk .. Säfte und weißer Rum, Blick auf den weltberühmten »*Pigeon Point*«! Ava Gardner und Gary Cooper lassen grüßen: »Island in the sun«!

Badebucht mit Klein-Sandstrand, Wasser klar, »small is beautiful«, familiäre Atmosphäre. Fischer zerlegt seinen einen halben Meter langen Fisch, Touristen und Einheimische in friedvoller Eintracht. Am Abend auf der Suche nach Fischlokal, Lobsterparty mit bulligem, kahlköpfigem schwarzen Grillmeister! »free punch!« (100 TT$), fröhliche Skandinavierrunde, Skol und Prost! Lobster fassen, sehr guter Reis und Kartoffelsalat. Lobster mit Heinze's Steaksauce! Steelband übt für Karneval, aber dennoch ins Hotel, neunköpfige Steelband zwischen Softschnulze und heißem Trinidad-Calypso! Manager tanzt, animiert und verkauft Kassetten. Band steigert sich, feucht fröhliche Skandinavier auch, schaukelnd zwischen Bandfässern und Swimmingpool, fröhlicher beleibter alter Herr swingt um .. alles mögliche herum!

Do. 24.1. Nachts kräftiger Tropenguss! Information am Flughafen um die Ecke bei Touristbüro, drei waterfalls! Rückbestätigung »Sandy Point Beach Club«, sehr schöne cards, ausführlicher Talk mit englischer Boutiquebesitzerin über den »war in the gulf!«. Walz zum *Pigeon Point*, in der Nähe nicht so romantisch, Korallengestein, zerfallene Gemäuer und parallel im Hintergrund Asphaltstraße, aber Palmen und Sandstrand geben noch einen Eindruck verblichener Größe, Robinson Crusoe Ambiente! Die Zeit ging über *Pigeon Point* hinweg! Palmstrandromantik anderswo perfekter, lupenreiner, unverbrauchter! Aber: »Ich schwamm am *Pigeon Point!*«

Fr. 25.1. Theater mit rostigem Jeep und verschwundenen 100 TT$, *Nissan March* Automatik, ohne Hupe für 175 TT$. *Seaborough*, ärmliche Perle von Tobago. Steigerung nach Norden zu, Nester alle sehr ärmlich. Freundlich, attraktiv und gepflegt: »Blue Waters Inn«. Diskrete Bucht, glasklares türkisblaues Wasser ladet zum Schnorcheln, etwas rau. Kreolenfisch, Shrimps.

Inselquerung durch *Bloody Bay Forest*, mäßiges Urwalderlebnis, üppigeres Bambus- und Dschungelgehölz an der *Englishman's Bay,* »For Sale«. Kinderhorden, rote Schlüpfchen und feine Zöpfchen, aber kein Foto!

Bei zwei eingeborenen »old black ladies« kühles *Carib-bee*r und Smalltalk über Tobago, »very safe and quiet«. Missionarsehepaar: Brief mit überschwänglichen und blumigen Wendungen von 1989! Ausblicke auf Buchten, zum »Turtle Beach Luxury Club«. Bilderbuchbucht, aber Wasser grün wie in Rimini! Gemeinsamer Schwimm, durch Palmenhaine zurück, zum Tropenguss rechtzeitig von *Pigeon Poin*t (ohne Bild) zurück.

Genau gegenüber in der Bucht Breitseite von Traumschiff mit Sascha Hehn und Zirkuszeltbeleuchtung. Hotelentertainment: Ein-Mann-Calypsosänger: »shame for

144

my little family ... a drunken man is a happy man ..« und Harry Belafonte Songs »Island in the sun .. Yellow bird .. Coconut woman ...« Limbo show!! Coca Cola ist das Maß aller Dinge, auch beim Limbo!

Sa. 26.1. *Store Bay* zeigt sich von bester Seite, Sonne, Eingeborener hackt Unkraut. *Buccoo Reef* Tagestour, feuchter Einstieg, Boote verschwinden im Grau eines tropischen Regengusses. Wir: Notizen, Karten und Packen. Spaziergang durch englischen Garten.

So. 27.1. Letzter Schwimm, zu Fuß zum Flughafen, Miniflug, 12 Minuten bis **Trinidad!** Mit Curtesy Bus zum »Bel Air«, statt Luxushotel Bretterbude mit indischem Flair! Nach Erschöpfungsschlaf mit Chevy-Taxi nach *Port of Spain* zur *Calypso Monarch Competition* im Queen's Park! Stadion. Höllenlärm, Aufheizer-Calypso, auf die Bühne rollen einzeln die riesigen Calypsobands (bis 90 Mann), von alten Fässern bis Chrom-Hochglanz-Version. Das eigentliche Erlebnis auf den Rängen: Jeder besucht jeden, Rum- und Whisky-Flaschen kreisen, Kühlboxen, Essenskörbe .. Calypso-night in Trinidad! Bulliger Urmensch bewirtet alle seine Freunde. Alle wippen, von 8 bis 80! Allgemeines Becken-wippen und -kreisen!

Bei »Exodus-Band« in Schwarz und Silber geht die Stimmung hoch, Taschentücher werden geschwenkt, man singt und schwingt. Alle Hautfarbenmischungen, irrwitzige T-shirts («phase me« ...), Trinkgefäße, Büffelfüllhorn Pokal ... Berittene Polizei, die Calypsobands werden auf rollenden Eisengestellen von der Bühne gefahren... Vorgeschmack von Karneval! Heiße Nacht auf einer heißen Insel! Taxifahrer, gemischte Bezahlung mit TT und US$.

Mo. 28.1. 5:00 zum Flughafen, Batteriecheck! In der Lounge: Tee und *ham/cheese sandwich* von spendablem Ami, der nicht mehr kann. *Pan Am* Flug nach **Venezuela** fast leer. Eine Stunde und 10 Min., hochmoderner Flughafen *Maignetia*, strapaziöse Organisation: 6 Auto-Rentals, schwaches Englisch und schwaches Spanisch, schaukeln sich gegenseitig hoch. Geldwechseldrama: nur 50 $ in Scheck, Straßenkarte schwach. Mit Taxi, altes *Chevy*-Modell, nach **Macuto** ins Hotel »Alamo«. Calamares. Zimmerwechsel, Geldwechsel (500 US$) vor Filmkamera.

Strandpromenade in Richtung »Sheraton« Hotel, zwei alte Pensionäre rührend besorgt, Reiseplanung auf Rondell mit Blick aufs Meer. Schöner Sonnenuntergang, steile Gebirgskulisse, Uferpromenade mit Lokalen, Dinner direkt am Meer, Brandung, Wind, Hunde. Filetfisch à la planche und gebratener Fisch.

Di. 29.1. Frühstück: *pan, mantequilla, marmelada, café con leche*, 2,- pro Person. Mit Bus zum »Melia Caribe« Hotel, Superluxushotel, Marmor, Blumen, Spritzbrunnen... *National Rent a Car*, nagelneue *Chevette* mit AC und Automatic, 42 US$. Warten im »Sheraton«, Bier, Kinderveranstaltung in Schwimmbecken.

Puerto Ordaz – Flugreservation. Allgemeine Urwaldinfo. Verknitterte Hemden zurück, 600 ! Paseo-Walz mit Sangria im Hotel »Colonial«. Sehr speziell, *Anis secco* ist Zuckersirup mit Anisgeschmack. Pizza.

Mi. 30.1. Start nach Frühstück, Zimmermädchen und Chef lassen sich nicht sehen! Auf Autopista über Berge, vorbei an Moloch *Caracas*, gewisse Hektik. Auf alter *Panamericana* durch viele mehr oder weniger verkommene Orte, bei Nebelpass spottbilliges Benzin, Imbiss im Supermercado: *empanadas* (safrangelbe Maistaschen mit Käse)... Zuckerrohrplantagen, ein Hauch von Tropen – und immer wieder Abirrungen vom rechten Weg (Einbahnstraße).

Choroni – Abzweigung, durch den **Henry Pittier NP**, von den Trockenwäldern in dichten Nebelwald, Romantik, verwunschene Stimmung, fotografische Aufarbeitung des Sujets! Magdalenas, Bananen, köstliches Quellwasser. Künstlerisches Ringen mit dem Bambus, ein schmuckes, aber menschenleeres Örtchen, Dorfpolizist thront hinter blauen Säulen und schaut auf schmuckes Kirchlein und »Plaza Simon Bolivar«. Ein paar Kilometer weiter Hafenörtchen *Puerto Colombia* mit Hotel.

Klassische Humphrey Bogart Atmosphäre, uralter Cadillac, zartblau, mit weißem Dach und Raketenkotflügeln, breite Veranda, Schaukelstuhl, Hunde, Hähne, Salsa-Musik aus verbeulten Radios und der vielfache Sound der Tropen – Zwitschern, Zirpen, Schreien...

Flussdurchquerung zur *Playa Grande*, aufgewühlte Wasser, zerzauste Palmen, ein deutsches Romantikpärchen mit Zelt; Restaurant »Tasca«: gebratener Fisch. Höllenlärm von Salsamusik, bis Fatman und Compañeros kommen und ihr Bier mit kernigen Sprüchen und ebenso kernigem Lachen zur Brust nehmen. Beim Bezahlen großer Schein mit Verzögerung, mit zwei eiskalten *»Polar«* zurück zur Hotelterrasse. Strapaziertes deutsches Paar: zwei Tage mit Bus von *Macuto*, 4 Stunden Blockade im Nationalpark, Fahrt bei Nacht und Nebel.

Do. 31.1. Im Bambus »Mini Restaurant« Kreolenfrühstück: *arepas* (Maisküchlein) gefüllt mit Rührei, Tomaten. Gleiche Strecke zurück, riesige Bäume mit Epi- und Saprophyten überwuchert, Nebelwald ohne Nebel und Stimmung. Auf Autopista nach *Valencia*, wie in Spanien ausgetrocknete Berge. Richtung Küste *Moron*, Dschungelberge, an der Küste Erdöl und Palmen und braunes Wasser, verkommene Ferienhütten, Verschmutzung oder Veralgung? Geflochtenes und Hängemattenstände deuten auf Touristen hin. In halb ausgetrockneten Lagunen Pelikane und der rote Ibis oder Flamingo?

Einfahrt in **Chichiriviche**, Zentrum des **Morrocoy NP**. »Parador« Inseltour bei *Lancho Bonito* gebucht, junge Frau und alter Capitan, Marke Charles Bukowski, mit Söhnchen Ivan, Alfredo, ça 6 Jahre. Auf der Suche nach dem Fischrestaurant fahren wir die staubigen Pisten von *Chichiriviche* gemächlich mit unserem Chevy ab, im Schritttempo, wie einst die Teenies in den Fünfzigerjahren in den USA: »Denn sie wissen nicht, was sie tun«.

Im Nobelhotel »La Garza« enttäuschendes Dinner: trauriger Thunfisch, charakterloses Beef. Zum krönenden Abschluss und zur Verdauung 2 Whiskys auf Eis in der *Parador* Bar. Überraschung und Superspezialpreis (120) und falsche Addition (200 zu viel). Nacht schwül und moskitoverseucht und tropische Regengüsse.

Fr. 1.2. Kreolenfrühstück: süßer Kaffee, arepas, Spiegeleier. Eine halbe Stunde Verspätung, Start zur Inseltour. Himmel zieht zu, zwei Höhlen am Mini-Tepui, hoher Wellengang, starker Wind. *Caya Sombrero*: Paradeinsel mit großem Sandstrand, Palmen, Korallenriff, Malediven-feeling! – ein Bad. Auf der Weiterfahrt Lunch: Reis und Thunfisch, Eier, Bier. Capitan »Bukowski« in guter Laune, Tänzchen mit K., Salsamusik und zwei donnernde Johnson Motoren. Rum auf Eis für den Capitan und die Mannschaft, das Ganze mit familiärem Touch! Paar mit drei Kindern, Säugling und zwei Mädchen, zwei Jünglinge, eine Dame. Ein weiteres Strandinselchen, Mangroven mit Fregattvögeln und Pelikanen. Abendbüfett.

Sa. 2.2. Frühstücksbüfett: Miniwürste in Tomatensauce, arepa, Eier... Riesenamischlitten, Wochenendgäste. Richtung *Coro*. Buschsavanne, vereinzelt Rinderzucht, unschöne Käffer, gefährliche Straßenlöcher, zum Glück wenig Verkehr. Am Straßenrand: Milch, Käse, Honig, frisch geschlachtete Ziegen, heiße Maisfladen...

Parque National Medanos: Dünen, kleines Dünengebiet nördlich der Stadt. Erster Fotorausch: Kakteen, Sand und Berge! Über Isthmus auf die Halbinsel *Paraguana*. Mangels Attraktion – *Ana*-Berg im Dunst – Umkehr, an der großen Salzpfanne entlang zurück zu den Dünen. »juegos naturales« Tamarinde und Guayave, köstlich!

Dünenwanderung, starker Wind, Jagd nach Hut und Schaumstoff. Einheimische kommen später. Zum Lohn: »happy hours« am Kiosko! *Tamarinde/Guayave*-Cocktail veredelt mit einem Rum »Gran Reserva« (an Restaurations-Station »Repuestos«, 4,- DM), göttlich!

Direkt zur Calle Zamora, Hotel »Zamora«. Wieder einmal Wahl zwischen Skylla und Charybdis – Sound der Straße oder Sound der AC Maschinen. Abenteuer Restaurant, mehrfach vorbei am einzigen und exklusiven Haus des Ortes. Erstes *Churrasco*! Riesiges Holzfällersteak mit spezieller Rostbratwurst – Ziege, Pferd oder Schwein? – *Lomito* (paniertes Kalbschnitzel). Bar ist Treff von besser gestellter Jugend, wenig besucht.

So. 3.2. Koloniales Ambiente am Sonntagmorgen. Große Kurve zur »Avenida del Sur«. Kakteenland, Sträucher mit zart lilablütigen Wicken, grandiose Berglandschaft, Trockenwald, Agaven und Minibergagaven, viele Falken, »Falcon Route«. Mexikanisches Flair, bunte Busse, Haltestellen mit *arepas* und *empanadas*, Bier und Café ... Schlimme Straße zwischendurch, Schlaglöcher – die geplante Strecke fällt aus, nicht auffindbar oder sie existiert nicht! Blühende Ginsterbäume, Baumkakteen, Ödlandberge, »*badlands*«, wulstig.

Überraschungsabzweigung wieder in die Berge, auf Prachtstraße »Panamericana«? Im Abendlicht, menschenleer, Übernachtung? Doch noch auf »Autopista«, nach zweimaligem Wenden auf der Autopista nach **Carora**, direkt ins erste und beste Hotel »Katuca«! Spitzendinner nach einem strapazenreichen Tag mit allen Höhen und Tiefen. Heiße Brötchen und *arepas* mit Crême fraiche (*arepitas* mit Sauerrahm, frisch geschlagen!), Zwiebelsuppe, Palmenherzencocktail, Süßkartoffeln, *Churrasco, pollo assado* ...

Mo. 4.2. Zum Frühstück »arepas con crema«. Richtung *Trujillo*, Bäume mit gelben Blütenstauden, Zuckerrohrromantik, »Valle de azucar« mit Fabrik, gute Straße, wahnwitziges Überholmanöver, knapp an der Katastrophe vorbei! Wechsel, Trockenbusch, kleine Oasen, Bananen, Ananas, Papaya.

Auf Autopista ein Stück entlang der Anden. Doch noch Passanstieg. Viele Steinschläge, flache Hütten, kleinstämmige Bevölkerung, Indio? Öde Hänge, dazwischen Gemüseanbau. Nachmittags Ankunft in **Chachopo**. Nebel kommt herunter und verhindert Weiterfahrt. Übernachtung im Hotel »Yurimar«. Schön, aber kalt!

Spaziergang durchs Dorf. Verschiedenfarbige Häuschen, Straße fast menschenleer. »Plaza de Bolivar« mit Callas, Rosen und vielen anderen... An jeder Ecke eine Bodega mit Campesinos (Strohhüte) zwischen euphorischem Suff und Apathie. Die Zeit der andinen nativen Trachten ist vorbei. Kids in Jeans oder grellfarbenen Hosen und Blusen. Bier aqui? »Cardenal«, tipo munich, Korkverschluss mit Hand abdrehbar. »Comer aqui?«

Zugige Essenshöhle, Wirtin lehnt über Flügeltür zur Küche. »Pescado« mit Reis, Fladen-arepas. Fisch: andiner Bergwels/-hering, ziemlich fett und viele Gräten. Parken in der Garage. Nacht mit Kälte und Geräuschkulisse: singende, betrunkene Campesinos, Hunde, Autos.

Di. 5.2. Klarer Himmel, der Berg ruft! Frühstück in der Pousada, kontinental und einheimisch. Über grandiose Bergkulisse, übersät von »Frailejones«, der Blume der Anden (La Flor de los Andes). Den »Pico el Aguila« (min. 0°C bis minus 3°C, max. 16°C) erreichen wir dicht unterm Nebel, 4.118 m. Braun verdorrte Hänge, kein Gemüse (Karotten, Kartoffeln, Artischocken?). Urtümlicher Holzpflug. Observatorium, viele Blümchen in Blechkübeln (Dosen) an Häuschen. Bartflechten und Epiphyten an schwer erkennbaren Blumen (Wirte).

Bei der Einfahrt in **Merida** zuerst ländlich, flache bunte Häuser. Direkt ins Hotel »La Sierra«. Koloniales Flair, blaue Scheiben, Innenhof mit alten Polstersesseln, Pflanzen, Kacheln, andalusisch. Wieder ein »Matrimonium«, ein großes Bett und ein kleines Bett. Siesta. Stadtbummel. Zum Teleferico. Im »Bimbo« Andenforellen à la plancha und »meunière«, nach Müllerin Art.

Mi. 6.2. Um 7:00 zur Talstation. Zweite Gondel! Gut gelaunte Italiener, Schweizer. Vom T-Shirt bis zu Wanderstiefeln alles vorhanden. Vier Stationen über das Tal, Regenwaldzone, »Paramo«, Hochebene mit Frailejones, zum eisigen, restschneebedeckten Gipfel *Pico Espejo,* 4.765 m. Dünne Luft, schweres Atmen, Schwindel, Kopfdruck, Panoramabilder! Wärme durch Rum, Tee, Schokolade und Großmütterchens Marmorkuchen. Kleine, aber strapaziöse Gipfeltour.

Erschöpft, beglückt, durchkältet zurück. Blick auf *Merida* (Plateau) und die Sierra im Mittagsdunst. Zwei Schuhputzerle: »Alemania? Afrika? Deutschmark? Tschüss ... «. Ins Hotel, Siesta. Bankstress (500 US$). Günstige Einkäufe: Schuhe, Hosen, Musikkassette. Patios mit Boutiquen für Studenten, Intellektuelle, Künstler und gutsituierte Töchter und Söhne aus besserem Hause. Uniprotest mit Feuer auf der Straße hält an. Feria beginnt. Fastnachtskinder auf Autos an der »Plaza Bolivar«, glückliche Teenies, peruanische Musiker... »Bimbo« und seine Andenforellen.

Do. 7.2. Im »Café de Paris« *Empanadas* (Maistasche gefüllt mit Käse, Hack, Eiern ...), machen satt, halten nicht vor! »Pasta?« Crema dental! Colgate und Gran Reserva Rum. Wunderbare, klare Luft! Schattierte Andenkämme, neues Tal **Santo Domingo**.

Tiefe Schlucht, links Ödhänge, rechts Nebelwald. 2 kg Bananen, dick, 30 Pfennig. Im Restaurante: *arepas* (Fladen) *con crèma* und Rührei mit Zwiebeln und Tomaten. Ins tropische Tiefland und die »Llanos« (die Ebenen). Plantagen: Zuckerrohr, Mango, Reis... Grassteppe mit Bäumen und Tümpeln und Weiß-Rinderherden (für Churrasco, Parilla..). Fincas und Haziendas.

Auf Autopista, mal entspannt, mal gejagt von fetten Wanzen, Lastwagen, Bussen... »Alcabala-Posten«: »Wie heißen Sie?« und: »Wir bitten um eine Spende für eine Erfrischung!« Wir: »Somos turistas alemanes!«, mit 100 Bolivar, ça 2 US $, erkaufen wir uns die freie Weiterfahrt.

Nach der Autopista unfreiwilliger Abstecher in die entgegengesetzte Richtung! Vor **San Carlos** ins Motel »El viejo Molino«, Glücksfall! Nackte Jungfrau in Wolkenhimmel, Musik rieselt von der Decke... Stilvolles Restaurant mit spanischen, lederbespannten Stühlen, kreolisches Essen, »asado«, Braten mit Bohnen und Chili, und »parilla«, Steak mit Yucca (Süßkartoffeln) und grüner Kräutersauce. Heiße Nacht!

Fr. 8.2. Kein Kaffee, keine Bolzos, der Hundi freut sich. Teils Autopista, teils Landstraße durch afrikanische Savannenlandschaft. Früchte am Straßenrand: Melonen, Mango, Kartoffeln... Bananendampfer, Baumwolle... frische Schlachtung, überall Essensfeuer. Immer wieder Eukalyptusbäume, Zuckerrohr-Valley. Wieder am Moloch **Caracas** vorbei, alle Hügel mit kleinen Hütten übersät,

Backsteinhäuschen verschachtelt, dazwischen die Hochhaustürme. Küstengebirge, durch Tunnels, grauer Himmel an der Costa. »Alamo« und »Colonial« »completo« wegen Karneval. »Santiago« Mittelklasse, Luxushotel, 1.200 Bolivar! Chevy zurück an »National Car Rental« in »Melia Caribe«. Umbuchung nach *Ciudad Bolivar* am Sonntag, obwohl angeblich alles ausgebucht ist!

Abendessen am Meer. *Pan con ajillo, sopa marinera* und *sopa crêma, Hueda de mero* (Goldbarsch), *Carito*. Fisch bleibt Fisch! Rundreise-Bilanz: 10 Tage und 4 Stunden, **2.113 km**, Kosten 26.900 Bolivar, Auto ça 500 US $.

Sa. 9.2. Ruhetag, Erholungstag. Kleines Glück im Strandbad am Meer. Masse steht dicht an dicht im Wasser ohne sportlichen Ehrgeiz. »Tourismo infantile« – Wagen für Kinder mit einem echten PS. Kinderfastnacht, viele Prinzessinnen, Ballerinas, Zorros, Leopard, Biene Maya... »Crazy Sound« auf zwei »Carga larga« Lastwagen. Wunderbare *Calamares* und *Sopa de Mariscos* im Hotel »Colonial«, wo sonst nur alte Rentner aus der Kolonialzeit sitzen. Buntes Treiben bis in die Nacht.

So. 10.2. Per Taxi zum Flughafen (500 Bolivar). Charter nach **Ciudad Bolivar** am Ufer des **Orinoco**. Sandbänke, Mäanderschleifen, große Brücke, wie Golden Gate, heiß. Mit engl. old lady zum »Grand Hotel Bolivar«. Zimmer mit Blick auf Orinoco! Terrasse mit Restaurant und Bar. Frische Brise vom Orinoco. Nach Siesta auf Paseo. Gedämpftes Karnevalstreiben, »Carneval infantil«. Bierpavillon, Bier. Warten auf Sonnenuntergang. Dinner und Markisa Saft »Bacida«.

Mo. 11.2. Glück mit der *Canaima*-Buchung (open ticket!). Stadtrundgang, Dschungelboots. Nachmittäglicher »Carneval infantil« und Umzug, Kindergruppen mit verschiedener Kostümierung, ethnische Gruppen, Schwarze, Indios. Kleine Samba- und Calypsotänzerinnen, kleinste Fassung von Rio und Trinidad. In Bierhalle, Kübel mit eisgekühltem Bier für Freundesrunde! Luxus.

Der kleine Mann begnügt sich mit »hot dogs«, Popcorn, gezuckerten Äpfeln... Wir: *pabellon* (schwarze Bohnen), gerupftes Fleisch, gebratene Bananen, Reis – Th. »shish kebab«. Hotelchef ist Libanese, deshalb »arabian food«, seine Frau kocht. Abschied von der old english lady (Delta Orinoco), Putenschinkenstory?

Di. 12.2. Mit Bus (2 Stück Deposit) zum Flughafen. Proviant für **Canaima**: Großmütterchens Schokotorte, Raisinbread, Sandwich... Deutscher Auswanderer aus Bad Tölz mit »Hato« (Ranch), Rinder, Schweinezucht und Korn holt Geburtstagstorte für Tochter. »Man bleibt immer ein Fremder«, 35 Jahre in Venezuela. Kellner als Kleinbetrüger.

Flug mit Propellermaschine, Panoramafenster. Zunächst über trockene Savanne, dann wird es grüner – Flussläufe, Dschungelwälder und schließlich sensationelle Tafelberge (Tepuis) und Lagunen mit Sandstrand. Ins Camp, alle Hippieverdächtigen checken sich im Luxuscamp ein.

Wir suchen Tomas Bernal, sprechen einen alten Indio an, der sich als derjenige entpuppt. Er bringt uns – vorbei an spektakulären Wasserfällen – auf »seine Insel«, »open air camp« mit Betten, Hängematten und Moskitonetzen. Nachmittag relaxing, Bad am Lagunenstrand mit »singendem Sand« im Schwarzwasser, von gelb über rostrot bis schwarzbraun, gefärbt von den Mineralien und Gerbsäure. Hähnchen, Sternenhimmel, Glühwürmchen.

Mi. 13.2. Kaffee und Großmütterchenkuchen. Ausflug, Wanderung, mit vielen botanischen Leckerbissen: Orchidee, Bromelie, blühende Wasserpflanzen... Dusche unter dem prasselnden »sapo« (Frosch) Wasserfall, daneben ein Stück weiter »sapito« (kl. Frosch) Fall. Wohnhöhle von Tomas Bernal. acht Jahre hat er da drin gelebt.

Seine kurze Lebensgeschichte: Indio aus Peru, vier Kinder, Trennung, durch mehrere Länder, Flugzeugmechaniker, zuletzt in Canaima, Ausstieg, er gründet eigene Touristcompany, Grundstück mit Freiluftcamp auf Halbinsel in der Lagune gegenüber den **Hacha Falls** mit Privatstrand. Papierkrieg mit der Bürokratie, in Plastik eingeschweißte Lizenzen. Grundstück für 1.000.000 Bolivar

(30.000 DM), für Kanu 100.000 Bolivar (3.000 DM). Riesenteller, geflochten, mit Postkarten und Erinnerungsfotos. Miss Venezuela ist Miss World 1982! Zeitungsberichte, Filmgesellschaft, Spielberg Film: »Die Spinne und...« Viel »recommendation«, wenig Bares.

Keuchende Großtruppe kommt unserer Minitruppe auf Dschungelpfad entgegen, jeglichen Humor verloren. Chicken. Nachmittags »Jurifall-Tour«. Im Massenjeep durch die *La Gran Sabana,* zum Boot auf den *Carrao River.* Wiedersehen mit Michel und Régine! Die alte Reisefotosammelleidenschaft, erwachsene Kinder: Laurent und Johanna, auf der Sorbonne...

Unter dem kleinen *Juriló* Wasserfall Prasselmassage, zum eigentlichen *Jurifall,* Bad am Sandstrand im rostroten, blutigen (bloody waters) Wasser. Michel schwärmt von den »Sources blanches«, Kanada, zwischen Quebec und Churchill. Einige Indio-kids, im Kanu zurück mit unserem Indioguide hinaus auf die Lagune in die schwarze Nacht. Nur die Sterne weisen uns den Weg.

Er kocht für uns *arepas* und Thunfischsalat. Eine Spezialmais-Bulette, weiß, flach. geht auf heißer Platte langsam auf, wird halbiert, gefüllt, in Serviette eingeschlagen, alle drei sind beglückt, mit Bier »good combination!« In der Nacht unter Moskitonetz erst Schwitzen, dann Frieren – das Rauschen des »Hacha Falls« und das Zirpen...

Do. 14.2. Statt Kavak *Servivensa* Flug gebucht. Fußwanderung durch Indio Village (»pémon indios«) auf Anhöhe. Sapito Fröschlein kreuzt unseren Weg. Durch Dschungel und Savanne zu Rudi's Camp. Nicht schöner, aber exklusiver, sprich teurer. Nachmittags Lagunenbad unterhalb der »sapo falls«; »sapito« ist »sapitito«, dünnes Rinnsal.

Zum Ausgleich verbotener Trip unter die **Hacha Falls.** Tosende Wasser vor glitschigen, grün bemoosten Felsen, gruselig schön! *Moriche* Palmen. Abschiedstrunk mit Michel und Régine. Vom Luxuscamp zurück in die Punsch-Nacht und auf den Boden der Wirklichkeit, Linsensuppe und Cuba libre mit den Boys. Allein zu zweit auf der Insel!

Fr. 15.2. Die Gruppen blockieren. Zuerst der *Angel Flug*, imposant, aber strapaziös, ausgerenktes Knie und Kreislaufkollaps! *Auyan Tepui*, Spitze im Gewölk, felsnaher Flug, zweifache Extraschleifen, im Tiefflug über den Dschungelfluss, Berührungsängste. Originelles Wiedersehen mit der englischen Lady aus dem diplomat. *Corps of his majesty Queen Elisabeth II* mit Unterbringungsschwierigkeiten in *Canaima:* inmitten roher Männer in Hängematten. Gastgeber, der alles von ihr nehmen will; ins Betttuch gehüllt durch Männerschlafsaal gehuscht zur Dusche, eingeseift, ohne Wasser, abermals ins Betttuch gehüllt durch Männerschlafsaal in Küche, dünnes Rinnsal... entschwindet auf einem Massen-Sabana-jeep Richtung *Juri-Falls*.

Böses Spiel von *Servivensa* mit uns Individuals. Zweimaliger Umstieg – im Viersitzer mit zwei Schweizer Jünglingen. Wir fliegen dicht unter den Wolken, leicht schwankend, über den Wattebauschwolken etwas ruhiger. Größte »steel mine« der Welt, wie riesiger, gigantischer Klotz in der Ebene vor **Ciudad Bolivar**. Kofferdrama mit glücklichem Ende (war schon im Touristenbus). Wir mieten ein Auto von »National«: *Junior Chevette*. Glückliche Rückkehr ins »Gran Hotel Bolivar«. Apéritif »Whisky sour«, und Menü: paniertes Schweineschnitzel...

Sa. 16.2.91! Geburtstag Th! Frühstück klemmt, die drei Damen von der Post – kommen unsere Karten je an? (verschwinden in Postkiste!). Flug nach *Puerto Ayacucho* gibt es nicht!

Irrfahrt nach *Upata*. Fähre nur in der Regenzeit. Unverhofft *Kachaima Park* mit Wasserfällen, Cinemascope-Format. Autopista nach *Upata*, sanfte Hügel, Savanne mit Ranchos, Fundos, Hatos, Fincas... Eros! *Guasipati* mit Kirchlein und Goldaufkaufläden, kleine Häuschen, *Café con leche*, sehr gut! *Tumeremo*, dasselbe wie *Guisipati*, nur schäbiger.

Bei Sonnenuntergang Einfahrt in **El Dorado**, Hotel »El Dorado«. Eine Plaza mit zwei Hotels und einige herumlungernde Gestalten. Hotelzimmer unterste Klasse, Desinfektionsgeruch, kein fließendes Wasser, nur Bottich,

Ventilator auf Stuhl vor Bett, nackte Drähte, Tischbarrikade. Origineller Typ mit Strohhut und blauen Tätoringen unter den Augen, wie alter Goldwäscher aus Alaska, schokoladebrauner, verrosteter Chevrolet, mit jungem Schwaben im Gefolge, der für einen Tag sein Glück in den Goldminen bei *km 88* machen möchte.

Zweites Gespann: ergrauter Hanseate, Opa, und holländischer, arroganter Jüngling, Rucksacktrip Richtung *Boa Vista, Manaos.* »Ich habe nichts Gutes gehört, aber ihr habt ja nicht viel zu verlieren!« Hanseate: »Wenn man nichts riskieren will, muss man zu Hause bleiben!«. Beim *»pollo«* alles übers Gold. 1g für 500 Bolivar, pro Tag durchschnittlich etwa 3 g pro Mann, 1.500 Bolivar, entspricht Wochenlohn eines normalen Arbeiters! 10.000 bis 15.000 Bolivar in El Dorado am Wochenende verjubelt! Rum, Spiel und Frauen!

Bestes Gold das »zapata gold« bei Ikabaru, »geboren« neben dem Diamanten, »nuggets, cochimas«. Der Yamaha-Musik-Power-Wagen, ein Eisengestell mit Motor und Lenkrad, fährt dröhnend in Richtung Discohalle, Mineros und Mädchen schwingend und johlend hinterher. Die ganze Nacht hören wir den immer gleichen Rhythmus: afrikanisch, arabisch, kreolisch!

So. 17.2. Als Notproviant ein Sack Honigkuchenfladen mit Anis, Milch und Wasser. Kein Benzin, erst *km 88!* Hervorragende Straße, schnurgerade durch Urwaldtunnel. Bei *km 85* leicht heruntergekommenes, bei *km 88* total verkommenes Minero-Nest, Wellblechbuden ohne Patina, die Ästhetik des Halbverrotteten. Kurvenreiche Bergstraße, alles noch bewölkt, vorbei am Felsen der hl. Jungfrau, ein Kleinwasserfall, auf die Hochebene – »bienvenido a gran sabana«, ziemlich kahl. Desaster mit neuen, orangefarbenen, schlangenbisssicheren, knöchelhohen Leinenschuhen! Und das für ein Bild einer Schmarotzerpflanze!

Tepuis am Horizont werden majestätischer, mit Wolkenschleiern, bescheidene Wasserfälle. An Flussläufen entlang kleine Dschungelwäldchen. *Quebrada de jaspe*, Jaspisflussbett. Vor *St. Elena Moriche*-Palmen, ein paar

Lehmrundhütten der Indios, »artesania«. Fünf Tage für *Roraima-Tepui-Abenteuer.* Bei Regen in **Santa Elena**, Hotel »La Nona«, 2 Knaben mit Rad, warmes Wasser. Im Kolonialhotel an der Bar Serranoschinken, sehr teuer, reich bestückt, *Martell, Florida Rum.* Unterhaltung über Preise, Barkeeper verabschiedet sich mit Handschlag! *»bistec a la criolla«* und *»encebollado«*! Wieder Discosound um die Ecke, die ganze Nacht!

Mo. 18.2. Frühstück nebenan in der Cafeteria am Terminal. Spiegeleier mit *arepa* und Guayava-Saft. Kleine Stadtrundfahrt durch Santa Elena, »compra i venta de oro«. Flotte Rückfahrt mit Superpanorama des Monument Valley Venezuelas bis *km 85.* Restaurant in *km 85* »La (Grande) Malocha«. Abstecher in die Mine auf roter Staubstraße durch Urwald bis zum Wellblechdorf der Mineros. Zwei Mineros führen uns, riesige Gruben im goldfarbenen Lehm. Ein Mann schwemmt mit Wasserstrahl auf, Kompagnon im Wasserloch hält das Absaugrohr von Lehmbrocken frei, Schlammbrühe läuft über Rutsche, mit Tüchern ausgelegt. Nach einer Woche sieht man den Goldstaub glitzern. 40 % Minero, 60 % Kompanie.

Zartblaue Pools, abgestorbene Bäume. Minero lehnt Trinkgeld ab! Einzelkämpfer mit Waschschale und Schaufel. Forciertes Tempo, eine Nacht in El Dorado genügt! Bis **Tumeremo**, Hotel »Miranda«, Halbluxusklasse mit Discolärm und Hundegekläff in der Nacht. Pollo i Pepsi.

Di. 19.2. Endlich »nuggets«! Stopp in *Giusipati*, Hotel mit Veranda, guter *café con leche.* Plaza und Kirche. Über *Upato* und Autopista vorbei an Moloch *Ciudad Guayama* zurück, 1.800 km. Wieder im Basislager: »Gran Hotel Bolivar«, wo der Aufzug immer noch stecken bleibt, Blick auf *Orinoco,* der immer noch träge dahinfließt – Sandbänke, Felsen und Brise aus Osten – und wo sich immer noch die deutschen Touristen treffen. Tipps für *Canaima* und *Gran Sabana,* Neues vom Golf, Familie mit zwei Kindern, wieder heißt es: Packen.

Mi. 20.2. Airport: Luncheria – Panaderia, guter Kaffee und Kuchen, Sandwichs. Mit *Aeropostel* nach **Caracas**,

Maiquetia, Fuente del Soda: Basislager für Flugbestätigungen, Geldwechsel, Film, Apotheke. Weiterflug nach **Puerto Ayacucho** mit Zwischenlandung in *St. Fernando de Apuro*. Ein Schluck »Gran Reserva« macht uns als Alkoholiker verdächtig. Polizist, Stewardessen, Capitain: »You drink alcohol?« – »Only for stomac! No problem!« – »It's prohibido!« – »Yes!« Weiter über *Llanos*, braun, trocken, geometrisch aufgeteilt mit kleinen Viehtränken, *Orinoco* mit Sandbänken.

Puerto Ayacucho. Flughafen der Humphrey Bogart Klasse. Gepäck direkt vom Wagen. Dicker Taxifahrer fährt uns in jedes gewünschte Camp oder in die Stadt mit der Empfehlung »Rio Siapa« und für »muchacho« mit Dschungeltouren, Julian; gleich Souvenir erstanden, zwei »azabache« Fäuste, schwarzes, versteinertes Holz?

Taxifahrer chauffiert uns wortreich »no robo aqui, Touren, Wetter...« zur »Residencia Rio Siapa«. Oma, indianisches Dienstmädchen, 2 Papageien, Zimmer Nr. 5 mit zwei camas (Betten), große Wäsche abgegeben (11 Stücke für 200 Bolivar!).

Suche nach Dschungeltour. Erste Agencia: »full«. Jüngling macht für uns alles möglich, mit Programm für jeden Tag. Schicksalhaft treffen wir auf muchacho Julian, *Autana Tours*. Er weiß schon über uns Bescheid, die zwei von Zimmer 5! Hat eine kleine Gruppe für 3-Tage-Tour, 50 US $ pro Tag pro Person. Programm: klassische **Autana Tour**. Wartet auf Anruf aus Caracas, will später ins Hotel kommen. Dritter Versuch: im Hinterzimmer fünf gutgelaunte, feixende Männer, »el capitan« (der Boss) in der Mitte. Styropor-Reklamewand für Piranha-Camp und teurer 5-Tage-Tour! Der Agent versucht, den Flugpreis herunterzuhandeln, vergeblich, »capitan« bleibt ungerührt. Die Truppe macht Witze, wir gehen.

Blick ins beste Haus am Ort »Gran Hotel Amazonas«, heruntergekommen, verbarrikadiert, kein Interesse an Kundschaft. Bier und *pollo* von der Luncheria nebenan, improvisiertes Abendessen vor Zimmer 5. Julian kommt doch noch, wir sagen zu! Suche nach der Wäsche.

Do. 21.2. Frühmorgens Kaffee in der panaderia und auf Indiomarkt. Schönes, preiswertes Kunsthandwerk, Papageienmobile, Halsketten, Pfeil und Bogen, Flöte... Eine echte Indianerfamilie (Yanomami?) mit rotem Lendenschurz (Foto 50 Bolivar). Wäsche kommt tatsächlich. Julian holt uns mit Jeep ab, Expedition beginnt. Zwei Jünglinge (Matthias und Johannes) und ein schwäbischer Beamter, Hartmut. Toyota wird beladen mit Außenbordmotor, Säcke mit Eis, Pepsi, Brot, Tomaten, Benzinfässern... Auf der einzigen Straße in Amazonien nach *Samariapo*. Bei *Alkabala* steigt Polizist mit riesigem Fisch zu.

In *Samariapo* umpacken auf Boot (bongo). Erster Vorgeschmack von Stechmücken. Riesige Steinbrocken im **Orinoco**, deshalb nicht schiffbar. Flussaufwärts, Fluss ist breit. Auf **Rio Sipapo**, Schwarzwasserfluss. Stromschnellen zu Fuß umwandert. Am Flussrand Schmetterlingsschwärme, zitronengelb und orange. Mineralien, Salz? Bad am Sandstrand. Manuel macht ersten Thunfischsalat und immer wieder Pepsi (Pepsitour!).

Ein Indiodorf, ein paar Lehmhütten und mehr modern. Kinder schenken Limonen für *Cuba libre*. Mutter mit Kind Bad im Fluss. Weiter zum Indiodorf an der Delphinlagune. *Piaroa Indio*, Dorfchef 29 Jahre. Stachlige Palme mit tomatenähnlichen Früchten, 2 Stunden kochen bei 50° C, Gemüsepalme. Viel Fisch, Yucca, Maniok, Ananas. Kaum Handel, zu weit entfernt von Ayacucho. Kinder Durchfall, Flusswasser nicht trinkbar, Quelle. Original Indiolagerfeuer, Spreisel mit Machete, fachmännisch geschichtet. Makkaroni mit Hackfleisch, kleines Schütterchen.

Riesiger Dorfplatz, Hunde, kleiner Hundi liegt immer in Asche, geiler Hahn und Hennen, ausgelassen spielende Kinder auf Palmenleiter und Wettrennen auf allen Vieren. Erste Nacht in der Hängematte, auf dem Rücken unter dem Moskitonetz liegend, Th. Kreislaufkrisis, zu viele *Cuba libres!* »Nacht am Orinoco«.

Fr. 22.2. Hahnenschrei, Lehrer ruft per Trillerpfeife zum Unterricht, Antreten, Haare kämmen, Nationalhymne singen, von 6 bis 16 Jahren. Rührei mit Zwiebeln und Würstchen. Dschungeltrip mit Indio, barfuß. Th. mit orangenen Dschungelboots lautlos und elegant wie Panther! Zuerst in Plantagen (Maniok, Piñas, Papaya, Yucca...), schmaler Pfad durch Palmen und Lianengewächse, dichtes Untergehölz, wenig Baumriesen, dünne lange Stämme, hochgeschossen, Kampf ums Licht.

Absolutes Highlight: Tarantel! »Tarantula gigantosa amazonica« aus dem Bau gelockt, fachmännisch mit langer Faser. Schwitzende, fiebernde Fotografen, außerdem die Schwierigkeit, den Urwald in Szene zu setzen – mehr Chaos als Grafik und Ästhetik, »die Ästhetik des Chaos«. Ein Papageienpaar flattert kreischend durch die Baumkronen (»Der Schrei des Papageien«), Ameisen... schwül, klatschnasse Hemden, zurück im Dorf, Kinder etwas zutraulicher, Fotos, Kaugummi, Money...

Rio Autana aufwärts, vorbei an endlosem Dschungel, Thunfischsalat und Pepsi, Schmetterlinge, auch ein metallisch blauer. Rettungsaktion für verlorenen Duschschuh, Wasserschöpfen. *Cerro Autana* kündigt sich an den Flussschleifen von Ferne als gigantischer Felsblock an. Ankunft zum Sonnenuntergang. Überwältigendes Panorama – der Fluss schießt über Granitbett, bildet Stromschnellen. Erfrischendes Bad. Viele kleine Stechmücken als Plagegeister. In der Rundhütte werden die Hängematten aufgespannt und über Lagerfeuer Reis gekocht und Koteletten gebraten. Dazwischen *Cuba libre* und *Ron gran reserva*. *Chuleta de oro*, »padre« hält das Feuer in Gang, »madre« versorgt »indigena« mit Pepsi und Thunfischbrot. Erholsamere Nacht mit unseren Freundinnen, den Hängematten. Am Horizont der Schattenriss des »liegenden Indianers«, Sternenhimmel, Mond.

Sa. 23.2. Noch vor Frühstück Bad der Señores im Granitflussbett, »Rambo« und »Ramponados«. Eier und Würstchen, Rest an Eingeborene. Berg hüllt sich in mystisches Gewölk ein. Rückfahrt bis zu Felsgräbern. Steiler Aufstieg auf nacktem Fels, Blick über Amazonas-Urwald mit Hügeln und kleinen Rodungen, wenige Indiosiedlungen. Grab unter riesigem Felsblock in Spalte, Geier kreisen, hohe Wasserverluste, wenig Proviant, penetrante Mücken.

Bei der nächsten Sandbank kühlen wir unsere Wunden in den tiefbraunen Fluten des *Rio Autana* ohne Angst vor Stachelrochen und Piranhas. Thunfischsalat »drei« und Quellwasser. Gegen Ende der Fahrt kräftiger Tropenschauer zur Abrundung des Amazonaserlebnisses. Fröhliches, mit Bierkästen gesegnetes Traveller-Trüppchen verschwindet flussaufwärts im Grau des Tropengusses.

Eiskalt in **Samariapo**! Erstes Bier nach Tagen der Entbehrung am Ufer des Orinoco! Vereinzelte Boote mit Einheimischen. Bei Sonnenuntergang mit Jeep zurück durch Trockenbuschsavanne vorbei an Tortugafelsen (Schildkröte) nach **Puerto Ayacucho**, der »Perle am Orinoco«. Überraschenderweise wieder in »Residencia Rio Siapa«, Matrimonial-Bett.

Beim Einheimischen, Gitterrestaurant, »pollo al carbon« mit »pikanter« Sauce (doppeldeutig, mas potencia!), lachende Gesellen, Männer trinken Fruchtsäfte, heiße Nacht. Lärm durch einparkende Jeeps und Wohnwagen, Monotonie der Tropennacht durch Grillen und Frösche.

So. 24.2. Regen. Kaffee beim Patron in der Panaderia, »der beste Kaffee in Ayacucho!«. Trockengebäck mit kandierten Früchten, alles geschlossen, Jugendgottesdienst zu Ende, munteres Treiben im Kirchlein. Pfarrer tätschelt seine Schäflein, wir gehen ins ethnologische Museum: nach verschiedenen Indiostämmen gegliedert, Lebensweise, Klamotten, Werkzeuge, Kleidung, Flechtarbeiten, Schmuck... bis hin zur Moderne, geschichtlich, geographisch... Piaroa, Ikebana, Yanomami... Unser Fazit im Besucherbuch: »sehr schön und informativ!«. 12:30 absolute Siesta-time! Im letzten Augenblick *arepas* mit pollo und das unvermeidliche »cardenal«. Siesta. Kaffee nach der Siesta immer problematisch, stattdessen »sunday« bei der Fast-Food-Station. Gelbe Plastik, Indios kauen Burger und trinken Pepsi. Treff für die Leute von morgen.

Zum Sonnenuntergang auf den Hügel, Blick über den Orinoco mit Felsbrocken und Inselchen. Wellblech schim-

mert zwischen Baumkronen, aus den Hütten klingt vene-
zolanisch-mexikanische Musik. Blumenkübelchen Marke
»Improvisation«. Zugang zur Aussichtsplattform verwehrt.

Schweizer Truppe vom »Calypso Camp« – welch ein
Glück, ein Individual zu sein! Statt des Touristenghettos
mit perfektem Service – auf der Terrasse von unserem
»Rio Siapa« zu sitzen und das tropische Flair zu genießen. Träge lungernde Chefin, Bankiersfrau, goldbrauner
Luxuschevy und metallisch blauer Jeep, griesgrämige, immer aktive Oma.

Putzkräfte – Indiofrauen mit kindlichem Gemüt. Papageien auf dem Wellblechdach, ungehorsam, gleichgültig,
schreiend. Orchideen am Baum, Blumen in ausgemuster-
ten Waschbecken und Ölblechkanistern. Abdeckhaube an
AC fehlt, Duschkopf fehlt, Wasser setzt zeitweise aus,
Elektrizität nur auf Wunsch, Tourismusplakat »Venezuela,
das am meisten gehütete Geheimnis der Karibik« hängt
schief an der Wand. Zwei Top-Models postieren sich vor
Angel-Falls.

Das Feeling »Abschied vom Absoluten« ist hier längst
vollzogen. Das befreiende Gefühl des Provisorischen, Un-
vollkommenen, Mittelmäßigen, ohne ästhetischen Ehrgeiz, ganz wie im Urwald und wie beim Hähnchenbräter!
Mücken, Propeller, Rauch, Waschbecken, Klo in Sichtweite, Flasche mit Gewürzsud – aber: geeiste Gläser für uns
Vorzeigetouristen. Männer mit abgeschabten Hemden
und Hosen. Bierchen auf Terrasse, Nacht.

Mo. 25.2. Nach Kaffee auf Markt, schönes *Kassave* auf
Blättern dekoriert, dünne, weiße, poröse Yuccamehlfla-
den, ½ m Durchmesser, crisp. Auf Schubkarren Orinoco-
Fisch »palometa«, Früchte, Hühner... »Artesania«: flache
Korbflechtereien von den »Piaroa« und zwei Masken
(weiße Affenmaske mit Basthaar, schwarze Hexenmaske
mit Rindenstoff). Eine Expeditionsidee fürs nächste Mal:
Rio Negro, vier Personen für 5 Tage ça 50.000.

Arepa mit Käse und Jambon. Siesta. Nach der Siesta
in Saftladen, alle »jugos naturales« ausprobiert: *melon,
parchita, partilla, lechosa.*

Zu Fuß zum Orinoco, Hafendock, Blick auf Insel und gegenüberliegendes Ufer mit Sandstrand, weit und flach. Diesmal besteigen wir den Hügel bis oben zum Kreuz; klatschnass, Warten auf Sonnenuntergang. Blick vom Fluss bis zu den »cerros« am Horizont. Zum Hähnchenbräter, klassischer Ausgang: ¼ und ½ und 2 *cerveza*! Jeder Ort hat (provoziert) seine speziellen Rituale! Bierchen auf Terrasse, Grillen... etc. pp.... Im TV: Rückzug aus Kuwait, das Weltentheater streift uns nur sanft, wir sind quasi auf einer der letzten Nebenbühnen der Welt.

Di. 26.2. Mit klapprigem *Chevy* (*Malibu*) zum Flughafen. Ritual: Gepäckkontrolle, Registrierung in doppelter Buchführung! Adressentausch mit Manuel. Mit Geschick wird der Rum an Bord geschmuggelt! Bei der Startkehre auf der falschen Seite, Luftbild vom Orinoco gehört in die Serie der verpassten Fotos! St. Fernando (Llanos), *Marquitia*, Dreh- und Angelpunkt des Flugverkehrs. Ritual: Fuente del Soda, Hamburguesa, Zeitung.

14:45 Abflug nach **Porlamar** auf der Insel Margarita. Sonnig, windig, mit Taxifahrer, Marke Biedermann, zum empfohlenen Hotel »Imperial«. Spitzenpreis für Taxifahrt, weil nicht vorher ausgehandelt. Kampf um ein anständiges Zimmer mit Blick aufs Meer, das angebotene »like in a prison!«. Kühlschrank für Bier und Apéritifs!

Erster Erkundungsgang in die Stadt, Shoppingmeilen mit Sonderangeboten, »50% en effectivo«, von Unterwäsche bis Riesennugget, dreifacher Preis! Luxushotel »Bella Vista« mit wunderschönen Elefantenfußpalmen, aber ohne »happy hours«. Abendessen im Strandrestaurant gegenüber: *comida criolla,* gebratener Fisch, flach und fein, und Calamares, klein und fein. Allgemein wenig Betrieb in Restaurants, »low season«.

Mi. 27.2. Nebenan »Tama« Hotel, Travellertreff. Schöner Garten mit Mimosenbäumen, Käfig mit den unvermeidlichen Papageien und allerlei Hunde und Katzen. Amerikanisches Frühstück oder Croissants... Bougainville... Geldwechsel in »Banco consolidado« mit Wachposten im Erker hinter Panzerglas. Der Traum von den

ABC-Inseln (Aruba, Bonaire, Curaçao) zerrinnt im Reise-büro unter den langwierigen Nachforschungen zwecks Flugverbindungen und dem angedeuteten extrem hohen Preisniveau!

Weiter zur Plaza Bolivar, Autobusse in alle Richtungen der Insel. *Arepas* mit *pollo* und Meeresfrüchten, Tamarindensaft. Nach der Siesta Strandspaziergang Richtung »Apartemento-Hochhäuser« bis zur Lagune – »gigantomania española«, Klein-Caracas am Strand. Im »Tama« gebratener Fisch zu unserer und des Kätzchens Freude.

Do. 28.2. Nach Frühstück zum »Bella Vista«. Pauschaltourismus, Liegestühle unter Palme, Sonne wechselt mit Nieselregen. Strandverkäufer bieten an: Strandtücher, T-Shirts, Bier, Sonnenbrillen etc. pp. Volksküche neben-an, *arepas* und gebratener Fisch, langweilige Hamburger und Sandwich aus der »Bella Vista Bar«. Th. zwei Pflicht-schwimm, Künstler modelliert Seejungfrau, Delphin und Macho-mann. Nach Speziallongdrink aus der Heimbar lu-kullisches Abendessen in »La vecchia marina«! Fisch mit Antipasti und riesigem Red Snapper (Rotbarsch) wird für Reklamefoto dekoriert. Strahlende Köche und charmanter Chef dahinter. Eisgekühlter Wein aus den *Colli de Albani, Antipasti del Casa*: pikanter Rindermagen, Schweinerippchen in Limonen- und Kräutermarinade, Auberginen, Tomaten, Zucchini... Fettuccine und Spaghetti mit *frutti di mare*! Krönender Abschluss: Tropenfrüchte mit Eis, Crema und Schokoladensauce! Wir sind ebenso entzückt wie der Chef des Hauses! Fröhliche Franzosenrunde und an-dere zahlreiche Feinschmecker zieren das Lokal.

Fr. 1.3. Im »Tama« nebenan Frühstücksritual. Diesmal Schwimm am Individualstrand von »Bella Vista«. Vorsicht geboten wegen Seeigeln. Nach Siesta Spaziergang zum anderen Ende der Bucht mit den Appartementhäusern. Schwierige Suche nach zartem *Lomito* (Lendchen), ent-weder stimmt die Speisekarte nicht oder das Ambiente. Also ins »Tama«: *Fettuccine a 4 quesos* und *churrasco*, der ausnahmsweise einmal keine Schuhsohle ist. Am Ne-bentisch drei deutsche Junggeschäftsleute in spe! Sie berichten von zwei bedeutungsschwangeren Erlebnisse.: Am ersten Tag in Caracas wird der eine (Import/Export) auf offener Treppe (Straße) beraubt, wenig hilfreiches Konsulat. Dann bleiben sie, als sie das Terrain für Geschäfte auf *Margarita* sondieren, im Mangrovengestrüpp (-sumpf) stecken! Seitdem spülen sie mit Bier und Rum Frust und Zweifel hinunter.

Sa. 2.3. Kurz entschlossen mieten wir für zwei Tage bei *Carribean Cars* ein *Chevette automatic.* Nordtour zu den schönsten Stränden der Insel **Margarita**: trocken, mediterran, lange Strände mit Brandung. Bei »El Aqua« Wochenendrummel. Einheimische und viele Quallen am Strand... *Coco frio* (Kokoswasser) und *Coco Creme* mit Eis am Strand, *Calamares.* Wir sind zu leasy, um selbst in die Brandung zu steigen. Im Norden Steilküste, bretonisch, mit kleinen, verschwiegenen Buchten, Geheimtipp für betuchte Aussteiger oder potente Investoren.

Gigantische Ferienanlagen im Aufbau, junge Palmen und flach gewalzte Pisten. Bei *Juan Griego* Familienstrand, Oma und muntere Enkelkinderchen mit Wuschelhaar, sich im Sande wälzend. Mann bis zur Hälfte im Sand eingegraben, Oberkörper der Sonne entgegen, apathisch, süchtig, Fußball unterm Kopf, Sonnenbrille mit verspiegelten Gläsern. Munteres Freihandelstreiben.

Uns zieht es – wie jeden klassischen Touristen – zuerst in die Kirche, Disneyland-Version, Türchen wie bei Schloss Schwanstein. Und dann in die »Liquoreria«: spanische, chilenische, italienische Importweine. Auf Rückweg quer über die Insel – Berge, aber nicht üppig tropisch. Hähnchen zum Wein auf Balkon mit Blick auf Meer.

So. 3.3. In Richtung Westen (60 km/h) vorbei an Flughafen zur »Playa el Yaque«, sehr windig, Windsurfer, Kaffee und Bier im »Yaque-Club Restaurant«. Bei Weiterfahrt Kakteenblüte, tote Schlange. Nach *»Punta de Piedra«* zum Fährhafen, alte Chevrolets und Fords! Frustknaben mit Schleuder. Zufällig dasitzender, herumlungernder Typ will Bolivares fürs Bewachen unseres Autos. Zur *»Laguna de la Restinga«.* Kurzer Blick auf die Mangrovensümpfe.

Wir verzichten auf die klassische Bootsfahrt durch die blumenreich benannten Kanäle. Über die Brücke zum westlichen Inselteil. Absolut trocken, mexikanische Kakteenlandschaft, verschlafenes *Boca del Rio* mit den bunten kleinen Häuschen, Mut zur Farbe.

Auf der Suche nach den Playas und der Küstenstraße. Strand nur per Staubpiste, Straße existiert nicht. Direkter Weg nach **Pampatar**, zur verschlafenen Traumbucht mit Palmenstrand. Statt Idylle und Einsamkeit herrscht totaler Wochenendrummel, Familien dicht an dicht. Flucht ins »Deutsche Eck«. Terrasse über der Hauptstraße, ein Paar tafelt gemütlich, stellt sich später als deutsches Besitzerehepaar heraus! Sehr gute Pizza, dünn, Mozarella, Serrano...

Gespräch mit Dieter über den Wandel der Zeiten, auch in Pampatar. Vom verschlafenen Nest zur Touristenhochburg »in spe«. Dreiviertel des Jahres hat er für den deutschen Staat gearbeitet, 1975 setzt er sich ab, hier ständiger Kampf mit venezolanischer Mentalität: Bockigkeit und Trägheit, mañana!, bleibt nur Anpassung oder Resignation. Er setzt auf Qualität, nicht auf Mikrowelle, siehe Amerika, Schnellpizza mit Holzkohlenaroma aufgedampft. Er lässt sich bei seinen Deutschlandbesuchen von seinen Freunden immer wieder bestärken, dass sein Entschluss richtig war. Venezuela, *das* Südamerikaland mit Zukunft. Eindringliche Warnung vor Gaunern, d.h. für uns: ab sofort Foto-Alukoffer mit Tarnzelt!

Auf Rückweg noch die restlichen Prachtstrände aufgesucht. Bei »Hilton« sehr bescheiden. Ein Stück weiter Fischerbucht. Große Fänge von Thunfischen werden in Kühltransporter verladen. Notgedrungen ins Hotelrestaurant, ohne besonderes Flair, aber mit überraschend guter Küche: »*escalopina al crema*« und »*lomito à la chef*«, mit Käse, Schinken überbacken.

Mo. 4.3. – Do. 7.3. Freud und Leid des Pauschaltourismus! Geregelter Tagesablauf ohne exzessive Überraschungen und Erlebnisse. Kleine Pflichten, Geldwechsel, Zahnpasta, Wäschewaschen. Mittlere Highlights: Lukullisches bei »Chez Madame«: Jumbo Shrimps, im »Jardin d'Italo«: Fischmousse mit diversen Saucen, Thousand Island, Mayo, Knoblauch, Filet Mignon, Aprikosentorte, Liebesknochen, Kaffee und bei »Chez Maitre d'Hotel«: provençalisches Hühnerbrüstchen, gebratener Luxusfisch »pargo«, dazu als Appetithappen »Crudités du pays«: Salami, Mortadella, Mozarella, mehrfarbige Toastdreiecke: Fischmousse, Knoblauchgegrüntes, Käse. Und schließlich der abendliche Cocktail auf dem Balkon: »Margarita sour« Orange-Limon-greco-Rum-Punsch. Herrlich trockene und spritzige Weine: *Pinot grigio del Veneto*, spanischer *Penedes* und *Fontana di Papa* (Colli Albani), »happy hours!«. Das Strandleben nicht zu vergessen, 1–3 Schwimms pro Tag, je nach Wetterlage und Siesta. 1 bis 4 Bier pro Tag aus der Kühlbox der fliegenden Verkäufer; ansonsten viele T-Shirts, grelle Sonnenmützen und Handtücher, Schmuck, »Rolex«... und die vielen schlaffen, sonnensüchtigen, wenig sportlichen Touristen. Einmalige Skyline rund um die Badebucht, Klein-Manhattan!

Fr. 8.3. Zum »Tama«, Frühstück americano, Hunde, Katzen, Papagei... mit altem Ford-Taxi zum Airport, Preis heruntergehandelt, dafür »Tip«, unbewegtes Gesicht des Taxichauffeurs! Ebenso in *Maiquetia*, Koffer-Transporter möchte nur ein kleines Geschenk (»petit cadeau«), aber Gezeter bei 50 Bolivar! Erfahrung: es ist nie genug!

Andere Reisende zahlen das Dreifache, nur um ein scheinbar dankbares Lächeln zu erheischen. Als Ausgleich überaus freundliche Einheimische im Restaurant. Sie füllt die *Arepas* mit reichlich zerzupftem Fleisch und sucht das jeweils größte süße Teilchen aus. Ein letztes Mal die herrlichen »jugos naturales«, Melon und Lechosa (Papaya). Das wirklich große Geschäft wird im Fast Food Restaurant gegenüber gemacht bei »Burger King« mit *Whopper* und Pepsi Cola! *Arepas* sind out!

Zwei Stunden Verspätung. Kanadisch/amerikanisches Paar auf dem Weg nach Grenada und Dame aus Kolumbien nach Madrid mit irrsinnig schwerer Handgepäcktasche. Nicht weniger schwer bepackt ist das Trüppchen schwarzer, üppiger Frauen aus St. Lucia, die lachend und kreischend ihre Minishoppertasche, gefüllt mit Bananen und Ähnlichem, in dem winzigen Propellerflugzeug der *Liat* verstauen. Wieder heißt die Devise: »small is beautiful!« Bei Sonnenuntergang heben wir uns über die Wolken und verschwinden im Dunkel der karibischen Nacht!

Wir verpassen den Anschlussflug nach **Guadeloupe**, aber nicht ohne innere Genugtuung, denn *Liat* quartiert uns im »Friendship Inn« ein, samt Dinner und Frühstück! Fisch und Chicken kreolisch, mit James Bond und Curdchen Jürgens auf der Flimmerscheibe: »Das Ungeheuer von Karnak«. Beinahe schade, dass wir nicht auf *St. Lucia* verlängern können! Tropennacht, Fröschchen- und Zikadensound.

Sa. 9.3. *Liat* Angestellter erscheint schon während des Frühstücks. Fröhlich scherzende junge Männer auf dem Flughafen, karibisch! Gepäckkontrolle teils britisch, teils sadistisch. Wieder Winzflugzeug mit einheimischer Co-Pilotin! Scenic-flight mit Zwischenstopp in *Martinique* und *Dominica*. Sportliche, wenig elegante, aber gelungene Landung der flotten Pilotin! In »Nature Island« (Dominica) steigt schwergewichtige Amigruppe zu. Wir Transit-Passagiere belegen vorsichtshalber die Notausgänge; ein paar Riesenkoffer werden nachträglich ausgeladen und zurückgelassen.

Die Berge von **Guadeloupe** beim Anflug, wie gewohnt, in Wolken. Geldwechsel und die berühmte kreolisch/französische Küche im Flughafen. Bei »Budget« mieten wir gleich einen *Opel Corsa*, Tausch eines uralten gegen einen alten, und begeben uns auf die Suche nach unserem Traumstrand-Hotel. Hektik auf den Straßen, vorbei die Zeiten des »American way of drive!«.

Beim »Club Med« in **St. Anne** entdecken wir per Zufall die »Residence Les Algues«: Bogen, Kacheln, Terrassen, Bougainville... Kurzer Blick auf den »Caravelle«-Strand und wir mieten uns ein. Beim nahe liegenden »Libre service« Grundausstattung: Kaffee, Milch, Butter, Marmelade, Brot, Eier, Käse... und Weine, rosé, blanc und Cidre.

Kleine Spritztour nach *St. Françoise* mit »Marina« (Yachthafen), Windsurfer... Karibischer Abend auf der eigenen Terrasse.

So. 10.3. Sonne und Café au lait aus Riesentasse. Im Zweifel zwischen »Soufrière« und »Haute Terre« entscheiden wir uns für die Badestrände. Durch wenig schmucke Orte, Mischung aus New Orleans, Mexiko und Bretterbude. Die meisten Häuser haben eine überdachte Rundumterrasse. Nach **Port Louis** zu wahrlich karibischem Traumstrand: zart blaugrüne korallenfreie Lagune! Familiäres Treiben, Verköstigung »Chez Sautrine«, fahrbares Restaurant. Wir tanken Sonne und Lagunenlicht und -farbe für die nächsten Monate!

Abstecher nach *Anse Bertrand* und Aussichtspunkt ganz im Norden der Insel. Wegen franz. Beschilderung Irrfahrt quer durch die Insel, Zuckerrohr, Zuckerrohr, Ochsen, Ochsen und alte Windmühlen. Keine weiteren Traumstrände mehr, aber traumhafter karibischer Abend auf der Terrasse, mit nacktem Oberkörper und kühlem Wein und »crudité du pays bayonne«, Schinken.

Mo. 11.3. »Der Berg ruft!« In flotter Fahrt und voller Sonne Richtung **Soufrière**, vorbei an Buchten und Bananenplantagen. Je näher wir kommen, desto mehr scheint der Berg in Wolken gehüllt. Dennoch, wer wagt, gewinnt! In der Tat, nach der Südumrundung präsentiert sich der zackige Kratergipfel wolkenlos in voller Pracht und Majestät. Beflügelt fahren wir ein letztes Mal durch den üppigen Urwald in steilen Kehren hinauf zum Parkplatz.

Emsiges Wandern auf der »Route de Damas«. Wir nur eine Flasche Wasser als Proviant. Das Unternehmen erweist sich nicht gerade als Spaziergang. Steile Serpentinen, Beinahe-Kletterpartien und ein nicht näher kommen wollender Gipfel zwingen des öfteren zu Atempausen und zum erquickenden Schluck aus der Wasserflasche. Philodendron, Zwergfarne, Moos- und Flechtenteppiche (grün, gelb, rot) an Spalten und Panoramablick auf die umliegenden Berge. Ermattete Wanderer, schwitzend und mit wenig Humor, trotten grußlos an uns vorüber.

Nach einem letzten Aufstieg erreichen wir die Fumarolen, fauchend und infernalisch riechend aus wahren Höllenschlünden. Ansonsten, stille Touristen und der Blick über die Wolken auf weit entfernte Inseln. Beglückter, leichtfüßiger Abstieg, ein fröhliches »bonjour, bonne chance, très, très jolie!« kommt uns über die Lippen, wenn wir den aufwärts steigenden, keuchenden, rotgesichtigen Wanderern begegnen. Abendbad am Club Med.

Di. 12.3. Unfall! Auto zurück, alles klappt ohne Reklamation, Erste Klasse, Champagner, Dinner, Zwischenstopp Toulouse, Landung *Mulhouse*. Mit Bus (einzige Gäste), 9 Uhr Richtung Freiburg, 10 Uhr Ankunft, Straßenbahn... Haus steht, alles in Butter, alles beim Alten!

Namibia – Südafrika

21.08. – 25.09.1991

Mi. 21.8. Packen, Buchheim, am Bahnhof tel. T. Anneliese, Reni und Markus und Frau Pruschek, in Frankfurt, tel. Mutti, Abflug 21:15 mit *SAA*, Entenmousse, Steak, Sachertorte, Südafrikanische Weißweine *Sonnebloem*, *Blanc de Blanc*, Feuer du Cap, Karin drei und Thomas vier Sitze für ein paar Stündchen Schlaf mit vielen Turbulenzen, Kreislaufattacke und roten Augen. Englisches Frühstück mit Eieromelett und Nürnbergerle...

Do. 22.8. *Johannesburg* 9:40, kein Weltflughafen, Transit, 10:45 letzter Platz im Flug über die *Kalahari*, etwa 2 h, Wildspiess, klare Luft, windig, sonnig – 12:55 **Windhoek**, gleich in den Stadtbus, Devisenprobleme, 13 US$, Glücksdollar für Transfer in Stadt. Suche nach Touristbüro, Owambo-mann telefoniert – all full! Zu Lothar und Elisabeth Schuck, Adresse: Eike Steet 3, Box 9234, Windhoek, Tel 51524, Telecall 52222, wir in Coetzeestr. 20, (Pionierspark), ganzes Haus für uns, billigste Unterkunft am Ort, 50 Rand!? *Budget:* erfolglos und erschreckende Preise! Grundausstattung beim Portugiesen gegenüber:

Käse, Brot, Butter, Milch ... Nachts bringt Elisabeth noch einen Traveller mit – deutscher Jüngling, Südafrikatour unbefriedigend, schwerer Unfall auf Schotterpfad.

Fr. 23.8. Organisation und Buchungen, bei *Imperial car*, weißer *Toyota Corolla*, 1,3 l, N 48596 W und Permits und Reservierungen für **Etosha, Waterberg, Terrace Bay, Sesriem.** Hühnchen und Thunfischsalat auf Terrasse mit deutschem Flair, wichtige Utensilien, Taxiabenteuer mit Opa zum Pionierspark zurück.

Sa. 24.8. Autoübernahme mit Hindernissen, Telefonabenteuer: *Khorixas* – Rastlager und Hotel »Brumme« in *Otjiwarongo*, Nachmittagsausflug mit Lothar und Elisabeth in den **Daan Viljoen Park**, Palaver beim Guavensaft, lustige Stories aus old Südwest, Diamantenfieber, Sandflöhe ... Redewendung: »*Heu am Halm*«.

Ausblick von Felsspitze auf Schlucht und See, früher viele Tiere, heute? Überraschungserlebnisse auf Rundfahrt: Kudu (von Touristbüro angestellt?), Gnuherde, Affen, Wasserbock, Hyäne! Scheck-Schock, aber gutes Ende! Ausrüstungsgegenstände von Elisabeth, Schlafsack, Kühlbox, Decken.

So. 25.8. Aufbruch nach **Okahandja**, genau rechtzeitig zur *Herero*-Prozession: ordengeschmückte Militärs, Reiter und Hererofrauen im roten viktorianischen Gewand, Gedränge, zum Friedhof, Grabumrundung, als Fotografen bevorzugte Behandlung, postkoloniale Privilegien. Dann auf gerader Straße durch Savanne und Farmland mit schönen Rastplätzen – Käsestulle, Birne, Milchkaffee – zum **Waterberg-Plateau**.

Nach langem Hin und Her doch noch »Tourisette Bungalow«, sehr gepflegt, mit Aloeweg. Zur Feier des Tages *Blanc de Blanc* im Restaurant, *draft beer*, Lammkoteletten, *game steak »Diana«*, exzellent. Saal holzgetäfelt und mit Lüstern, im Vollmondschein hinauf zur Hütte, Miniantilope zur Begrüßung im Park, Leguan, Sekretärvogel.

Mo. 26.8. Plateaubesteigung nicht ohne Schwierigheitsgrade, Rast auf Felsplateau mit Blick auf Pfanne mit geometrischen Linien, »pads«, Staubstraßen, *Snicker* für zwei Owambos, die den Zugang zu den Rhinos versperren, no permit, direkter Abstieg durch »Heu am Halm«, Dachse an Felswand.

Nachmittags große Plateautour auf Safarimaxijeep, offen, 12 Personen in 3 Reihen, an der Front 4 Oldies mit Gesichtstüchern und Safarikochtöpfen, gummistrapsbefestigt. Owambodriver, flotte Fahrt im Wind am Fuß des Plateaus, hinten rheinischer Humor und konventionelles Norddeutsch, perfekte Konversation. Auf dem Plateau mit 4-wheel-drive auf Sandpisten, viel Losung, kein Wild, wo bleibt das Rhino?

Ausgetrocknete Wasserlöcher, Pavianfamilie am Brunnen; durch Palisadengang zum Beobachtungsstand am Winzwasserloch, rituelles Warten auf Wild, natürlich erfolglos! Kühle, flotte Rückfahrt, überraschend eine Gruppe Impalas gesichtet, Dachse wie morgens an der Felswand, rotvioletter Afrika-Abendhimmel! Das Abendessen diesmal sachter Reinfall, *gamesteak* »Baden-Baden«, Birne und fritt. Ananas und Chicken, Vollmondwalz.

Di. 27.8. Auf Wellblechpiste zurück zur Luxusstraße, Wildschweine, über Otjiwarongo vorbei an Hotel »Brumme«, nach **Etosha Pan**, Eingang: **Namutoni**, Zimmer im alten Fort, spartanisch, soldatisch, mit zweistöckigem Abenteuerbett, Tipps von langem Norddeutschen mit Großfamilie.

Nachmittagssafari: zur Begrüßung die ersehnten Zebras! Auf Rückweg zum Sonnenuntergang viele äsende Springböcke.

Pünktliche Einfahrt zum Fahnenzeremoniell auf dem Turm des Forts, Zapfenstreich auf Kassette, Fotografen lauern auf den Sonnenuntergang. Ausgezeichnetes Filet und *gamesteak* im Offizierscasino. Unter afrikanischem Himmel (Milchstraße!) zum Nachtquartier.

Mi. 28.8. Heia Safari, auf direktem Weg zum berühmten *Kalkheuwel* Wasserloch – von wegen Morgentränke! Nur pfeifenrauchender Safarifan in schwerem Allradfahrzeug aus Germany; erstes Wild bei *Ngobib*: Elefanten, Zebras, Kudus. *Okerfontain*: Elefanten; nach Mittagspause (Toastsandwich) Nachmittagssafari nach klein Namutoni: viele Giraffen, ein paar Kudus im Gehölz. Abendlicher Schwimm im Pool und *Filetsteak da capo.*

Do. 28.8. Wieder Wecken mit militärischem Zeremoniell zum Sonnenaufgang, Morgensafari vorbei an *Chudop,* in *Batia* Wild, *Noniams* ausgetrocknet, *Goas* zur Mittagszeit, Elefantenkarawane, im Schatten Springbockgruppen, hinaus nach **Etosha** – das »weiße Nichts«. Am Horizont eine Oryxantilopenkarawane, wie Fata morgana. Vor *Noniams* in weiter Ferne einsame Löwin auf Hügel, »lovely!«

Nach »Halali«, große Anlage, Bungalow, Toilette, Dusche extra, großes Pool. Nachmittags *Rhino* und *Eland Drive*: ohne Wild; wieder nach *Goas*: wieder Elefanten hautnah. Abendschwimm, Klassiksteak *well done,* aber *zu well done!* Wenige Gäste, nur Reisegruppe draußen. Im Saal Tierskizzen an der Wand, Tusche oder Kohle, klassische Motive, von Leoparden bis Elefanten.

Fr. 30.8. Frühstart verzögert, am *Rietfontein* kaum Wild, über *Sueda* (wenig), *Aus* (garnichts), *Olifantsbad* (wenig), *Gemsbokvlakte*: große Herden, gespannte Ruhe, Springböcke, Oryx, 3 Elefanten, Zebras, Strauße, Giraffen – dazwischen ein Löwenpaar – stopp! Löwenpaar trottet direkt auf uns zu und hinter uns vorbei, schwarzgebrannter Pascha und Löwin! Wir schießen aus allen Rohren, Objektiven. Alles Wild steht wie gebannt, bis die Löwen am Horizont verschwinden.

Zweites Löwenpaar nicht weit, am Straßenrand, ganz dem Nichtstun und der Liebe im ¼ Stundentakt verfallen, faszinierte Fotografen! Unglaubliche Masse an Wild – auch Schakal, *black backed,* Schwarzrückenschakal, zwei kuriose Sekretärvögel: lila Beine, schwarz enganliegende Hose, Frack, rotes Auge, würdevoll, skurriler Gang. Stundenlanges Warten auf Jagd der Löwen, jedoch nur Bestätigung der Liebesstatistik. Am späten Nachmittag Einfahrt in **Okaukuejo**, Bungalow mit Dusche und Bad, große Anlage, rundes Pool. Abendessen zum ersten Mal Reinfall: Salat mit Chlorgeschmack, relativ trockenes Rumpsteak trotz *medium,* ausgebuffte Owambokellner

Sa. 31.8. Honigbutterbrote zum Frühstück, über Büschelebene mit Erdhörnchen und Springböcken, am Horizont Gnukarawane, nach *Okondeka*; entfernte Wasserlöcher am Pfannenrand, Strauße, Oryx, Gnus, Springböcke – Eselsantilope = Waterbock, *Red Hartebeest* = Fabeltier. Kleiner drive – Flora: Baum- und Strauchblüte, Mimosenart? Nochmals nach *Okondeka*, inmitten einer Gnuherde, die friedlich äsend an uns vorüberzieht. Restauration im Camp, Sonnenuntergang am Campwasserloch ohne jegliches Wild! Wo ist das Rhino? Allgemeines Steakgrillen.

So. 1.9. Im zweiten Anlauf durchs richtige Tor, südwärts; Sensationsstopp: zwei Löwinnen im Löwengras fressen ihre – vor 20 min – erjagte Beute! Nachträgliches Schaudern! Afrikanische Weite, Piste geradeaus zum Horizont, hin und wieder ein Eselswagen mit Eingeborenen. Nachmittags in **Khorixas** ins »Restcamp«. Restauration, abends Dinner auf Terrasse, am Pool mit Palmen, Salatbüfett, Steaks vom Kohlegrill mit Knoblauchbutter und Pfeffersauce.

Mo. 2.9. Auf Piste Richtung *Torra Bay*, *Skelettküste*; vorbei an *Twyfelfontein*-Abzweigung, schlechte Straße, wenig Zeit; großes Feld mit Aloegewächsen. Eingeborene bringt Mineralien: Quarz, Bleisulfit .. Durch kakaofarbenes Land mit Tafelbergen und Kuppen, vereinzelte Ziegenfarmen – Berg- und Talfahrt wechselt ab mit Wellblechpiste, Hamadaflächen mit Steinen, überzogen mit »Wüstenlack« – große Flächen, Ebenen mit der berühmten, wenig ansehnlichen *Welwitschia mirabilis*! Ausspruch eines Forschers – vermutlich im Delirium: »Fürwahr, die schönste Blume, die ich je sah!« Richtung Küste frischer Wind, aber Straße immer schlechter, Wellblech, Sand.

Bei *Terrace Bay* weißliche Sanddünen mit schiefergrauen Steinplatten – alles so dunstig und grau wie der Himmel über der **Skelettküste**, grimmiger Wind, Horrortrip über Sand-Stein-Piste bei Straßenbauarbeiten.

Endlich erreichen wir **Terrace Bay** – alles wirkt etwas trostlos, nordisch friesisch – auch der aufgewühlte Atlantik. Hütte recht komfortabel, Autocheck – alles scheint in

Ordnung! Dinner in Fischerkneipe mit Popmusik, kernige stramme Fischermachos, alle wohlgenährt, Seebären, zerzauste Rentner. Überraschend kultivierte Küche unter Leitung einer älteren Lady: Rahmspinat, Blumenkohl mit Sauce Bernaise, exzellente Salatsauce mit frisch geschlagenem Ei, glasierte Spareribs vom Schwein, Vanilleeis mit Schokosauce!

Di. 3.9. Wir verlassen nach einem Servelafrühstück das Totenkopfcamp, Wiederholung des Horrorsandsteinetrips – als Kulisse der düster diskrete Charme der *Skeleton Coast!* Springböcke! Endlich auf guter Salzpiste durch die Büschelwüste – Touristenerholungsgebiet – nach **Cape Cross**, Weltsensation an Robbenvielzahl (80.000) und Gestank!! Nur mit Taschentuch vor Nase genießbar, starke Haftfähigkeit des Geruchs. Der Himmel bleibt bedeckt bis **Swakopmund** – altdeutsches Städtchen, wenig belebt, zum Hotel »Adler«. Das Besitzerpaar sehr gesprächig, weitgereist Tipps für Mali. Kofferraum klemmt, »Karamba« und ein älterer Schweizer Herr mit Tochter – Alfred und Anita. Bei »Erich«: kalt, aber exzellente Küche, Pfeffersteak und Steak »Café de Paris« (Kräuterbutter) und *Zonnebloem* Wein – white and crispy!

Mi. 4.9. Kontakt mit Alfred, dem Südafrikaspezialisten, Verabredung für Abend im »Europa Hof«; große Organisationstour – Buchung für »Namib Restcamp« und drei Nächte *Krüger Nationalpark.* Wir liebäugeln mit Komoren.

Nachmittags Sightseeingtrip im **Namib-Naukluft Park**, beeindruckende Mondlandschaft und *Welwitschia*-Kuriosum, das Nadelgewächs mit den zwei zerfransten Blättern und dem biblischen Alter! Springböcke, Oryxantilopen, Vogel Strauße... Sonnig, Küste immer noch unter Wolken; Dinner im »Europa Hof«: zwei *garlic steaks* und Rooibos Tee mit frischer Sahne!

Do. 5.9. Überraschend blauer Himmel. Strecke **Walvis Bay** mit Scharen von Flamingos zwischen Dünen und Meer, größte Flamingolagune der Welt mit 2/3 der afrikanischen Flamingos. Dann auf Gravelpiste wieder durchs »wilde Kurdistan«! Öde, verbackene Erosionslandschaft,

Kuiseb Pass und *River*, zum Glück ein paar Köcherbäume fürs Fotografenpflichtprogramm – rundherum immer wieder Felsgrate, irgendwann die ersten roten Dünen der Namib – Sandpiste, gottverlassenes »Camp Solitaire« und Ankunft nach Sonnenuntergang beim »Namib Restcamp«, viele Gatter und Sandpassagen bis zum Quartier.

Fünf Häuschen, gute Farmerskost! Salatmix mit Ananas und Äpfeln, Farmersteak mit dunkler Zwiebelsauce – als Kulisse rotbraune Sandsteinmesa und quakende Wüstenfrösche.

Fr. 6.9. Farmerfrühstück! Eier, gebratene Wienerle, Speck! Über Schotterpiste nach **Sesriem – Sossusvlei**, mit Permit, *Sesriem canyon*, hohle Schotterschlucht, Richtung *Vlei*, Dünen mit km-Angabe, Fotografierplan, bei *Düne 45* Dünenmarsch in Gamsbockspur, Abbruch auf halber Höhe, verdiente Kaffeepause unter bizarrem Baum mit Wüstenkrähen, deutscher Saftnussstrudelkranz, viel Sand und Wind.

Entlang der Dünen zum Startpoint für 4-wheel-driver; Warten auf schönes Licht, ralleymäßiger Rückzug mit schussbereiter Kamera und vielen Stopps, ganz kurzer Kontakt mit Alfred und Anita. Rückfahrt bei Sonnenuntergang – straight on to the camp! Wohlverdienter Duschgenuss und *Zonnebloem* Wein, Schlückchen und Farmers *giant meat balls* – und deutsch: Zuckerkrapfen!

Sa. 7.9.91, Geburtstag K.! Sonnig, morning relaxing, Start um 11:00 auf Piste nach **Sesriem**, kurze Kaffeepause mit Alfred und Anita im Camp. Start ins **Sossusvlei**, Jungfernfahrt für Alfreds *VW Synchrobus*! 4-wheel-Strecke ohne Probleme, strapazenreiche Besteigung der Düne – phantastischer Ausblick auf die umliegenden *Vleis*! Historischer Geburtstagsort, Sandprobe!!

Aller Aufstieg ist schwer – der Abstieg geht schnell und leicht, unter Kameldornbaum windig frisch. Rückfahrt bei leider etwas diesigem Nachmittagslicht, kein Fotostopp! Verabschiedung am Camp von Alfred und Anita, Überraschungsrotwein, Wüstenschmuck von Anita! Nach Abenteuerreisen musste er chemisch gereinigt werden.

Sammeltrieb, auch Elefantenhautsteine, Goldschmiedin, Englisch, evtl. Ausstieg ins Farmerleben.

Diesmal etwas früher im »Namib Camp« nach Verzögerung durch Tankdebakel – Buschmänner, Batterie und Pumpe. Rind oder Lamm? *Cabernet Sauvignon 1987!* Rotwein zum Festtag, Apfelstrudel mit Sahne!

So. 8.9. Nach Farmers Frühstück Besichtigung des Gemüsegartens; auf relativ guter Gravelroad über Pass und vorbei an zum Teil verlassenen und zum Teil bewirtschafteten Farmen, Windrad, Rinder. Frühling, gelb blühende Büsche – wie Mischung aus Ginster und Schlüsselblume – durch Buschsavannen-Hügelland nach **Windhoek**.

Überraschung – unser Guesthouse ist von Regierungsovambos besetzt! Unterkunft im sog. Guesthouse von Elisabeth und Lothar. Restauration und Abendvesper mit Portugiesen: Rinderschinken, Paprikalyoner und Biltong – hart, aber würzig!

Mo. 9.9. Besorgungen in *Windhoek City,* Rauchfleisch und Biltong direkt von der Fabrik. Keine Filme, aber Ausfahrt zum Flughafen. Dort beginnt unser Ärger: erstens Normalrate und versuchter km-Betrug für Mietauto, dann sturer Polizeioffizier bei der Gepäckkontrolle! Bitterer Nachgeschmack von Namibia! Bescheidener Lunch auf dem Flug nach **Johannesburg**, positive Überraschung: schöner neuer *Toyota* zu guter Touristrate!

Hektik auf dem Highway nach **Nelspruit.** Nach Dunkelheit Stopp in »Belfast« Hotel, old fashioned, kolonial, Dinner: Forellenfilet mit Mandelbutter. Frisch lackierte Möbel, gute Musik.

Di. 10.9. Morningtea! Crispies zum Frühstück, Speckeier, Chef zeigt uns den besten Weg zum **Krüger Nationalpark**! Flotte Fahrt nach *Lydenburg* über *Abel Erasmus* Pass, Steine und Kinder, vorbei an Zitrus- und Papaya-Plantagen, viel Bewässerung, erstes Grün, rosa Blüte. Großeinkauf direkt vom Erzeuger. Um 14:00 Eintritt in *Krüger Park*: Impala, Sandantilope, Zebra, Kudu, Elefanten ... trockenes Buschland, Sonnenuntergang am Baobab! Kurz vor 18:00 in *Olifants* – schöne Rundhütte mit Blick auf Fluss. Zum Abendessen Büfett: *fishcake*, geselchtes *beef*, Lasagne, Gemüse *Pumpkin* – süßer Kürbis oder Papayabrei – Käse, Eis mit Pfannkuchen; dicker Zulukellner mit Schärpe!

Mi. 11.9. Morgens neblig, verregneter Himmel, gemächlicher Abstart, alle Tiere wieder da – von den Impalas bis zu den schlafenden Löwen! Camp im *Pretoriuskop*, wieder mit originellem Graldach, Holz und Stroh, Rundhütte. Diesmal kein Menü, sondern *cheddar cheese*, Thunfisch und Wein, Nachbarn grillen ihre Riesensteaks.

Do. 12.9. Rundfahrt über *Skukuza* Richtung *Lower Sabie*, zwei Löwinnen und Junges am Fluss im Gebüsch. Extraschleife – afrikanisches, weites Land mit Giraffe und Elefant, ein magnificent Bulle mit Riesenstoßzähnen. Rast an ausgetrocknetem Damm, noch einmal kreuzt Elefant Straße – was machen? Sonnenuntergang hinter Geierbaum, knappe Zeit für Rückfahrt, Autostau wegen drei Löwinnen mit Jungen – direkt am Auto vorbei.

In letzter Abenddämmerung in der Karawane zurück ins schützende Camp. Im Winkelshop »no film!«. Schöne Rundhütte. Suche nach Restaurant à la carte und menü!?

Büfett: Suppe (Ochsenschwanz, Gemüse), Fischfilet, Hähnchencurry sehr gut, Blumenkohl, Bohnen, Salat, Eiersalat, Pudding, Cake und Eis! Gut gesättigt ins Bett!

Fr. 13.9. Morgens wieder halb diesig mit Sonnenschimmer, Kartengrüße – auf gravelpad letzte Safarifahrt – alle Tiere wieder da, außer Giraffen und Elefanten. Zwei Löwenpaschas dösend unterm Tellerbaum, ängstliche Impalas, Zebras, Wildschwein – sie trauen sich nicht zu trinken, sie spüren die lauernde Gefahr!

Wir vespern unser Cheddarsandwich. Durch relativ trockenes Gelände noch einmal 5 Löwen, gut getarnt im Schatten von Büschen und Bäumen, Siesta – 1 Pascha und 4 Löwinnen! Für die Parkbesucher sind die Löwen die Hauptattraktion. Immer wieder werden ihre Standorte weitergegeben und man wartet mit viel Geduld auf irgendwelche Aktivitäten, die niemals stattfinden!

Bei unserer Fahrt zum Schluss kreuzt noch einmal eine Wildschweinfamilie unseren Weg. Am Abend vorher verhilft ein unentschlossener Eber am Straßenrand zum Fotoblattschuss, bevor er in einer Senke untertaucht! Restauration am Gate mit kleinem Aloen-Park. Vertreibung aus dem Paradies in die raue Wirklichkeit der *N4* mit rasenden Zeitgenossen – die Hektik hat uns wieder!

Wenig erfolgreicher Abstecher ins Kaff mit Supermarkt: »no Agfa, no Kodak!« Zweiter Versuch in **Nelspruit,** Einkaufspassage: österreich. Jüngling, nach weiterer Suche stolze Agfachrombesitzer! Übernachtung außerhalb im Motel »Mabelel«: Deutsch sprechende Tochter 12 Jahre in Deutschland, der Architekt in Jeans und mit Mozartzopf, passend zum postmodernem Potpourri der Anlage! Opulenz, Geschmacklosigkeit, Sammeltrieb! Mädchen mit Häubchen, Ober mit Fez, aber die schönsten und üppigsten Bougainvillesträucher – an Bäumen gezogen –, die wir je gesehen hatten! Der Schrei des Pfauen! Abendvesper mit Rundblick auf Parkanlage, Gewitter – nachts.

Sa. 14.9. Engl. Frühstück im multikulturellen Ambiente: Orientteppiche, afrikan. Schnitzereien, europ. Wohnzimmerschrankwand, Aquarium, Christbaum, Häkeldecken, Kupferkannen ... Blütenfotografie, Vorratseinkauf im Kaff. Durch Zuckerrohr-, Orangen- und Bananenplantagen zur Grenze nach **Swaziland.** Feiner Duft von Akazien, Orangenblüte? Visum für 3 Tage, schöne Touristenmap.

Langsame Fahrt, Lehmrundhütten, Rinder und Swazis auf Straße; Bergland mit viel Kiefernaufforstung, ansonsten kahl, unfruchtbar; am Straßenrand Künstler: Holz- und Steinmetzkunst!! Wir erwerben 3 Rhinos und 2 Elefanten! Tumult um coins und Orangen, Geldbeutelschreck und allgemeiner Frohsinn bei Abfahrt!

Am frühen Abend Einfahrt in **Mbabane**, Hauptstadt von Swaziland in den Bergen, weitläufig, unschön, Andeutungen von Amerikanismen, *Kentucky fried chicken.* »Tavern« Hotel fully booked! Unschöne Flats abseits, Säufertreff, Liquorshop und Ladiesbar. Etwas auswärts schönes »Swazi Inn«, rustikal, mediterranes Mobiliar, großzügig, amerik. Bad, Kaffeemaschine für Tee u. Kaffee, schöner Pool mit riesigem weißblühendem Baum, Dinner bei Kerzenlicht: *sliced filet in smashed potatoes, sauce bernaise, shirloin steak* mit *chicken liver*, nachgeliefert!

So. 15.9. Spinne am morgen... üppiges Büfett: *scrambled eggs, bacon, sausages,* orig. englisch plus saure Nierchen, *cereals* mit *milk*, Toast, Butter und Jam, Obstsaft ... Swazilandquerung, wenig Verkehr, bergig, sonnig, Flachland, kein *traditional life!* Swazi-Rundhütten nur mit dem Herzen fotografiert, nach Bergland ins *Lowveld* (Flachland): Zuckerrohrplantagen, Ziegen, Rinder ...

Unproblematischer Grenzübertritt, durchs Buschland nach **Mkuza,** Abzweig ins Naturreservat: freundliche *Zulupeople,* fröhliche Grimassen, Winken und Betteln. Die »huts« im Park (nature reserve) sind wieder einmal fully booked! Wir müssen zurück in den Ort ins teure »Ghost mountain Inn« 225 R = DM 135, bed, breakfast und dinner for two!! Schöne Parkanlage, Swimmingpool.

Sonnenuntergang, nobles Candlelight Dinner: Avocadomousse mit Shrimps, geräucherte Forelle, (Suppe), ital. Lasagne mit Kartoffelbrei, Hähnchencurry »Madras«, vom Trolli Käse und Kuchen, Keks, Früchte, Jelly, Sahnepudding, Flan, Eis ...

Mo.16.9. Klassisches Frühstücksbüfett. Ins »game reserve«, Morgenpirsch, landschaftlich schön durch Tellerschirmbäume, afrikan. Flair! Mit komfortablen Beobachtungshochsitzständen, weniger und scheueres Wild unter Bäumen (Giraffe, Zebra, Impala...). *Ensumapan:* Vater und Sohn mit Fernglas entdecken zwei Krokodile an fernen Ufern (die Macht der elementaren Bedürfnisse)! Am *Visitor Center* Gluthitze, eisgekühlte Softdrinks: lemon, schweppes, tonic water, diet cola und ein Glas Wasser! Butterstulle! Zu erschöpft für einen guided walk!

Nachmittagstrip, vorbei an frischen Buschbränden: Blitzschlag, Zigarette, Ranger? Auf der Suche nach dem Rhino, scheue Nyalas, staubig rauchige afrik. Buschatmosphäre! Nach Sonnenuntergang strapaziöser Trip nach **Hluhluwe**, direkt ins »Protea« Hotel, Duschprobleme. An der Bar zwei *Hansa Pilsner*, an den Wänden Tierportraits vom Leoparden (Jaguar = Chettah), Elefanten, Eber...

Di. 17.9. Sonne auf Bougainville vor dem Fenster, wieder üppiges Büfett, Niere oder Hackfleisch? Zum »nature reserve«, schwarzer Ranger salutiert, zwei Nashörner eben gesichtet in nächster Nähe – wir sehen drei unter einem Baum in der Ferne. Unfreiwilliger Abstecher zur Sandgrube, bergige Fahrt durch Gebüsch, scheue Nyalas, relativ wenig Wild, bis zu den drei Rhinos in Schussweite. Hippopool ohne Hippos!

Strapaziöse Fahrt über »breaker« zum zweiten wildreichen loop! De facto abgebrannt, nur eine Giraffe, treuherzig! Zum »Tophillcamp«: fully booked! Wieder zu erschöpft für guided walk, dafür erfolgreicher Nachmittagstrip: Rhinos im abendlichen Gegenlicht, risikoreiches Anpirschen ans Motiv, Th. fixiert von Rhino und schwarz glänzendem Büffel, immer bereit zum Rückzug. Rhino durch Staub im Galopp kreuzt unseren Weg nicht weit! Zum Abschluss, wie gewohnt, ein Eber und drei Rhinos am Hang in Abenddämmerung – erfolgreiche Safari! *Proteaburger* per room service und *Hansa Pilsner* an der Bar.

Mi. 18.9. Nach Büfett wieder frisch gewaschenes Auto! Volle Sonne, Agavenfelder, Zuckerrohr und Eukalyptuswälder, Ananasstände, Holzschnitzereien, originelles weißes Rhino. Am **St. Lucia See** nur Zugang zum Krokodilcenter: die Tierchen bewegungslos in allen Größen und Varianten mit offenem und geschlossenem Maul in schön dekoriertem, arrangiertem Ambiente.

Die Bootstour in die Lagune zum Hippo- und Krokodilpool wieder einmal fully booked! Also fahren wir weiter durchs **Zululand** (30 km Wellblechpiste), Hügel, Kakteen, Rundhütten, zahllose Kids – Schüler auf dem Heimweg – heiß, staubig.

Knapp an der Karambolage vorbei nach **Shakaland**. Vom Zuluwächter begrüßt, letzte Hütte im Gral für uns: native Tradition mit zivilisatorischem Komfort gepaart, ursprünglich erbaut für den Film »Shaka Zulu«. An der Bar Einführung in die Geschichte der Zulus, danach Besichtigung des Grals, zuerst im Modell, dann im Original. Uriger Zahnhäuptling lädt uns ein in seine Hütte zum Zulu-Bier-Umtrunk! Grusliges, säuerliches Maismehlgesöff!!

Extrafototour im Gral, Medizinfrau als lamentierendes Fotoopfer – nachträglich bekommt sie ihren Bakschisch und bedankt sich überglücklich! Zuludinner: zwei barbusige Mädchen und dicker Zulukoch, Maisgriesschmarrn, Spinat, Pumpkin (Kürbis), Chickencurry und beefgulasch. Am Grill dreht der Zulukoch leise schimpfend die vielen Schnitzel, Würste, Spieße und Chickenstücke um. Salate, Käse, kalte Platten mit Wurst; Salami lassen wir aus. Süßer Abschluss: english mixed sweet pudding, Schokoladencreme, Obstsalat.

Mit Fackeln und Gesang zur Zulu-Experience! Durch Gral zur Häuptlingshütte, Kids im Schlafanzug sitzen erwartungsvoll. Verschiedene Zulutänze, wilde Trommelrhythmen, Kriegertanz, Speerschütteln, Schau und Drohgebärde, Spagat in der Luft als Höhepunkt, einzeln und in der Schlange; zwei Mädchen im Tippelschritt um die wild tanzende Gruppe. »Divina« (Priesterin, Medizinfrau) tanzt mit Hüftschwung und mit Wedel – Touristeneinlage an der Trommel (mit Stab in der Mitte), gibt Dauervibrationston, kehlige Gesänge zum Tanz. An der Bar clownesker Musiker mit Ziehharmonika und monotonen Gesängen, Überraschungsbakschisch! Kalte, windige, stürmische Gewitternacht in der Gralshütte.

Do. 19.9. Morgens schwarzer Panther auf dem Dach, Frühstücksbüfett, Schweizer Edeltruppe von Privatgameranch zu Privatgameranch, jung und arriviert! Das Morgenkulturprogramm nur für die vier Individualtouristen. Die Gruppen sind unter Zeit- und Programmdruck abgereist. Vorführung der Metallgewinnung, Speerherstellung: mit Steinhammer geschmiedet, in Holzstiel eingebrannt plus Gummi, dann mit Leder festgebunden; einfaches Fellschild. Set bestehend aus Schild, Speer und Beil.

Zur »Divina«, Medizinfrau mit weißgekalkter Gehilfin – Herrin über Kräuter und Geister! Zeremonie beginnt mit Weihrauch aus würzigem Krautbüschel, nach Befragung der Geister stellt sie fest, dass alle Anwesenden glücklich sind, die »Lady« jedoch besonders glücklich ist.

Beim Abstart treffen wir ein junges österreichisches Paar und auf die kostümierten Tänzer, denn – »the show must go on!«. Wir voller Schwung und Zuversicht bei trübem Himmel in Richtung Goldsandküste (gedämpfte Erwartungen), leerer Strand bei *Blythedale* und rollende Brandungswogen.

Zweiter Abstecher *Umhlanga Rocks,* mondäner Hotelstrip, Beach Marke »Gran Canaria« der gehobenen Preisklasse. Nach **Durban** an die Beachfront. Wahl zwischen dritter Klasse und First class Hotel!? Wir entscheiden uns fürs First class Hotel »Holiday Inn« direkt neben »Edward«. Kampf um die Raten: eine Luxusnacht ohne Frühstück, zwei ermäßigte Nächte mit Frühstück und eine freie Nacht ohne Frühstück!! Parking, Fahrt in den 19. Stock – Glücksnummer 1913! Blick auf Meeresbrandung mit Surfern und Vergnügungspromenade mit Brunnen, Sessellift, Beleuchtungseffekten am Indischen Ozean!

Zulufrauen mit geflochtenem »Kunsthandwerk« und Sonstigem, Rikschas kurios, wenig Publikum außer abgehärteten Surferkids! Dinner im »Steakhouse pink panther«: saftiges T-bone-Steak und original Madras Lammcurry, Cassata. Landsmann aus Bremen voll des Lobes über das gut funktionierende Südafrika, wir voll des Lobes über das gute Dinner. Wir wanken heim und schlafen über den Wolken tief und lang und ergiebig.

Fr. 20.9. »Tag im Hotel«, Frühstück bei *Wimpy: sunrise breakfast* und *canadian breakfast,* Dinner beim »pink panther«: *15 medium sized prawns* und *Douglas premier grand cru.*

Sa. 21.9. Weekendbüfett im »Holiday Inn«, Schlange stehen, full South African breakfast! Mit pick-up-Taxi zum Indian Market, neu, im Betonkomplex im ersten Geschäft gleich »semiprecios« Edelsteineinkauf: »red tiger eye«! Im nächsten Geschäft die passenden »clips« dazu; im übernächsten Geschäft Lapislazuli und Malachit. Nur mit Mühe erwehrt sich Th. des Erwerbs eines Straußenfußledergeldbeutels! Im übernächsten Geschäft keine Kraft mehr für Jaspis und Supertigerauge! Alle Edelsteinhändler sind persönliche Freunde des Münchner Bürgermeisters Kronawitter! Irgendwo dazwischen gibt es alle Gewürze des Orients, vornehmlich Curry aus Indien.

Zu Fuß zum nächsten Einkaufscenter: »workshop«, erster Laden rechts »blue tiger eye« in »african size« und »clipse«. Erschöpft café crema und biscuit. Nachmittags im Hotel, geplagt von Skrupeln: Wie hätten wir alles besser machen können?! Am Abend wieder Nieselregen, ins Chinarestaurant »Taiwan«: *special tourist menü* mit *chicken soup,* Frühlingsrolle, *beef chop sue, sweet and sour pork,* Eis und Tee, mittelprächtig.

So. 22.9. Wieder Kampf ums Frühstücksbüfett! Ins Aquarium »Seaworld« – Korallenfische, Krustentiere, Krebse... großes Becken, dreistöckig mit Großfischen und Schildkröten-Fütterung. Große Attraktion: Haibecken – das »Monster des Meeres« hautnah, fast zum Anfassen! Robben- und Delphinschau, bescheidene Höhepunkte, Muschelsammlung.

Blick aufs Treiben am Strand: die ewigen Surfer und abgehärtete Schwimmer ohne Angst vor dem Hai, viel fun, Ramsch und Kitsch an der Promenade. Abendliches Abschlussdinner bei »pink panther« (Hotel »4 Seasons«): die hervorragenden T-bone-Steaks sind »lovely«, und das »*Douglas p.g.c.*« ebenfalls.

Mo. 23.9. Rechnung »cash«, free parking als »discount«! Direkt auf die *N3* Richtung *Johannesburg.* Hügelland, Farmland, sonnig und Autobahngebühren. Am Midway – Cheeseburger und Orangenreserve, Abstecher zum **Royal Natal National Park.** Gebirge im Graudunst, aufkommendes Gewitter. Wir verzichten auf »*Mount Source*« und *Little Swizerland* und fahren nach **Harrismith.** Mit sicherem Instinkt zum »Grand National Hotel«. Kolonialhotel mit viel Ambiente, Plüschmöbel, Spiegelkommode und Badeerlebnis: heißes relaxing pleasure! Läuten zum Dinner: first class menü – Süppchen »Minestrone«, Fisch mit Lemonbutter, Lammkeule, ital. Omelett, Broccoli...

arme Ritter, *Zonnebloem p.g.c.*!! Klassisch unruhiges Dinner – und Vorabflugnacht.

Di. 24.9. Regen, breakfast call, candle light, kurzzeitig im pink-dinner-saloon, aufwendiges Packen – finishing, »on the road again«- Fast »non stopp drive« nach **Johannesburg** durch die Goldabraumhalden zum Flughafen und *Imperial rent a car*! Letzte Scheckreserven werden mobilisiert. Gemütlicher Nachmittag im fast food stall: cheeseburger und coffee, coffee, coffee...

Dominikanische Republik

17.02. – 10.03.1992

Mo. 17.02. Nach aufwendigsten Vorbereitungen Start um 2:00 nachts, mit dem Taxi. Überraschender Kälte- und Schneeeinbruch. Warten und Frieren auf dem Bahnsteig des geschlossenen Freiburger Bahnhofs. Pseudoliegeabteil im Zug nach Mannheim. Plötzliches und gerade noch rechtzeitiges Erwachen zum Umstieg in den IC. Im Flughafen Suche nach *Condor*-Schalter, *Hapag, »Puerto Plata«.* Nach zäher Abfertigung gute Plätze, Reihe 4. Tee zum Aufwärmen (14,-). Telefonat Frau Schäffler, zur Aktivierung der Rollladensicherung. Geldwechsel. Vor dem Boarding hartgekochtes Ei und Salamibrot.

Teurer *Safety Check (13,-)*. Wo ist die Bordkarte? Wir steigen als letzte ein, der Flug kann beginnen. Start 9:45. Begrüßungs-*Mumm*-Sekt! Lunch: Geflügelsalat in Currymayonnaise, gekochter Ochsenschoß mit Meerrettichsoße, Dampfkartöffelchen, Waldbeeren mit Schlagfit... Nickerchen und Teile des »Robin Hood« Films. Snack: Putenbrust, Rindersulz, Schwarzwälder Schinken... Käsekuchen, Reservesnacks zum Mitnehmen.

Landung **Dominikanische Republik** 14:00 (19:15 MEZ), nach 9½ Stunden Flug. Touristenkarte 10 US$ pro Person. Flotte Abfertigung. Geldwechsel. Transfer mit Mitsubishi Kleinbus. Zwei schwäbische Damen (Mutter und

Tochter), ein junges Paar aus München, ein Radfahrfan. Reifenwechsel – Kokosnuss in einheimischer Kneipe.

Fahrt zum Teil an der Küste entlang, Windsurfparadies, grüne Hügel mit Palmen und weidenden Rindern, Reisfelder... mit Tempo durch Schlaglöcher. Zum Sonnenuntergang erreichen wir die *Samana* Halbinsel, über Pass nach *Las Terrenas!* Aus Versehen zum Luxusclub »Cacao Beach«. Suche nach »Punta Bonita Resort«. Glückliche Ankunft und leicht chaotische Zimmerverteilung. Weißes Zimmer Nr. 4, mit Balkon und Tropfen von der Decke im Bad. Ein Zimmer zum Verlieben! *Traveller's* Nachtimbiss: Vorräte aus dem Flugzeug, und hartgekochtes Ei von daheim zur Überbrückung.

Di. 18.02. – So. 23.02. Frühstücksbüfett ab 8:00 auf Terrasse mit Blick auf Bucht. Amerikanisch, mit gebratenen Eiern, Wurst, Schinken, Käse, selbst gebackenes Brot, Honig und Obst (Ananas!). Manchmal Nachruhen, ansonsten nach aufwendigen Vorbereitungen (Badesack, Safe-Schlüssel, Brillenhülle, Sonnenhut und »Schmieralle«: Aqua Sport...) erste Anwendung im Meer, mit leichter bis starker Brandung (»Schampus«!). Zwischenzeitlich fleißiger Zimmerservice, täglich neue Laken und Handtücher, Jagd nach Staub bis unters Bett, auf Knie. Apropos Bett! Trampolinbett, geeignet zu simultanen Wendesprüngen während des nächtlichen Schlafs.

Zweite Anwendung – je nach Stimmungslage – auf Trampolinbett oder im Meer. Mittagessen findet nicht statt. Dritte Anwendung: Mittagsschlaf, ergiebig, bis gegen 16:00 oder 17:00. Südafrikanische *Coffeehus Reserve* belebt schwächliche, ermattete Geister. Eventuell Prinzenrollenkekse als lustvolle Dreingabe. Blick auf arbeitende Eingeborene – das Dach des Hotels wird lagunengrün gestrichen, locker, aber mit Ausdauer.

Allgemeines Schlurfen zwischen Waschküche und Roomservice. Panoramablick von der Meeresbucht über Kurzgrasluxusparkanlage mit Palmen, Bananen und allerlei tropischem Gewächs. Vierte Anwendung: an den beiden windgeschützten Alternativstrandabschnitten geruhsames Bad, zur Schonung der Restkräfte und Rettung der Frisur. Nach dem Bad ein Hauch Mücken und die existenzielle Frage: Bude, »Heinz« oder Menü? – Snack, Hotel »Atlantis« oder Halbpension in »Punta Bonita«? Einmal *»Paella«,* nach Vorbestellung, mit Fisch, Scampis und einer kompletten Languste. Reis goldgelb, aber etwas pampig. (Büfett bei »Heinz« verpasst!).

Gehobene Küche bei »Heinz«, der im schwarzen Dress mit polierter Platte und verlängertem Hinterhaupthaar (kleiner Bruder von Alois) dynamisch agiert. Man sitzt auf der Steinterrasse im Freien unter Palmen, deren Konturen sich scherenschnittartig gegen das Rosa des Abendhimmels erheben. Scheinwerferbeleuchtung von Lampen am Palmstamm, oder diskreter mit Kerzenlicht. Feines in Butter gebratenes Thunfischfilet mit Reis und Gemüse. Der zweite Fisch knusprig gebraten *(Colorado),* aber flockenlocker in Geschmack und Konsistenz.

Argumente fürs Hausmenü – auf Kreidetafel: Wahl zwischen Suppe oder Salat, Teigwaren, Fleisch oder Fisch, und köstliche Nachspeise, manchmal flambiert. Überragendes Ereignis – Grillbüfett bei »Heinz«: *Erdbeer-daiquiri* mit wenig Rum, Kalbskeule, Schweinekeule, fein überkrustet, Huhn, Fisch und Rohfleisch zum Grillen in jeglicher Variation. Nudelsalate, gebratene Bananen, Süßkartoffeln, Thunfischsalat, Hähnchensalat... große Grillglut, alles üppig und ohne Grenzen. Schokopuddinggrütze etwas spröde. Spanisch-mexikanischer Musiker mit *»Guantanamera...«* und ähnlichem Repertoire – Jauchz- und Seufzerlieder. Schwäbisch sparsames Mutter-Tochter-Gespann möchte vor Musikantenständchen am liebsten fliehen, um die nicht vorhandenen Pesos zu retten. Später werden die Musikanten durch eine kleine Hi-Fi Anlage ersetzt – pflegeleicht, ohne Anspruch auf Trinkgeld.

Unternehmungen:
Wanderung zum »Cacao Beach Resort« über Flüsschen am Ende unserer Bucht durch Dschungel *(stupendo!).* Entlang des Strandes viele Korallen. Bei »Cacao« Strand

ziemlich verkommen. Gelangweilte Luxusklientel liegt am Pool. Bierchen »*Chez Madame*«. Bei Rückmarsch kleine Katastrophe, K. versinkt bis über das Knie im schwarzen Schlammloch, Korallenschuh muss geopfert werden. Weitere Stranderkundung Richtung Westen, heiße Ecke mit bescheidenem Pool, viel Touristen, viel Gras. Weiter an kilometerlanger Bucht mit umgestürzten Palmen, *Robinson Crusoe.*

Zuerst zum »Plata Strand«, feinsilbriger Sand. Dann zum »Dorada Strand«, goldgelber Sand, vereinzelte Nudistenpärchen und Wanderer ins Nichts. Kleiner Fluss bildet für uns die *deadline.* Kleine Fototour, Erfrischungsschwimm, Balanceakte auf Palmstamm, Th. Kniegelenkverzerrung dank Kokosnuss-diskuswurf. Muschelsuche und schimmernde Palmen im Gegenlicht am Abend. Verbrannte Kinder, ein Guru und ein Videofilmer aus Freiberg (Ex-DDR), Zitat: »Crêpes? – nu, das sind Eierkuchen!...«

Normales Strandprogramm: tagsüber am Volleyballnetz Einstieg – mal Schwimmen, mal Champagnerbrandung. Am Abend »Seniorenschwimm« – Haare! – am ruhigen Ende der Bucht. Nach dem Bade kleine Sandmücken. Immer stimmungsvoller Rückweg (Vorsicht Ast!) am Strand entlang. Ewiges Rauschen der Brandung, tiefes Durchatmen zwecks Bronchien und Emotionen. Kleines Pflichtprogramm: Feuilleton-Artikel aus der *ZEIT* von bedeutenden Autoren zu bedeutenden Themen.

Nach Abreise der schwäbischen Damen (Waiblingen) neue Bekanntschaft mit schwäbischem Ehepaar (Reutlingen). Er: älterer Bruder von Klaus, immer zu einem Witz bereit. Sie: spanisch sprechend, engagiert für die unterdrückten Minderheiten, wie Indios in Südamerika, und für »Gustavo«, den glücklosen Manager unter der Fuchtel von *Heinz* und einem abwesenden Hotelbesitzer.

Warten auf das Auto, das uns aus unserer Paradiesenklave hinaus bringen soll. Mietauto unmöglich! Rotes Taxi zu teuer, Privatauto zu schäbig! Motorrad zu gefährlich! *Publico* zu ungewiss – besoffene Fahrer, hohe Unfallraten! Überraschungsangebot kurz vor der Resignation! Mit 6 Schweizern im Minibus zur großen Buckelwaltour für nur 450 *Pesos* pro Person. Start 9:00 »mit der Kraft der 2 Eier!«. Gut gelaunt über den Pass ins regenverhangene *Samana*. Großer Geldwechsel. Diskussion um die Barke. Mit Kleinbarke wellennah und hautnah zu den Buckelwalen. Ein Sprung, mehrfaches Winken mit der Schwanzflosse – allgemeine Begeisterung!

Mittagsrast auf der Trauminsel – *Caye Levantado* – (Bacardi-Reklame, Scherz der Reiseleitung!) – am touristenreichen Korallenstrand. Gegrilltes Hähnchen und Erwerb der Königs- und Königinmuschel. Auf Dschungelpfad beinahe bis zum »Reklamestrand«.

Auf Rückweg »Marktbesichtigung« in *Samana* vom fahrenden Auto aus und Stopp in *Sanchez,* dem »Klein San Francisco« der Dominikanischen Republik: Hügel, bunte Häuschen – altrosa, taubenblau, kanariengelb... und fröhliche, fotohungrige Menschen. Bei Rückfahrt vorbeifliegende Palmen und Flamboyant-Bäume (orange), ideal für den schnellen Schuss aus dem Fenster. Das Bad nach Sonnenuntergang rundet den Abenteuererlebnistag ab!

Las Terrenas, Abenteuer in drei Akten!
1. Akt: Vorbei an Kakaoplantagen, Supermercado *»Don Quijote«* zum Großeinkauf: *Bermudez Ron,* weiß, *Brugal Superior,* braun, *Barcelos,* braun, klein, brauner Zucker und Dominikanischer Kaffee; dann Milchpulver – mit langer Diskussion über Löslichkeit und Bananenstaude. Höllenritt auf *»Motoconcho«* zurück nach *Punta Bonita.*

2. Akt: Anfang wie gehabt. Beim Apotheker Frage nach *»Otowaxol«,* zur vermeintlichen Reinigung des rechten Ohres von Th. Kein Fertigpräparat, dafür geübte Dame im Nachbargeschäft! Verzicht auf den »Eingriff«. Bei »Acosta« Schmuck aus *Larimar,* Silber und Eberhauer. Kaum Bernstein, dafür viel Blutstein aus Taiwan!

In einheimischer Kneipe bei *Merengue*-Gedröhn aus Riesenbox großes Bier für nur 13 *Pesos*. Diesmal weniger risikoreiche *»Motoconcho-Fahrt«* mit Rucksack, dafür Ohrhänger-Drama!? Glücklicher Fund nach Resignation.

3. Akt: Bananenblüte an pferdeapfelübersätem Abgrund – Kniedebakel! Wegvariante vorbei an Kakaobaron- und Ministervilla. Noch einmal *Larimar*-Ring. Versumpfen in Bar (lachsrot-taubenblau-Variante) mit zwei aufgeputzten Damen in Jeans und pinkrosa, rückenfreiem T-Shirt. *Cerveza* mit oder ohne?! Schwere Steintische, Musik von Karibik bis Julio Iglesias *(»Corazon, mi corazon...«)*. Ausblick auf Straße und Supermercado. Frustrierte Knaben, gelangweilte Teenies und Schuhverkäufer-Mafiosi, fliegende Händler...

Fotoserie vor Rosa und Himmelblau?! Drei Flaschen *Cerveza* – ein Ort zum Verkommen in stimmungsvollem Ambiente. *Ron Brugal »extra viejo«* und *biscotto.* Zurück und vorbei an den Kampfhähnen, die der passionierte Züchter aus vollem Munde mit Pestiziden besprüht. Mit flottem Schritt bei einsetzendem Regen in *Punta Bonita*

Zum Thema **Essen**: Beim Frühstück Variation zwischen einem oder zwei Eiern – »die Kraft der zwei Eier!«. Mittags: Banane und/oder Schlecker aus Milchpulver. Manchmal *Pina Colada* – von sahnig bis seifig – oder Bierchen an der Mini-Bar (Rumflaschenkatastrophe). Am Abend: Variation zwischen Menü und *Heinz* mit Dinnercheck: Fisch oder Fleisch, fischmäßig oder fleischmäßig?

Highlights: Thunfisch und andere, Filet mit Senfsauce, diverse Puddings, *Erdbeer-Daiquiri,* selbstkomponierte *Planters* und *Rumpunches* an der *Punta Bonita* Bar (mit Limonen und Rum nachgebessert). In der Bar permanente Humphrey Bogart Atmosphäre, kitschig naive Papageibemalung, dröhnende Musik, verlotterte Schaukelstühle, lungernde Kellner – transvestitisch: Heinz im Kreise seiner braunen Knaben: *big fat panther and the small cats!*

Samstagabend in der Bar *Heinzes Story:* Aufstieg, Fall und Aufstieg eines Gastronomen. *Barcelona:* Restaurant, »Teneriffa«: Champagner-Lokal. Hotel »Atlantis« und Luxusbungalow Projekt in den Bergen für 5 bis 6 Millionen $. Mit 50 Jahren wird mit dem Arbeiten aufgehört und Nichtstun mit Blick auf den *Teide* auf *Teneriffa* zelebriert –

falls Vater verschieden. Lag schon einmal acht Jahre am Strand und kassierte von seinen Automaten. Insiderinformationen über Grundbesitz bei *Punta Bonita:* Quadratmeter-Preis von 15 bis 60 US $. Kokosbaron macht 250.000 US$ im Jahr, pokert seine Kokospalmensümpfe hoch im Preis, 3 Millionen und kein Peso weniger! Konzerne können warten, bis Infrastruktur stimmt – Flughafen *Samana.* Neues Gesetz: pro Bett 1000 qm Gelände. Strände sind *publico,* die ersten 60 m gehören der Marine. Einheimische zahlen keine Steuern, Ausländer ja, plus Schmiergelder. Heinz entlohnt seine Mannschaft einzeln, sitzend im Schaukelstuhl, jeweils 100 Pesos.

Costa Rica

14.02. – 01.04.1994

Du, mein Kolibri – Du, mein Tucan!
Du, mein Mangobäumchen – Du, meine Bananenstaude!

Mo. 14.2. 5:45 Taxi, ICE, umsteigen, Frankfurt nach *Washington,* umsteigen, *Mexico City, San José* 00.20, Taxi »Fortuna« Hotel
　Di. 15.2. **San José**, pulsierendes, spanisches Tempo, gewisses Chaos, kaum Ästhetik, weder geplant noch gestaltet – und wenn es dies war, dann wurde es wie von einem Dschungel überwuchert. Optische Highlights: alte Mercedes-Busse, grell bemalt, mit blitzendem Chrom, gelb und blau. »Ticas« mit kurzen Röckchen und hochhackigen Schuhen, grell bemalt und mit blitzendem Blick! *Pollo,* alt, bei »Pipasa«, gelb-rote, offene Kneipe, davor Lärm vom Pressluftbohrer. Bei »Manolo« herrlicher Kaffee und frische Croissants! Am Abend »Filet corazon« mit Folkloretänzen aus der Kolonialzeit, artige Knickse und kokettes Röckeschwenken.
　Mi. 16.2. Jademuseum im 11. Stock: Amulette wie aztekisch, bizarre Keramiken mit Fruchtbarkeitssymbolen.

Goldmuseum: froschähnliche Gebilde aus Goldbronze, im Besitz der Nationalbank. Schamanen-Amulette.

Zentralmarkt mit Blumen und Fleischerromantik (Metzger rückt den lächelnden Schweinekopf zurecht). Früchte: lila modrig oder saftig karottig (Mango). Bei *Hertz*: Autoreservation. Mexik. Essen teuer und schlecht! Hotel »Fortuna«: einfach und ruhig mit Preisgemauschel, alte Tarife, neue Tarife und Steuern! Biscotto als Proviant.

Do. 17.2. ***Tortuguero-Tour****: 3 days / 2 nights 215 US$ pro Person. Start 7:30: Plaza de la Cultura. Rentnerpaar aus Miami, 2 Kanadier, 4 Elite-Studenten aus Boston (P 53, das Gen des Jahres 1993!) *Distributed Communication* ist vernetzte Computer mit verschiedenen Aufgaben. *Artificial Intelligence is out!* Fahrt durch **Braulio Carillo Park,** urwaldbewachsene, steile Hänge. Straßenbau zuerst mit Italienern (zu selbstbewusst), dann mit Chinesen (zu schwach), dann mit Jamaikanern (ideale Sklaven). Provinz *Limon,* Bleibe gefunden.

Bananenplantagen: »Chiquita« und »Del Monte« und »Bonanza«. Verarbeitungsstation mit Waschanlage und Verpackung. Säcke mit weißem Pulver werden auf speziellem Transportsystem an Drahtseil von Männern gezogen. Bananenpflanze: drei Generationen Großmutter, Tochter, Enkelin. 45-50 Jahre Lebensdauer, ab 7 Jahren trägt die Pflanze, Staude 25-30 kg. Gefahren: früher Dengue Fieber und schwarze Mamba. Heute soziale Verbesserungen.

Mit Schnellboot zum Hotel »Ilan-Ilan« (weiße Blume). Zuerst Plantagen, Rinder und Reiher, dann Urwald mit Krokodilen und Schildkröten. Affen und Leguane in schwindelnder Höhe. »Jungle-Lodge« im Park mit Hibiskus. Glocke zum Dinner: ital. Spaghetti... bescheiden. Nachts tropischer Regenguss.

Fr. 18.2. Morgentrail in Gummiboots auf schlammigem Pfad. Baumgiganten, rotes Pfeilgiftfröschchen! Viel Ambiente, wenig Motive! Baumpflanzzeremonie mit typisch deutschem Lied »Oh, Tannenbaum, oh ...«. Harter hike auf Tortuguero-hill. Steile, schlammige Stufen und Wurzelwerk, »green spiders«, »Jesus!!«-ächzende Florida-Amerikanerin. Blick auf Karibik und endlosen Urwald. Nachmittags *Tortuguero-Village* mit Souvenirshop und Musik aus lila Bretterbude und Hotel der einfachen Art. Bier in »Tucan Soda«.

Sa. 19.2. Rückfahrt mit größerem Boot, vorbei an Schildkröten, Krokodil... Mit Riesenbus zurück nach *San José*. Letzte Chance für Goldmuseum genützt. Gutes Steak bei »Manolo's«. Folklore-Tänze von 4 Paaren.

So. 20.2. Sonnig, Start mit *Nissan Sentra* Silberpfeil zur Costa Rica Rundfahrt! Über *Cartago* ins *Orosi-Tal.* Erste Kaffeeplantagen steil am Hang wie Teeplantagen, zur »Kiri Lodge«, 1 km vor **Tapanti Nationalpark**. Rustikale Einrichtung, Orchideengarten und Forellenbecken. Kleine Tour im Park, Nebelromantik und Regenguss. Privatpfad (sendero) zu schlammig und ungewiss (Schlangen?). Auf Schotterweg zum Nebelwald, erste Orchidee. Dinner: *Truchas* (Forellen) mit Ananassauce (*Salsa de Pinâs*) und *mantequilla*, rosa, zart und sättigend. Verdauungsvodka. Glühwürmchen. Montezumas Rache!

Mo. 21.2. *Tapanti National Park*: 3 Trails im Park, zweimal zum Fluss hinab, gemäßigt, und einmal hart den Berg hinauf, zum Glück mit geliehenen Gummi-»botas«! Moosbaumromantik und verblühte Orchideen. Schweiß und Montezumas Rache.

Di. 22.2. Kolibris, Kaffeeblüten, Kaffeekirsche, Besuch bei der Madonna in *Cartago* – »La Negrita«, die »kleine Schwarze«. Bizarre Frömmigkeit: auf Knien zum Altar, silberne Organe und Träume in Schaukästen. Hinauf zum **Vulkan Irazú**. Kohlplantagen und Matten wie auf der Alm. Pink Hotel »Irazú« wie auf brit. Hillstation. Steak nach Art des Hauses, Brandy und kalte Nacht!

Mi. 23.2. Blick auf Tal mit Wolkenstimmung, pünktlich um 8:00 am Gatter. Schwarze Asche, grünes Auge, Kratersee. Heißer Trail, dünne Luft und starke Sonne, Brand. Atlantik und Pazifik im Dunst. Unsere fette Tortilla als milde Gabe für Campesino. Kaffee, Kohl und Kartoffeln, Zwiebeln und Sellerie neben kurviger Bergstraße. Erfolgloser Abstecher von *Turrialba* nach *Guayabo*, katastrophale Straße, keine Bleibe und Reifenpanne. Hilfsbereiter Wandersmann, Quartier im besten Haus am Platz, Hotel »Wagelia«. Zwei gigantische Pizzas bei »Julian« (eiserne Ration für die nächsten Tage).

Do. 24.2. *Turrialba*: Anatomie einer postkolonialen Kleinstadt im Brennpunkt zwischen Kaffee und Bananen. Ausgedehntes Frühstück auf der Terrasse des »Wagelia« mit Ananas und Papayasaft (sin leche). Start 13:00. Unterwegs zum Pazifik riesiger Bambus und aufgeregte Webervögel beim Nestbau. Stopp bei »Ellis Restaurant«. *Puerto Limon*, verkommen karibisch, Perle am Atlantik. »Grand Hotel Paris«, Musik, TV-Lärm bis tief in die Nacht.

Fr. 25.2. Fotowalk durch die Stadt, pastellfarbene Bretterhäuser, entlang der Küste Bananen, Zuckerrohr, Kaffee und Schlaglöcher. *Cahuita*: Hotel »Jaguar«, 55 $, am »black beach«. 5 Sorten Frühstück, Eiervariationen, café con leche »medio i medio« ... Großzügig geräumiges Reihenbungalow mit Tropenholzdecke, hinter Hotel kleiner Sendero mit schönen *heliconias*. Th. erstes Bad im Meer. Strandkneipe »for dinner«, übermüdeter Schwarzer mit zwei Frauen in offener Küche, bunte Birnenspots, *red snapper fish* oder Schuhsohle oder *shrimps* oder *jumbos*.

Sa./So./Mo. 26./27/28.2. Herber Sonnenbrillenverlust im Park hinter Strand! Reiche Fauna, Faultier mit Baby, Eidechsen, Kapuzineräffchen und Schlange am Baumstumpf, Fotoabenteuer. Volksvergnügen am Strand, Bad im Atlantik/Karibik! Der leicht verkommene Charme eines Karibik-Kaffs mit Bars, dröhnender Disco, alternativen Travellern, freundlichen alten Amis und zarten, saftigen Hummern, Reggae statt Folklore. Auch hier keine Kochkunst-Highlights, ein Hauch von kreolischer Küche, Kokosmilch und Koriander.

Ausflüge nach *Bribri*, Indianerzentrum, tausche Speer gegen Feuerwasser! Ansonsten Jugend amerikanisch gestylt! Abstecher nach *Puerto Viejo*, Geheimtipp für die Zukunft »beach and nature«, im Moment noch verkommener, alternativer als *Cahuita*. Ungewollter Bekanntentreff,

Dieter und Mechthild, vom kriminellen Zugriff noch leicht schockiert.

Di. 1.3. Über *Puerto Limon* (Sonnenbrille im Designer-look) auf Highway, schlimme Panne kurz vor Elly's. Hilfsbereiter Deutsch sprechender Jungmanager, provisorische Reifenflickerei. Beschluss: Autowechsel. »Petit Hotel«, italienisch, »Dinner« gegenüber ebenfalls zwischen populär und kultiviert. Kellner mit Profi-Charme verhilft uns zu Antipasti und chilenischem Wein und »Cassata«. Auto unter Bewachung!

Mi. 2.3. Italienisch chaotisches Frühstück. Irrfahrt nach *Heredia*, vorbei am Vulkan *Barva*, Kaffeeplantagen. Kurzentschlossen Abstecher zum *Poas*. Blick auf das dampfende Auge des Poas: phosphorgrün. Walk durch den Bonsai-Regenwald mit blühenden Bromelien zum großen kalten Auge des Poas (Lagune). Es wölkt sich ein und wir versorgen uns mit frischen Erdbeeren. Auf Quartiersuche, zuerst bei Luxuslodge »Selva verde« (»we are full!«), dann bei »cabinas« der bescheidensten Art und schließlich finden wir unser kleines Paradies bei Alexander in seiner »Posada Andrea Kristina«. Er ist Ananasplantagenbesitzer mit junger Frau und Sohn Kevin in zweiter Ehe (it is too much), üppiges und originelles Frühstück! Riesige Früchteschale mit Ananas, Papaya, Melone, weißer Ananas, immer frisch gepresste Säfte, Sternfrucht ... herrliche Ranger-Eier, gebrutzelt in eiserner Pfanne!

Do. 3.3. Privaturwald »El Bejuco«. Beherzt durch verwirrende Pfade, mit Hilfe von Höhenmesser und Kompass. Reiches »wildlife«, ein rotes Fröschchen und Brüllaffen im Hintergrund. Info bei *La Selva.* Abendessen, wie immer, im Restaurant »Monte Verde«, gleichzeitig Hotel »Bamboo«, bei *Imperial* Bier und *Beefsteak à la salsa* oder *encebollado* und einmal Fisch, *pescado entero.* Blick durch Gitter auf den leicht verkommenen Charme einer Kleinstadt am *Sarapiqui* Fluss in den Tropen. Auto immer im Blickfeld.

Fr./Sa./So. 4./5./6.3. **Rara Avis,** Reservation für *Rara Avis* in letzter Minute. Traktoranhänger mit Lebensmittelvorräten bepackt über schlammige, steile Piste dem Berg-nebelwald entgegen, teilweise zu Fuß, geschützt durch »Botas«, durch die schlimmsten Passagen – halsbrecherisch bis absurd! Das letzte Stück von »El Plastico« bis zur »Waterfall Lodge« zusammen mit Leni zu Fuß durch verwunschenen Bergurwald. Wir in Extra-Lodge mit Ur-waldpanorama, vom Bett aus sehen wir Kolibris und andere Vögel. Balkon mit Hängematte und Schaukelstuhl. Über glitschigen Knüppelpfad mit Taschenlampe zum Dinner. Sehr gute Küche! John, unser guide, ist der Sohn von Leni. Wir machen unseren unguided Fototrip.

Highlights: verwunschene Moosromantik, Passions-fruchtblüte, Abenteuer Wasserfall. Th. riskiert für klassisches Bild Kopf und Kamera! Glitschige Felsbrocken im Flussbett, stäubendes Wasser. Mit Truppe zum *viewpoint*, junger Biologe erklärt die Koevolution von Kolibri und He-liconia: Farbe rot, Schnabellänge und Blütenkelch.

Sekundärwald braucht etwa 200 Jahre, bis alle Arten vertreten sind, und 300 – 500 Jahre bis zum Urzustand. Im Primärurwald herrschen relativ stabile Luftfeuchtigkeit und Temperatur. 10 cm dicke Humusschicht, daher Flach-wurzler. 3 cm große giftige Ameisen, schwarz und gefähr-lich. Nur 5-10 % des Lichts gelangt zum Boden, darum sind die Blütenpflanzen in höheren Stockwerken.

Rara Avis Forschungsdrahtseilkorb nach *Braulio Carrillo* verlegt und kommerzialisiert. Baumgiganten 35-45 m, schwer bestimmbar, da keine Jahresringe. In der Lodge große Gruppe älterer Amis: »birders«, »birdwatchers«. Abends auf Terrasse, Blick auf Wolkenschwaden und tropischen Regenguss. Nochmals Wanderung zurück von der »Waterfall Lodge« zu »El Plastico« bei strahlendem Sonnenschein. Doch bald tropischer Schauer, dank mie-sem Regencape bald durchnässt. In »El Plastico« Warten auf Traktor. Spinnen horrormäßig. Die Rückfahrt auf dem Traktor ist zweiter Teil des Horrortrips zwischen Abenteu-er und Wahnsinn. 2 Traktoren, 13 Touristen und Gepäck und 4 Desperados. Glückliche Ankunft, zurück ins kleine Paradies »Andrea Kristina«.

Mo. 7.3. Bank und Info, was man alles könnte, mit dem Boot den *Sarapiqui* Fluss hinunter nach *Oro Verde* und von dort weiter nach *Tortuguero.* »Selva Verde« Resort ist ein Touristen-Urwald. Zecken!

Di. 8.3. Original und dennoch gut erschlossen: **La Selva**, für Biologen und unerschrockene Tagesbesucher mit map! Auf Beton und Holztrails durch den Regenwald. Highlights: Pfeilgiftfrosch, Affen und Morpho-Schmetterling – sensationelle Aufnahmen?! Riesenblütige, pinkfarbene Großbromelie und callasähnliche Pflanzen – nach sechsstündiger Wanderung ermattet. Zum Abschluss unserer Tage in Posada »A. K.« bei Alexander: gemeinsamer Tropendrink aus Chayote und Cacique-Rum!

Mi. 9.3. Nach Abstart kurze Besichtigung der Ananasplantage, eine Ananas als Geschenk. Durch Gluthitze und auf miserabler Straße Richtung **Arenal**. In der Ferne klassisches Vulkanmotiv: Kegel mit Wölkchen! In **Fortuna** autwendige Quartiersuche, schließlich 1 km hinter dem Ort Cabinas »Rossi«. Stimmungsvolle Lage, moderater Preis, aber zu früh gefreut. Abendliche Fotosafari zum Vulkan. Erst von den *Tabacon*-Quellen aus Blick auf den eigentlich aktiven Krater und Asche-Lava-Hänge. Etwa halbstündige Ascheeruption mit Aschewolken und Donnergrollen. Schreckliche Nacht dank sexbesessenem amerikanischem Pensionärstrio!

Do. 10.3. Erholungstag (Erkältung). Nachmittags zweite Vulkantour und Dinner vor monumentaler Kulisse! »Lomo«, Lava und Sterne!

Fr. 11.3. Entlang des *Lago Arenal* über fürchterliches Teilstück der Straße, statt Tropenflair ausgedörrte Wiesen, Weiden (McDonald's), heiße Pazifikregion, heißer Wind, in *Canas* kühles Bierchen und Soda. Vollklimatisiert über die Panamericana bis *Liberia* und dann links ab zur **Guanacaste-Küste** an unseren Traumstrand **Playa Hermosa**. Oase inmitten der ausgedörrten Bucht mit Kapuzineräffchen, Coatis (Aguti) und Papageien, Leguan und Kröten. Italienischer Chef und Küche, Topgericht »*Cotoletta alla bolognese*«. Gute, aber teure »Pina colada«. Siesta im Tropensound der Zikaden, der Brandung und des Fanpropellers. Wir bleiben drei volle Tage bis Montag. Safe, relaxing, Walz am Strand, Baden im Meer...

Di. 15.3. Überraschung am Abreisetag: Brüllaffen! Zuerst bewegt, dann Siesta totale am Ast. Blütenbäume am Straßenrand, gelbe und rosarote Mimosaceen. Rinderromantik in glühender Hitze am Heuballen, wie in Etoshapfanne. Mit Fähre über *Tempisque*-Fluß nach **Puntarenas**, auf einer schmalen Landzunge gelegen. Hotel »Las Brisas« erscheint uns zu teuer. Strafe! Horrornacht in »Los Hamacas«: Discolärm, Hitze, Kakerlakenschmuddel, Moskitos, TV-Lärm durchgehend. Vorbei die Abende von »Playa Hermosa« mit Gesang, Gitarrenklängen und latino-amerikanischen Schnulzen!

Mi. 16.3. Morgen mit Biskuit und Milch an der Hafenmole. Mühsam mit dem Auto zum **Carara National Park**, eine Kleinausgabe von Urwaldpfad: no animals, dafür muchas touristas! Vorbei an *Jaco Beach* nach *Parrita*. Durch endlose Ölpalmplantagen auf Schotterpiste mit Schlaglöchern und halsbrecherischen Brücken nach **Quepos**. Hotelsuche endet in »El Lirio«. Geschmackvolles 60 US$ Hotel mit schönem Park, Swimmingpool und Gartenlaubenempore fürs Frühstück. Ohrenbetäubender Zikadengesang zu bestimmter Morgen- und Abendstunde. Sanatoriumsgefühl, erholsam, ohne Programmdruck in großzügiger, angenehmer Atmosphäre.

Do. 17.3. und Fr. 18.3. **NP Manuel Antonio** mit Highlights: Leguane, Schlange, Monotiti (Totenkopfäffchen), Kapuzineräffchen, Aguti, Riesenratte/-hase, Wildschwein? Wasser in der Traumstrandbucht sehr warm. Vorsicht vor Manzanillo-Baum: giftige Äpfelchen und Rinde. Dinner im »Uruguayan Steakhouse« mit Meeresblick! *Brocheta de Lomito, Filet Mignon.* Dann italienisch: »No sole Pizza«, im Designerstil, zwischen rustikal und ironisch, Schallplatte als Speisekarte.

Sa. 19.3. Nach gemütlichem Abstart Horrorstrecke rückwärts mit infamen Schlaglöchern bis nach **San José**, »Petit Hotel«, Auto zurück, Kentucky fried chicken.

So. 20.3. Autodrama bei *Hertz*. Mehrere Betrugsversuche, Eklat! 4x4 wheel Suzuki »Vitara« bei »Tricolor« Car Rental. Ein Hauch von Feria, die »stage« für afro-karibische Musiker wird aufgebaut, die Stände vom Sonntagsmarkt werden abgebaut. Im Café »Parisien« unter den Arkaden genießen wir das Flair einer zentralamerikanischen Hauptstadt bei *Cheeseburger* mit *Ketchup* und *Pommes*.

Mo. 21.3. Nach Anfahrt auf der Panamericana nehmen wir erste Abzweigung nach **Monte Verde**. Erste Bewährungsprobe für unseren Suzuki »Vitara«, schwarz, four wheel drive!. Vorberge kahl und trocken. Vor *St. Elena* fängt uns ein alter Quäker ab und empfiehlt uns sein neues Hotel »Villa Verde« (40 US $ mit Frühstück). In der Tat akzeptables Berghotel in der Nähe der biolog. Preserve. Abends Schnupperspaziergang mit Lockruf eines unbekannten Vogels. Abendessen, zum Dinner: *Casado tipico*: Bohnen, Reis und Gemüse mit Chicken oder Beef, gebratene Bananen und Reis und mit glutvollem chilenischem Rotwein *Reserva Torres*! Musik und Fernsehgeflimmer.

Di. 22.3. Kurz nach 7:00 am Parkeingang, Schlangestehen, Bangen um Einlass! Zwei Senderos nur für guided tours. Mystischer Bergurwald mit Baumgiganten und typischen Quetzalbaumruinen. Dennoch bekommen wir keine Vögel zu Gesicht trotz großer triangle-tour und freundlichem Hinweis der Ranger! Nest in der Nähe des Wasserfalls. Einziges Highlight: »hot lips«, schmollmundige Blüte des Urwalds. Bei den Anfütterungsstellen viele muntere Kolibris und ein keckes Tierchen, das auch das Zuckerwasser liebt.

Mi. 23.3. Mit Sondererlaubnis auf den begehrten »sendero«, tatsächlich erstes Quetzalerlebnis, »female«, hoch oben im Baum. Kurz darauf bei zweiter Gruppe mindestens 5 Prachtexemplare von »males«! Günstig für den Fotografen, wir sind happy! *Monte Verde* hat sich gelohnt, ganz locker können wir im Park wandern. Zum krönenden Abschluss noch einmal Quetzal und Tukanette. Das war der Tag des Quetzals und auch der Kolibris! Im Sunset fotografische Auftragsarbeit für »Villa Verde«: 15 US $.

Do. 24.3. Nach Frühstück mit *pancakes* und *honey* über *Santa Elena* (Geldwechsel und Wasser) zweite Wegmöglichkeit hinunter zur Panamericana, noch fürchterlicher! Unten herrscht *Guanacaste*-Hitze. Viehweiden, Löwengras. Touristische Großrummelhazienda »La Pazifica« zum Glück »full!«. Weiterfahrt nach **Bagaces**. Nach erfolgloser Rundfahrt durchs Kaff Quartier im neuen »Alberge« von *Bagaces* unter deutscher Leitung. Besitzer erzählt von seinem Farmerdasein in Costa Rica. Versalzener Fisch, aber erfrischender »Bagacenio«-Drink (*Bagaces sour*). Zur Nacht Flugameisenplage, mit Baygonpumpe bekämpft. Nachts: Mungos und Leguane auf dem Dach und der Sound der Brummis auf der Panamericana.

Fr. 25.3. **Palo Verde** wirkt ausgedörrt und verlassen. Deutsches Paar hat gehört, Fluss sei ausgedörrt, Vögel alle weg! Dennoch ein paar außergewöhnliche Vögel: die Costa Rica turkey's, blauer Häher, rotköpfiger Specht und Baumstorchkolonie (woodstork) auf der Insel im *Tempisque*-Fluß. Preisgünstiger Anschluss an Truppe, Flussfahrt mit den Birdwatcher's. Imposante Krokodile, Tigervogel und andere. Großleguane erfreuen sich unserer Mango und getrockneten Bananen. Brand im Park, nicht verwunderlich bei der Dürre. Vor dem Park Reisfelder, Viehweiden und die Finca unseres deutschen Hotelbesitzers.

Sa. 26.3. Auf Panamericana nordwärts. Zuerst zum Tukan (goldig) des Hotel's »El Sitio«, dann weiter zur Hazienda »Los Innocentes« (Geheimtipp der Birdwatcher), die 100 US$ Lodge ist »full!«. Statt des Tukans drei Hotelpapageien auf dem Baum. Wieder südwärts zurück.

Nach zwei vergeblichen Versuchen, an den *Rincon* heranzukommen, endgültiger Rückzug aus *Guanacaste* Richtung *St. José*. Im kurvenreichen Bergland viele mächtige Mangobäume. In **Atenas** Quartier bei »Anna's Place«, empfohlen von den Deutschen aus *Bagaces* wegen der Tukane. Erste Nacht im komfortablen Zimmer der Villa mit Rüschchenvorhang und Aladins Wunderlampe.

So. 27.3. Umzug in Cabina der bescheidensten Ansprüche. Im Garten zwei freilebende Prachtexemplare von Riesenpapageien »ara macao« und Kleinzoo mit Kapuzineraffe, grünen Papageien und Tukanen. Tagesausflug nach **Carara**. Noch einmal zurück an die Küste. *Carara*-Besuch in zwei Etappen, wegen Mittagspause des Rangers! Zuerst Nasenbären, orangefarbene Vögelchen mit Knalleffekt, Affen, Leguanas. Ausgiebige Pipa-Pause: 4 Pipas (Kröten), kandierte Spezialäpfelchen (wie Dörrpflaumen). Kein Tukan am Infocenter!

Dann in flottem Tempo zum *km 2,8*, wo laut Geheimtipp ein Schwarm Papageien zu finden sei. Tatsächlich ein Schwarm »aras macaos« (Lapa roja) hoch oben im Baum, schreiend und schnäbelnd. Gluthitze! Auf Rückweg Heliconias. Wieder kein Tukan bei Info-Center. Das war der Tag der Papageien! Auf der Plaza in *Atenas* Schwärme von kreischenden Mini-Papageien. *Churrasco* (Rumpsteak) und *encebollado*.

Mo. 28.3. Kein Tukan im Garten, aber ein Papagei in den Bäumen. Älteres deutsches Paar (Ex-Partner von Hans, dem Farmer in *Bagaces*) berichten von ihrem Bauprojekt »Villas molina del Sol«. Ein qm für 1,50 – 1,70 $. »El mas mejor clima del mundo!« Rentnerparadies! Irrfahrt durch *St. José* auf der Suche nach der Pan/Interamericana! Die berühmte Strecke ins **Talamanca** *Gebirge* zum »*Cerro del Muerte*«.

Lodges und Privatparks locken mit Quetzals! Bergnebelwald bis Bonsai-Wald. Wolken und leichter Nebel. Café con leche und Wurst im Bergcafé (mit Folgen?). In der rush hour durch das *mercado*-Viertel von St. José (1 kg Crevetten für etwa 8.- DM) zum »Petit Hotel«. Luxussuite Nr. 12! Autorückgabe mit Tücken: Benzin und orig. Mastercard-Quittungen.

Di./Mi.-29./30.3. Ausklang in **St. José.** Shopping im *mercado*-Viertel. Mercado fast wie türkischer Bazar. Schuhe, BH und Kaffee. »Museo national«: präkolumbianische Geschichte. Erste Phase: »Discover«. Zweite Phase: »Exchange« (Gold gegen Ramsch). Dritte Phase: »Revolution«. »Nationaltheater« (Kopie der Opéra National de Paris). Plaza Cultura, zentralamerikanisches Ambiente im Café »Parisienne/Grand Hotel de Costa Rica« mit Marimba-Musik. Biergarten: 1/2 Hähnchen/Person vom Holzglutgrill. Einzige Alternative tags drauf Pizza Hut! Pizza nach eigener façon mit Salami und Oliven. Ansonsten Zeit, St. José zu verlassen. »We have seen it!«

5 Uhr früh zum Flughafen, 7:00 Abflug nach Mexiko City, 10:00 Landung, 11:00 Weiterflug nach Washington, 15:00 Landung, 17:00 Abflug, Landung Frankfurt 8:00 früh (entspricht 7 Stunden Flug). 9:00 Zug, Mainz umsteigen, 12:00 Freiburg.

Karibik

02.02. – 17.03.1995

Martinique – St. Vincent – Grenadinen – Dominica – Barbados

Die einen kommen mit dem Jumbo-Jet, die anderen mit dem »Traumschiff«. Wie jeden halbwegs romantischen Touristen aus deutschen Landen haben auch uns die Träume von den Inselparadiesen hierher in die Karibik gelockt. Ausgangspunkt **Martinique**. **»Fort de France«** heißt die Hauptstadt Martiniques. Sie wurde von Napoleon persönlich so benannt.

Wo sind wir hier eigentlich? In Frankreich, auf den Antillen oder auf dem Westindischen Archipel? Die Namensgebung ist ein Witz der Geschichte, ein Irrtum der Entdecker, den man niemals korrigierte. Die Antillen waren nicht das sagenhafte »Antilia«, und Westindien war nicht das von Kolumbus auf dem Weg nach Westen vermeintlich gefundene Indien... An Frankreich erinnern café au lait, croissant und die Preise. Doch so richtig vertraut fühlt man sich als Tourist erst, wenn man sich im Schaufenster von McDonald's wiederfindet.

Die Kathedrale spiegelt sich leicht gebrochen in der Glasfront der Bank, der Kathedrale der Neuzeit. Als Juwel spätkolonialer Kultur gilt die Schoelcher-Bibliothek. Das Jugendstilgebäude war der Karibikpavillon auf der Pariser Weltausstellung 1889. Schoelcher, der Mann, der sich für die Sklavenbefreiung einsetzte, ließ es hierher nach Martinique verschiffen und wieder aufbauen.

Die Kultur ist grau und dezent, das Leben ist bunt – in der Karibik manchmal etwas bunter als anderswo und fast immer mit einem Hauch von morbidem Charme.

Der kleine Markt findet auf den Gehsteigen statt: ein paar Früchte, Gemüse und Blumen... Über dem großen Markt liegt ein leichter Modergeruch. Das sind die Tropen. Wir finden Bekanntes und Unbekanntes – Knollengewächse wie Yam, Maniok und Süßkartoffel, Avocados und Auberginen, Pampelmusen, Bananen und Ananas – Kokosnüsse, Melonen und Kürbisse.

Die Sprache der kreolischen Marktfrauen, das Patois, klingt recht merkwürdig. Es ist eine Art »Kindersprache« ohne Grammatik, ein Kauderwelsch, gemixt aus Französisch, ein paar Brocken Englisch und Afrikanisch.

Eine Trink-Kokosnuss tut in diesen Breiten immer gut. Zuerst trinkt man das Wasser, dann wird das zarte Fruchtfleisch mit einem Stück Schale ausgeschabt. Übrigens Kaiserin Josephine, die Frau Napoleons, war eine hübsche Kreolin aus Martinique.

Bei den Fischständen entdecken wir kuriose, stachlige »Igelfische« und eine Sammlung bunter Korallenfische. Ist der schlangenähnliche Fisch womöglich eine Muräne? Appetitlicher sieht der beliebte »Red Snapper« aus.

Strandleben im Süden oder unberührte Natur im Norden – das ist die Frage. Wir haben uns erst einmal für den gebirgigen Norden Martiniques entschieden. Die von Jesuiten im 18. Jhdt. angelegte »Route de la trace« führt durch ursprünglichen tropischen Regenwald mit herrlichen Baumfarnen. Wenn einem eine Gruppe Touristen verschwitzt und glücklich entgegenkommt, dann muss es da etwas besonderes geben. Hier ist es die *»Gorge de la Falaise«*, eine Schlucht, die der kleine Fluss Falaise in das schwarze Lavagestein gegraben hat.

Ob mit oder ohne Badehose – was soll's, Madame sieht da keine Probleme – also, Hosen runter und hinein ins Vergnügen, durch das hüfthohe Wasser in die enge Schlucht. Es geht über glitschige Felsen, der Ausblick nach oben wird immer enger, bis nur noch ein bemooster Felsspalt bleibt. Am Ende erwartet mich der Wasserfall – magischer Anziehungspunkt für den Touristen und das obligatorische Bad im Pool.

Wer würde glauben, dass dies ein Riesengras ist? Solange sie noch frisch sind, glänzen die Bambusrohre metallisch. Ebenso die nassen Blätter der wilden Bananen. Nach dem Regen ist der Urwald am schönsten. Das Grün wirkt wieder frisch; es tropft und dampft. Helikonienblüten sind die leuchtenden Farbtupfer in dieser Orgie aus Dickicht und Grün.

Es ist ein Urwald ohne Tiere, wie auf den meisten karibischen Inseln. Die giftige Lanzenotter ist fast ausgerottet. Sie war hier nicht heimisch. Man hatte sie in der Zeit der Sklavenhaltung eingeführt und außerhalb der Plantagen ausgesetzt, um die Sklaven von der Flucht abzuhalten.

Im Schatten mächtiger Bäume blühen Anthurien. Übrigens, der Name Martinique könnte, wenn er nicht auf Kolumbus und den Hl. Martin zurückgeht, auch von dem indianischen Wort »Madinina« stammen, was soviel heißt wie »Insel der Blumen«.

Auf Martinique gibt es nur noch Reste von Urwaldgebieten. Plantagen haben sich in den Urwald gefressen. Die Täler sind ein einziges Meer von Bananenpflanzen. Nur selten sehen wir eine Fruchtstaude. Zum Schutz gegen Vögel und Insekten sind sie in blaue Plastiksäcke gehüllt...

Die Fruchtbarkeit der Vulkanböden ist Fluch und Segen der Karibikinseln. Die erste systematische Rodung der Regenwälder wurde von den Franzosen und Engländern für Zucker- und Bananenplantagen vorgenommen. Die Spanier hatten an Plantagen kein Interesse. Sie waren hinter dem Gold her, immer auf der Suche nach dem legendären »El Dorado«.

Vulkane bilden das gebirgige Profil der Kleinen Antillen. Hier haben wir einen ersten Blick auf den *Montagne Pelée*. Der Kratergipfel ist in Wolken gehüllt, fast als würde es dort oben dampfen und als stünde ein Ausbruch bevor. Der **Mt. Pelée** ist der Schicksalsberg der Insel. Als Wahrzeichen erhebt er sich drohend über der Stadt *St. Pierre*. Ein paar wenige Ruinen erinnern an die Katastrophe von 1902.

St. Pierre wird das »Pompeji der Karibik« genannt. Dabei galt die alte Hauptstadt Martiniques einmal als das »Paris der Karibik«. Es war eine wohlhabende, mondäne Stadt. Bis am 8. Mai 1902 im frühen Morgen eine Glutwolke aus glühenden Aschepartikeln mit über 100 km/h über die Hafenstadt fegte und sie auslöschte. Bei dem Ausbruch kamen 28.000 Menschen ums Leben. Als einziger überlebte ein Mann namens Cyparis die Katastrophe. Er war wegen Trunkenheit im Gefängniskeller eingesperrt. Das war sein Glück. Man fand ihn nach Tagen schwer verbrannt und halb verhungert. Nach ihm ist die kleine Touristenbahn benannt.

Wie es so friedlich in der Abendsonne liegt, erinnert St. Pierre an ein Städtchen in Südfrankreich. Das schreckliche Ereignis von damals scheint vergessen. Die Leute – vorwiegend Kreolen – freuen sich auf den Karneval. Eine Gruppe Maskierter zieht durch die Straßen. Mit ihren weißen Hemden und den Totenschädelmasken symbolisieren sie vielleicht so etwas wie den »Tanz unter dem Vulkan«. Man hat hier mit der Gefahr zu leben gelernt.

Die **Kleinen Antillen**, die wir besuchen, sind alle vulkanischen Ursprungs. Sie markieren gewissermaßen die Grenze zwischen der Atlantischen und Karibischen Platte. Die Atlantische Platte schiebt sich unter die Karibische und zwar in einem inneren und einem äußeren »Inselbogen«.

Auf dem äußeren Bogen der sog. Kalk-Antillen, mit Barbados, gibt es keinen Vulkanismus mehr. Der innere Bogen, von Guadeloupe bis Grenada, ist auch heute noch vulkanisch aktiv.

Per »Insel-hopping« wollen wir die Kleinen Antillen kennenlernen. Von *Martinique* geht es nach *Guadeloupe*, dann nach *St. Vincent*, auf die *Grenadinen* und rechtzeitig zum Karneval wollen wir nach *Dominica*. Auf *Barbados* soll dann unser karibisches Abenteuer mit Relaxing und süßem Nichtstun ausklingen.

»Indian Bay«, heißt die kleine Bucht nahe der Hauptstadt von **St. Vincent**. Wir haben im »Oceanview-Guesthouse« Quartier bezogen. Das ist wieder eines dieser sympathischen Gästehäuser mit kolonialem Flair, inklusive englischem Humor. An der Tür ist zu lesen: »Send me more tourists! The last one were delicious!« Schick mir mehr Touristen, die letzten schmeckten köstlich!

Auch in der Hauptstadt **Kingstown** mischen sich englisch-koloniale und kreolische Elemente. Die Tradition liegt mit der Neuzeit im Clinch. Straßenstände contra Supermarkt, Trink-Kokosnüsse contra Coca Cola. Einmal in der Woche ist Markttag.

Kingstown hat eine bizarre Kirche. Die St. Mary Church sieht ein bisschen aus wie eine Burg oder Festung. Ein Benediktiner hat hier seiner Phantasie freien Lauf gelassen. Heraus kam eine kuriose Mischung aus romanischen, gotischen und barocken Stilelementen.

Der Botanischen Garten von Kingstown ist nicht nur wegen der tropischen Blütenpracht ein touristisches Muss. Hier können wir ein Exemplar jener Brotfruchtbäume bewundern, die die Meuterei auf der Bounty mitverursachten. Captain Bligh ließ damals nämlich seine Mannschaft dursten, derweil die Setzlinge des Brotfruchtbaums gewässert wurden. Die Brotfrucht war damals wichtig für die Ernährung der Sklaven.

Den St.Vincent-Papagei in seinem Käfig fotografiere ich nicht. Er fristet ein etwas trauriges Dasein. Im Naturreservat von *Buccament-Valley* soll man ihn noch zu sehen bekommen. Auf dem Weg dorthin können wir Überreste der indianischen Kultur studieren, die »Carib-Stones«. Das sind von Karibenindianern eingeritzte Felsblöcke. Die Geschichte der Ureinwohner ist schnell erzählt und exemplarisch für fast alle Karibischen Inseln. Die kriegerischen Kariben-Indianer verdrängten im 13. Jhdt. die friedlichen Arawaken. Sie töteten die Männer und nahmen die Frauen in ihren Verband auf. Hundert Jahre später kreuzte Kolumbus auf. Die Indianer wurden von den Eroberern sukzessive ausgerottet. Nur ein paar wenige Cariben-Indianer leben noch im Nordosten von St. Vincent in einem Reservat.

Ohne Auto mit Allrad-Antrieb kommt man auf St. Vincent nicht weit. Die Straßen sind schlimm, mit Schlaglöchern übersät. Regenzeug und Geduld muss man ebenfalls mitbringen. Denn alle paar Stunden schüttet es hier in Strömen. Da heißt es dann umkehren oder warten, bis es aufhört. Auch wir haben uns erst im zweiten Anlauf – wieder mal nach längerem Warten auf eine Regenpause – an den *St. Vincent Parrot Nature Trail* gemacht. Der »St. Vincent Parrot« ist ein bräunlich gefärbter Papagei – der Nationalvogel von St. Vincent.

Der Pfad führt durch einen nass glänzenden Bilderbuch-Urwald. Die vielen Epiphyten (Bromelien/Ananasgewächse) an den Baumstämmen sind ein untrügliches Zeichen für reichlich Wasser von oben. Die Blüten am Boden lassen die Blütenpracht einzelner Urwaldriesen ahnen. Normalerweise sieht man im Urwald nur relativ selten Blüten, höchstens in den Lichtungen. Alles, was blüht, sucht sich seinen Platz an der Sonne – in den oberen Stockwerken. Wegen der dünnen Humusschicht können die Bäume nur flach wurzeln. Einen stabilen Halt finden die Baumriesen durch ihre mächtigen Brettwurzeln...

Berühmt berüchtigt ist die Würgefeige – der Gast, der zum mörderischen Tyrannen wird. Als harmloser unscheinbarer Schmarotzer rankt sie sich erst mal an einem Baum hinauf. Dann lässt sie Luftwurzeln herunter, wird immer mächtiger und erwürgt schließlich in tödlicher Umklammerung ihren Wirt.

Die Baumkronen sind die Heimat der Papageien. Wir hören zwar ab und zu das Gekreische von Papageien. Wir sehen auch ein Paar, wie es vorüberflattert. Aber von

Fotografieren kann keine Rede sein. Bleiben uns statt der bunten Papageien die herrlich leuchtenden Blüten der Helikonien.

Der Kontrast zwischen Karibik- und Atlantikküste ist erstaunlich. Wie auf den meisten Antilleninseln mutet auch hier auf St. Vincent die Atlantikküste beinahe nordisch an. Sie ist rau und windig. Deshalb nennt man auch die atlantische Seite »windward«. Die Klippenlandschaft mit ihren schwarzen Stränden erinnert eher an die Bretagne oder Schottland als an tropische Regionen.

Kaum zu glauben, dass gar nicht weit entfernt von hier eine der größten Kokosplantagen der Erde ist. Das Fleisch der halbierten Kokosnüsse wird getrocknet und die »Kopra« zu Seife und Öl weiterverarbeitet. Neben Zucker, Rum und Bier sind das die einzigen industriell hergestellten Produkte auf den Antillen.

Das Städtchen *Georgetown* wirkt ein bisschen düster. Vielleicht liegt es am feinen schwarzen Lavastaub vom naheliegenden Vulkan. Melancholie zwischen Grau und Bunt. Farbe in das etwas triste Alltagsleben bringen die Bars.

Ein junger Mann dürfte von einem Kick Haschisch beflügelt sein. Das gibt es hier nämlich auch. Mit einem Schuss Selbstironie spielt er »Model« für mich, den fotosüchtigen Touristen, und verarscht mich ein bisschen. Recht hat er!

Wenn die Sonne untergeht, warten am Hafen von *Kingstown* die Minibusse auf die Leute, die leeward oder windward – an die West- oder Ostküste – nach Hause wollen. Ihre Devise heißt: Möglichst viele Passagiere auf möglichst engem Raum. Ist der Minibus bis auf den letzten Platz besetzt, dann wird mit power, d.h. mit Tempo und flotter Musik über die Insel gekurvt.

Draußen in der Bucht liegt ein nostalgisch anmutender Dreimaster. Es ist nicht mehr weit von hier entfernt, das Traumziel aller Segler, die *Grenadinen* – die Inselkette zwischen St. Vincent und Grenada. »Grenadine-Connection« nennt sich denn auch eine der beiden Bars am Hafen von Kingstown. Von hier wollen wir mit der Fähre nach *Bequia*, einer der größeren und bekannten Grenadinen-Inseln und später nach *Canouan*. Canouan gilt als etwas verschlafener, sozusagen als »Geheimtipp«.

Bei der Ankunft in der Bucht von **Bequia** sehen wir schon, was hier läuft – Segelboote, wohin das Auge schaut. Wer die Grenadinen über den Atlantik per Segelboot erreichen will, braucht angeblich keinen Kompass und keinen Sixtanten. Er muss nur dem Pulk von Booten folgen, die sich alljährlich zu Hunderten auf den Weg machen, um den Winter hier im karibischen Seglerparadies zu verbringen. Bequia ist einer der ersten Anlaufpunkte.

Es gibt ein paar schöne Strände, wie den »Princess-Margret-Beach«. Der Name ist eines der zahllosen englischen Relikte. Nicht ohne Grund. Schließlich ist die Queen hier wie auf St. Lucia, Dominica und Grenada immer noch das offizielle Staatsoberhaupt. Trotz Unabhängigkeit sind die Inseln konstitutionelle Monarchien im Verbund des Commonwealth. Am königlichen Strand lässt sich vor der Seglerkulisse herrlich baden. Natürlich liegt auch hier ein Traumschiff vor Anker, zur Freude der Inselbewohner. Sie warten auf die Schiffe, auf die großen und die kleinen. Jeden morgen richtet man sich auf die Kundschaft vom Meer ein und bietet an, was das Touristenherz erfreut: T-Shirts, frisches Obst und Souvenirs.

Die Fischerboote am Ufer sind eher Kulisse. Die »Fische« sind hier die Touristen. Das Taxi für den schnellen Inseltrip – außen ist es schön bonbonfarben, innen mit Plastikfolie überzogen. Ansonsten ist Warten angesagt. Sie warten alle, die Taxifahrer und die Ladenbesitzer.

Das Angebot in den Supermärkten ist nicht toll. Aber hier bekommen die Skipper alles, was sie brauchen: Kaffee, Konserven und Bier – Sonnenöl, Seife und Postkarten. Vorräte auffüllen im Supermarkt – wieder einmal festen Boden unter den Füßen haben. Davon träumen die Segler und mancher Passagier vom Traumschiff.

Ein schmuckes Kirchlein gibt es auch auf Bequia, für den Gottesdienst am Sonntagmorgen und für die Hochzeit. Aber richtig gefeiert wird am Strand, im traditionsreichen »Frangipani« Hotel. »Cocos place« und »Gingerbread« – Namen und Stil der Hotels verraten das ganze Spektrum der Szenerie – von England bis zum Tropenparadies. Oder sagen wir: Hier ist der Karibikdrink abgerundet mit einem Schuss »Old England«.

Übrigens, es muss kein teurer Luxusschuppen sein. Wider alle Behauptungen, die Karibik sei unbezahlbar, haben wir überall auf den Karibikinseln Gästehäuser gefunden - einfach, preiswert und manchmal mit speziellem Flair. Hier hat mich, den Fotografen, das rosige Licht und das zarte Moskitonetz dazu inspiriert, mein »Model« im Stil der Alten Meister abzulichten. Boticelli lässt grüßen.

Am Nachmittag trifft man sich zur »Icecream« oder zum »Rum Punch« mit Blick auf die Bucht. Wir kommen mit einem alten Skipper ins Gespräch. Er erzählt uns von seinen drei Weltumsegelungen und von seiner Liebe zum Meer. Immer hat er einen getrockneten Schinken bei sich. Er schwört auf reichlich frischen Knoblauch gegen die Moskitos und hat auch sonst allerlei gute Tipps auf Lager. Die See ist für ihn das letzte Stückchen »heile Welt«. Wenn man auf die Schiffe im Sonnenuntergang schaut, möchte man es beinahe glauben.

Keine heile, aber eine etwas abgelegene Welt ist die kleine Insel *Canouan* mit ihrer einsamen, traumhaften Lagune – ein Paradies, wie wir es in der Karibik selten gefunden haben. Wo in aller Welt hat man noch einen solchen Strand für sich alleine?

Traveller macht euch auf die Socken! Noch ist es ein Geheimtipp. Diese herrliche Bucht, die in der Südsee oder im Indischen Ozean sein könnte, soll schon ein Touristikkonzern aufgekauft haben!

Auf der gegenüberliegenden Seite der Insel gibt es ein Luxusresort nach italienischem gusto. Hier können wir einem Meister zuschauen und seinem Model. Auf dem schwankenden Tisch im Meer gibt sich das Mädchen mit dem Hula Hoop Reifen redlich Mühe. Es dauert Stunden, bis der Meister zufrieden ist. Doch dann das gleiche noch mal, mit einem blondem Model und rotem Kleidchen! Am nächsten Tag ist *sie* der Star, die kleine Norissa. Sie soll getauft werden. Ihre Mutter lebt in Brooklyn und verbringt ihren Urlaub im Guesthouse ihrer Eltern Yvonne u. George auf Canouan.

George, der Großvater, ist nach Jahren zur See aus England und den USA auf seine Heimatinsel zurückgekehrt und hat hier das »Anchor-Inn« Guesthouse gebaut. Zur Taufe der kleinen Norissa sind die Nachbarn und Freunde mit ihren Kindern zu einem kleinen Imbiss gekommen.

Am Ende der Insel, wo Atlantik und Karibik sich vereinen, gibt es ein weiteres Luxusresort. Südlich am Horizont sehen wir die markanten Umrisse von *Union-Island*, einer Insel, die man auch noch besuchen könnte, wenn, ja wenn Zeit und Geld keine Rolle spielen würden...

Beim Flug über die südlichen **Grenadinen** kann man verstehen, warum die Grenadinen als »Seglerparadies« gelten. Tiefblaue See, kleine Inselchen und Buchten mit weißem Strand und Palmen. »Mayreau«, »Tobago Cays« und »Coco-Island« – das bleiben für diesmal Lücken, noch nicht erfüllte Träume. Schließlich sollte man nicht jedes Thema bis zum Letzten ausreizen. Man sollte sich immer noch etwas fürs nächste Mal übriglassen...

Von den Grenadinen aus sind wir wieder nach Norden, nach **Dominica** geflogen. Kolumbus nannte die Insel »Dominica«, weil er sie an einem Sonntag entdeckte. Die Hauptstadt **Roseau** ist die vielleicht »karibischste« Hauptstadt der Kleinen Antillen. Es hat sich hier viel koloniale Architektur – Holzhäuser mit windschiefen Balkonen – erhalten. Das Tempo wirkt kleinstädtisch verschlafen.

Von der Haartracht her dürfte ein auf der Straße liegender Mann ein »Rastafari« sein. Die verfilzten Haare, die »Dreadlocks«, sind ihr Wahrzeichen – Symbol für den Löwen von Juda. Die Rastas sind eine soziale und spirituelle Bewegung aus Jamaika. Sie nehmen Bezug auf das Alte Testament. Haile Selassie gilt ihnen als Messias. Sie träumen von der Rückkehr nach Afrika, ins gelobte Land.

Die Rastafaris praktizieren eine einfache Lebensweise. Sie lieben ihre Musik – Bob Marley war einer der Ihren – und der Genuss von Haschisch ist auch erlaubt.

Eine Mutter flicht ihrer Tochter die Zöpfchen. Diese afrikanische Tradition pflegt man in der Karibik mit viel Hingabe. Vielleicht ist es Zeichen eines neuen Selbstbewusstseins. Es entstehen da oft phantasievolle Haarkompositionen.

Vor der Markthalle Obst und Gemüse – drinnen verlocken süße Torten in Pastell. Zwei schweißglänzende Musiker produzieren heiße Rhythmen. Karneval liegt in der Luft.

Gespielt wird auch im Straßenrestaurant. Der Verkehr wälzt sich durch die engen Straßen von Roseau. Aber so gegen fünf Uhr, wenn die Sonne untergeht, wird es ruhig in den Straßen. Kein Mensch mehr ist unterwegs. Das Städtchen wirkt wie ausgestorben.

Auch auf Dominica haben sich Plantagen in den Urwald gefressen. Wir sind mal wieder mit einem Geländewagen unterwegs – »Autowandern« über holprige Pisten. Die Plantagen hier sind gemischt. Zwischen Bananenstauden und Pampelmusen blühen Kaffeesträucher. Im Schatten der Kakaobäume gedeiht Taro, eines der klassischen tropischen Knollengewächse, erkennbar an den mächtigen Blättern. Und dann natürlich die herrlichen Anthurien. Man könnte sie die »Blume der Kleinen Antillen« nennen.

Der tägliche Kampf mit dem alles überwuchernden Unkraut ist ein harter Job. Das sieht man den Plantagenarbeitern an. Dazu gehört Zähigkeit und die haben sie im Lauf ihrer leidvollen Geschichte entwickelt. Als Sklaven wurden ihre Vorfahren im 16. Jahrhundert aus Westafrika importiert. 30 bis 100 Millionen sollen es gewesen sein. Ein Großteil starb schon bei der Überfahrt. Die anderen überlebten im Schnitt nicht mehr als 5 Jahre – erschöpft durch die Arbeit, die Schikanen oder von einer Krankheit hingerafft. Die Gesetze waren hart. Ein Fluchtversuch kostete ein Ohr. Beim zweiten Versuch wurden die Kniekehlen durchgeschnitten. Der dritte Versuch wurde mit dem Tod bestraft. Erst Anfang des 19. Jahrhunderts wurde die Sklaverei auf den Inseln abgeschafft.

Wir besichtigen eine Bananenplantage. Die Bananen werden gleich vor Ort in einer Mini-Packstation verarbeitet, d.h. gewässert, gegen Pilzbefall imprägniert und in Kartons mit der Aufschrift »Bananas from Westindies« verpackt. Über den europäischen Bananenboykott zugunsten der französischen Antillen ist man hier natürlich nicht glücklich. Die Bevorzugung der »französischen« Banane macht Dominica und den anderen englischsprachigen *Windward*-Inseln gewaltige Probleme. Ein Grund mehr, sich noch stärker auf die Devisen aus dem Tourismus zu konzentrieren.

Mit unserer Wanderung auf den *Morne Diablotins* wird es mal wieder nichts. Der Regen will nicht aufhören. Der Pfad ist glitschig und total aufgeweicht. Also fahren wir die Westküste nordwärts nach **Portsmouth**. Das Städtchen stellt so etwas wie die Summe eines »Karibenkaffs« dar – bunt und ein bisschen verschlafen. An allen Ecken spürt man diese Mischung aus Improvisation, Gelassenheit und Fatalismus. Die Regennässe verleiht dem Ganzen noch einen Hauch Melancholie. Geduldig wartet man auf die Touristen, die aus großen und kleinen Schiffen an Land kommen, um das historische Fort zu besichtigen oder sich durch die Mangrovendickichte der Umgebung paddeln zu lassen. Die Touristenguides sind mit allen Wassern gewaschen: »Deutsch? Alles klar!«

Das eigentliche Highlight Dominicas ist das von Urwalddickicht überwucherte Inselinnere. Man wirbt mit dem Slogan »nature island«. Tatsächlich ist Dominica im Vergleich zu den anderen Inseln am wenigsten ausgebeutet, relativ unberührt, natürlich auch nur dort, wo die Unzugänglichkeit des Geländes die koloniale Gier gebremst hat. Aus der ehemaligen Not hat man nun eine Tugend gemacht. »Sanfter Ökotourismus« heißt die Devise.

Wir starten mal wieder im Regen, das gehört auf Dominica dazu. Schließlich ist sie die regenreichste der Antillen. Und Regenwald gedeiht nur, wo es regnet, so beteuert man uns immer wieder mit naivem Lächeln und ironischem Augenzwinkern. Also hinein ins Vergnügen, ins regennasse Dickicht aus wilden Bananen, Farnen, Lianen, Epiphyten und Rhododendren.

Der Pfad ist glitschig und der Schweiß dringt uns aus allen Poren. Die winzigen Moskitos sind nervend, aber harmlos. Es gibt keine Malaria hier und keine giftigen Schlangen, aber auch kein anderes Wild – also: keine Affen, keine Leoparden und keine Papageien.

Doch ansonsten erleben wir alles, was einen echten Urwaldfreak in Verzückung versetzt: Frisches und Morsches, Wucherndes und Moderndes, Mächtiges und Graziles, Chaotisches und Grafisches, sattes Grün in allen Varianten – nass, tropfend, dampfend.

Der Lohn der Schinderei ist der *»Boeri-Lake«*, ein »Maar«, ein mit kaltem Wasser gefüllter Kratersee. Nebel- und Wolkenschwaden ziehen über den See und über das Rhododendrondickicht am Ufer.

Nach ein paar zünftigen Regengüssen kommen wir wieder zurück zum Ausgangspunkt unserer Wanderung, zum »Freshwater-Lake«. Er ist das Wasserreservoir für die Stromgewinnung und die »Trafalgar-Falls«.

Gleich zwei Wasserfälle stürzen hier in die Tiefe. Unten in einem Becken vermischen sich die Wasser des kalten Wasserfalls und einer heißen Quelle. Baden in einer Thermalquelle – in den Tropen ein besonderer Genuss.

Nicht weit von den Trafalgar-Fällen gibt es Schwefelquellen, die *»Sulphur Springs«*. Natürlich sind auch sie nur mit einem »Guide« zu finden. Der Job als Touristguide ist für die einheimischen jungen Männer die einzige Möglichkeit, etwas vom Geldsegen des Tourismus mitabzubekommen. Unser Guide hat sich ein bisschen exotisch aufgemacht, im Rasta-Look, ein sympathischer Typ – unaufdringlich und gut gelaunt. Ausgangspunkt für den Mini-Trip ist die »Sulfur Springs Bar«.

Klein, aber fein sind diese Schwefelquellen. Grauer Schlamm blubbert in den Löchern und ätzende Dampfwolken steigen auf. Das ganze Unternehmen ist zwar nur ein Spaziergang, aber wir haben uns an der »Sulphur Springs Bar« ein *Guiness* verdient. »Guiness is good for you«, verspricht die Reklame.

Ein junger Mann kommt vorbei, ebenfalls bester Laune. Er posiert fürs Foto mit Bananenstaude und Machete. Das Mädchen in der Bar sagt, er sei ihr Bruder – er behauptet, er sei ihr Mann. Egal wer Recht hat, man nimmt es hier nicht so genau. Die Sitten in der Karibik sind recht locker. Die Männer verdrücken sich häufig und alleinerziehende Mütter sind beinahe die Regel.

Auch die Katze neben der Bar genießt das karibische dolce far niente. Der kleine Hund weiß noch nicht so recht, doch dann schließt er sich an. Und das Ganze endet mal wieder mit dem obligatorischen »Gruppenbild vor Bar«.

Der Regenwald im Zentrum der Insel ist für Wanderer noch wenig erschlossen. Ein kurzer Pfad führt uns zum *»Emerald-Pool«*. Hier stürzt ein schmucker Wasserfall in einen smaragdgrünen Pool mit Grotte.

Die atlantische Ostküste ist auch auf Dominica rau und windig. Die Brandung lockt höchstens ein paar Surfer an. Zum Schwimmen ist die Gegend nicht geeignet. Aber nach Dominica kommt man ja auch nicht wegen der Traumstrände. Die Natur ist die Attraktion – und – der Karneval!

Ein »Traumschiff« hat im Hafen von Roseau angelegt. Vermutlich steht auf dem Programm: Reinschnuppern in den Karneval. Der Karneval auf Dominica kann es zwar nicht mit dem Pomp und Temperament Brasiliens aufnehmen und auch nicht mit den musikalischen Steelbandekstasen auf Trinidad. Aber er gilt als der »spontanste« Karneval. Und das bedeutet: »afrikanisch«.

Das beginnt schon vor Sonnenaufgang mit dem »jump up« in der Hauptstadt *Roseau*. Die Musikband auf dem Lastwagen heizt ein, die Menschen swingen, einzeln oder als Paare, Hüfte an Hüfte. So geht das stundenlang, mit dem dröhnenden Rhythmus, mit Bier und Rum als »Drogen«. Es ist so etwas wie eine Massendisco auf der Straße. Musik ist hier wichtiger als Kostümierung.

Später setzt sich der Lastwagen in Bewegung und rollt dröhnend durch die Straßen, unter elektrischen Leitungen und Telefondrähten durch. Immer wieder zieht eine Parade durch die Straßen. Mal sind es »Prinzessinnen«, mal die Kids. Im Gefolge der Paraden swingen die »jump-up«-Fans durch die Straßen.

Der Dieselqualm aus dem Laster verpestet die Luft. Die Bands mit ihren überdimensionalen Lautsprecherboxen produzieren einen ohrenbetäubenden Sound. Es wird immer heißer. Der Kompressor für die zigtausend-Watt-Anlage kommt ins Rauchen und gibt vorübergehend seinen Geist auf. Macht nichts, es gibt noch andere Musik-Lastwagen. Die Karawane zieht weiter.

Das ist alles ein paar Nummern kleiner als auf Trinidad oder in Brasilien, aber sie machen alle mit. Der Karneval ist auch hier Eskalation der Lebenslust. Apropos »karibische Lebenslust«: Im Alltag sieht das natürlich anders aus. Von wegen immer easy, immer locker und lustig. Das Leben auf den Karibikinseln ist viel zu hart, um ständig auf überschäumende Lebenslust zu machen.

Schließlich zieht noch eine Parade mit bunten Phantasiegebilden durch die Straßen. Es sind Träume von Glitzerpracht und Schwerelosigkeit.

Aus dem Lärm und Gedränge der Hauptstadt ins »Hummingbird-Inn«, unsere Oase draußen vor der Stadt. Das »Hummingbird-Inn« macht seinem Namen alle Ehre. Draußen schwirren Kolibris um die Blüten. Und wann hat man schon einmal das Glück, in einer »Honeymoon-Suite« zu wohnen, mit einem Himmelbett aus Mahagoniholz und einem Moskitonetz als Baldachin?

Auf dem Balkon vor unserem Zimmer haben wir die diversen Karibik-Biere und die Zutaten für den obligatorischen Rumpunsch aufgereiht. In der Hängematte liegen und die »happy hours« genießen – das ist der kleine Luxus nach strapaziösen Wandertouren oder Karnevalsstress.

Über der Bucht von Roseau geht die Sonne unter. Nachdem der Karneval vorüber ist, dürfte die Insel und ihre Hauptstadt wieder für ein Jahr in den gewohnten Dornröschenschlaf versinken.

Sie nennt sich »The Caribbean Airline«. Die kleinen Flugzeuge der LIAT haben Propeller – und oft Verspätung. Aber man kann mit ihnen tatsächlich alle Inseln und Inselchen der Karibik erreichen, mit Spezialtarif für Inselhopping. Fliegen familiär, beinahe gemütlich. Aber auch: Fliegen »hautnah«. Wir schauen dem Piloten über die Schulter aufs Armaturenbrett, spüren das Vibrieren der Maschine, wenn er Vollgas gibt, und beobachten fasziniert den Propeller – packt er's, hält er durch? Anramponiert, wie der aussieht?

Beim Anflug auf unsere letzte Insel, ist schon zu sehen, was wir erwarten dürfen und was nicht. **Barbados**, der östliche Vorposten der Karibik präsentiert sich brettflach, aufgeteilt in Parzellen, kein grandioses Landschaftspanorama. Aber der Küstensaum mit den weißen Stränden lässt hoffen. Wir ahnen, warum Barbados einer der Zaubernamen der Karibik ist.

»Klein-London« wird die Hauptstadt **Bridgetown** genannt. Uns kommt der Vergleich etwas gewagt vor. Außer Trafalgar Square, Parlament und Kathedrale finden wir nur wenig Britisches. Gott sei Dank!

Die Namen der Bars erinnern an England. Aber das Outfit strahlt den morbiden Charme der Karibik aus. Unter der Palette von Softdrinks und Bieren wirkt die Reklame von *Guiness* allerdings »very british«.

Manche Shops am Strand sind den mobilen Holzhütten der »Bajans« – so nennen sich die Einwohner von Barbados – nachempfunden. »Cattel-Houses« heißen sie, weil man sie jederzeit mit einem Wagen von einem Ort zum anderen transportieren konnte.

Was könnte hier blühen, wenn man nicht die Insel für die Plantagen gerodet hätte! Im »Flower forest« können wir die tropische Blütenpracht bewundern: Orchideen, Helikonien und »Red Ginger«, den roten Ingwer.

Der Pfau gehört nicht unbedingt in diese Region, das grüne Barbadosäffchen schon eher. Es wurde nach der Ausrottung reimportiert. Jetzt züchtet man es hier und exportiert es in alle Welt. Uns laust der Affe!

Die beeindruckendste landschaftliche Attraktion von Barbados ist unter der Erde: die Tropfsteinhöhle »Harrison's Cave«. Wir fahren mit einem Elektrowagen durch romantisch beleuchtete Gänge und Hallen – mit Teichen, Quellen, Bächen und phantastischen Tropfsteinformationen.

Ein englisches Kuriosum ist der »Löwe von Gun hill«. Britische Soldaten haben ihn wohl vor lauter Langeweile aus dem Fels gemeißelt. Warum es gelohnt hat, diese Insel mit Waffen zu verteidigen, und was Barbados zu einer der reichsten Kolonien Englands machte, das merkt man sehr bald: Zuckerrohrfelder, soweit das Auge schaut.

Zucker, der Stoff, für den die englischen Kolonialherren 1648 die Sklaven aus Westafrika auf die Insel schaffen ließen. Vor der Sklavenzeit wurden sogar Kinder aus England hierher verschleppt. »To barbado« war damals der gängige Begriff für »zu Tode arbeiten«. Die Erntearbeit erinnert auch heute noch an die Sklavenzeiten. Das Zuckerrohr wird immer noch einzeln von Hand, mit der Machete geschlagen.

Die Zuckerfabriken sehen aus wie zu Gründerzeiten. Und auch die Fabrikhalle erinnert an das England des Manchester-Kapitalismus. Das gehäckselte Zuckerrohr wird mit Wasser vermischt und gequetscht. Gigantische Zahnräder treiben die Maschinen an. Es herrscht ein Höllenlärm und über dem Gewirr von Rohren und Kesseln liegt der süßlich modrige Geruch von Melasse.

Die glänzende Seite der Medaille, die Welt der Zuckerbarone, können wir in einem ihrer Herrensitze, im *»Francia Plantation-House«* besichtigen: Salons mit feinsten Mahagonimöbeln, schweres Tafelsilber, Kristalllüster, Flügel, Bibliothek etc.

Ein Lastwagen vor uns transportiert eine der renommiertesten Rummarken: »Cockspur«. Übrigens, hier auf

Barbados wurde der Rum erfunden – als Abfallprodukt der Zuckerherstellung. Zucker ist ungesund und Rum natürlich auch. Aber so ein Rumpunsch oder eine eigene Kreation – ein Fruchtsaft, veredelt mit Rum und einem Spritzer Angostura – das passt nun mal in diese Breiten. Das bringt auch uns in Karibikstimmung.

Aber auch das gehört zu »Travellers Grundausstattung in der Karibik«: Insektenabwehrmittel in allen Varianten – vom Einreibemittel bis zu den berühmten »Moskitocoils«, diesen grünen rauchenden Spiralen, von denen man nicht so recht weiß, ob sie einem selbst mehr schaden als den Moskitos.

Wie auf den anderen Inseln ist auch hier auf Barbados die Atlantikküste rau und windig. Für Schwimmer sind diese Strände wegen der Brandung weniger einladend und auch gefährlich. Das touristische »Highlife« spielt sich an der windgeschützten West- und Südküste ab »Crane-Beach« ist das älteste Luxus-Resort von Barbados – ein Muss für Freaks von traditionsreichen Häusern.

Wer hier nicht nächtigt, um den strapazierten Geldbeutel zu schonen, sollte wie wir wenigstens einen Drink auf der Terrasse nehmen und den Blick hinunter auf den puderweißen Strand genießen. Wenigstens schnuppern – den Duft der Welt der Reichen und Schönen!

Die Strände für den kleinen Geldbeutel sind auch nicht zu verachten. Das Wasser ist sauber, am Strand kommt kein Ölsardinengefühl auf. Und nicht zuletzt sind die »Bajans« unaufdringlich, gelassen und hilfsbereit. Barbados – kein Platz für Abenteuer, aber ein Platz zum Relaxen und Genießen!

Im Sonnenuntergang – sinnend wie der Rastafari – am Strand sitzen und die Impressionen der zurückliegenden Reise an uns vorüberziehen lassen. Was hat es uns gebracht, das »Traumziel« Karibik? Konnte es die romantischen Erwartungen vom »Tropen-Paradies« erfüllen? Ich glaube nicht an Paradiese. Aber die »karibischen Momente« im Leben – mit jeweils speziellen Aspekten auf jeder der Inseln – die haben es uns angetan...

Hawaii – USA/Südwesten

09.04. – 17.05.1996

»Aloha« = *Hallo,* *»Mahalo«* = *Danke*
Oahu, Kauai (Gardenisland), Molokai (the most Hawaiian)
Maui, Big Island

Di. 9.4. 5:00 Airliner, Breisach Abenteuer, Cityhopper etwa 1,5 h bis Amsterdam, etwa 10,5 h nach **Los Angeles**, volle Maschine, guter Service, 4 mal 1/4 Wein, Zollzitterpartie, hartgekochte Eier aus Germany
 Mi. 10.4. Frühstück an Heimbar, Chicken und Beef, Organisation: Flüge und car – *ACR* = Air, Car, Room (4 Inseln, 4 Tage, 2.340 $ für 2 Personen)
 Do. 11.4. Hula-Show, Downtown, chin. Express: *spice chicken, beef*, **Honolulu**: Shoppingcenter – King's Village, International Marketplace, »lucky candles«, cleane Hütten mit Gold, Aloha-Hemden, Stretchlimousinen, Hochzeit auf Japanisch in Honolulu, dreimal durchs »Hyatt«, am *Waikiki Beach*, König mit Surfbrett.
 Waikiki: bizarres Missverhältnis zwischen bescheidenem Strand und pompös gigantischem Strandleben – Hotellerie, »Prince«... bodysurfer! – Verkehrsbrandung wogt durch das Zimmer unseres »Hawaii Polo INN«, the golden arches of McDonald's! Traveller's food a 1.99 $.
 Fr. 12.4. 9:00 Auto, Inseltour, *Diamonds Head, Cocohead*, schöne beaches, *Valley of Temple*, Polynesian Center, surfer beaches, Ananasplantagen, Sonnenuntergang am Yachthafen, traveller meal 1.99 $ double cheeseburger mit fries und coke.
 Sa. 13.4. Sampler: *Aloha Tower* mit chin. Essen, *Ewa* – Railway, Lava-Gebirge, trockene Westküste, *Pali Look Out*, Surferbeaches, Nachwuchssurfer am Waikiki (Kids), traveller meal, s.o.
 So. 14.4. Walk durch »Hilton Village«: Shops, Restaurants, 12.30 Flug nach **Kauai**, *Aloha Airlines*, Motel »Kauai Sands«, Safeway, Heliocopterbuchung, 262 $.

Mo. 15.4. *Hanalei lookout, Hanalei Valley* mit Taro Plantagen (Taro = Wasserbrotwurzel – Poi), *Napali Coast* Hiking, »Napali« = cliffs = Klippen, Fels, etwa 10:00 bis 16.30, Wasserdrama, keine Badehose! Bad im Pool.

Di. 16.4. Breakfast bei McDonald's, hot cake mit cornsirup. 10:00 Heliocopterflug, 130 $, Ferngrotte: Hula und Hochzeitssong, Burger King: Western whopper 3.80 $

Mi. 17.4. Bowle! Sizzle breakfast, 2 cake, sausage, egg and bacon, 2.99 $, *Waimea Canyon.*

Sugarcane-Fabrik, Blasloch, *Poipu*, Bad im Pool, Thai chin. Dinner: Ente in cocoscream, beef in ginger und lemongras.

Do. 18.4. Sizzle breakfast, Packen, Flug nach *Honolulu* mit *Aloha Air*, gute Sandwiches, etwa 3h, mit *Mahalo Air* weiter nach **Molokai**, »Kaluakoi« Hotel and Golf Club, windig, Wein und cracker, *Pakele Hawaiian Food* im Haus

Fr. 19.4. Abenteuer breakfast in *Manualoa, Kaunakakai*: most hawaiian, no fast food! zum *Halawa Valley*, grimmige owner, *phallic rock*, windig, *chicken teriyaki.*

Sa. 20.4. Breakfast im dining room mit Blick aufs Meer! Kaffee genug... Flug von *Molokai*, über *Honolulu* nach **Maui**, Auto: Neonfarbe, Irrfahrt nach **Kihei**, Hotelsuche, »Maui Ocean Front«, 85 $, rosa Holzbretterbuden, »hawaiian!« Deutscher, Schach, Dennys, im Pool.

So. 21.4. Coffee und donuts, *Lahaina Tour*, Ostküste, sugartrain, Nordende irisch, *Kapalua Napali*, Luxusresorts, **Lahaina**: vermarktete historic city, »*hard rock cafe*«, gute 8 friends... Bad im Meer.

Mo. 22.4. **Haleakala** Tour! 3:00, WC Spülung! 6:00 Start für biker, hiker, rider! Kalt, sliding sands trail, nüchtern mit Wasser, Protea-Farm: coffee and cake, Orchid-Farm, Ananas, *Makawao country* Kaff, sugar-mill, taco, abends im Meer!

Di. 23.4. Ruhetag, Bad im Meer, nachmittags *Yao Valley*, pseudo needle, Trail durchs Ownerland, Maoui plantation, Macadamia-Nuss und Orchideen, *Vailua* Luxusbeach, Lavafelder, Sonnenuntergang am Vulkan, thailänd. Essen.

Mi. 24.4. *Hana Road*: Bambus, Urwald, small water-falls, Kurven, Brücken, Schmetterlingswindsurfer auf Brandung, Foodland: sprechende Kasse, Wein, abends Bad im Meer, KFC chicken, Mango, Papaya.

Do. 25.4. Morning-Kona-coffee and donuts, Bad im Meer, hohe Wellen, Sonnenbrille!! 14.30 Abflug nach *Big Island*, »Uncle Billy's«, Hähnchenbrust mit Honig, New York Steak.

Fr. 26.4. Eigener coffee and cake, Umrundung, Historic Place of Refuge (Asyl), Kona-Kaffee struppig, (*Kailua*), Hilton und ... Luxusresorts, *Waimea*, Küste, Uncle Billy's: Hähnchen, Steak und Mahi – Mahi: Fisch mit Admiralsauce, Krabben, Weißwein. Drinks: Ananas, Kokos, Vodka...

Sa. 27.4. Vulkantour – full day trip! Zweimal am Lavaflow! flashlight, sweet buns mit *turkey bologna* und ceddar cheese, Feuerwerk!

So. 28.4. Tel. Mutti, Tante, Japanischer Garten, Banyan drive, *Pahoa* Hippie Kaff, black sandy popular beach, vulcano dead end, Papaya Land, *steak and wine*.

Mo. 29.4. Vogelgezwitscher, Flugzeugdonnern! Last day sampler: *Akaka Falls*, *Umaume Waipio Lookout*, Parker Ranch mit Videoschau, 55.000 Rinder, *Hilo City* und Musik, Steakdinner.

Di. 30.4. Nach *Mauna Loa*, 225.000 Bäume, Macadamia-Plantagen und Fabrik, im botan. Garten Spider Lily und Purple Ginger, 11.57 von *Hilo* nach *Honolulu*, Karten geschrieben u. eingeworfen.

16.40 Abflug nach *San Francisco*, Landung 00.30, Taxi 30 $ zum »Miyako Inn, Best Western«, jap. Town, 2:00 im Bett.

Mi. 1.5. Zu Fuß Downtown, viktorian. Häuser, cable car 6 $, *Union Square*, Shoppingcenter, finance district, Wolkenkratzer, *Chinatown*, *Fisherman's Wharft*, crabs and shrimps, Robben, *North Beach*, jap. Essen mit Bier.

Do. 2.5. Downtownsampler: *Union Square*, *Museum of Modern Art*: schwarz-weiß, *Civic Center*, Glanz und Elend, Monumental.. *National* Auto Rental: *Buick, Pontiac, Grand AM,* zum *Golden Gate*, jap. Garten, *Sansalita*,

Stopp and Go, über die Hügel von S.F. zum *Coit Tower*, last minute Sonnenuntergang.

Fr. 3.5. Von S.F. Richtung **Yosemite**, Windmühlen auf trockenen Hügeln, Plantagen: Wein, Orangen, Mandeln, Oliven, Erdbeeren, Melonen, »Yosemite lodging« »full«, tentcabin im »Curry Village«, 45 $, Wasserfälle, Pizza, Home Sutter, Mumienschlafsack und Wollmützen, Feldlazarett im Zelt.

Sa. 4.5. Coffee und Kitschblueberrybiscuit, *Yosemite Falls*, beste Stimmung, Fotografieren im Wasserstaub, kanadische Ausblicke, feucht, Fichten und Schneereste, Wasserfälle so üppig, Brille weg! Auf kurvenreicher Strecke nach *Fresno*, Einheitswurst mit bun, KFC, Mittelklasseernährung, Meal value, Corn, Kartoffeln, Pommes ... Corn muffin mit Butter und Honig und soft drink etwa 4 $, Weinplantagen, Oleander im Mittelstreifen, max. 65 miles, **Bakersfield**, »Economy Inn« 42 $, E-Zimmer 8 $, 2 Betten 28 $, normal 60 $ Motel 6, sehr gut.

So. 5.5. Orangenplantagen, trockene Grashügel, Berghügel mit Bananen, *Mojave Bastow*, Wüste, Tracker, Bergkette, Ghost Town, *Route 66*, Autofiasko! Türke als rettender Engel, **Kingman**, 32 $, »Arizona INN«.

Mo. 6.5. Kingman Richtung **Seligman**, Santa Fe Bahn, *Route 66*, keine Indianer, kaum Nostalgie, Williams Tourist Information, Buchung »Red Feather« Motel 73 $.

Scenic Flug **Grand Canyion** mit Adventure 4 über *east* und *west rim* – wonderful! *West Rim Drive* bis zum sunset am *Yavapai Point*, Dennys Dinner: *New York Steak* (Rumpsteak) mit Spiegelei, Rösti und engl. Muffin für 9 $ plus Cabernet Sauvignon.

Di. 7.5. Großer Kaffee mit Brownie und Mandelbiskuit im General Store. *Grand Canyon*: Bank, Post, *East Rim Drive*: Vishnu, Votan, .. schönster ist *Bright Angel Trail*, Trading Post, ausgetrockneter *Little Colorado*, **Painted Desert**, Windhosen bis Stürmchen nach **Kayenta**! »Anasazi INN«, *Trailer 5, Mobilhome*, etwa 86 $, Kayenta erobert von den fast food Ketten, stattliches *Visitor Center*, horseback riding, Shuttle, Jeeptouren, Elefant, Kamel ...

Butte ?? Zwischen Sandsturm und diesiger Sonne, Sonnenuntergang gut getimed, Büfett, Sänger, deut. Truppe.

Mi. 8.5. Zuerst **Navajo Nat. Monument** mit *Betataki* Ruine, weiß – Navajo Formation, rot, Kayenta Formation, **Antelope Canyon**, Slot Canyon, 15 $ pro Person für Fotofans, *Lake Powell*, aus einem Canyon (wilde Schlucht) wurde ein See, aus einem reißenden Strom ein sanfter, schlummernder Riese. *Kanab*, freundlicher Ort, Zion's Landschaft, **Coral Pink Sand Dunes**, Mormonental, Mormonen fleißig, gottgefällig, materiell erfolgreich, Glaube gepaart mit materiellem Wohlstand, **Panguitch**, Flussmatten, Hirsch, Neon Romantik, »Nelson« Motel 28 $.

Do. 9.5. **Bryce Canyon**, **Red Canyon**, gemischtes Fotolicht, Reservebilder, dear, squire, Kleinverlust Deckel, Regenschauer, ermüdende Tour bis zum **Zion's**, *Checker-board Mesa*, kein Fotolicht, zwei Tunnels, **Springdale**, Motel 53 $, Laundromat 5 Quarter, chin. food: zweimal *chicken, honey and garlic*, Neon Romantik.

Fr. 10.5. *Zion's* für biker und hiker and rider, Kaffee am Bett mit *almond honey Brownies*, im Zion's Blick auf *Drei Patriarchen*, Trail zum *Emerald Pool*, hanging gardens, flowers, Akelei, gelb, *Weeping Rock* – ausgetrocknet, Riverside Trail zur Schlucht, *Checkerboard Mesa* no.

Durch die Nevada Mondlandschaft nach **Las Vegas**, »Mirage« 109 $, »Cesar's Palace«, »Center Strip INN« 70/129 $ plus Gutschein für 50 $, »Market Place« Büfett im »Aladdin«: shrimps unlimited, Schwertfisch, gefüllte Auberginen, Breadpudding .. Sängerin Melissa Spangler, im roten Kleidchen, Spielhöllen, Neonromantik, Blooming beyond the neon! Las Vegas – Wandel von Halbwelt zur Familyfunwelt! Nur leichtgeschürzte Bedienungen, Sound der Spielhölle: rasselnde coins und delirierender Sound der Slotmachines, *win cash and car!* Pontiac, BMW Z3, rot! Black Jack Tische, Video-Pokermaschinen, Würfeltische, Roulette ...

Sa. u. So. 11./12.5 In Las Vegas, Ausstattung von bonbonkitschig bis stilvoll, Nostalgieambiente, »Freemont«: Groupiers mit Hosenträgern, Fliege, grüner Schürze, große Plastikbecher für Change, »Golden Nugget«, »Four Queens«, Spieler: bewegungslose Gesichter, immer Wühlen in Schale oder Joghurtbecher, Wühlen in den coins, Slotmaschine füttern und hoffen auf den Jackpot, von 200.000 bis 1.000.000 $, mit einem Quarter Millionär! Jackpot treibt die Maschinerie an, selbst an der Bar, Bartisch ausgebaut mit Bildschirmspielen, selten Freudenschreie! Dumpf, im Halbdunkel – jenseits von Raum und Zeit...

Alle Wege führen durchs Casino! Cash, Meals, Shopping, Shoppingarkaden, meals sind preiswert, Renner: *prime rib, steak* und *lobster*, Büfett's; *Luxor* – enttäuschend, zu dunkel, wenig Atmosphäre; »Excalibur« – Family Disneyland, stark auf Kinder abgestimmt; »MGM« – Löwe, pompös, gehoben, 10.95 $ Spitzenbüfett, Starprogramme; »Bally's« – coole Lichtspiele; »Cesar's Pallace« – gutes, pompöses Stylling, klassisch; »Mirage« – Goldverglasung, Poolschauroom, weiße Tiger, Siegfried und Roy, lebende Legende! Vulkanshow abgestellt; »Treasure Island« – Piratenromantik, kitschig; »Stardust« – halb blau, halb pink; »Frontier«, »Riviera«, »Circus Circus«, »Grand Slam Canyon«, Kupferpink – Jahrmarkt mit Wasserrutsche, Achterbahn, Wurfbuden, Schaukel ... riesige Parkhäuser, wahnsinnige Hitze, »Golden Nugget«, »Four Queens«...

Downtown mit *Freemont Avenue*, überdachte Fußgängerpassage, alte Casinos aufgemotzt mit viel Lichterromantik, *no picture* in *Casino*, verschiedene Shows aus der Musikbranche, ein verlorenes Sexytrüppchen »Folies Bergere«, Country tonight, 18 $, nachts Glitzerwelt, wir walzen in Glitzer and Glamour, *Steak Prime Rib and lobster.*

Mo. 1.5. In der Mittagshitze Einfahrt ins **Death Valley**, Information, Zeitung, *Zarbrisky Point*, Boraxmangel, »Furnace *Creek* «Ranch 85 – 200 $, »Pipe Wells Village«: General Store, gift shop, lodging 53 $ oder 76 $, *Mesquite Flat Dunes* – unsere Favoriten! *Panamint Dunes* in der Ferne, *Eureka Dunes* next time! *Badwater* – lähmende Hitze, tiefster Punkt der Erde. Den *Rockies* entgegen

nach **Lone Pine**, Mt. Whitney, 14.496 feet, near by –
Bergkette mit Schnee, Motel mit Kingsize bed, 49 $, Piz-
zafactory: big salad and Pizza.

Di.14.5. Ausschlafen, guter Filterkaffee in eigener Maschine, Th. holt cake and milk. Zum Mt. Whitney Portal,
»*vom tiefsten Punkt der Erde zum höchsten Berg Amerikas*« 109 miles, Sanddunes und schneebedeckte Gipfel.
Von Lone Pine am vertrockneten See entlang, Joshua
Tree Wälder, blühende Yuccas, *Kern River* Schlucht,
Orangenplantagen bei *Bakersfield*, Ölfelder mit Röhren
und Pumpen, Bewässerungsmaschinen vor Schokomoun-
tains, Möhren, Kartoffeln .. im *Cuyama Valley.*

Übernachtung **New Cuyama**, »Buckhorn« Motel und
Restaurant 49.50 $, Steakdinner: Filet mignon und Ribeye
Steak! Sehr gut, plus Bohnensuppe, *blackbean soup* mit
Kreuzkümmel, bekömmlich, schmackhaft, exotisch, kräf-
tig! plus kalifornischer *Sauvignon!* Hottige Nacht!

Mi. 15.5. Leicht ausgetrocknete *Sierra Madre* mit ho-
ney and cattle, wild raps Hügel, *Santa Maria Guadeloupe*,
Kohl – Gemüse – Center, car wash 2.75 $, Number 1 im
Nebel, Eukalyptuswälder, mexikan. Lunch im »Old Juan's
Cantina«, *Oceano Beach* – Kids in den Wellen, *Pismo
Beach* – Cote d'Azur Californiens, Surfer im Gummian-
zug, *Shell Beach*: Kaffee am Strand, Erleuchtung aus trü-
bem Himmel, morgen Abflugtag!!!

Direkt auf *101 North, Number 1* im Nebel, wir mit neuer
Perspektive Richtung San Francisco! Großwetterlage in-
stabil, keine kalifornischen Verhältnisse, die goldgelben
Hügel, die cattles, die Missionen – direkt neben Highway
Ölpumpen, Rohre – goldgelbe Weizenfelder und Weinre-
ben, Weinfelder, hellgrün, dunkelgrün, Kohl und Salat.

Greenfield, schmerzlicher Blick auf Weinberge, **Sali-
nas**: »Motel 6« (33.99 $), Vorräte verzehrt: Wein, Bier,
Chips, Erdnüsse, Pumpkin Loaf (Gewürzkuchen).

Do. 16.5. 6:00 Reconfirmationcall mit tollfreenumber,
Truckromantik, Frühstück bei Denny's 1.99 $, *Granslam
classic*: 2 Muffins, runde schaumgummiartige Pfannkuchen, topped mit sourcream-imitation, plus Ahornsirup

gleich Cornsirup, plus bacon, plus sausage, plus Coffee unlimited, aber bezahlt! 12:00 bei Sonne Abstart Richtung Coast: *Monterey* und Peninsula Richtung *Big Sur*, schwaches Küstenpanorama, Wolken.

Kehrtwende! *Lobos State Park:* Wo sind die Grunzmöpse (Seelöwen)? nach *Carmel*, Mission – Cote d'Azur Amerikas, putzige Häuschen, Kunst und Shopping, nach *Monterey*, »Jack in the Box«, *super giant burge*r auf Motorhaube, *Monterey* altspanisch/mexikanisch. Nach **San Francisco** 130 miles! Gib Gas, auf *101* straight on! Verpackungsbandsuche in Metlet Mall! Dann zurück auf *101* – es wird eng!! Auf Spur für »Buses and Carpools« (2 und mehr Personen), rush hour!

17:45 am Ort – *National Car*, return: doppelt Geld gesafed bei Gas und halber Tagesrate 20 $! Start: 7050 miles, Abgabe: 9871 miles, (~ **4.500 km**), Umpackmanöver für Flug, Ohrringe! Souvenir, letzte Bilder, *KLM Charles Lindberg*, Dinner: *ginger beef* und *Sauvignon blanc*, Erschöpfungsnickerchen – morgens aufgestocktes Ei und Wurst, Obst und Joghurt, Landung Amsterdam, Transit: Röntgentheater! Warten etwa 2 h, Cityhopper (Fokker) – Dinner: Lobsterstückchen auf Salat – Brötchen, Butter... plus *Beaujolais*, Dessert, Kaffee, Apfelsaft, Orangensaft, peanuts .. 20:58 Landung *Mulhouse*, mit Airliner nach Hause, Kosten ~ 6.200 DM pro Person.

Seychellen

25.02. – 27.03.1997

Mahé, Praslin, La Digue

Di. 25. 02. 18.30h Airliner etwa 1 h bis Mulhouse, 21:00 Abflug nach *Paris*, Flug etwa 1 h, Abflug 3 h Verspätung wegen Motorschaden, Ersatzdinner im *Charles de Gaulle*, *Poulet roti* und Flan, Youngster aus Munzingen, Flug 8 1/2 h, Schlafen im Sessel, dreimal Kaffee plus Cake plus Lunch, Sekt bez., 13:45 Landung, Taxi trotz Feilschen 100 zum »Beau Vallon Beach Guesthouse«, **Mahé**, tropischer Garten, kleines, sauberes Zimmer mit 2 Betten, Schwimmen im Meer, wunderbar. Dinner: Reste aus Gundelfingen und Flugzeug, heiße Nacht.

Do. 27.2. Per Bus in Stadt, Organisation, Flug, Bank ... abgebrochener Lunch bei Inder, kein Bus, Taxi zurück 35, traveller's lunch: cheddar cheese ... Schwimmen im Meer, warm und wundervoll, Fisch-Büfett mit beinahe Katastrophe, gut, Dessert: Eis.

Fr. 28.2. Ruhetag, Continental-Frühstück mit Ei und Markisa, morningswim, beinahe Sonnenbrand, Banane, traveller lunch, Siesta, sunsetswim, Brötchen mit Salzbutter, Thunfisch.

Sa. 1.3. Walz zu *Fischerman's Cove*, »Blue Marlin« Bar, Kirche, beer, *Bayar* Beach, Coral Strand, 1 swim, traveller lunch, Siesta, 1 swim, Schweizerin Wecker, Referendarin, Knabe, Youngster, Freiburg-Truppe, Pizza.

So. 2.3. Wolkig, 9:40 Taxi mit Onkel!, mit Twinotter, **La Digue**, mit Taxi ½ h zum Hafen, Ochsenkarren, »Calou«, Flachbad in **Anse Sevère**, Sonntagsfleischbüfett! doll!

Mo. 3.3.Lagunenromantik, **Anse Patate**, Traumschiff, L' Ocean, Patatran B., swim *Anse Sevère*, rote Korallen, Traumfarbe... Bakery, traveller lunch, Erschöpfungsschlaf, No Cheese! Walz am Strand, Dinnerhighlight.

Di. 4.3. Regentröpfchen, wolkig, sonnig, Fußmarsch zur *Grande Anse*, *Petite Anse*, waldig über Felsen zur **Anse Coco**, Wellenbad in *Petite Anse*.

Mi. 5.3. Th. nachts Magen/Darm-Probleme, zur **Source d'Argent**, rote Felsen, durch Vanilleplantage, Fotos: Granit und Sand, männl. *Coco de mer*, Siesta u. Rekonvaleszenz, swim in Badewanne, Pool.

Do. 6.3. Postkartenbilder, Hafen, *Anse Sevère*, Patates, Erfrischungsbad, dahinter Strömung, Bad in *Anse Sevère* bei Flut, Traveller food, SU an *Source d'Argent*.

Fr. 7.3. Langer Marsch zur *Grande Anse,* swim, Fotos, Traveller's *Bolsos de Coco*, Siesta, swim *Anse Sevère* bei Flut, SU, Traumschiff (Amis).

Sa. 8.3. Langer Marsch, ohne Foto, zur **Grand Anse**, swim, lunch: Biskuit, Coca Cola, Rückmarsch mit Sonnenschirm, Siesta, Abendschwimm in *Anse Sevère*, düstere Wolken am Horizont.

So. 9.3. Nachts Regen, sonnig, zum »Belle Vue« Panorama Cafe, sehr steil, Cola, SU an *Source d' Argent*, swim, einige Eingeborene.

Mo. 10.3. Nachts Regen, wolkig, 11:30 Fähre **Praslin**, »Laurier Guesthouse«, Renovationsstau, Moskitonetz, traveller lunch, gr. Sandstrand, swim im Regen, Regenbogen, Traveller Dinner: Fischfilet, Bier, Bananen.

Di. 11.3. Schauer, Sonne, Continental Breakf, **Volbert** Sandstrand, bei Ebbe in Pool, swim, traveller lunch Thunfish... Rosinenkuchen, Walz bis Forsthaus, Flut, swim, sehr warm, grün. Dinner: Käse, Bier, Bananen.

Mi. 12.3. Per Bus zur **Anse Lazio**, Traumstrand, Traveller's dream! Farbe, Sand, Wärme, swim, Käselunch, Gurke, Eis, bei Ebbe »Cafe d'Art«, La Reserve, Neokolonial, swim, Dinner »in Paradise« auf Terrasse.

Do. 13.3. Bus *Anse Lazio,* swim plus Schnorcheln, zu Fuß *Anse Boudin*, Sandkuchen, Siesta, zu Fuß zum Archipel, Traveller's Dinner auf Terrasse, 12 Geckos.

Fr. 14.3. Sonnig, Regen, mit Bus **Valle de Mai**, »*Coco de Mer*«, Tropenguss! Bus *Anse Kerlau* und Seitenbucht, Fischer mit Korallenfischen, swim, Bus **Baie St. Ann**e, Buswechsel, Schinkensandwich auf Terrasse.

Sa. 15.3. Sonne pur, ganzer Tag *Anse Lazio!* 2 swim plus Schnorcheln, beer, snicker, Portugiesengruppe, Thunfischbrote, Limonensaft, Th. Durchfall, K. Krämpfe

So. 16.3. *Anse Lazio*, 2 swim, Simbabwe, 2 Trinkkokosnüsse von Deutsch sprechender Kreolin, Siesta, Abendspaziergang am Strand, Boutique, Mondschein.

Mo. 17.3. *Anse Lazio*, 2 swim, Abschied, traveller's lunch: Giant Thunasandwich, Siesta, Cake and Coffee, Walz am Strand, Coco de Mer 2.000 Rupies, in bot. Garten, Abenddrinks: *Praslin sour, Coco d'Amour.*

Di. 18.3. Taxi, Flug 12:45 nach **Mahé**, Geldwechsel, Fotos, Musik, Gewürze, Seife, Taxi Panorama, »Beau

Vallon«, swim, Fischbüfett plus 3 beer, Paar berichtet von Simbabwe, Mapulu Nat. Park am Sambesi.

Mi. 19.3. Tolles Frühstücksbüfett: Cornflakes, Früchte, zwei swim, glasklar, richtige Temperatur, mittags Cake, swim, abends Pizza, neue Gäste, Paar mit zwei Kids.

Do. 20.3. *Vitara*-**Inseltour**! Abends swim.

Fr. 21.3. Regentag = Ruhetag! morningswim, Th sunsetswim, Fischbüfett: Kingfish, Red Snapper, Thunfisch

Sa. 22.3. Umzug »Coral Strand« Hotel, per Bus nach *Victoria*, Markt, Museum, Change... swim, lunch auf Balkon Cake and Coffee, Siesta, SU, Mondaufgang, swim, warmes, glattes Wasser, *draft beer*, Treiben der Gäste und Vampire, Pizza im *Baobab*, Kokosnuss fällt auf Dach.

So. 23.3. Tolles Büfett, Sausage, kreol. Omelett, Täubchenrufe, Erholungstag, Umzug ins Hotel »Panorama«, 3 swim plus Schnorcheln, Berliner Paar reist ab.

Mo. 24.3. Mt. *Copolia* und *Val riche*, toller Blick nach Westen, Seifenshopping, Markt, Gewürze, per Taxi zurück ins »Panorama«, swim, abends Pizza im »Baobab«.

Di. 25.3. Sonne pur, morningswim, super, in **Victoria**: Safran, Vanille und Botanischer Garten, ungewollte Bussightseeingtour, *Anse Glacis*, *Etoile*, *Carana Beach*, swim, Fischbüfett, Avocado, Zimtmarinade ...

Mi. 26.3. Wolkig, Regen, Wechsel in Transitraum, ausgiebiger swim, traveller lunch: baguette und beer, Siesta im Sessel, Regengüsse, ausgiebiger swim, Schweizer Pärchen. Abends 20:00 Taxi, groß und vornehm, Einchecken, Duty-free, *Coco de Mer* und *Whiskey*, *old Nr. 7*, *Jack Daniel's, Replica bottle*, etwa 10 h Flugzeit von Victoria nach Paris. Plus 45 min. Flugzeit nach *Mulhouse*, Verspätung, per Airliner vor Haustür, alles o.k.

Ambiente und Strände:

Häuser: Wellblech total, nackt oder hellblau, hellgrün, rosa gestrichen, Blumenkübel mit Blattpflanzen und Orchideen.

Pflanzen: Bananenstauden, Ananas, Zuckerrohr, Kürbis, Plantagenwirtschaft, Vanille, Zimtbaum, sehr viele

Brotfruchtbäume, Mango, Avocado, Guave, Passionsfrucht/Markisa, Papaya.

Tiere: Green Gecko, Flughund, Riesenschildkröten, Hausgecko schnappt nach Kakerlake, huschende Kakerlaken.

Menschen: Kreolen, kinderreich. »Sonntagstaufe«: die wenigen ehelichen Kids. »Freitagstaufe«: die Masse der unehelichen Kids. Keine Trinkkokosnüsse, sondern Bier, kreolisches Palaver, mittags schon: »bon soir«, sehr freundlich, Laden closed. Kuriosa: »*Sie* geht zur Kirche. *Er* hat kein Hirn, kann gut fischen. *Sie* hat Hirn, kann nicht fischen, passen gut zusammen.« Story: Exsoldat entlassen. Als er nicht mehr zwischen Freund und Feind unterscheiden konnte, schwamm er bei Attacke auf vermeintlichen Feind aufs Meer, ist fast ersoffen.

Travellers food: Buns mit Thunfisch, plus Salz, Mango, Limone, Bananen, Käse nur auf *Mahé*, auch auf *Praslin*, weißer Cheddar mit Banane und Gurke, kein Käse auf *La Digue*. Frühstück: Continental, Anzahl der Brote, Üppigkeit der Aufstriche, Früchte? »The sandwich of paradise«: Thunfisch mit »Hellmanns« light mayo, plus Salz und Limone. »The drink of paradise«: Limejuice pur, plus Wasser, plus Zucker.

Sound der Seychellen: Morgens rhythmisches Quaken der Frösche, vereinzelte Hunde bellen, Hähne, Grillen, Zikaden, Vögel. Klangteppich: Tropensound of paradise, Musik aus allen Hütten, man wandert zwischen Folk, Country, Reggae, Sega, Drehorgel, Gottesdienst, manchmal auch fromme Kirchenchöre. Männer dreschen Karten, Frösche quaken, Froschmarathon.

Strände La Digue, Flut/Ebbe Plan besorgen! *Anse Reunion*: flach, korallig. *Anse Sevère*: schöne Sandlagune, aber flach.. zwischen zwei Felsen schnorcheln, Rochen, Schildkröten, Korallenfische. *Anse patates*: starke Brandung an Felsen, besser bei Ebbe, östlich davon gefährliche Strömung. *Anse Source d'Argent*: klassische Granitkulisse, besser bei Ebbe zum Schnorcheln und Fotografieren, Schwimmen mäßig. *Grand Anse, Petite*

Anse: schattenloser Superstrand, evtl. Brandung, evtl. besser bei Ebbe. ***Anse de Coco***, plus extra Kletterpartie: Kulisse gut, Schatten gut, wenig korallig, zum Schwimmen mäßig, eine Stunde zu Fuß zur *Grand Anse* plus eine dreiviertel Stunde zur *Anse de Coco,* mit Rad 20 min. Zur *Source d'Argen*t dasselbe. Freier Eintritt durch Vanilleplantage, zweites »no entry« Schild, »Belle Vue«, Strapaze, Minidschungel, Blick auf Nachbarinseln.

Strände Praslin: **Anse Volbert**, flach und seicht, minus: sehr warmes Wasser bei Flut, bei Ebbe weit draußen besser. ***Anse Lazio***, mit Bus erreichbar, 3 Rupien, Fischbüfett, 65 R: Salate: Karotten, Kraut, Brotfrucht, Oktopus, Avocado... Gemüse: Ratatouille, Pumpkin, Kürbis als Brei, Gratin als Fischlasagne oder als Brotfrucht, Grillfisch: Thunfisch, Kingfisch, mariniert, Red Snapper, Matonga, Fischcurry, Chilisauce, Kreolensauce.

Réunion – Mauritius

23.02. – 06.04.1998

Mo. 23.2. 17:45 Airliner Mulhouse, 19:15 Jet *Paris Orly,* etwa 1 h, Bier, 21:15 Abflug, Turbulenzen, Dinner: drei Weine, Pute, Nudeln, Frühstück, Flug etwa 11 h, wir bei den Underdogs hinterm Vorhang, wie lange noch?

Di. 24.2. Etwa 11:00 vormittags Landung **Réunion**, grauer Himmel, heavy rain, Bus 50 m weg! Information, Auto: *Renault 106,* neu, 13.000 km, für 2 Wochen, im Regen nach **St. Denis**, Bureau Gîtes, langes Telefonat, alles besetzt, Reservation im »Chambre d`hotel« bei Monsieur Peltier in *La Saline* drei Nächte; zwei Nächte in »Auberge Cyrano«, *St. Denis,* Luxussuite mit Futonbett, gut, Rattanmöbel, Rüschchenlampe, halbes Fenster, rosiges Bad, sehr glitschig, Karins Sturz!

Katastrophenberichte vom Tage im TV – Unwetter, Steinschläge, Überschwemmung der Straßen. *Route Littoral* gesperrt, Spaziergang durch Stadt, Abgeblättertes,

Wein-Luxusläden und Schuppen, Discocafé mit vergoldeten Beinen, *Chicken rôti* und Bier, Regen. Im Zimmer flatternder Vorhang, scheppernder Laden, Wasser unter der Tapete, 280 FFr / Nacht.

Mi. 25.2. Ausschlafen, weitere Katastrophenberichte im TV, Walz quer durch die Stadt bis zum Meer, Wasserfälle an Felswand. Chicken, Joghurt, Ameisen, heftiger Regen nachts.

Do. 26.2 Erschöpfungsschlaf bis 10:00, Info von Madame: Straßenzustand und Monsieur Peltier: Straße frei? Aufbruch, direkt auf *Littoral*, vorbei an Wasserfällen nach *St. Gilles les Hauts*, Schneckennudeln und Baguette! Schneckennudeln noch warm, the best on the world!

Extratour über Berge nach *Salines les Hauts*, wieder hinunter nach **La Saline**, Suche nach »Chambre d`hotel« bei Monsieur Peltier aufwendig; schönes Zimmer mit großzügigem Bad, rosa Marmorimitation, »Hasi-Lampen«, Kühlschrank, Küche, Gästeveranda, eigene Bananenstaude, tropischer Garten mit 350 Varietäten: verschiedene Palmen, Anthurien, Helikonien, Passionsblume, Philodendron, Traveller-Palme... Spritztour an die Küste.

Zweite Überquerung von überschwemmter Straße, Strand grau und bescheiden, zurück über St. Gilles. Dritte Überquerung... Supermarkt in *La Saline:* Bier und Schinken. Abend: französisches Pärchen hatte eine Woche Regen! Flambierte Banane mit Vanillelikör, Wein von uns. Wetter: neue »Pression« (Tief) von Madagaskar.

Fr. 27.2. Ausschlafen. Auf Idee von Pärchen fahren wir nach *St. Paul*, Regen, Umkehr, Bank, Sonne, doch noch Markt: Anthurien, Ananas, Papaya, Limone, Mango ... Würste im Tropendampf! *Samozas*, Pimentküchlein, würzig, Poulet, Fisch.

St. Gilles les H.: Museum, Zuckerbaron, Kapelle, Garten, Museumsbesuch per Postkarte, Kreolentopf im »Resto-Self«, Schneckennudel nicht mehr ganz so frisch, Schinkenbaguette und Früchte, Geräusche in der Tropennacht: Zikaden eintönig, Frösche brünstig, Hunde grimmig, Hähne brünstig, Revier und Brunft = Besitz und Sex!

Sa. 28.2. Zum ersten Mal Sonne! Zum Standardfrühstück: Schnecken, Café au lait, Papaya! Zum *Piton Maido* Tamarindenwälder, Reitpferde, Geraniendestillerie, Töpfe, oben: Ginster, Königskerzen, Gesträuch.

Cirque Mafate komplett im Nebel, diesmal beim »Resto-Self« Hähnchen mit *Palmista* und *Chop sue beef*. Siesta, dann zu den **Trois Bassins** von St. Gilles, durch Kanal und Tunnel barfuß! St. Gilles im Abendrummel, Sonnenuntergang vor bescheidener Badebuchtkulisse, Monsieur Peltier bietet *Coco*, *Planters* und *Lichi Punsch* an! Pärchen wieder zurück, da Flugzeug voll!

So. 1.3. Sonnig, 150 FFr / Nacht, il faut partir, Reservation am *km 25* der *N3*, Start entlang Küste, Drachenflieger, Vogelpark gestrichen, Massenpicknick, Bowlespiel, dummdreiste Autokaffern! Über *St. Pierre*, *Tampon*, nach **Plaine de Caffre,** bei *km 25* kein »Chambre d'hotel«, frustrierende Suche. Schließlich steile, glitschige Abfahrt zu Madame, wir suchen Quartier.

Endlich im Hotel »l'Ecrine« (240 FFr und 220 FFr), Bungalow-Hotel mit Terrasse. Gleich auf *Route du Volcan*, durch Pinienwälder (Picknick) zum ersten Krater und dann durch Sandmeer an den Rand des Kraterabbruchs. Blick auf Minikrater, erstarrtes Lavameer, und den **Piton de la Fournaise**. Keine Besteigung, da schon 17:00, wird für später beschlossen.

Rückzug bei Sonnenuntergang, Motive und Kuhglocken, Abendbrot auf Bettkante, Minischlegel, lauwarmes *1664 Bier,* aber – die besten Mangos der Welt! Nacht mit Alpträumen, enges Bett.

Mo. 2.3. Nebel, Sonne, Standardfrühstück, über *Col de Bébour* in den **Forêt de Bébou**r, nach kurzer Wanderung gerade noch Blick in den **Cirque de Salazie,** bevor Wolkenschwaden aufziehen. Kurze Abstecher in ursprünglichen Urwald, Moospolster, Aufsitzerpflanzen, Farne, keine Callas, nur Blätter, aber jede Menge Magellan-Fuchsien.

Zurück nach **Plaine de Palmistes**, neblig, aufwendige Suche nach Supermarkt: Schinken, Käse, Baguette. Zurück im Ort, verkohltes Hähnchen abgelehnt, einzelne Bananen, 1 piece 1 FFr, günstig, auf Miniterrasse vor Zimmer Vesper bei Sonnenuntergang.

Di. 3.3. Sonnig, nach **Grand Bassin**, Blick in Kessel, Neonkunstwerk Uhr... Bananenkauf 4 für 5 und 8 für 10: Mit Sega-Musik durch Zuckerrohr, Bananen, indisches Rohr, nach *Petit Ile,* 6 Croissants für 20 und 4 pains de raisin, Spontanentschluss, den Vulkan zu umrunden! Zuckerrohr und Mangobäume, Lavastrom, Lavaküste: *Cap méchant.*

Anse de Cascade, romantisch, Madonnakirche mit Lava und kuriose Kirche in *St. Anne*, über *Plaine des Palmistes* und *Col de Bellevue*, kein Poulet rôti! 2 *chinois.* Maultaschen und rote Salami auf süßem Weck plus Croissants und Bier.

Mi. 4.3. Sonne, Wolken, Regentröpfchen, über *Tampon*, *St. Pierre*, *St. Louis* direkt in den **Cirque de Cilaos**, eng, grandios, bedrohlich, phantastische Bergkulisse. Ein Biker schindet sich, wir autobiken am Steuer, 2 Tunnels. In **Cilaos** »Chambre d'hotel« 122, Mittagssiesta im Kaff, Suche nach Poulet rôti erfolglos, Postkarte, *Pâté de volaille au piment*, Salami, Bier, Joghurt.

Do. 5.3. Sonne! Standardfrühstück, Café au lait und pain raisin, nach *Ilet de Cordes*, verschiedene Wasserfälle, atemberaubende Ausblicke auf den *Cirque* bis zum Meer und auf den **Piton de neige.** Auf dem *Ilet* einfachste Häuser, Mais, Weinlauben, Linsen? Autowandern, Herzfotografie, am Fels Kletterübungen mit Seil, Lunch in der Laube vor unserer Herberge: Jambon, Kreolensalat mit Ingwer und Curry, Landbrot, Bier und kleine Ananas, landestypisch.

Wanderung in zwei Anläufen zu den **Cascades de Bras Rouge**, angenehmer Weg durch Halbschatten mit riesigen Agaven und wundervollen gelben Blütenständen einer unbekannten Spezies, Th. nimmt erstes Tropenbad nackt im erfrischenden Pool der Cascade!

Komplettierungstrip nach *Bras sec* durch Kryptomeriawald (Kiefer/Sicheltanne des indischen Ozeans). Die *Cir-*

ques sind die »Grand Canyons«« des Indischen Ozeans oder die »Napali-Klippen« von Kaui.

Auf *Route Forestier* zum *Roche merveilleuse,* Ausblick über *Cilaos,* deutsch-französisches Paar... Blick auf Teich – croissants, baguette, du lait, de l'eau, Joghurt et bierre – traveller's food! Salamidinner in Laube, Reservation für *Salazie,* Juniorchef spritzt nach jeder Ausfahrt sein dunkelgrünes neues Auto ab. Kreolische Madame, rosa Lilien ums Haus, buschiger Schäferhund, aber vernachlässigte Einrichtung.

Fr. 6.3. Grau, Nebelnässe, trockenes Croissantfrühstück, kurvenreiche Strecke zurück mit viel Gehupe und mäßigem Erfolg, Steinschlagpassagen heil überstanden, in *St. Louis* poulet rôti – ist es frisch? d'aujourd'hui? Erster Versuch, Scheck einzutauschen in der Bank in *Plaine de Caffre* gescheitert, Tankstellen nehmen ebenfalls keinen Scheck an, wird das Bargeld reichen? Regen ab *Plaine des Palmistes,* wie wird sich das Wetter weiterhin entwickeln? In *St. Bénoit* an Küste erfolgreicher Scheckeintausch, später am Parkplatz am Meer unter Vacoabäumen herrliches Pouletpicknick!

Wieder durch Zuckerrohr- und Bananenfelder nach *Salazie,* der Madonna ein Lichtlein gespendet. Aufwendige Suche nach *Brautschleierwasserfall,* kein Herankommen möglich, Wasserfallromantik nicht befriedigend, Quartier in **Grand Ilet** bei Großclan Ch. Boyer, Bergzimmer mit plakativem, aber etwas engem Bad. Der Duschvorhang ist einzig on world!

Spaziergang durch Dieselduft, Nebelnässen und choucroute-Plantagen... Bierchen auf Rampe vor Minisupermarkt, Dinner 19:00 bei Seniormadame im Kreolenlook (buntes Kattunkleid und Strohhut), zweites Paar aus *Ville futuristique* zwischen Metropole und Bordeaux!

Lichipunsch als Apéritif, roter Vin de table, *Choucroute in Vinaigrette* als Vorspeise (wie grüne Bohnen), dazu gebratene *Canar*d in Kreolensauce, stramme, leicht geräucherte Hausmacherwürste, Saubohnen in Currysauce, dazu Reis, Kokoskonfekt! Das andere Paar sind klassische Wanderer – Animation für uns, am nächsten Tag den *Cirque de Mafate* anzuwandern.

Sa. 7.3. Frühmorgens *Piton*-glühen! Franz. Baguette, Café au lait, Baumtomatenmarmelade, gemütlicher Start bei Sonne, erste spektakuläre Aussichten, aber erste drohende Wolkenfetzen, eilends zum *Col des bœufs*. Einstieg in den **Cirque de Mafate** (Kessel), struppiger Bergwald mit Baumfarnen und magellanischen Fuchsien, frohgemut durch die **Plaine des Tamarindes** mit Flechten und schmatzenden Kühen bis zur petite catastrophe! Kniegelenk unglücklich angeknackst. Wir lassen die Kids und families weiterwandern und machen am Aussichtspunkt unser Hähnchenpicknick. Weg zurück slowly, Wolken mehren sich. Zwei junge Damen, zurückgekehrt aus Frankreich in ihre Heimat, berichten, Übernachtung im Talkessel sei möglich. Nach 4 h wieder oben am *Col*, heftiger Wind mit Wolken und Nebelnässen. Mit Umhang und Schirm bestens gewappnet, durch Nebel und auf Umweg zurück ins Dorf, Bierchen vor Supermarkt wie gehabt.

Rückzug ins Berghotel, Siesta, med. Versorgung, Dinner for two, Lehrerpaar, sie Inderin Theresa, er Franzose Daniel – seine Eltern wohnen in der Metropole, nicht in Paris, sondern im Mutterland – sie verbringen den Winter auf Mauritius, so wie deutsche Rentner auf Mallorca. *Passionfruit*-Punsch, Russischer Salat (Kartoffeln, rote Rüben, hartgekochte Eier mit Mayo), dann Würste mit *Rougaille, le Coq*, Reis und rote Bohnen, spröde *passionfruit*, saure, verstaubte Trauben, aber Geheimtipp für Mauritius.

So. 8.3. Schlimmes Knie! Frühe Spritztour ohne Erfolg, petit déjeuner diesmal mit Traubenmarmelade, auf Rückfahrt Bambus-Stopp, Abstecher nach **Hell-Bourg**, typisch kreolisch, Pizza und Schnecken, plus 13/10 Bananen und Kleinananas, 3 kleine für 20, 1 gr. für 5! Auf heiße Küstenpiste, kaltes Bier vom Chinesen, durch endlose Zuckerrohrfelder zur wolkenverhangenen Nordküste. Nostalgiefahrt durch *St. Deni*s, in 1h zurück bei M. Peltier in *La Saline*, diesmal japanisches Zimmer im ersten Stock wegen Installieren und Restaurieren; abends Minipizza und Bier.

Mo. 9.3. Sonne, Ruhetag, Wäsche für Madame, Fax nach Mauritius, Karten an Freunde und family, Geschäfte überraschend geschlossen, im »Resto Self«: *Coq* und *Lapin* auf Reis mit *Rougaille* und Bohnen, 5 kalte Biere beim Inder, er will alle öffnen – »Stopp!« Nachricht am Abend: »Le volcan s'éveille?!«

Di. 10.3. Der Vulkan est éveillé 18:00 – kurzentschlossen nochmals Fahrt zum Vulkan, Proviant im Supermarché von *Tampon*, die besten Schokocroissants! Die Straße zum Vulkan offen, Polizei und Vulkantouristen, wieder im Staub durch das Sandmeer zum Aussichtspunkt: erst Wolkenschwaden, dann ah! Fontänen aus Magma und dünner Lavafluss, Fernsehcrew live, Wanderung zum Aussichtspunkt, näher am Geschehen, Grollen, teilweise durch Nebel und Wolken wieder zurück. Nochmal im Supermarché, Delikatessen: Pâté, Bayonner Schinken.

An der Küste wieder sonnig und heiß, im fünften Rasegang auf Autoroute. Duschen, kühles Bier und Delikatessen, Riesenananas, altes und junges franz. Paar.

Mi. 11.3. Wolkig, Monsieur Peltier bringt Bestätigung für Mauritius, er hat den Vulkan nicht erreicht, zu großer Andrang, Autowäsche, Straßenmarkt mit Möhren in *Saline*, im fünften Rasegang auf Autopista nach *St. Denis*, leicht verfrühte Ankunft am Flughafen, doppelte Rekonfirmation: Erstens, findet der Flug statt? Zweitens, findet er *mit uns* statt?

Air Austral – Spezialairline für die Region, Mittwoch Spezialtarif für Komoren. Schöner Anflug auf **Mauritius**, leider auf falscher Seite. Sonne und Tropenhitze auf Mauritius, umständliche Formalitäten, M. R. mit Namensschild und Kleinbus über die Insel.

Erster Eindruck: Zuckerrohr und zackige Felskulisse. Family hat Einkäufe getätigt für die Hochzeit einer Nichte am Sonntag. In **Pereybere** in Seitenstraße zu »Les Bougainvilliers«, verschachtelt und mehrere Etagen plus Wendeltreppe, weitläufiges Appartement, indisch-französisch mit luftigem Pavillon, mit Bougainville laubenartig bewachsen.

Erste Erkundung: Bank, Geschäfte, Restaurants und Strand machen skeptisch – sind wir am richtigen Ort? Ist Mauritius die Insel unserer Träume? Abend im Pavillon mit franz. Schinken superior quality mit grünen Pfefferkörnern, tropischer *Planters* Punsch aus unseren Vorräten vom Duty-free (planter, lichi, coco). Schlafzimmer bewacht vom Löwenpascha aus Südafrika, Deko mit Plakaten aus Südafrika und mit Kunstblumen.

Do. 12.3. Sonne, nach Frühstück ausgiebigere Erkundung des Strandes. Seitwärts finden wir traumhafte Lagune. Privatvillen? Hotels? Ausgiebiges Bad, wir sind happy! Lichtes Gelbgrün, zackige Inselsilhouette, Schönwetterwölkchen am tiefblauen Himmel, feinsandiger Boden ohne Korallen – ja, wir sind happy! Mittagessen Kreolenwürstchen mit Rührei, deftig, plus *Phönix* Bier, Siesta.

Wir fahren mit M. R. nur bis **Grand Bay**, verzichten auf Festivitäten in der Hauptstadt zum 30. Nationalfeiertag. *Grand Bay* relativ bescheiden, hauptsächlich Boote, Rückfahrt mit Bus, Familytreiben am Strand, Ananas, Melone und kurzer Regenguss, Restauration im Pavillon mit »Kaffernpunsch«, alle Reste zusammen gemixt.

Fr. 13.3. Sonne, nach Standardfrühstück: Baguette, Butter, peaches-marmelade und café au lait, Vorratseinkauf beim Chinesen plus Karte; spätes, aber ausgiebiges Bad in der Lagune. Spaghetti mit Knoblauch und Schinken, erschöpft, Siesta im hot sleeping room, Kopf umgebettet, späte Promenade zum Strand, buntes Treiben.

Info über Dinnerbüfett mit Sega beim »Hibiskus«. Blick auf Privatstrand hinter Mauern. Beim Rückweg »holi«-Desaster, indisches Fest: vorbeifahrende, johlende Truppe überschüttet uns mit Farbpulver! Es ist Freitag, der 13.3.! Waschorgie erfolgreich nur bei den Farben Orange und Grün; Blauviolett setzt sich fest, »Holi«-Punsch!

Sa. 14.3. Sonne, 8:00 Start mit M. R. über *Pamplemousses* nach **Port Louis**, gelungene Promenade durch Central Market: Fisch und Hähnchen und Fleischerhalle, Gemüsehalle und Souvenirhalle. Schöne Trauben und Mangos, Vanille und Safran original aus Spain? Mauritius!

Vorsicht, Safranimitation für 170 Rupie = 15,- DM. Stadtrundgang, Kolonialgebäude, Moschee und Chinatown, mit Expressbus über *Triolet, Troux aux Biches* (Zentrum), *Grand Bay* nach *Pereybay.*

Lunch: Spaghetti indo-kreolisch, Tomatensauce mit *Daube*-Gewürzmischung plus Kreolenwürstchen, Siesta, Abendschwimm an Privatlagune, etwas modrig, Staubsand, Javelwasser mit Erfolg bei «Holi«-Klamotten angewendet, Farben fast komplett weg.

So. 15.3. Ab Sonntag, Mo., Di. und Mi. 18.3. »Es kreisen 3 Zyklone!« Ein gewisser Rhythmus pendelt sich ein: nach Frühstück mit frischem Baguette Bad am public beach, wo die Pensionäre sich trimmen (Reha) und schwimmen (palavern). Zwei Liegestühle werden aufgebaut, the »Boss« hofft auf Trip mit Glasbodenboot. Ananas, Rotis, Chickenburgerstände.

Kleine Exkursionen mit Bus, zweimal nach **Troux aux Biches** mit public beach und Luxushotel. Fotoshooting mit Model im Sonnenuntergang, leere Beachbungalows für etwa 100.– DM, Sega-Show bei »Club Med« wird dekoriert. Zurück über *Grand Bay*, am Abend Drink mit M. und Gästen, *Cuba libre* und *Pastis.* Tipp für Gemüsemarkt in *Goodland.* Der Ort wirkt indisch. Auf dem Markt: Knoblauch, Zwiebel, Bananen, Zucchini, Auberginen... Auf den Zuckerrohrfeldern liegen Berge von riesigen Lavabrocken, die Felder müssen entsteint werden.

Segamusik auf Kassetten. In unserer Küche: Topcurry mit Frischhähnchen, 2/3 Curry, 1/3 Daube, Chilischote, Knoblauch, Zwiebeln, Tomatenketchup, im Aluwok auf Gasflamme, macht Spaß! Ananas mit Taschenmesser, und Mangos präparieren – ein Abenteuer! Nachts Moskitos, Frösche, Schwitzen und Warten auf Zyklönchen!?

Do. 19.3. Pleitetag! Panikpropaganda im Rentnerpool – Malaria!? Citronellöl und Moskitocoils. Falsche Info über *Pamplemousses*-Bus kostet uns sicher 1/2 – 3/4 h. Moskitonetz in *Grand Bay* nicht akzeptabel: 50,- DM für Fetzen mit Blechring – eine Zumutung! Zum Trost englische Marmelade.

Fr. 20.3. Sonne, schneller Entschluss für Auto, 10:00, *Suzuki Murati* = marodi: krächzender Anlasser, abgeschliffene Bremsen, falsche Scheibe. Irrfahrt nach **Goodland** an die Ostküste, »Bel Mare Plage« Hotel, Topstrand und Tophotel. Piste zum Superstrand zwischen zwei Mauern im Vulkanlook, etwas weiter südlich public beach, cristal clear water, Bad!

Präsente für Sylvie und Silvio im »Tookrock« Hotel abgegeben, burgähnlich verschachtelt, verschiedene folkloristische Sektionen, indisch, italienisch... für ça. 130.- DM, Lobsterfest, *Ile aux Cerfs* leider eingegraut.

Rückkehr durch Zuckerrohrfelder mit mehreren riskanten Wendemanövern dank bescheuerter Beschilderung oder Nichtbeschilderung. Ungewollt über *Cap malheureux* bei Sonnenuntergang, Apéritif mit Mme. und M. von nebenan. Kräftige Kreolenpfanne mit Würstchen und mauritianischen Zucchinis!

Sa. 21.3. Super-Frühstart um 8:30 bei makellos blauem Himmel Richtung »wilder Süden«, Freeway erreicht, aber Abzweigung trotz genauer Beschreibung von M. R. verpasst. Nach Cola und Tanken auf richtiger Autoroute nach **Flic en Flac**, bescheidene Lagune und verschaukelte Touristen in Luxushotel. Der Pool – schöner, aber zu klein – ist als Lagune gestaltet. Kindisches Animationsprogramm. Querverbindung über *Woimer* unauffindbar.

Dräuende Wolken, ohne Umschweife nach **Morne Brabant**, ins Hotel »Le Paradis«, Top-Strand, Privatbad an kleiner Bucht am Ende, kristallklares Wasser, leuchtende Farbe, Panorama – alles stimmt. Etwas weiter ist ein sehr guter public beach; einheimische Ausflügler, sonnige Ecke. Entlang der Südküste durch *Britannia*, gepflegter Zuckerrohrstaat mit schmucker Zuckerfabrik, landeinwärts kleine Schauer, bescheidener Fischfang, Wellblechhütten!

Relativ direkt auf Freeway, Mr. Th. Hasemann, teils gejagt, teils in eigener Regie, nach Norden, richtige Abzweigung nach *Pereybere* erwischt, aber quasi vor der Haustür beim Abbiegen wegen verrückten Fahrers eine Beinahe-Katastrophe. Wundervolles Hähnchencurry und letzte (vorläufig) *Pina Colada*. Trotz Moskito-Coils kräftiger Stich ins Knie!? Verräucherte Nacht dank chinesischen Coils.

So. 22.3. Früher Start mit *Suzuki marodi* auf nun bekannter Autopiste nach Süden zum **Grand Basin**, Kratersee – umgeben von Hindu Heiligtümern, Tempel um Tempelchen, mit Shiva und Parvati, Hanuman und Kuriosa, wie bekannt. Tempelwächter schlägt die Glocke, zwei bis drei singen, einer stößt ins Muschelhorn. Beinahe-Wanderung im Nationalwald, kurzer Lehrpfad durch struppigen Buschberg-Urwald. Einheimische mit Kübeln en masse unterwegs auf der Jagd nach der wilden Guavefrucht.

Schließlich auf der *Plaine Champagne* doch noch Blick in die Schlucht des *Rivière Noire* mit Panoramablick bis hin zum Meer. Überraschungswasserfall »Alexandra«, dann aufwendige Anfahrt auf Piste zur *Cascade Chamarel*, beeindruckend, dann zu *Coloured Earths*, *badlands*, zwischen lehmbraun und rotviolett, wenig beeindruckend.

Sprühregen, nervende Autofahrer, zum *Morne Brabant*, viele einheimische Ausflügler, fröhlich trotz Regen, Kokosnussfarce, bestehend aus Unbeholfenheit des Eingeborenen, Missverständnissen und der latenten Angst des Touristen, betrogen zu werden. 10 Rupien per Auto nachbezahlt.

Botanische Highlights des Tages: unzählige, aber zerzauste Travellerbäume und, wie öfters, Oleander, gelbe Alamanda, Eukalyptus. Über *Quatre Bornes*, Radrennfest, auf die Piste. *M1* und *M2* sind unsere Drehachsen von Mauritius.

Mo. 23.3. Ruhetag – Autoabgabe: 555 km, mit Polfilter Lagunenbilder.

Di. 24.3. Organisierte Tour mit Minibus zur Schiffsmodellbaufabrik mit Museum: die Klassiker der Segelschifffahrt originalgetreu nachgebaut, *Goodlands*, nach **Pamplemousses**, botanischer Garten – großzügig angelegter Park mit Seerosen und Lotusteichen als Highlights. Tropischen Regenguss unter altehrwürdigem Baum durchgehalten, gelbe Alamandablüte als Last-minute-Foto.

242

An die Ostküste auf die *Ile aux Cerfs* übergesetzt, touristisch total erschlossen, Boutiquen und Reste einer Sega-Show. Knapper Schwimm im Flachwasser, Ebbe, aufgewühlt, kurze Regenschauer. Auf Rückfahrt Reifenpanne, schnell behoben mit Hilfe eines drahtigen Fahrgastes. Nach dem Travellerfutter – Croissant, Schneckennudel, Schweinsöhrchen, Fisch/Käse-Blätterteig – Freude auf chinesisches Chickendinner mit duftendem australischem Reis! Punsch ist angesagt! Räuchernacht, kräftige Schauer und knatternder Froschgesang.

Mi. 25.3. Mit der »Kraft der zwei Eier« in den Rentnerpool. Aufwendiges Lammragout. Wir sind ziemlich geschwächt durch üppigen Colapunsch. Probleme beim Telefonieren mit der Heimat. Telefon erweist sich als ein gefräßiges Monster: 110 Einheiten für etwa 2 min.

Nach Siesta Schnorchelversuch durch Ebbe vereitelt, reumütige Rückkehr zur Familienbucht. Sunsetswim, hervorragendes Lammcurry mit Kalebassen-Auberginengemüse, Punsch und Räuchernacht.

Do. 26.3. Nachmittags Erkundung der *Grand Bay*, Traumstrände bei »Veranda Bungalows«, gepflegter Park mit Flaschenpalmen, und Luxusresort »Mauritia«, schönes Pool als Ersatzlagune. Abendessen im Zeichen von Lobster und Crevetten, nostalgisch verschnörkelt. Beim GBS (Grand Bay Store) Wein und backheiße Flûtes, Höhepunkt des Abenddinners mit Salzbutter.

Fr. 27.3. Langer Rentnerschwimm durch Unterhaltung mit deutsch-mauritianischem Paar, Stories vom großen Hindufest (Regen und Autostau), ethnische Spannungen, Morde, Moslem – Hindu. Alte Schweizer und junge Mauritianerinnen: hart erkauftes Penunzenglück. Keine Kraft für *Port Louis*, Pression (Tief) drückt auf die Aktivität, prompt verregneter Nachmittag und Abend – good to be at home!

Sa. 28.3. Am Abend Info bei »Hibiskus« über Sonntagsbüfett mit Sega. Wir entdecken eine schöne Bucht links vom *Hibiskusbeach*, Geheimtipp (Holi-Desaster vor Mauer), geräucherter Schinken für Hund Benno, der nach seinem Ausflug in die Freiheit reumütig zu den Futternäpfchen seines Herrchens zurückgekommen ist. Wilde Katze riecht feine Lebermousse, amuse gueule für die Katz!

So. 29.3. Sonne pur, angekündigt am Vorabend durch warmen Wind und lichtes Blau am Himmel. Sonntäglicher Schwimm in der Hibiskusbucht, wenig Leute im Gegensatz zur public beach. Schnorchelversuche wenig ergiebig, auch nicht nachmittags in unserer Moder-Traumbucht. Abends Dinner mit Sega im »Hibiskus« *Pereybere.*

Dünne *Pina Colada* mit Ananasstück und Hibiskusblüte, horrender Preis! 140 Rupie (Dinner 330 Rupie), too little rum for this price! Barmann futtert Früchte und spart den Rum auf! Erbsensuppe, verschiedene Salate, *squid, mixed pickles* mit Fisch, Kürbis, Spinat, pürierte Auberginen, Riesenchips, Fisch, Hähnchen, Rind als Curry und Daube, Schiffchengebäck, Liebesknochen, Flan, gebratene Bananen, Kokos- und Bananen-Cake.

Sega-Show: 4 Musikanten im Kreolenlook mit Strohhut und Trommeln, flach, und Zimbel und Gitarre – die 4 Mädchen im Rüschchenlook, hüftkreisend, schwingend, moderat, Gesang nostalgisch, wehmütig, Mischung Onkel Toms Hütte. Themen: Beschreibung aus dem Alltag, Familie, Baguette... Lebenslust in schweren Zeiten, kleines Glück hinter dem Rücken der Sklaventreiber, Melancholie und Lebensfreude ...

Mo. 30.3. Wieder on the road mit *Maruti Suzuki*! (650 Rupie, ~ 54,- DM), auf Autopista, in **Port Louis** an der Ampel von Kleingauner angesprochen (Hotelangestellter mit »frisch operierter Mama«, 400 Rupie ausleihen bis Abend), Knöpfe runter – Scheiben hoch und aufgepasst!

Bei Abzweigung nach *Le Val* trotz Rat des Taxifahrers weitergefahren und gefunden. Schöne Orchideen, Park mit Anthurienzucht, Helikonien, Esel, Zebra, Leopard und vor allem: Karpfenzucht und Brunnenkresse-Anbau.

Durch *Mahébourg* auf Hinterstraße über Querrinne gedonnert zur **Pointe Desny,** *Club nautique*, privat abgeriegelt, aber phantastische Farbe, klare Lagune, vorgemerkt für einen swim. Zuerst zur **Blue Bay**, touristisch voll erschlossen – aber etwas matt. Reumütig zurück zum *Poin-*

te Desny, auf schmalem public Schleichweg zwischen Mauern zum Traumstrand – die besten Strände von Mauritius sind zwar öffentlich, aber privat zugemauert. Lagune wie erträumt, allerdings etwas windig und mit Strömung. An der Ostküste entlang keine Strände. Fischer, Wellblech, ärmlich, abenteuerliche Querung, ungewollt über Quartier militaire, auf verheerender Piste im Ausbau nach *Moka*!

Topmotiv im Rückspiegel, Berge im Abendlicht verschwunden. Mr. Th. Rasemann auf Piste – Jagen und Gejagt-werden. Abendhighlight: Kürbisgemüse, Rostbratwürste nach Thüringer Art und Spaghetti, Eis mit Planter's und Rum.

Di. 31.3. Samplertour für letzte Geheimtipps, *Montagne longue*, Peter Both, das Männchen auf der Klippe, Ananas, Zuckerrohr und Gemüse im Gartendistrikt *Nouvelle decouverte!* Nach *Curepipe*, bizarre Suche nach dem erloschenen Krater **Trou aux Cerfs** (hier wurden Javahirsche gesichtet), schwarzer See im Krater, ebenso bizarre Suche nach *Henrietta*.

Kreuz und quer durchs Hinterland von *Curepipe*, Blick von Viewpoint auf die Fälle – **Tamarind Falls!** Verzicht auf die Anfahrt auf fragwürdigem Weg, Erdpiste mit fragwürdigem Führer. Zurück über *Henrietta* auf Hollywood Street nach *Magenta.*

Straßensperre mit Posten wegen Jagdrevier, nur mit Permit passierbar! Guter Rat: bei Schweinefarm links ab und beherzt durch Privatgelände auf Küstenstraße nach **Flic en Flac**, Bad am public beach, Kokosnüsse »two for one!«

Bei einsetzendem Regenschauer zurück, durch *Port Louis* in der rush hour, Skyline schimmert im Abendlicht: Marmorturm, Aluturm und Glasturm. Nachts quakende Traumprinzen.

Mi. 1.4. Morgenbad, mit public bus nach *Port Louis*, Tropenkulisse am Straßenrand: Colareklame, Wellblech, Bauruinen, Plastikkästen mit Süßigkeiten und Fettgebackenem, Tausende von Kleinläden, prêt a porter, articles de luxe, Friseure mit Topfrisuren, Ramsch und Kitsch... beliebiges Durcheinander, Chaos.

In **Port Louis** quer durch Marktviertel mit fliegenden Händlern: Schmuck, Kämme, Seifen, Batterien, Ringe, Uhren, Jeans, Unterhosen, Hemden, Trauben, Knoblauch, Ingwer, Ananas... zum *Airway Center*, hochmodern, flotter Service bei *Air France*, dann zur Shopping Wharft mit Casino, Schiffsbug mit Löwe, Marke Las Vegas. Shoppingcenter mit handicraft Erzeugnissen des Landes: Flechtarbeiten, Batiken, Punsch, *Ilan Ilan* Parfüm... und Luxusshops mit Markennamen: *Diesel, Harper's, Kai...* für die Konsumelite und die, die dazugehören wollen.

Foodmile mit indisch-chinesischer und Pizza Hut Section, fried noodles und Cola. Gegenüber »Waterfront« Hotel, außen klotzig, burgähnlich, Maharadscha Palast – innen mondän mit Luxusrestaurant – ansonsten das Ganze im mauritianischen Jugendstildesign für den Shoppingtouristen. Choucroute, Auberginen, Frühlingszwiebeln, Knoblauch, Ananas und Bananen frisch vom Laster.

Durch Hitze zum Busbahnhof, wir warten im Expressbus mit kühlem Wasser. Paté-mousse und Grüner-Pfeffer-Schinken, Ananasdrink, die Nächte werden merklich kühler.

Do. 2.4. Tränensackbräunungskur gegen den Eulenblick, wo sind die Pigmente? Regenschauer ausgenützt für Kochorgie: muttonlegs-curry, Mischgemüse: Choucroute, Auberginen, Frühlingszwiebeln, mit australischem Reis und Dessert: Eis mit Planter's, Regenpausen fürs Bad genützt, Statistik verbessern! Abendschwimm im Regen, hüpfende Tropfen.

Abends egg and bacon, kühler Wind, leichte Regenschauer und, wie immer, quakende Traumprinzen (unerlöst), Wildfütterung: Schinken für den Hund, Mousse für die Katze.

Fr. 3.4. Nach Augenkur Bad am Hibiskusbeach, volle Sonne, blaues, klares Wasser, allein... Nach Lammcurry und Eisdessert Schmorschlaf-Siesta! Wieder an Hibiskusbeach – Abend-Sunsetschwimm ohne Mütze und Brille, »rebirthing«, Delphin, Rückenkraul, tolle Wasserspiele – wie in jungen Jahren! Abends Delikatesse: Moussepaté und *smoked blue marlin* und *drunken pineapple*.

Sa. 4.4. Sonne, Morgenbaguette, »no alcohol« an Sa, So, Mo – wegen der Wahl! Zwei Biere im Vorrat und Rum für Punsch. Genussschwimm und Fotos am Hibiskus-beach, Apéritif bei M. und Mme, Sunsetschwimm! Gäste-treff im Rondell und Drink beim Patron, bescheiden, Spri-te, Cola, Saft, weißer Rum – drunken banana, bacon and eggs.

So. 5.4. Frisches Baguette, Kassensturz, letzte Rupien angelegt in Gewürze, Shampoo, Seife, Coils – Abschieds-schwimm am Hibiskusbeach; english lunch, egg and sau-sages! Gut gestärkt Transfer mit Patron zum Flughafen im roten Toyota Corolla.

Im Duty-free: no planters, no rum! Stattdessen Pastis, irischer Whiskey, Amarula, Passionsfruchtlikör – nach be-rühmtem Liebespaar in Designerflasche. Flugzeugtheater: Gepäckbehälter voll, Arretierung von Tisch kaputt, unan-genehme Vorderfrau: »no capisco«, hohle Worte und fal-sche Versprechungen von den Stuarts – Lügen, friendly lies. Fischdinner, schlaflose Nacht.

Flug etwa 5 h bis Paris *Charles de Gaulle Nr. 2*, »La Terrasse de Paris« Café – Warten auf den Flieger...

Kuba

21.01. – 21.02.1999

Hasta la victoria siempre! Vinceremos – patria o muerte!

Airliner, Mühlhouse, 1 h Flug, Champagner und Snacks, 1 h 45 min Verspätung, ca. 10 h Flug, Ravioli.

Havanna, Pension »Casa Eduardo«, kolonial, spani-sches Kleinod, zwischen verfallenen Palazzi mit Säulen, überall Säulen, vom Malecon bis ins kleinste Kaff. Unser

Zimmer: große, gute Betten, wundervolle Kopfkissen, Baumwollbettwäsche, jeden zweiten Tag frisch, Blümchen, Sparlampe ohne Schirm, Kühlbox, entweder Propeller oder nachts Moskitoplage, Bad rosa mit schwarzen Kacheln, Tapete mit Schilf und Reiher, Toilette ohne Deckel und Sitz, Mangelwirtschaft...

Frühstück: Brot und Marmelade, viel Milch, starker Kaffee, manchmal Ananas, Orange, echter Saft, Eier und Käse, Mangelwirtschaft. Taxis am Platz um die Ecke, meistens »schepprige« *Ladas*, für 3 $ zur *Plaza de Armas*, Eingang zu Alt-Havanna vom Hafen, dort Privattaxis mit »Esposas« als Tarnung 3 $, offiziell 2 $. Antiquariat, Bücher aus Schweinsleder für Liebhaber, Zigarren auf der Festung, 65 $! »Amigo, you like cigar?« Musiker, *chicken* und *cerdo assado*.

Zwei **Hemingway Bars**, **La Floridita:** *Daiquiris* en masse, 6 $, Papa Hemingway, Errol Flynn, Fidel... und **La Bodequita del Medio**: Essenshöhle, mehrstöckig, mit Unterschriften übersät, Zitat Hemingway: *»Mi mochito en La Bodequita, mi daiquiri en El Floridita«* – Hemingway-Tourismus, Kolonial-Tourismus, Zigarren-Tourismus, Tropicana-Tourismus, schöne Menschen/Tänzer.

Marsch am **Malecon**, Brandung peitscht hoch, Winter? Sextourismus vom Malecon verbannt, trotzdem sprechen uns zwei Mädchen an zu undefinierten Abenteuern.

Marsch zur *Plaza de la Revolucion*, Zebralook-Busse fahren vorbei, *Che Guevara* Eisenportrait und Riesenmonument für etwas melancholisch dreinblickenden Dichter *Jose Marti*. Verschämtes Bier, Verfolgungswahn? Taschenmesser? Weitermarsch zum »schönsten Friedhof Südamerikas«, weiße Marmorsarkophage, Eintritt! Für alles Eintritt, ohne $ nichts! Rückfahrt von Friedhof mit Taxi: privado prohibido! »Büromensch«: »Todo es prohibido!«, esposa als Tarnung, Mütze abziehen, rechtzeitig zahlen, vor dem eigentlichen Ziel wird man abgesetzt. Zuerst noch tanken, dann Polizei, Strafzettel, wir fliehen.

Altstadtbummel, *Cathedral*, *Capitol*, *Convent*, arabische Medina, Kefta Kebab, Prado Walz, »Sevilla« Hotel.

Auto für 4 Tage, TUR 8842, 58 990 km, Kaution 235 $, Zigarrenmann, und Hotel »Inglais«: andalusischer Hauch, ehemaliges »Hilton« jetzt »Libertad«, modern, Buchung für *Tropicana-Show*, chin. Essen, mit Taxi zum *Torre*, hilfsbereiter Kellner, Überblick über Havanna auf Hotel »National«, schöner Garten und Swimmingpool.

Mit Auto 4 Tage, Autopista, Bananen, Tabak, Zuckerrohr, blühend, Kohlfelder, Orangenplantagen, Papayaplantagen, hinter *Cienfuegos* riesige Mangoplantagen, zarter Flaum auf den Mangobäumen. Menschen unter den Brücken, die auf den Bus nach nirgendwo warten, Truthahngeier kreisen.

Buffalos und Gauchos queren, Orangenlaster, Fahrräder auf Autopista. Häuser ärmlicher, Agavenfelder... Autopista in gutem Zustand, teilweise sechsspurig, leer, ein Zustand, von dem wir nur träumen können. Einschläferndes Panorama auf die Zuckerrohrfelder, Vorsicht nur bei Zuggleisen, unbeschrankt, und Stopp bei Brücken, wo Menschen warten. Alte Eisenbahnwagons und selbst gezimmerte Hütten auf Traktoren als Nahverkehrsmittel.

Zwei Nächte, **Las Terrazas**, Provinz **Pinar del Rio**, in *Las Terazzas* Hotel »Los Jazmines«: mächtiges Salatbüfett mit Mayosauce rot und weiß, Dörrfisch, Rindgeschnetzeltes, Reis mit Bohnen, Kartoffelstücke in der Schale, Minestrone, schwerer Kokoskuchen, Liebesknochen, Mango-Schokowürfel mit Biskuit. Orangen, rosa Pampelmuse, Papaya, Ananas. Tag der Ochsengespanne »Karamelos«, Tabakplantagen, pflügender Bauer am Abend, dressiertes Gespann, »Malanga« ist Taro/Yucca. In **Viñales**, Hähnchen und Bierchen vor Hütte.

8:30 Autopista Richtung **Trinidad**: Pastellfarbene Häuser in einer Reihe am Stück, himbeerrot, karamell, gelb, orange, blau, deftiges Grün, teilweise sehr renovierungsbedürftig, hinter den Fassaden auch saniert? Fotofreudige Männer und Kids, Gaucho auf Gaul mit Rumflasche, zahnlos und besäuselt. Spezialläden mit Tabak und Rum. Tabakfabrik: ein Mann 100 – 125 Zigarren pro Tag, Fabrik 25.000 pro Tag, Männer flüstern ins Ohr: »Cigarros, *Mon-*

tecristo, Coibas, *Number four* ? 20 – 300 $, Kinder rufen: »Caramelos, sapon?«

Auf *Plaza major* Kitsch und Souvenirs: Gehäkeltes, Geschnitztes aus schwerem schwarzen und rotem Holz, afrokubanisch, verschlungene Figuren und Masken, Frau auf Kobra reitend, Frauentorso, Kreolenpüppchen, Kokosaffe, Schimpanse aus Kokosnuss, zwei Strohhüte für 1 $.

»Las Cuevas«, Trinidad: Salatbar ohne Sauce, hervorragendes Fleisch, Schnitzelchen, Gulaschstücke, Polloschenkel, gebratene, panierte Auberginen, Dessert: brauner Plotzer, Biskuittorte mit Creme.

Über *Escambray Berge*, Pinien und Kaffee, Tropen und Subtropen, Baumfarne, Bananen, Palmen, Pinien, kubanische Baobabs, 15 $ Tanken, erster Durchfall, nach **Matanzas**, *Varadero* »Cancho«.

Varadero, Strand gepflügt wie in Südfrankreich, Wasser am Rand milchig wie Jade, dann glasklar, etwa 150 m breit, wenig Leute, ständig Animationen. Hotel »Tropical«: deutsch, Ringelreihen im Wasser mit Bananensong, Brust schütteln, Armbalett, durchs Tor laufen...

»Iberostar«, »Barlo« »Vento«, »Tortuga«, Seniorinnen in Ringelreihen – jüngere Dame, durch Animateur und dröhnende Musik in Stimmung gebracht, kommt swingend aus dem Wasser. Tanzschritte in »Los Delphinos« bei den Italienern für Latino-Tänze, Merengue, Salsa, Cha-Cha-Cha. Andere Truppe am Strand tanzt Calypso.

Hotel »Punta Blanca«, Italiener, Kanuwettbewerb. Alterchen kentert dreimal, gibt auf. Sportlertruppe von Schwarz bis Mokka im Dauerlauf und Gänsemarsch am Strand, Boccia spielende italienische ältere Herren und eine junge Frau, sie gewinnt überraschend das Spiel. Fischer wirft 2 m Rundnetz auf Sardinenschwarm, Angler mit Leine, Fingerspitzengefühl, kleine Barracudas, Muschelsucher.

Muscheln mit karamellfarbener Zeichnung geben dem Sand den cremefarbigen Ton, nicht puderweiß wie im Reiseführer, Rekord an Muschelausfuhr? Täglich frisch angespült, atlantischer Wintersturm schwemmt Seealgen,

Korallen und Quallen mit blau schimmernder Blase an –
Kondome oder Blasentang?

Sandmalerkunstwerke: Schildkröte, Burgen, Frau, ET,
drei Neger mit Dackel, köstlich – einer stürzt sich mit Harpune auf imaginären Fisch. Fischschwarm am Horizont
wird mit Pfiffen und Zeichen gelenkt. Erschöpfter Seniorradler, Abenteurer oder Genießer, mit Vorderglatze, klein,
dürr, durchtrainiert, liegt auf seinem Bike, Kopf auf Bike,
in praller Sonne – wir haben ihn schon auf der *Zapata*-Halbinsel gesichtet, Richtung Sumpfland und Krokodile.
Übernachtungsgutschein bei der Touristendame im Café,
tags darauf falschen Orangensaft trinkend und Cookies.

»Varadero spezial«: morgendliche Strafexpedition für
SünderInnen, leichte Mädchen und jugendliche Langfinger. Sie dürfen Blätter zusammenrechen. Unzählige Pferdekutschen, Getrappel, Hufengeklapper.

Touris mit farbigen Plastikarmbändern, bracelets, verplombt bei Tag und Nacht, das sind die All-inclusive-Touristen. Schon morgens um 10:00 schlürfen sie *Mojitos* am
Strand. Das Erbe Papa Hemingways ist der erhöhte Konsum von *Mojitos* und *Daiquiris.* »El Floridita«, die Kathedrale von Havanna.

Plastikbracelets sind der Schlüssel zum All-inclusive-Schlemmerparadies. Th. erlaubt sich einen bescheidenen
Mundraub vom fremden Büfett: 3 Stücke Ananas. Individualreisende als äußerst seltene Spezies.

Älterer Schweizer seit 10 Jahren in Varadero: »Alles
nicht mehr wie früher«! Restaurants und Bars leer, früher
1000 leichte Mädchen, letztes Jahr aufgesammelt und in
Arbeitslager gesteckt, Sextourismus weggebrochen, die
Einheimischen deprimiert. Zustände wie im alten Havanna, Hotels voll, Wechsel von 130 $ zu 50 $, jetzt privat für
25 $. Fröhlicher Rucksackreisender auch auf Suche nach
Unterkunft, landet er auch bei privat?

Hotels: Varadero Ost, Hotel »Melia«, 5 Sterne, Atrium
als Tropengarten mit Springbrunnen, Monumentalplastik
und hängendem Pflanzenflor, Rundgang mit strahlenförmigen Zimmerfluchten, neben Hotel »Melia«: »Las Ameri-

cas«, mit Arkaden, viel Palmen, Bananen und mehrstöckigen Futzi-pools mit Wasserfall.

Unser »Tropical Club Varadero«, Frühstücksbüfett, jeden morgen zwei Marmeladen, Guave und Mango, Tourist-class, statt Speck und Chorizo: Dosenwurst und Wienerle. Sehr gut: Biskuit, Streusel, Zimtplätzchen, Krapfen, Kleingebäck, arme Ritter, Pancakes. Käse: weißer Philadelphia und Würfelgouda: Obst: die beste Pampelmuse, Orangen, Papaya. Honigglasierte Chickenunterschenkelchen, kreolisch, Fisch oder Käsekroketten, Fischravioli.

Dessert: Strudel, Schweinsöhrle, Buttercookies, Kokosschnitten, Butterstreusel, Bananen im Schlafrock, Plotzerkuchen, Biskuit in allen Varianten. Unsere »Schmuggelware« für unterwegs: Bananen in Strandtasche, Butterplätzchen in Serviette, Limonen in Plastiksäckchen und Mütze für abendlichen Longdrink mit Fruchtsaft, Ananas, Tropenmix und *Ron Mulata*, *Havana Club 3* años! Und Deutsche Welle, Schnee in Deutschland?

Lunch: tägliches Pizzaritual in der Strandbar, 1 $ Budgetpizza und Cerveza *Kristall*, Chorizopaprikawurst geröstet, gebraten auf Baguette unter Palmen am Strand, Koch oder Besitzer mit der Speisekarte auf der Straße: »Amigo? ...« Warten auf Gäste, Dinner komplett 10 $, am beliebtesten: *Pollo frito* mit *Papas fritas*, ein halbes Hähnchen für 3 $ (2,20 - 3,50 DM), »Bodega criolla«: *shredded beef*, Rinderzwiebelschnitzel mit Tomatensauce, Schweinebraten in Limone, Lorbeerblatt, gesäuerte Zwiebeln, Knoblauch? Musik: Sängerin und drei Herren, 2 Gitarren und 1 Trommel, Fado, Saudade, Cha Cha Cha...

1 $ Plate an der »Calle 13«, kalter Chickenunterschenkel, Käpt'n Iglu Fischfilet, kalt, nachbraten lassen, mit Reis und Brot, Bier mit Fassgeschmack, zum Glück Schweinsöhrchen vom Büfett geschmuggelt, 1/2 Hähnchen nach Chefart: kleine Stückchen ohne Knochen mit Tomatensauce, Musik, Sänger: »Comandante Che Guevara ....«

Kubanische Momente: Air Condition laut wie Traktor, am Abend wie leise schnurrendes Kätzchen – hat sie sich von selbst repariert oder war es der Hausmeister? Toilettenspülung mit Nylonfaden, Wasserrationalisierung, Klodeckel nicht vorhanden oder falsche Größe, senkt sich immer wieder langsam auf Rücken. Toastmaschine: je später, desto dunkler der Toast, am Schluss verkohlt. Naschen: süße Törtchen und kitschige Torten, zartblau, rosa, Eischnee, Dreier-Bechereis »*Tres Gracias*«.

Revolution: Che Guevara auf T-Shirt und auf alten Pesos, Lehrtafel zur 40-jährigen Revolution mit drei Flügeln – links in Schwarzweiß: vorher wenige Reiche, arme und verelendete Kinderbilder – in der Mitte: die Helden der Revolution, Fidel, Che und die anderen, mit Maschinengewehrpose – heute in Farbe: Erziehung, Schule, Gesundheit, soziale Sicherheit, Altenheime, Sport, Kultur.

Wetter in Varadero: Wind aus drei Richtungen: Bahamas, Mexiko, Florida – in der Sonne warm, im Schatten kalt. Zum Abschied für Putzfrau und Gärtner Geschenke Badebilanz: Th. 35 mal im Meer! K. 31 mal.

Australien

19.05. – 03.07.2000

Känguru, Koala, Kakadu

So: Ankunft **Adelaide**, 7:00 Flughafen, Cappuccino, Eukalyptusbäume, Wellensittiche, mürrischer Taxifahrer, »Director's App.«, Zimmer mit Mikrowelle, Fernseher, ohne Fenster, kühl, Baptistenpastor (Holländer) begrüßt uns, Knabe begrüßt uns mit »good day«, wildfremde Menschen begrüßen uns. Häuser im Stil der Jahrhundertwende, neoklassizistisch, old english, Backsteine, karamellfarben, skurrile Skulpturen, Stuart u. Flinter Explorer. 5 $ »day special«: calamares, chicken mit mushrom, pommes frites, 1 Glas Wein.

Mo: Donut u. Kaffee nebenan, Provinzhauptstadt, Kulturmeile, Parlament, Railway Station, Rundle Street,

Bronzeschweine (Trüffel, Horatio ..), Casino, *Adelaide Festival Center*: »The artful cello exhibition«, Aboriginal-Ausstellung, musealer Kult – harte Wirklichkeit (Hungern in Pt. Augusta), stilvoll, feierlich, erinnert an den Umgang mit der Indianerkultur. Mischung aus primitiv und ästhetisch anspruchsvoll.

Jäger, Jagdszene mit Känguru, Speerjagd, Beuteltier ausräuchern, Kind mit Krabbe. Zeremonien: Kindbeerdigung, Wallebytanz, melanesischer Einschlag. Flechten, Fischen, Jagen. Nahrung: Wasserlilienwurzeln, Livistona Palmsprossen (wie Sellerie). Bumerang hat viele Varianten: Stechen, Schlagen, Werfen, aber auch für Zeremonien. *Central Market*: Butcher beeindruckend, Rumpsteak, tellergroß, Shirloin, T-bone, billig. In »Director's Pub«: day special 5 $, draft beer, alte Filmplakate von Hoolywoodschinken. Bilanz Adelaide: mit dem Charme einer Provinzstadt, nichts Futuristisches.

Di: 1. Tag mit Camper, Taxi, *Britz*: 40.825 km ! 277 km, Bei Woolworth hemmungsloser Einkauf: Steak Shirloin ohne BSE, eggs u. bacon ohne Cholesterin nach Landessitte, Jam, Trauben, Salat, kein Bier, kein Wein! Im TV: »Bananas in Pyjamas«.

Raus aus Stadt. *A1*, Flachland, kleine Salzlagune, erstes Känguruschild. »Oversized!«: Polizeikonvoi für Transport, 2 Häuser in flotter Fahrt, runter von der Straße!! In der Dämmerung Camp **Mt. Remarkable**, 12 $ im Umschlag. Kängurus wie eine Mischung aus Reh u. Kaninchen, dunkelbraun mit grauem Hals. Kakadus, silbergrau mit rötlicher Brust, gigantischer Eukalyptus, silbergrau, blühende Mimosenbüsche, Sumpfgras für Känguru.

2. Tag, im Morgengrauen Vogelkonzert: sie schreien, zetern, lachen hämisch, glucksen, in Wellen, auch ein leise brummelnder Riesenvogel, Strauß, Emu? Kauernde Kängurufamilie, weghoppelnd wie Hasen in die Büsche, Kakadus flattern paarweise wie ein Pfeil. Th. befreit Vogel aus Käfig, aufgeregtes Geschrei in den Bäumen, jeden Tag eine gute Tat. Abstart 11:00, Sagebrush, steppenähnlich, kaum Verkehr, aschgrüne Büsche, die letzten

Wolkenfahnen lassen wir hinter uns bei Port Augusta, hinein in Sonne und Ozon, UV pur – UV-Backe? .

Port Augusta, im »Liquorland« hemmungsloser Einkauf von beer cans, *Westend draught*, 24 can / 26 $ und *light* / 20 $, Proviant für Outback. 13:00 endlich auf *Stuart Highway*, schnurgerade, links Tafelberge, Wolken-Wattebällchen, Wattepads, Schafherden, Richtung stimmt, Sonne im Norden, Steuer rechts, fahren links.

Beginnender Winter, »Down Under«, die ersten Mobilhomes, der weite Weg nach *Darwin*, einmal längs durch den roten Kontinent – rote Erde, silbrige Büsche, Bäume verschwinden, Büsche spärlich, weiße Streifen von Salzseen, zwei Tafelberge, »türkische Büschelwüste«, tote Kängurus, 2 Emus auf Straße. Erster Pistenabstecher um 16:00 zum Salzsee, gemeine Stubenfliegen im Outback, hartnäckig, dreist wie überall, fliegenverseuchtes Traumziel. Wir freuen uns aufs erste Bier im Outback.

Glendambo, große wilde Schafherden, Th. rennt u. macht Fotos. 17:00 Glendambo-Ortsschild: habitans/population: 22.500 sheep, 30 humans, 2.000.000 000 flies.

»Caravanpark«, 13 $, 347 km. Sonnenuntergang nicht so doll, Bier »eiskalt in Glendambo« – *Westend draught* aus can. Butterzarte *tendorloin steaks, garlic butter, ground pepper,* Trauben, red wine »*Queen Adelaide*«. Schöne Dusche, Sterne zum Greifen, sie scheinen tiefer aufgehängt als bei uns. Kreuz des Südens, deutliche Spiralnebel, vor allem die Milchstraße.

3.Tag, Farmer's breakfast: Schinkeneier. Es riecht nach Bratkartoffeln und Kaffee, rüstige Senioren starten früh, flying grey panthers. Wir starten 10:00 als letzte, Motto: *Entschlacken und Entkrusten, Horizont erweitern.* Topfebener Horizont, rötlicher Asphalt, Bäume, Büsche, ein Stück vom Highway ist als Notfall-Landepiste für Flugzeuge ausgebaut – animals on road: die Raben, die sich am Aas laben, auch ein Adler, 3 schwarze Adler am Straßenrand, *William Hutchison* Gedenkstein (1. Opal 1915).

13:00 **Coober Pedy**, staubig, Opalgeschäfte, Minen, Höhlenwohnungen, Geschäfte, lehmig, rosaweißer Sediment-Opal im Gegensatz zu Boulder-Opal in Queensland, überraschend kräftig leuchtende Farben, grün, türkis, blau, rot, nicht nur milchig. Katakombenkirche, Ohrringe, Aussichtspunkt, Staub, Schrott, Wellblech... Shopping, 4 l *Kaiserstuhl, Chablis*, crisp, refreshing, white dry wine. Junges Paar mit Großeinkauf, 2 m Kassenstreifen, doppelter Eintrag, alles auf Pump? Verstaubte Stiefel. Zwei Campingplätze im Ort, weitläufiger »Camp Stuart« vor Ort, 10 $, Hähnchen aufgegrillt, Wolken, nachts Regen, Angst um *Ayers Rock*, grüner Flaum um Coober Pedy, von Glendambo bis C.P. windig, Regenschauer, 265 km.

4.Tag, 10:00 Abstart, windig, lupenrein, nackt im Ozon, dann windig und wolkig bis zum Horizont, Wolken stehen im Kontrast zur trockenen Landschaft. Drei Adler auf Aas, schwarzbraun, weißer Kragen, weiß auf Flügel, dann wieder ein Adler, fliegend, zwei dunkelbraune auf Aas. Ab *Marla* Wolken lichter, Vegetation üppiger, aschgrün, trockener – Farbe zwischen Asche und Oliv. Pistenkürbis, olivhelles Gras, feucht, Regenpfützen.

Northern Territory, *Kulgera*, zwei Road Trains fotogr., Straßen gut, keine Steine, Road Trains bescheiden, flinke Kakaduschwärme. In **Erldunda** Campingplatz mit Britz Hi Tops, Austausch über Strecken u. Preise mit »Captain Iglu«, Crocodile Dandy Hut, mit Tochter 1/2 Jahr in Neuseeland, sie buchen über Internet, Bushcamper 105 $. Steak u. Chablis, kalte Nacht, klarer Himmel, Milchstraße zum Greifen nah, 499 km. 14 $ Frechpreis, »gerupft und gemolken«, kleiner Kakadu, 2 grüne Papageien.

5. Tag, 10:45 Start, Senioren mit Caravans Frühstart, kalter Wind, Tanken, Emus hinter Zaun, Grasland auf Weg zum *Uluru*, flinke Kakaduschwärme, mehr Känguruschilder als Kängurulife, hymnisch emphatischer Stil der Reiseführer, bebüschte Hügel, auffallend verhaltenes Rot, scheue, zurückhaltende Kängurus, versteckte Kakadus, von Grün überdecktes Rot, Symphonie in Gras u. Büschen, 12:30 *Mt. Conner*.

13:11 Th. erster Blick auf **Uluru**, 13:13 K. erster Blick auf **Katja Tuta**, Rotwein, *Chablis*, 13:45, Eintritt 5 days

15 $ per person, Abkommen mit Aborigines auf 99 Jahre. Wir kommen langsam näher – Annäherung an das magische Zentrum Australiens, in der Nähe beeindruckender als auf Postkarten u. in Bildbänden, ähnlich wie bei Gran Canyon u. Taj Mahal. Kleiner Walk entlang Felsmalereien, *sacred place*, *poucle of female*, symbolträchtige Spalte im Fels, weiblich, kein Foto!

Am *sunset point* asphaltierter Parkplatz, für VIPS festliches Arrangement, Champagner zum Sunset am *Uluru*, this moments are highlights of the australians. Fotografisch nicht optimal, Sonne im Rücken, kein plastisches Licht u. Schatten. Dem Schatten des Fotografen zu entkommen ist unmöglich.

1/2 km weiter, Sonne kommt unter den Wolken heraus, Fels leuchtet auf, nicht ganz so purpurrot wie auf manchen Fotos – ist es die Jahreszeit? Euphorische Andacht, Schampus, Abendrot. Auf Caravanpark »Yulara«, **Ayer's Rock**: Riesencamp, nummeriert, kalte Nacht, 293 km, 22 $ per night, Schampus, Steaks.

6. Tag 10:00, die Wölkchen schimmern von dem Rot der Erde. *Culture Center:* Aboriginal nachempfunden, mit Tonbildschau über Leben u. Zeremonien der Aborigines, interaktiv gestaltet, Geräusche, Vogelgezwitscher, Kunsthandwerk, Speere, Schild, geschnitzte Eidechsen u. Warane. Im Souvenirshop: Aboriginal Art-Drucke vom T-Shirt bis zum Overlander.

Ayers Rock umrundet, ähnelt einem Gehirn. Bürstenblumen, lärmende, winkende Kids. Mit der Kraft der Trauben u. im Sog glücklicher, leichtfüßiger Japanesen ans Ende der Schlucht zwischen den zwei höchsten Domen der **Olga Gorge**. Die Warnung vor Hitze u. Verdursten wirken angesichts des eisigen Windes leicht übertrieben.

Traveller, packt die wärmsten Socken, Unterwäsche u. Wollmütze fürs Outback ein, die Nächte sind erbarmungslos kalt! Extraschlafsäcke kommen voll zur Geltung. Sunset bei den **Kata Tjuta**, Sunset Barbecue Dinner vor den Olgas, keine Schlange, kein Skorpion, kein Reptil, wo ist der Drache? 146 km, »Yulara Camp«, 22.

7. Tag, 10:00, vom Bushcamper bis Monster-Outback-Laster alles vorhanden. Die im Zelt sind nicht zu beneiden. Grassteppe, bewachsene Sanddünen, sehr kleine Blüten, noch kein Anreiz zu Makrofotografie, wie Vergissmeinnicht, eine Art Frühling... *Spinifex* Grasbüschel, Silberstrohgrasbüschel u. knorrige *Ironwood desert oaks.* Silbriges Stroh, platingelb, Gras wie ein Kornfeld, wogender, wilder Weizen.

Am *sunsetpoint* der bewährte *egg and bacon* Lunch. Gut gestärkt Walk zum **Kings Canyon**, leichter Grad, Flussbett mit *Gumtrees,* platin- u. silberschimmernd, »japanese esthetics«, *red rock* Romantik, *Aboriginal sacred place*, das Ende des Canyon tabu für Frauen.

Auf Rückfahrt Ausschau nach Bergkängurus. No Kängurus, aber dann im Gehege der *King Creek* Station, putzig, gutmütig, das Trockenfutter knabbernd – entzückte Touris, der Verschluss von Th.'s Kamera läuft heiß, roter Sand, Gegenlicht, 342 km, 20 $.

8. Tag, Känguru- u. Kakadu-shuts, Kakadus im Baum, Liebkosen u. Putzen am Morgen, Schnattern u. Schnäbeln, neugierig schauen sie in die Fotolinse. 10:00, Kürbisse am Straßenrand, graumelierter Radler in voller Montur kämpft gegen den kalten Wind Richtung *Kings Canyon.* Ein Schwarm, wie Fischschwarm, flinker grüner Papageien. 13:00 Stopp in **Erldunda**, keine soap u. green box, Hemd an Abofrau. Eigener Kaffee u. zwei orig. Outback compact Futter für Pioniere, mit Datteln, very heavy and delightfull, delicious and heavy, Joghurt dipped by Karin, Schoko dipped by Thomas, *Bushwalker rough cake*, Shaw Foods, *Golden Anzacs* Biscuits.

Emus in Gehege, weites Land, horizontale Weite, Busch u. Gras, 15:33 erstes Überholmanöver eines Road Trains, 50 m Blut u. Wasser geschwitzt, zwei Adler kreisen, totes Känguru. Durch *Gap* nach **Alice Springs**, Aboriginal Art and Craft, teure dekorative Originalkunst, Didjeridus, Bumerangs... die Billigkunst, wie Geschirrhandtücher: made in Poland. Seltsamer Kontrast – hier Kult um Kultur, dort harte Wirklichkeit. Die Aborigines in dicken

Anoraks, barfuß und mit Fahne, latschen durch *Todd Mall* und Geschäfte, verschwitzt, struppig, schwarz verbrannt, wie Fremde, entwurzelt, sitzen auf Rasen und Bänken, säugen den Nachwuchs – dort die winterharten Touris im Café. *Big 4 Camp*, 443 km, 14 $, *australian classic*: überbackener Cheesetoast mit Red Wine, nachts minus 1,7°C, tags maximum 15°C.

9.Tag, 10:00, Shopping in Alice Springs, »delicious roast barbecue chicken, extra large, filled«, für den Lunch am **Emily Gap.** Zwei Lesben mit Mops, wasserarme *Trephina Gorge*, per Schotterpiste u. durch Wassersenke, professionelle Stöckchenmessmethode für das four-wheel Abenteuer. G*ost Gum Tree*, 300 Jahre alt, 33 m hoch/tall. Kleine VIP-Einlage: gekühlter *Chablis* auf die Ahnen, speziell auf Papa, der heute Geburtstag hätte (87 Jahre).

Red Ross River Homestead, urige Bar, Kaminfeuer, old lady am Computer, 8 $, 109 km, Pferde im Gegenlicht. *Ross-River*-Überquerung problemlos, zum Glück ausgetrocknet. Großzügiger Campground. Kakadus im Abendlicht, Brotfütterung, zuerst zwei einzelne, später ein ganzer Schwarm, ein weißer Kakadu, *australian classics.*

Zwei Allradcamper machen als erstes mächtiges Lagerfeuer, Bushcampstories u. markiges Lachen die halbe Nacht, bevor sie ins klamme Zelt kraxeln. Erste Raureifnacht, unsere Schlafsäcke stoßen an ihre Grenzen, wir auch – minus 1,7°C, tags maximum 15°C.

10. Tag, 9:30 good morning coffee, danish cake. Kamelromantik, Silbereukalyptus, gescheckte Pferde, grüne kleine Kakadus, ein Paar größere grüne Kakadus, *Harley-Davidson* Gedenkstätte. **Simpsons Gap**, Wasserloch, Schulklasse und verwilderter Huckleberry, verwilderte Sippe, mit Lamaponcho, barfuß, Gatte versucht, etwas im schattigen Fels zu zeigen, Wirklichkeit oder Wunsch?

Standley Chasm, 4 $ pro Person Wegezoll an Aborigines, *Gumtree*-Felswandromantik von Th. fotografisch ausgeschlachtet, bis zum mystischen Endpunkt, schmaler Spalt, Pool mit weißen Felsbrocken, mystisches Schimmern, kalter Wind. Käpt'n Iglu mit Tochter.

Schwächeattacke – wo bleibt die Kraft vom Uluru? Floodways mit Sand und Wasser, am *Waterwhole Ellery Creek* verdienter Chicken*lunch*, Ehrenrunde an »Glen Helen Homestead«. Zur **Ormiston Gorge**, zwei grüne Papageien auf Parkplatz lassen hoffen, Senioren kommen vom Walk. *Ormiston Gorge*, 263 km, Diskussion über camping fee 10 $, very poor, *eine* Dusche, *eine* Toilette, *ein* Wasserhahn, volles Risiko, *australian classics*, kalte Nacht, fantastisch naher Sternenhimmel, drei Kreuze des Südens – eins nördlich, zwei in südlicher Richtung.

11. Tag, beim Platzwechsel grüner Kakadu auf Ast um Haaresbreite bzw. 10 sek verfehlt, später noch einmal entdeckt, labt sich an Eukalyptussprossen bzw. Früchten. *Ghost Gum Walk nature trail*, *Red River Gums*, blühende Mimosenbüsche, Spinifexgras, Klingstein und dann das erste Rockwallaby, es kauert auf Felsvorsprung vor der Schlucht. Kleinkakadus, grün, wie Fliegergeschwader direkt um uns herum. Käpt'n Iglu durchwatet Fluss, junges Paar badet nackt in waterwhole, er Rastalocken. Verwegene, junge *Gumtrees* (Eukalyptus) wachsen direkt aus Felswand, echte adventurekids...

Kalte Nächte und Vierradadventure in der **Finke Gorge**, peacefull place for australian bushfeeling, 13:00 zweimal durch waterwholes. *Orche Pits*, farbige Lehmkreide, rot, weiß, gelb, für Dekoration und Medizin der Aborigines. Entlang der Flussbetten die *Gumtrees,* zum Teil gestandene Exemplare mit sicher 100 Jahren auf dem Buckel. Ehrenrunde bei *Desert Park*, 12 $ pro Person für eingesperrte Tierchen. In **Alice Springs** Vorräte, Riesling, letzter Rotwein, zwei cakes, 10 l springwater, Trauben, *oyster blade steaks*, Salat, garlic butter, vermicelli Nudeln, red wine unlimited. Entsprechend heiße Nacht trotz minus Grad, 145 km, 14 $.

12. Tag, 11:00 alter Herr: »Sleep well?« »Yes, you too?« »Yes!« Minus 4°C, very fresh. Zeltcamper mit Zipfelmütze u. Handschuh am Gaskocher, andere abgehärtet im Karohemd, *very cold at hot spot* Australiens: 45°F = 7°C. 3. Juni 2000.

11:22 am *Tropic of Capricorn, Wendekreis des Steinbocks*, VIP-mäßig ein Schlückchen *Queen Adelaide Chenin blanc*. Aus dem strohblonden Gras ragen rote ein halb bis ein Meter hohe Termitenhügel, bzw. Türme. Die ersten kreisenden Adler, schwarz berindete, knorrige *desertoaks*, roter Sand, *most central roadhouse* in Sichtweite von *Mt. Stuart*, dem geologischen Mittelpunkt Australiens. Ein Bushwalker u. Mandarinen aus der Region.

3:20 *Victoria bitter beer* in **Barrow Creek**, historisches Roadhouse-Pub, gepflastert mit Geldscheinen, alten Plakaten, Overlanderhüten; Feuer im Kamin, mehr kurios als stilvoll, Nostalgiezuschlag für Bier u. Benzin. Gelb blühende Büsche, ein Meer in Gelb, Termitenhügel wie Grabsteine.

4:54 **Devils Marbles**, **Karlu Karlu** im Rausch der Fotografie, Camp hinter den Marbles, 414 km, Porterhouse Steak u. *Stainley* Riesling, die Nacht am Tropic of Capricorn nicht mehr ganz so kalt, Milchstraße u. Sterne.

13. Tag, Fotopirsch mit Verzögerung bei sunrise, der innere Schweinehund, lasch und leasy, 10:24 Walk zu den Monstermarbles, kuriose Klassikbilder: Kugeln Stemmen, Schieben, Halten. Wogendes blondes Gras, gelb leuchtende Bürstchenblüten, Mimosenbüsche... Road Trains und ein lonesome byker gegen den Wind.

Abenteuer »Road Train« – sie zu überholen ist mit Rückenwind leichter. **Tennant Creak**, *Oasis Town*, »desert harmony, heart of gold«, am »Threeways Roadhouse« 2:02, Kaffeepause mit Lady Cake, very british, Rosinen, Cherry, feucht und mit *salt*. Rote Träubchen = Zierjohannisbeere, Stachelpalme, silbergrüne, dichte Eukalyptuswälder vor *Dunmarva*, totes Känguru und Adler, Kids in älteren Toyota Camper und Abfahrt! Grauschwarze über uns kreisende Vögel betteln um Futter, wir stiften *Vienna bread* von der Firma *Buttercup* aus Alice Springs.

Auf **Dunmarva** budget Platz, 462 km, 5 $, Container Dusche und WC, Knatschbrot der klassischen Art, *Blade steak*, Riesenrumpsteak für zwei, saftig und zart, passable Salatsauce, Salatdip *Thousand Island, French Coun-*

try, und *Stainley* Riesling. Relativ warmer Abendwind, der Beginn des tropischen **Top End**.

14. Tag, 9:45 Morgenglühen am Himmel, Blackout im Outback, **Daly Waters Historic Pub**, Kaff, im Pub haben Reisende ihre Visitenkarte, Dollars, BHs, Slips, Hüte etc. gelassen. Halbierte Fässer als Lehnstühle vor dem Kamin, frisch gezapftes morning draft Bier 2.40 $. Struppiger Eukalyptuswald, trockenes Gras und Termitenhügel, Kakaduschwarm. Irgendwo im *Never Never* coffee und Lady Cake, *Brunos Park* mit Termitenhügel als Denkmal: König, Königin, Soldaten, Nymphen, Youngs und Workers,

3:03 Einfahrt in **Nitmiluk National Park**, Baumwollhemd, trocken verstrupptes *Top End* trotz Regenzeit, *Visitor Center*. Bootsfahrt für nächsten Morgen gebucht und Camping, parkähnlich; verdächtige Losung.

Erster Schnupperwalk zum **Katherine Rive**r und *Lookout Point*, Eisvogel, grünroter Papagei, weiße Kakadus, leider erst nach Sonnenuntergang, in der Dämmerung vier Kakadus, weiß, auf Felsvorsprung – darüber in den toten Baumstümpfen die Nester. 356 km, 13,60 $.

Wallebies in der Dämmerung rascheln bis auf Campingplatz. Verdacht erhärtet sich, verschiedene Vogellaute, besonders heftig das Krähen und Quietschen der Flughunde – drei Bäume voll belagert von diesen schwarzen Kleinvampiren.

15. Tag, erster Tropentag! 8:30 Bootsfahrt, gut gelauntes Tourivölkchen, mixed, japanese bis australian. Schroffe Felswände bis zur ersten und zweiten Schlucht – wo sind die Krokodile? Staustufe, sehr gemütlich, sehr leasy, sehr entspannt, südaustral. Lied, south national austral., Japaner stiftet Minibumerangs aus Jelly. 13:25 kräftiges Farmerfrühstück mit egg & bacon. In *Katherine* in Westpac (no comission) Geld gewechselt, Proviant gefasst: Brot, Lady Cake u. T-bone steak, matches.

Die Straße enger und crowded, meterhohe Termitentürme, Buschbrände allerorten, kleine Palmen, wild oder gepflanzt. Kaffeepause mit Lady Cake auf Roadside Area, Wagenburg von wilden Caravancampern, »Banyantree

Campground«, ein paar km vor *Litchfield NP*, über Grassteppe zum Urwaldrand. Australian Dinner: zartes, marmoriertes *Scotch Filet*, Salat, Riesling, warme Nacht.

16. Tag, »Im Zeichen der weißen Kakadus«, morgens außergewöhnliches Vogelkonzert, ein Paradies für Vogelfreunde, Sensation: ein Schwarm von kreischenden, rätschenden, weißen Kakadus auf Baum vor Campground, erste Versuche mit dem 400er. Auf dem Weg zum Litchfield NP viele lehmfarbene Termitenburgen/–kathedralen, 3 m hoch. Spezialität in Litchfield: »Magnetic Termite Mounds« – die grauen Wände in Nordsüd-Richtung.

Highlights des *L.N.P.*: 1. *Florence*, doppelter Wasserfall mit Planschpool; auf der Jagd nach dem final shoot herber Verlust des Objektivdeckels – dennoch bei den *Rock holes* erfrischendes Bad im natürlichen Felspool, prickelnde Massage vom Wasserfall, das Wasser nicht einmal so kalt. Kaffeepause mit light Fruit Cake, 2. *Talber Fall*, lang und schmal, 3. *Wangi Falls*, mächtig, Pool gesperrt wegen Salzwasserkrokodilen, kurzer Walk, echte Urwaldromantik, schlanke Palmen, orangefarbige Eukalyptusblüte hoch oben. 16:50 verlassen wir den L.N.P., Buschfeuer, versmogter Himmel, milchiges Gewölk, matte Sonne, Rauchschwaden, Rauchwand, Schmauchspuren an den Bäumen.

10 km vor *Darwin* »the newest caravan Tourist park«, sachlich, funktional, mit kleinem Pool, 227 km, 15 $, Nachbar Deutschaustralier mit sächsischem Slang, Stasi? 5 Monate unterwegs mit Wohnwagen als Tourist und für »Fossicking«, Gold- und Steinesuche, Gold in *Tennet Creek.* Zitat: »Man findet immer etwas, lässt sich die Stellen von Einheimischen zeigen«. Saphire, 5 $ Lizenzgebühr pro Woche, Fund, große Illusion? Very hot night.

17. Tag, 10:00 *Darwin City*, *Esplanada*, Blick auf die smaragdgrüne *Timor-Sea*. *Smith Mall* mit türkisfarbener Stahlkonstruktion als Sonnenschutzdach, Shops, Aboriginalkunst unlimited, Wälder von Didgeridoos und Bumerangs... Vorräte bei Woolworth und Ersatz für Objektivdeckel 5 $. Highlight bei Chickenlunch: marinierte Hähn-

chenkeule, das gefüllte klassische Mayoranchicken extrem trocken – knackig frische rote Trauben als krönender Abschluss des Esplanadenlunch – schmerzlich: keine Butter, noch schmerzlicher: keine garlic butter mitgenommen!

Next Stopp: *Wetlands Tourist Information Visitor Center*, auf Hügel, mit Wellblech, Stahl und Beton, interaktive Bildschirme, Wellblechkapelle, Show über die australische Tierwelt im **Wetland** etc., schwülwarm, graue Wolkendecke, massenhaft weiße Sumpfvögel, Reiher, Kormorane, lichter Eukalyptuswald mit angeschmauchten Stämmen, 15 $ pro P. für 14 Tage, Kakadupark-Ranger erklärt, wo die ersehnten Baobabs sind: in Western Austr. *Victoria River.* »Aurora Kakadu Resort«, 230 km, 12 $, Moskitoattacke, Nieselregen, feinster Sprühregen, nachts Geheul der Dingos, zuerst vermutet: Scherz einer Schulklasse, in allen Tonlagen – dreimal die Nacht, relativ kurz.

18. Tag, 9:00, kurzer Walz zum *Billabong*, Meer von Seerosen, Blick auf *South Alligator River*, schlammgraue Ufer, unsichtbare Krokodile, *Mamukala* Walk, Aussichtsplattform, zwei Entenpaare am Horizont, Lehrpfad mit Vogelschildern, erleuchtende Erkenntnisse über Schraubelpalme, swamps und Straßenüberflutung, Wasserstandsmesslatten am Straßenrand.

Ubirr, Aboriginal-Art, Aboriginesmalerei in den Felsnischen: Fische, Schildkröten, Männchen, Kängurus, Regenbogenschlange – in den Farben: Rot, Orangegelb. In verfeinerter, anspruchsvoller Form im »Crocodile« Hotel, cooles Wellblechdesign, stilisiertes Krokodil, innen Marmor, außen understatement.

Bei *Ubirr look out,* Blick von *Arnheim-K*ante auf *billabong,* leuchtendes zartes Grün, wilder Reis? Ranger beantworten geduldig die Fragen eines wissbegierigen Trüppchens. Die Bäume stecken bis zum Hals im Wasser – oder – das Wasser steht ihnen bis zur Hüfte.

Visitor Center: klassische Darstellung über Fauna und Flora. Ein Schwarm pechschwarzer Kakadus, *Nourlangie Rock*, a lonesome dingo, goldbraun, in goldenem, strohblondem Buschgras, Steppengras... **Kakadu NP**, »Gagudju Lodge Cooinda«, 200 km, 18 $.

19. Tag, 9:00 Bootstrip, endlich Krokodile, bewegungslos, eins mit offenem Maul... diverse Vögel, schwarzweiße Gänse, Bienenfresser, Ibisse, Angler, Lilies, Seelilien, Seerosen, weiß und hellblau – Lotus, weiß und rot im Knospenstadium. Böse Überraschung danach: ein Film fehlt (Darwin – Kakadu NP). Kraft durch *T-bone steak*, Warnung von Ranger vor kreisendem Adler, dass er sich das Steak greift. Attacke abgewehrt, Flucht ins Mobilhome, Diebesverlust.

Walk am *Yellow water*, Schwärme von weißen Kakadus, Seelilien, Ibis, Reiher, zwei Adler am Nest füttern Nachwuchs. Klagende Schreie, Rufe von Kakaduküken. 17:00 auf Weiterfahrt schöne Termitenburgen, Känguru auf Straße, knapp dem Unheil entronnen.

Mary River Roadhouse, 120 km, 12 $, erstes Lagerfeuer, eingeräuchert bei *austral. Classics* – auf heißer Eisenplatte über Feuerglut könnte man Kaffee kochen, Steaks braten, Bohnentöpfe, Spiegeleier, Speck – alles, was das Countryleben der Cowboys ausmacht, die ihre Buschlegenden spinnen. Wir begnügen uns... Ein gleißender Mond strahlt, Schwärme von schreienden Flughunden ziehen über den nachglühenden Abendhimmel, einige über uns werfen gespenstische Vampirschatten beim Vorüberfliegen. Kühlere, moskitofreie Nacht, welches von den dreien ist das Kreuz des Südens?

20. Tag, Zeit gewonnen, 9:10 spontaner Entschluss: zu den Baobabs am *Victoria River. Kakadu Highway* nach **Pine Creek**, sealed! Auf dem *Stuart Hwy* drei hochglanzpolierte Harley-Davidson – die Fahrer liegen mehr, als dass sie sitzen, mit komfortablen Anhängern – sie stehlen den drei grauroten Kakadus die Show.

In **Katherine**: Post, Woolworth Delikatessen: Turkey, frische prawns, Kiwis, french baguette. BP Tanken. Suche nach *Victoria Hwy*, wo ist der Baobab? Der teuerste Abstecher für einen Baum, statt in Afrika oder Madagaskar, 12:12, nur für Freaks, Radfahrer, spitze Termitentürmchen, ½ m hoch, Rinderherden, weißgraue Zebus u. a., Waldflaum, drei, vier Adler am überfahrenen Känguru.

Victoria River Roadhouse mit Pseudobaobabs, wulstig, silbrig, aber zu schlank. Weiter nach **Timber Creek**, on the road again. »In Australien ist der Weg das Ziel!« Am *Timber Creek* drei Prachtexemplare Baobab, sind das die einzigen? Eingezäuntes Gelände um riesigen Baobab mit schlichten Gräbern, vor dem Eingang das gebrochene Bein eines Huftiers: Fetisch, Amulett der Aborigines? VIP-Ritual, Rieslingritual später, 17:00 bis 19:07 Sonnenuntergang mit Baobab.

Bei *Wayside Inn* Camping »Timber Creek«, 470 km, 10 $, Klischeestimmung im Pub: links Billardtisch, Biertrinker schwadronieren, auf der schwarzen Tafel die Angebote: *breakfast, mixed grill, lamb chops, frites*, 5–20 $, uriges Camp am Creek mit viel Platz, Standardausrüstung, drei Toiletten und drei Duschen gegenüber, sauber, hot shower, großzügig mit Kleiderablage, Wasser hot/cold getrennt, immer Toilettenpapier und Papierhandtücher. Am nächsten Morgen ein Prachtexemplar von Baobab!

21. Tag, 7:00 Frühstück, ein Schwarm grüner Papageien nippt Wasser an kleinen Felslöchern, Tümpeln; sie fliegen auf und verschwinden im Eukalyptusbaum – kurzes Palaver, Verstummen, dann unsichtbar. Eukalyptuslaubwerk ist ideale Deckung für Vögel aller Art, sie machen es den Fotografen nicht leicht. Walk über den romantischen Platz mit Schraubelpalmen. Baobabs verlocken zu weiterem Walz. 10:55 Pleiteabstecher zum »Historic Springvale Homestead«, »out of order«. Trotz public holiday in Katherine: »Woolworth has allways open!« *Chicken mediteranean style, lamb chops 4 quartes, middle bacon*, Trauben, Kiwis, Scotch, Karten im Eiltempo und ab geht die Post. BP mit Britz – dreimal Discount 5%.

Termitenbauten besonders schlank, spitz, mal lehmfarben, mal rostbraun – in der Nähe von **Mataranka** wie Kirchtürme, nach Norden gröber und größer. Stichstraße zum **Elsey NP**, *Bitter Springs,* zum vermeintlichen Thermalpool. Lauschiger Spaziergang durch Palmenhain mit

Fächerblättern, *Livistona-P*alme. Langgezogener Pool mit zwei Paaren, kleiner als erwartet. Hunger treibt uns auf den Campingplatz, endlich *chicken dinner mediterranean style*, Majoranfüllung. Zwei flotte Ladies bauen Zelt auf, zwei Pfaue stolzieren, Kampf um die vier Baderäume, links Country, rechts Jazzgitarre... zum Dessert Kiwis unlimited, 406 km, 13,5 $.

22. Tag, Aufstehen mit erstem Sonnenstrahl, *Scotch Babs*, bestäubte, längliche, luftige Wecken, *Blackberry Jam and Homebrand instant coffee*. Woolworth, hinter Mataranka zweite Stichstraße zum **Elsey NP***:* 1. *Botanic Walk*: Livistona-Palmen-Urwald, 2. *Wabalarr Walk*: zum Fluss, trübe Fluten, Krokodile, »swim only in daylight, crocs feed at night!«, und die Geschichte von den fliehenden, vom Dingo verfolgten Wallabies. Krönender Abschluss: Bad im Thermalpool – ein Dutzend Leute, nicht nur Rheumatiker und Rentner im natürlichen Minithermalbad, glasklar, jadefarbenes Spotlight, allgemeines Wellness-Seufzen: beautiful! wonderful! Leiser Schwefelgeruch, 30 Millionen Liter Frischwasser täglich aus der Quelle wider hygienische Bedenken, Fußpilz, Krätze etc.

Fotowalk für Mastershuts von Palmblättern, Spezialpalme *Livistona*, river pandanus. On the road again, *Stuart Hwy* südwärts, endlose Meilen vor uns. Vereinzelte blassgelbe, schamottweiße, chamoix oder orangefarbene Eukalyptusblüte in den Kronen. Bei der Kurzsiesta verdientes Chickensandwich und light beer mixed.

Blick auf einen tiefblauen Himmel, heute zum ersten Mal wieder Wattebauschwölkchen. Bäume rund und dicht wie Kiefern, zerzauste, struppige, dann elegant, zierlich, Silberblattvariante, gelb, mimosenähnliche Büsche und feine rosarote Blütenstände, australischer Busch, Termiten, Spinifex, buschig, stachelig, Gras wie wogender Weizen, zartgrünes Sumpfgras, Swampland.

Camp »**Renner Springs**«, 444,4 km, 10 $, schlecht, Dusche extra 2 $, *Shirloin Steaks*, zart, saftig wie immer, frische garlic butter, classical red, ein Schlückchen plus Rest von Riesling. Schwarm von Raben, Adler kreist über

Camp. Gegerbter, leicht betagter Australienbyker sitzt auf Boden, auf liegendem Stamm eines Gumtrees, Blick auf das Container Camp, ein gegerbter Narziss, glühende Sonne. Er flickt Reifen, grabscht in Alutüte mit Chips. Lonesome youngster spielt mit Gitarre und Mundharmonika Bob Dylan Songs in der Wellblechfreiluftbar.

23. Tag, 9:15 Grasland und Flachbuschstrecke, weiter Blick, silbrig glänzendes, wogendes Gras. 1. schwarz abgebrannt, kahl, 2. zartes Grün auf schwarzer Erde, 3. höher wogendes blassgelbes Gras, wie wilder Hafer. *Threeways Roadhouse*, letzter Tank am Stuart Hwy, noch leuchtet das Red Center in gelber Blütenpracht.

10:59 jetzt Richtung Osten, Pazifik, ein Meer von gelb blühenden Mimosenbüschen, heute ist *Highwayday!* – eine Strecke für Fans und Freaks, damit einem das **Outback**, das wilde Buschland in Fleisch und Blut übergeht. Manchmal sind große Flächen abgefackelt. Die rote Erde leuchtet zwischen der Asche und dem halbverkohlten angeschwärzten Buschwerk und den Termitenhügeln – links blühendes Leben, rechts verbrannte Erde –, bleiche, dürre Blätter an den Büschen.

Hwyday = *Outbackday*, kein Filmriss wie beim Fliegen – ein Erlebniskontinuum! Rote Büsche, Blütentrauben mit stacheligen Blättern wie Stechpalme, gelbe Büsche, mimosenähnliche gelbe Blütenwürstchen, in 540 Millionen Jahren unverändert, Schwemmland, Trilobiten.

Barkly Homestead, fuel, Chickensandwich, grapes, 14:00, stämmige Burgvariante von Termitenhügeln, bienenkorbartig, blackwhite eagles.

130 km vor *Camooweal* reines Grasland bis an den Horizont, ~ Texas. Grauer Himmel, braune und schwarzbraune Erde, nicht mehr rot wie im Outback, ade blauer Himmel! 13 km vor *Camooweal* begrüßt uns **Queensland**, »*the sunshine state*«, grau bewölkt und Grassteppe, Farmland, dennoch immer noch tote Kängurus und Adler.

Ab *Camooweal* wieder der geliebte Busch, gelbes Flammenmeer, silbriges Grün. Dem Farbenspiel am Himmel zwischen Grau, Rosa, Blau, Orange können wir uns nicht widmen. Suche nach Camp, möglichst vor Dunkelheit, noch eben mal 100 km Hwy, teilweise »in project«. Berg- und Talfahrt, schmale Spur, bei Road Train auf die Seite und Anhalten, wie in alten Zeiten, im Halbdunkel nicht ungefährlich. Plötzlich sind Rinder dicht am Straßenrand, von den überfahrenen Kängurus ganz zu schweigen. Wir haben zum Glück nur Libellen und Schwalbenschwänze an unserem Schutzgitter vor der Frontscheibe, wir schwören drei heilige Eide, nur noch bei vollem Tageslicht zu fahren. Camp »*Mt. Isa*«, 773 km, 13 $.

24. Tag, kühler, 9:00, bei Tageslicht Blick auf die umliegenden Hügel, die das Erz bergen. Schlote und Abraumhalden, weitläufige Stadt, die größte der Welt, mit allem, was wichtig ist: Autos, Supermarkt, Motels, Tankstellen, »survive this drive« – Überschrift über Rastplätzen. Rodeopiste, Wechsel zwischen Buschland und Grasfarmland 13:00 *Julia Creek*, Lifestock Center, Lady Cake, in der Prärie um *Richmond* dunkelbraune Karamelos und aschgraue Rinder, Straßenzustand very different, gut, schlecht, eng, Rinder in Gänsemarsch unterwegs, das Jüngste hinterher – gelbes Steppengras, trocken, Dinosaurierland, »rest if sleepy«, 14 $ Motel-Gauner. Wir entwischen auf »Caravan Park«, *Hughenden*, 530 km, 9 $, Spitze das Preisleistungsverhältnis, allerdings geräuschvolle Nacht: Bagger oder Rangieren der Züge oder beides. Alpträume sind die Quälgeister der Nacht.

25. Tag, kühl, 9:30 entspannt, der Druck der Meilen lässt nach, auch *TitanOil* akzeptiert Kreditkarte, Kredit?! Baum-, Gras-Savanne, nicht mehr die Vielfalt und Wildheit des Outback. Ab *Prairie* stattlicher Wald und rote Erde, grüner, schwere Wattewolken. Erkenntnis: »Das Leben ist ein Gerbungsvorgang – von zarter Haut bis knarrendes Leder.« »*take a rest and refresh – break the drive, stay alive!*« Overlander Hwy, Ritt wie auf einem Gaul...

Great Dividing Range überquert, neue Blütenvariante, Kapillarhaarblüten, orange, Eukalyptuswald, Wechsel zwischen Samtpfötchen und Rodeopiste. In *Townsville* direkt zur *Magnetic Island Ferry*, Infos für Queensland Küste,

abenteuerliche Suche nach Caravanpark in Dunkelheit.
Townsville, 403 km,16 $, zum Lohn: *Brut de Brut*, Sea view, Coral Sea, und Lamb Chops, drei Früchte-Cocktail: Kiwi, Mandarine, Traube, very efficient!

26. Tag, Krummschnabel-Ibis weißschwarz auf Camp, direkt zu *Flinders Mall*: Zuckerstreuerwahrzeichen, Samstagmorgen, verschlafen, einzelne Sänger, *Marine Wonderland:* Riesenaquarium mit Tunnel zum Durchlaufen, trockenes Tauchen zwischen Korallen, Wrack ... mit Korallenfischen und Haien, Leopardhai, beeindruckend. Rotfeuerfisch und zwei Arten von Stonefish, der wie ein modriges, verwittertes Korallengestein aussieht – abgrundhässlich und äußerst giftig, gefährlich. Slideshow über das Riff, Entstehung und Lebensformen, 14,80 $ per Person. Auf Mall obligatorischer Besuch bei Woolworth: Obst, Würste und frisches *roast chicken, french stick* (Baguette), zum sofortigen Verzehr auf Parkplatz, very delicious.

Südwärts Richtung **White Sundays**, Hoffnung auf Sonne, stattdessen die ersten Schauer auf unserer Reise. Blühendes Zuckerrohr. *Ayr:* doppelspurige Straße mit Mittelstreifen zum Parken, Geschäfte mit old fashioned Giebeln und Vordächern, altkolonial. Danach Mangoplantagen, Rinderfarmen, fruchtbare schwarze Erde, Gemüseplantagen u.a., ein Stück Semi-natur.

Bowen, erster richtiger Blick auf *Coral Sea* in Bowen am *Queens Beach*, langgezogener Strand, fresh, windy, deutsches Paar, Mutter und Sohn? Sie haben Südsee und Neuseeland Tour hinter sich, Australien teuer... Touriplausch. Wir auf »Queens Beach« Caravan Park, Christa, Deutschaustralierin, 218 km, 15 $, sehr gepflegter Park mit Palmen und Bananen, Vans in allen Größen und Klassen – mit Vordach, Vorhütten – bis zum Reisebus; ein Nomadenoldie, Australian, Explorer, Daueroffroader.

27. Tag, Sunday, Mme holt frische Eier, Duft von bacon und eggs umweht uns, wir genießen die Klassikorangenmarmelade auf salziger Butter, pikante Note, und *french stick*, Sesambuns. Blick vom *lookout loint* auf *Queens Bay* und die *Whitsunday Islands* am Horizont in

leicht diesigem Gewölk, Blick muss genügen. Die Ausflügler, fröhliche Rentner, am Strand, Wasser 20°C, nur für Mutige, zu kalt für diese Zeit.

»Bowen Bowls Club«, weiß gekleidete Damen und Herren, weiße Schuhe, weiße Hütchen, very british, topfebenes Gelände, Millimeterrasen. Die Spezialkugeln, lautlos, rollen wie auf Samt circa 30 m, teilweise mit Effet – entspannte, gelassene, diskrete Atmosphäre, fünf Mannschaften parallel spielend. Reitübungen, es ist sunday.

Dicke Wattebauschwolken über der *Dividing Range*, schwarz glänzende Rinder auf Weide, Gemüseplantagen, bei *Ayr* »sugarcanetrain«: kleine, gelbe Diesellock, 200 m lang, Käfigcontainer für Zuckerrohr, die Ernte beginnt bald, viele Felder in Blüte, silbergraue Wedel. Glück an der Fähre, 15:15 Übersetzen, last minute, Seegang, Auto am Bug, Wind und stäubendes Meer. Nach Ankunft fällt als erstes wieder Bowlemannschaft auf, 35 m Kunstrasen, Kugeln aus Bakelit, etwa 1 kg, *no competition – social life*, üblich im ganzen Commonwealth, Malta, Zypern, Simbabwe, nur nicht in den Niederlanden. Gelborangegrüne Parrots kreischen im Eukalyptus, zu hoch für den Fotografen, noch fehlende Farbtupfer der »*colours of Australia*«.

Zu »Geoffs Place«, powered vanside, 220 km, 18 $, polynesisches Dinner, Liveband mit Rockohrwürmern, Kids in Zelten, überraschendes wildlife nach Dunkelheit. Stelzenvögel *Curlew* hoffen auf Brot und drei Opossums schnuppern ums Auto, halbblind, eins im Auto, ziemlich zutraulich. Extremes Vogelkonzert, sie lachen, schreien, zetern, piepsen, glucksen, zwitschern und krähen, zwei stolze Hähne. *Red orange drink:* Orangensaft und Rotwein... japanisches Motiv verpatzt: filigrane Äste vor flammendem Abendhimmel.

28. Tag, ein Hauch von Regen, Nieselregen, feuchter Staub. Infowalk zur **Horseshoe Bay**, Umkehr aus Ermattung und Schwächeattacke, zweites Frühstück, *ham and egg*. Gestärkt zum Neuaufbruch, Trail zum Fort, wo ist der Koala? Bange Frage, Asphalttrail, zum Ausgangspunkt des Trails, Frage nach Koala: Nr. 5! Eilenden Schrittes –

tatsächlich, im Eukalyptus schläft der Knuddelbär. Erster Fotorausch in schlechtem Licht, nach Weitermarsch ein paar Sonnenstrahlen, zurück zum Koala, Positionswechsel des Koalas: Kratzen, Strecken etc. – very happy, ital. Pärchen und andere, *the first* **Koala** *live in wilderness!* Zentnerlast fällt ab, eine der Hauptattraktionen abgehakt, entspannt zum Fort, diverse Rundblicke, militär. Restbunker, Flechtenromantik an boulders. Happy to camp, *red orange drink* und *australian cheese classics* bei candlelight, Opossumbesuch, 0 km, 18 $.

29. Tag, Inseltag, Mußetag, Tag der Papageien, schon an erster Bay Schwächeattacke, erstes Müsli; an zweiter Bay heißt es, den Nachhunger mit Kaffee und Lady Cake stillen. Waten durchs Meer, very refreshing, Wasser unter 20°C, nur wenig Mutige, selbst den *stingers* (Quallen) ist es zu kalt, Oktober bis Mai Saison. Die Buchten sind von Granit eingerahmt. Wallabyfütterung an bekannter Stelle, nur vegetarisch erlaubt, Brot definitiv verboten.

Picnic Bay mit Shopping Mall, Post, *Red-orange-Drink* zum Aufwärmen. Abstecher zum Villenviertel, gepflegt. Ehrenrunde Koalapark, gerade noch rechtzeitig zur Fütterung der *rainbow lorikeets* Kleinpapageien: blauer Kopf, grüne Flügel, gelbrotoranger Bauch. Krönung des Tages, der mit dem Schrei der *sulphur-crested cockatoos* im Kokospalmenwipfel begann, sind die Schwärme der Kleinpapageien in den Wipfeln der Eukalyptusbäume, für den Fotografen unerreichbar. Heavy Dinner mit *Lamb Chops*, *Chardonnay*, Röhrennudeln bei Candlelight, Das Opossum labt sich an Fettschwarte vom Lamm und die Stelzenvögel sind erwartungsvoll wie immer, 30 km, 18 $.

30. Tag, Frühstart auf Fähre, on the road again, Abstecher *Jourama Falls*, zweimal Furtdurchquerung, Wasserfälle unerreichbar wegen slippery rocks, stattdessen Chickenlunch in Gesellschaft eines kuriosen schwarzen Vogels mit nacktem, rotem Hals, Name unbekannt, frisst Brot und chicken. Sonne zurück, Zuckerrohrfelder vor gestaffelter Bergkulisse, Anklänge an Hawaii, *South Mission Beach*, Vorahnung von dichtem Urwald, *World Heritage*,

low budget camp in **Mission Beach**, 262 km, 8 $, direkt am Strand, freundlicher alter Herr mit Käppi.

Ritual *red continent*: Filetsteak mit Schlauchnudeln und Salat, Trauben, *Tully* wird seinem Ruf als regenreichste Stadt gerecht. *Mission Beach* voller Sonnenschein, Wasser 20°C, Vinegar in einem Rotkreuzbehälter am Strand für stinger. Alte Herren rücken im Morgengrauen mit Alubooten zum Fischen aus.

31.Tag, **Dunk Island** wolkenverhangen, feinster Nieselstaub, drei Walkingtrails für die Jagd nach dem seltenen *Cassowarry* (Kasuar). Zuerst Bergtrail, nur abgewrackter Jogger, dann *Lacey's Creek Walk*, ein Frosch, gut getarnt, zwischen braun und beige, wie Laub, regungslos, schließlich *Licuala Fan Palm Walk,* nur für Ästheten, Palmblattromantik; kleine turtels im tanninrotgefärbten Miniriver. Gelbe, blaue, rote Früchte. Ein Früchtekranz: Losung des Cassowarry, er ist hier! Totalermattung, Spiegeleier mit bacon. Feiner Niesel bis zum *Tableland*, schöne Zuckerrohrwedel vor Bergkulisse, kräftig eingepuderte Bananenplantagen, Almweiden, Kühe,Teeplantage. Etappencamp am **Henrietta Creek** auf Schmatzwiese, 124 km, 0 $, Niesel- bis Fadenregen, Regennacht.

32. Tag, Sumpfwiese, im Morgengrauen Frühstart zu zwei Walks, zu Wasserfällen und *Johnson River Lookout*, saftiger Urwald nach Regen, dieses Jahr gab es viel Regen. Fotogroßeinsatz für Lookout. »*Waterfall Circuit*« bei *Millaa*: erste Bilderbuchwasserfälle *Millaa Millaa*, wie Haare, in ein Pool stürzend. Die zweiten Wasserfälle *Zillie Falls,* wild, mit Felsbrocken. Die dritten: *Ellinjaa*. Tag der Walks und Wasserfälle, dazwischen Almlandschaft mit Kühen in Warteschlange, »queuing« zur Tränke oder... Golfrasen, Pinien im Nebel, Wolkenfahnen. Orangenbäume, Baumfarne und Bananenplantagen bilden Kontrast zur Almlandschaft – wir sind also doch nicht im Allgäu.

Auf kurviger Scenicroute nach **Ravenshoe**, Infocenter mit Museum über Rainforest, Siedler, Flora und Fauna; black bean Riesenschote, als Frucht 10 h kochen... kleine orangefarbene Limonen und gut getarnter Frosch. Abstecher zu *Millstream Falls*, groß, aber nicht so stimmungsvoll, tropisches Ambiente fehlt. Liebevolle Umarmung einer Schlingpflanze oder tödliche Umklammerung? Camp »Ravenshoe«, 104 km, 12 $, Alemanne mit Thailänderin seit 3 Jahren. Stämmiger Eingeborener erklärt sämtliche Gefahren des Urwalds, giftige Schlange mit Sargkopf – tödlicher Spaß eines fünfzehnjährigen ital. Jungen – Zecken, Blutegel... Eier mit bacon am *Millstream River*.

33. Tag, *Tully*-Schleife Trip, mit **Tully Gorge Nat. Park** beginnt Regen, mystische Nebelwaldstimmung, Walk zu *Tully Falls lookout*, schöne Farnromantik, Topfpflanzen im Dämmerlicht. Niesel und Blutegel, Chickenlunch bei Ravenshoe.

Richtung *Atherton*, Vulkankraterloch und kl. Riverfalls, *Barron River. Curtain Fig Tree:* sensationelle Würgefeige mit Vorhang aus Luftwurzeln, gewachsen über schräg liegendem Wirt, »*der Gast, der zum Tyrannen wird*«.

Atherton, passend zur Atmosphäre Bowlespeople in action, gepflegt wie ein Luftkurort, das Land, wo Milch und Touristenströme fließen. Zuckerrohrwedel im Abendlicht, Camp »Mareeba Riverside Caravan Park«, 165 km, 10 $, *Barron River*, Schlückchen auf Papa! Abendentdeckung: Blutegel!

34. Tag, Tabak, Zuckerrohr, alle Gifte dieser Welt, große Orangenplantagen. **Kuranda**, Rummel, *Butterfly Sanctuary*, guided tour, Deutsche aus Düsseldorf, »Butterflies are very smart«, 1. *Orchard*, schwarz/weiß, 2. *Ulysses*, neonleuchtfluoreszensblau, 3. *Birdwing*, male ist grün, female braun. Fütterungsstelle: Vit. B und Zuckerwasser als künstlicher Nektar. Eiablage auf Wirtspflanze wird wegen Schmarotzervespe mehrmals täglich eingesammelt. Raupen warten Monate bis Jahre auf günstige Gelegenheit zum Schlüpfen. »Camouflage«, Tarnung: von Blattmuster bis Vogelschiss. Gelborange ist Giftfarbe, Giftsignalfarbe, Katzengesicht.

Markt in Kuranda, Souvenirmarkt, Aboriginalkünstler »Bonga« signiert. Deutsche Wurst, Nostalgiebahnhof mit Teestube. *Barron Gorge:* Wasser abgestellt. Weiter an die

Küste. Sonntagskaufrausch bei Woolworth: Krabben u. Tasmanischer Räucherlachs, Bananas, sweet fingers. Küstenstraße mit diversen Beaches, die braunen Fluten wenig einladend, *Coral Sea*? Zuckerrohr. **Moosmann**, großzügiges Camp am *Moosmann River*, 133 km, 12 $, Seafood Dinner bei candlelight.

35. Tag, **Daintree Village**, ein Touristencenter, Daintree Ice, Daintree Tea, Daintree... ein magic name, wie Cassowary, magic animals... Reklame für *Barramundi lunch* und Touren, *Daintree River Cruises*, 1:45 auf Fähre, jeweils 3 m Dekorwald auf beiden Straßenseiten. Rinder, freundlicher älterer Herr mit Hund, wer sieht die Schlange? Wer sieht das Krokodil, Babykrokodil? *Estuarine crocodiles.*

Ausbeute des *Daintree River Boat Trip*: ein *Ulysses* Falter in Natur, 3–4 *Kingfisher*, ein *Beacheater*, 2 Schlangen am Baum, plus viel Botanik, Babykrokodile bis zum Prachtexemplar, Blick auf Autofähre. Panne bei Rückfahrt, Suncoast Tour, Individuals warten aufs nächste Boot mit Bill.

Cape Tribulation, »where the rainforest meet the reef«, macht seinem Namen Ehre, Kap der Verwirrung, wo ist das Kap? »Picnic Area Cuculi«! Neue Namen, aboriginal name – Mystifizieren und Verwirren, der Mythos der Aborigines. »Camp Noah Beach Nat. Park«, 106 km, 0 $, neben uns deutscher Angler im Zelt, Touriverächter, kleiner Hai hat dem Freund die Angelrute durchgebissen, Köderfische wurden von Brandungswelle weggespült; drei Monate Sprachkurs in Cairns, Cairns sei »das Letzte«...

36. Tag, rain in the night, Flucht in der Dämmerung, Rangers in the day: they are now coming and we must pay... nochmals am Cape, Regen. Adventure groups auf Nussschalen fahren hinaus aufs graue vernieselte Meer. Katamaran, Riff Adventure. Kleinwalk und ergiebiger *Dubujuwalk* auf Holzplanken: Where is the frog? Where is the dragon? Where is the snake?

Chicken breast lunch, durch Urwaldschlucht, links und rechts die schönsten Baumfarne. Zuckerrohr, Sugartrain beladen, Mountainromantik; auf »Mossman Camp«, powered,14 $, *lamb chops,* Candlelight Dinner.

37. Tag, it's raining again, ironischer Kommentar des bärtigen, älteren Herrn: »Beautiful sunny Queensland«! Im Bad: »Now must stop the rain!« Das Ende unserer Reise deutet sich an mit Pflichtübungen, mit Spüli vorgeweichte Wäsche ausdrücken. Autowäsche mit heißer Spülilauge und Handfeger, Dokubild aller aufgebauten Liquors: 40 l natural water, 20 l Karton Wein, etwa 5 l Sekt und Flaschenwein, 48 cans *draught beer:* 24 *Hahn premium light*, 24 *Forsters light ice.*

12:00 mittags zur **Mossman Gorge**, Autoschlangen, allgemein fröhliches Wandern in Regenschauern, optische Steigerung mit Thema: Brettwurzelromantik der Giganten. Rauscheriver und Hängebrücke, Pandanus und Lilies – Gesamtausbeute »die grüne Hölle«. Ermattet und entscheidungsgehemmt in falsche Richtung.

Sollen wir mit Hähnchengeripple ans Meer? Beherzte Kehrtwende, Besuch bei Woolworth: *King prawns* und *Barramundi*, Kultfisch, Joghurt greekstyle für dip. »Camp Mossman«, 14 $, 105 km. *Seafoodplatter* bei Candlelight! *Barramundi* erinnert an vornehmen Weißfisch, wie Scholle, gewinnt durch garlic butter.

37. Tag, in Queensland – the sunshine state, the really first sunny day. **Mossman City**, sugartrain, sugar factory von außen, Geschäfte und Hotels in Halbkolonialstyle, altmodische Schriften, kein cooles, modernes Design, Holz, Schrift und Farbe kitschig. Regenhaut fürs nächste Mal und local bananas für Kaffernwein-Bowle, Abstecher *Port Douglas*, Cote d'Azur lässt grüßen. Peter Link Foto Gallery, Panoramabild 1.50 m breit in Goldschwulstrahmen für 950 $, Lookout: *Four Mile Beach*, matt, braun, Pillendreher am Werk, geoastrale Muster. Hochzeitspaar bittet um Foto, nur wenige im Meer. Müsli mit greek joghurt. Auf Weiterfahrt Zitterpartie, Reservetank leuchtet rot.

Palm Cove, Promenadenfahrt am Strand, gepflegte Hütten und Shops, etwas intimer und weniger Rummel als *Port Douglas*, zart lila Abendstimmung über Meer, »Camp

Palm Cove«, 75 km, 14 $, powered, **10.000 km gefahren!** *Red continent super steaks: Shirloin T-bone, Ribeye, Scotch Filet* und Salat... schwules, freundliches Herrenpaar, viel Regen an der Küste.

38. Tag, Beachday! ***Ellis Beach, Trinity Beach***... windig, schokoladenbraune Fluten, ein paar wenige Mutige im Meer, Stingerwarnung (Quallen!). Nordwinde und warmes Wasser erhöhen die Möglichkeit, aber auch unter anderen Bedingungen ist ihre Anwesenheit möglich. Im Reiseführer zu lesen: »Man lässt sich ins tiefblaue Wasser, umschmeichelt von tropisch warmen Lüftchen...« – klingt wie Spott und Hohn angesichts der Realität.

In **Cairns** fuel und *Baral*gas aufgefüllt (12 $), zur Werft: Rifftouren, Segeljachten, »Independence«, hochglanzpolierter Zweimaster, Bill Gates owner? Keine Auskunft von der Crew. *Peer Market Place* Shopping Arkade, Woolworth: *white bread, sesam rolls, blade oyster steaks,* für garlic butter und Pfeffer, *Red Emperor grapes.* »Cairns City Caravan Park«, 58 km, 17 $, powered, Candlelight Dinner mit Ananasbowle aus *Kayserstuhl Chablis.*

39. Tag, Nach Klassikfrühstück Putzorgie, Auto innen. Zum *Werft Peer Market*, Sonntagsmarkt mit live music und Koalabärchen? *Quantas* Reconfirmation, alles normal, alles o.k. Fünf T-shirts! Hunger treibt uns zu Woolworth: *large roasted chicken* mit Füllung 8 $, plus *french stick;* kräftigender Lunch am Hafen, Koalabärchenkauf! P. Link Gallery Nr. Two, und Plagiator »Steinberger«, Underdog Hotel – blau mit massiver Schrift. »Café Mozart«, verspielt, kolonial; am Hafen die Reef-adventure-Taucher.

Hochseefischer am *Marlin Peer*, Küste berühmt für Prachtexemplare. Hotel »Interconti«: altrosa, beige, cool, Japanesen. Auf Camp letzte *pineapple bowle*, flammend rote Schäfchenwolken, kreischende Kakadus und Stelzenvögel von Magnetic Island, 10 km, 15 $, kühle Nacht.

40. Tag, ausgiebiges Frühstück, größtes Problem: wohin mit Bemmen, Butter und Cheese? Wohltätige, ergraute Dame übernimmt dankend alle Übervorräte inklusive Rasierschaum und Spüli. Finales Packen in Säcke, Kurz-

zeitpanik: Wo ist das Gürteltäschchen? Natürlich zu unterst unter Nostalgieplastikeimer mit Rohrzucker, Reis und Spaghetti! Für den Flughafen nur Milchkaffee, Lady Cake und Bananen.

Polierter Camper zurück zu *Britz*, beautiful, mit Taxi zum Flughafen, 8.80 $ in Münzen, last money, *Quantas* Überraschung: Flugzeug defekt in Brisbane, 4 h Verspätung. Plattenleger schimpft über Niedergang der *Quantas* im Besonderen und der Luftfahrt im Allgemeinen und schwärmt von seiner guided westaustraliantour von Perth über die Kimberleys nach Darwin. Perth ist »seine« Stadt, hierher würde er gerne auswandern – Illusionen,Träume, mit denen man gerne kokettiert, die man sich aber meistens nicht erfüllt...? Uns hat er jedenfalls einen Stachel gesetzt (Perth etc.).

Australian specials: Alu Pinkelwand, Lotus in der Toilette: »congratulation, you have used a waterless toilet and saved precious water, if you must piss in the toilet, lift the seat! Thank you!«

»Spottdrossel« und »Rohrspatz«, Aboriginal Kultur und Kult. Auf Stuart, Lasseter, Flinders Hwy: nicht hektisch, aber zügig! Auf Hwy bei 100 km/h in drei Stunden zweimal überholt. »Roadhouse«: Tankstelle und kleiner Supermarkt, »Homestead«: Roadhouse plus Camp, plus Motel, plus Benzin.

Australian slang: »g'day«, »here we are«, Info: »what to do, what to see?« T-Shirts: »endless summer«, »speed kills«

Australien – Neuseeland

12.02. – 12.04.2001

12.2. 24:00 Abflug Frankfurt via Singapur 11,5 h, »es zieht« im Flugzeug, kühle Kondenswolken wabern herunter, »very windy«, sage ich dem Flugkäpt'n. Umsteigen

4:40, bis **Perth** sind es insgesamt 24 h 20 min, am Flughafen Warten, Liegen...

14.2. 8:00 bei *Britz*, Kautionsdrama, wir müssen Visa und Mastercard kombinieren, um die geforderte Summe zusammenzubekommen. Kreditrahmen ist überschritten, was noch unangenehme Folgen haben wird.

Der zuerst angebotenen Camper eine ziemlich alte Kiste, Tausch, 10:30 Abfahrt, neue Pfanne + 2 Schlafsäcke + Sonnendach als kostenlose Dreingabe, Schraube locker. Bei Woolworths Midland u. Liquorshop erster Vorratskauf: Brot, Fleisch, Öl, Gewürze, Bierchen und Weine.

Die Bank verlangt Kommission, für uns Pennyfoxers bittere Pille. Endlich auf dem *Brand* Highway durch *Swan Valley*, das Tal des Weines, flach, sonnig, heiß, windig, viele Fliegen – weiter und vorbei an Proteabüschen, so groß wie Bäume, wir sichten erste Kängurus.

Am Horizont die strahlend weißen, vielversprechenden Dünen des **Nambung Nationalparks.** Völlig übermüdet, aber rechtzeitig zum Sonnenuntergang bei den »***Pinnacles***«, erster Fotorausch in der gelb leuchtenden Erosionlandschaft, Sand und Stelen...

Leider gibt es dort kein Camp. Die Lust, auf dem Parkplatz zu übernachten, vergeht uns, als fragwürdige Typen mit altem Auto auftauchen und sich umschauen. Da fahren wir lieber zurück zum »Cervantes Caravan Camp« – nicht nach dem Dichter, sondern dem Ort **Cervantes** benannt, bescheiden; vorher erfolglose Jagd auf flüchtende Kängurus in den Dünen.

15.2. Sonnig, wolkig, windig, ans Meer, Wasser sehr frisch, »like ice«. Die Dünen sind »under repair«, werden frisch bepflanzt. Zu den »Stomatoliten« am *Lake Thetis*, Pärchen plus Ente, Füttern und Fotografieren, ausgiebige Fototour auf Dünenmeer, wechselndes Licht und Wolken, nicht gerade ideal, weiße z.T. bescheidene *Banksia, Hakea*, aus der Familie der *Proteas*.

16.2. Heute ist Thomas Geburtstag, gemütlicher Start, Haare werden auf Sommerschnitt gekürzt. **Perth City** steht auf dem Programm. Zuerst einmal üppige Parkgebühr 5 $ für 5 h. Bosnier sagt: »Deutschland gut, Kanada zu kalt, Perth zu warm«. Citywalk, no Cityexplorer, alles zu Fuß – Glas und Beton oder Marmor, dazwischen koloniale Kleinode, pastell u. Art déco, viktorianisch.

»Superspecial« im Café an der Mall: großer Chickensalat u. Coke. Ein schwarzer Schwan aus Bronze erinnert an die Schwarzen Schwäne am *Swan-River.* Der Glockenturm als Aussichtsturm für die abendliche Skyline von Perth; schließlich auf gewundenem, verkehrsreichem *Highway 5*, »coastal road«, durch Vororte nach **Freemantle** bis *Woodmans Point.* Klassische graurote Kakadus auf Baum, feiner Nieselregen, wir lassen den Sektkorken zum Geburtstag knallen. Überraschender Sonnenuntergang. Last-minute-Versuch scheitert, Beach ist noch in weiter Ferne.

17.2. Zum **Cape Leeuwin** mit Leuchtturm, Felsen, Heidekraut. Struppwald u. gelbe Protea, knorrige Südbuche, Eukalyptus u. Grasbäume. Die Küsten wirken bretonisch, schöne, weiße Sandstrände, Surfer mit weißer Paste auf Gesicht, Surfkick anscheinend bei jedem Wetter.

Die Weinreben bei **Margaret River** sind nach Art von Christo unter feinen Schleiern verhüllt, verpackt. Rieslingprobe im Weingut beeindruckend – leider nicht unsere Preisklasse, 1 Fl für 20 $, 6 für 60 $. Außer Wein Bullen u. animal farm, Hirsche, Wild. Rosamunde Pilcher's Romane würden hier »Wilder Eukalyptus« oder »Brennende Protea« heißen. Die »Caves« der Gegend lassen wir aus.

Im *Karri Valley* herrscht ein intensiver, bronchenbefreiender Eukalyptusduft. **Beedelup National Park**, die Waterfalls gleichen eher einem Rinnsal, die Karris (Eukalyptus) häuten sich – von Silbergrau, Karamell bis Orange – ein fotografisches Top-Thema. In **Augusta** fahren wir auf das »Hibiscus Camp«, Nieselregen, kalt.

18.2. **Valley of Giants,** im Tal der Baumriesen, *Yellow Tingle* 30-35 m, *Red Tingle* 45 m, *Karri* 70 m, »*tree top walk*« auf 45 m Höhe, Blick auf die Baumkronen. Was wie Lilien aussieht, ist Schwertgras. Grüne Papageien in den Bäumen u. Känguru über Straße, Last-minute-Karri-Romantik. *Denmark Ocean Beach*: flache Bucht, weißer Sand. »Rivermouth Camp« in **Denmark**, Dinner: Porterhouse Steaks, gemischter Salat, Nektarinen u. Pflaumen, kalte Nacht.

19.2. Morgens leuchten die Karris – kurze Kakaduschreie aus den Wipfeln, unsichtbar. Kleiner Hase hoppelt am Ufer des dampfenden *Denmark River.* Proviant in *Denmark*: Karrihonig...

Torndirrup National Park, Schlange auf Highway, Heidelandschaft, Granitküste, weißer Sand, türkisblaues Wasser, *Gap u. Natural Bridge, Salomon Holes, Frenchman Bay*, langer, weißer Sandstrand, türkisblaues Meer, »poison risk area«, Fuchsköder, fox bites. Heiß, trockene *Stirling Range, Bluff Knoll*, Brandschäden, Struppvegetation mit blühenden Grasbäumen. Premium pictures, -shots von grünem Papagei oben im Baum. Fotostopp bei *red gums* mit kupferglänzender Rinde, Hoffen auf Grafikeffekt. *Wyoming*: sentimentale Siedler retten ihre Identität in Form eines Namens. Australischer Silberblattbusch.

Camp in **Ravensthorpe**, durchtätowierte, alternative Besitzerin, offenes, rustikales Camp, Pferde, Kakadu. Papagei am Abend auf schwankendem Eukalyptusast, immer wieder von Blättern abgedeckt. Wir hoffen auf den Morgen. Windig, nicht ganz so kalte Nacht.

20.2. Landsmann aus Passau mit 4w-Camper aus dem heißen Westen, auf Piste stecken geblieben, 6 Stunden auf Hilfe gewartet, schließlich mit Wellblech u. Schaufel sich selbst befreit, seitdem fährt er auf keine Piste mehr. Das Erlebnis, das ihn für alles entschädigte, war ein zutrauliches Känguru mit Kid. Morgens Pech mit Papagei, Wolken u. Nieselregen. Bei **Esperance** Busch, Weide, Abraumhalden von Nickel.

Vom *Pink Lake* zur *Great Ocean Road* führt der »tourist drive«, Traumstrände, »*Ten Mile Lagoon*«, türkis, weißer Sand, very windy, stormy... Surferbeach, *Twilight Beach*. Kette mit weißsandigen Traumstränden, leider nur zum Anschauen, außer für taffe Surfer u. Surferinnen. In *Esperance* bei Woolworth Shopping: Brot, Wasser, Hähnchen »mediterranean style«, gefüllt, Majoran... »*Cape Le Grand National Park*«, no fee, *Le Grand Beach*: Brandung, Wind, weißer Sand, Autospuren...

Lucky Bay: etwas brackige Bucht, Riesenstrand. Kängurus am Wassertümpel u. Campingplatz. Junges Paar mit ausgeräumtem Landcruiser, sie schlafen auf Thermomatte. Morgens u. abends müssen sie Kanister u. Utensilien umschichten. Sie schnorcheln an der Lucky Bay. Camp »Lucky Bay«, **Cape Le Grand**.

21.2. Perth – Adelaide, »discover the undiscovered«, windstill u. grau, Kängurus kreuzen die Straße. Lästige Fliegen, Salzseen, zartgrün, weiß-grün, sonnig, wärmer, nur alle 10 Minuten ein Auto – Straße schnurgerade gen Horizont, Eukalyptusbusch, rechts die Eisenbahn. In *Norseman* bekommen wir eine klare, schnörkellose Info, jede Menge Prospekte.

Das klassisch australische Ambiente: rote Erde, silberfarbenes Gebüsch, Kupferglanz-Red-Gum, dann Gums mit silbriger Rinde – Kupferwald und Silberwald. Sonnenuntergang am »Rollfeld«, japanisches Motiv, Bäume als Schattenriss gegen den Himmel. Camp im **Belladonia Roadhouse**, all in one: Restaurant, Motel, Gas-Station. Wunderbarer Sternenhimmel!

22.2. Ralley Perth – Sydney, wolkig, Flachbuschsteppe, ein Stück der Straße als »Air Strip Emergency« ausgebaut für flying doctors. Um *Belladonia: Arid Desert Woodland*, eine der ältesten Urlandschaften. Richtung Osten 150 km = 90 miles schnurgerade – eine der längsten geraden Strecken der Welt, die längste Australiens, insgesamt 12 Längengrade. Tantes Geburtstag! Ihr Motto: »Bosheit belebt, Gutmütigkeit macht matt!« Müsli u. Obst im Regen, kalt, müde.

Kurz vor *Madura Pass* ein Emu-Paar! Am *Madura Pass* älteres Paar aus Perth, sie Spanierin. Sie machen auf ihrer Fahrt eine Benzinpreis-Statistik, sie fragen uns: »Warum kommen Deutsche u. Schweizer hierher? Da gibt es doch no people!« Ebene mit Silberbusch u. Eukalypten, fast schon afrikanisch – schließlich Büschelwüste wie in der Türkei. Unsere Ernährung: Müsli, Lady Cake, Obst, zu wenig Eiweiß, 1/4 Hühnerbrust. Die Folge wird wohl sein: Schwammspeck, Biafrabauch, Entwässerung: »Erst geht das Wasser, dann das Fett.«

Bleierne Bewölkung und feiner Nieselregen bis *Eucla*, *Eucla Pass*, Sightseeing: *Old Telegraf Station*, im Sand versunken, weiße Sanddünen – chamois oder altweiß, eierschalen. Vier muntere Kakadus in Senke, sehr dezente Beleuchtung, in der Ferne weitere Sanddünen. 4w-Auto u. Sonne fehlen! Der Wettergott ist uns auf dieser Reise nicht immer günstig gesonnen! Fliegenplage. Camp in *Eucla*, Blick auf Tal, Küste, Dünen in der Ferne, Pfirsichbowle mit *»Yalumba Chenin blanc«* Wein.

23.2. Morgens 1 $ für Dusche, Obst noch vor Grenze vertilgt, Ausfuhr in den benachbarten Staat verboten, panische Angst der Behörden vor Schädlingen. Grenzübertritt von West- nach Süd-Australien, »Broccolibusch«, dann **Nullarbor Plain**, Flachbuschsteppe, diesiger Ausblick auf coastline mit weißen Dünen.

First Stopp: *Bunda Cliffs*, imposante Felsküste, die sich im blauen Dunst verliert, beinahe hätten wir sie überfahren. Fotoshots aus allen Rohren, zwei verspielte Seelöwen – oder gar Jungwale? Last Stopp am *Nullarbor Roadhouse*, Müslipause mit klagendem Raben u. heißem Wüstenwind unter Eukalyptus, Gluthitze.

Abstecher zum berühmten *Cactusbeach*, *Sinclair Point*, Salzsee vor hohen, weißen Dünen, leider kein Hinkommen. Camp: **Penong**, weißsandiger Pistenplatz mit Vorhangzaun, ein echter Nullarbor-Place, null Bewachsung, leicht brackige Luft, »fresh water« aus Tank mit Regenrinne, Fliegenplage. Dicke Farmersfrau erzählt vom Unfall eines deutschen Paares: Auto kaputt, sie mussten mit Bus zurück nach Perth.

24.2. Das Land der Windräder u. Schafzucht, wir müssen einteilen: last water, last bread, last cheese, windig, die *Nullarbor-Plain* überlebt mit letztem Proviant. Vor *Ceduna* Quarantäne-Kontrolle, in **Ceduna** neuer Proviant im »Foodland«: Wasser, Brot, Müsli, Oystersteak, Salat, Bananen, Birnen... Schafland, Weideland, Gluthitze, weiße, runde Silos, Weizen? SABH, abgemähte Weizenfelder, Venenklappenrast mit Kaliumbeigabe (Banane).

Reklame-Riesenkakadu vor Souvenirhöhle in *Kimba*: »half crossing Australia«, wir haben die Hälfte Australiens von Ost nach West hinter uns. Das Typische wird immer seltener, immer mehr Road Trains auf dem Highway, immer mal wieder ein Venenstopp, Beine vertreten. Känguruschild. *Iron Knob* = Abraumhalde, bullige Schafe, erfolgloser Sentimentalabstecher auf *Stuart Highway* Richtung Norden, the bush is too far.

Südlich von *Port Augusta* in **Stirling North**: rustikaler u. einfacher Etappenplatz, Kakaduschwarm, Oystersteakdinner. Heißer Wind gipfelt sich zu Sturm in der Nacht auf. Böse Befürchtungen, Wetterlage (bedeckt u. windstill), dem Geldbeutel und Alter angepasst!

25.2. Landschaft: Weizen, Brot u. Wein – Urkulturgüter, auch im *Barossa Valley*. Älterer Herr rät zur Fahrt über die Hügel. Doch noch Wende zur *A10*, *Tea-Tree-Gully-Scenic-Drive*, schwarzwaldmäßig, kurvig, entlang am Bach, Motorradunfall... ungewollt durchs Citycenter von **Adelaide**, Sommerabend, Kontrast: beige »Kolonialkaramelos« und moderne Glas- u. Stahl-Architektur.

Abenteuerliche Ausfahrt auf *South Road* = *Fleurieu Peninsula*, schwaches Kartenmaterial, trotzdem erreichen wir über Schafweiden, Weizen- u. Weinhügel zum Abend **Cape Jervis**! Die Fähre nach *Kangaroo Island* ist »fully booked«. Morgen 9:00. Auf Parkplatz am Meer würdiges Steakdinner mit »Yalumba Sauvignon blanc« und 180° Panoramablick auf **Kangaroo Island**, Sonnenuntergang und Jetty.

26.2. 9:00 Fähre von *Cape Jervis* nach *Penneshaw*, 1. Stopp: *Emu Bay* mit Pelikanen, 2. Abstecher zur *Murray Lagoon* über Bullenfeld – als sie uns entdecken und misstrauisch beäugen, diskreter Rückzug... übler Wellblechweg, 3. *Seal Bay*: spezielle australische Seelöwen, unter Führung eines Rangers, im Meer bedroht vom weißen Hai. Die Köpfe recken sie zur Befreiung der Bronchien. Leguan kreuzt Straße, Premiumshot!? 4. *Little Sahara*: wir erklimmen höchste steile Düne im Sog der Japanesen, 5. krönender Abschluss: **Remarkable Rocks**, no sunset! Fotoprofi wartet seit Stunden.

Zwei Versuche, kurzes Aufleuchten in der Abendsonne, jedoch kein Mumm zur freien Übernachtung, vorsichtige Rückfahrt, Kurzschnabel-Igel? Possums u. Kängurus auf Straße, kleines Einparkdesaster im Dunkeln, wir rammen einen Baumstamm. »Koala-Camp«, nur Th. Dusche, Käsetoast, neugieriges Opossum im Auto u. Campkänguru, wieder toller Sternenhimmel.

27.2. Bei Sonnenaufgang sieht Th. im Camp undefinierbares Tier vorbeilaufen (wie Pavian?), Mädchen mit Kamera hinterher, es ist eine Koalamutter! Dann Papageienbad in Pfütze, ein roter u. zwei grüne Exemplare.

Programm: 1. *Koalawalk*: insgesamt 9 Koalas, 2 Mütter, 2 singles, 1 family, 2. *Kelly Hill Caves*, guided tour, kleiner Walk mit Protea, Kurzschnabel-Igel? 3. *Vivonne Bay:* Superbay, 4. *American River:* schwarze Schwäne in der Lagune, Pelikane auf Laterne am Quai, sehr pittoresk, Warten auf Sunset. Nach der Dämmerung auf »Penneshaw Camp«, sehr spezieller Kräuterduft (muffig wie Kabelschmorbrand), Sternenhimmel u. Wattetupferwolken.

28.2. *Rossella*-Papageien im Flug, 10.30 Fähre nach **Fleurieu Peninsula**, Nieselgewölk über *Cape Jervis*, Weizenhügel, aufgeforstete Wälder (Kiefer), in *Victor Harbour* Proviant: Beef u. Wein. Überlandtour zum *Freeway Nr.1*, Wahrzeichen der Gegend zwischen *Murray* u. den *Grampians* sind die Weizensilos wie Triebwerke einer gigantischen Rakete – *bred, beef, wine*.

Renovationsstau auf Highway, im Sog der Road Trains nach **Nhill**, freundliches Etappencamp mit Eukalypten u. Kakaduschwärmen. Riesiges *Shinsteak* (Schulter oder Schale) mit »subtily oaked Chardonnay«, fein geeichter Chardonnay, etwas zu viel Eichenparfüm.

1.3. Small impression of little desert, *yellow gum* u. Weizen direkt daneben, fruchtbar – alles Unfruchtbare ist Nationalpark – »the grain chambre«, Kornkammer. Am

Zumstein in den **Grampians** das legendäre Känguru gesichtet und fotografiert. Die *MacKenzie Falls* sind trotz Niedrigwasser ansehnlich, ansonsten trockener Eukalyptuswald (aschig). Südlich von den *Grampians* wieder Korn u. Schafe oder Rinder. Blitzblanke Chromstahl Road Train Flotte am Silo, für Korn oder Milch? Hunderte Kilometer »directly« Richtung **Great Ocean Road**, wir wollen sie unbedingt noch zum Sonnenuntergang erreichen. Den Auftakt bildet die *Bay of Island*, professionelle Sunset-Ralley entlang des *Port Campbell National Park*. Die Krönung ist der Sunset an den **»12 Aposteln«**, traumhaftes Motiv, in allen Phasen des SU auf den Film gebannt. Etappencamp in **Port Campbell,** gewohnt köstliche Shirloin Steaks.

2.3. Sonnenaufgang an den *Twelve Aposteles!* Ausgiebige Nationalpark-Tour, auf kurviger road durch Berge: *Mate's Walk*, Baumfarn, Myrtle, Ashtree (Königseukalyptus), deutsche Seniorentruppe in zwei Monstercampern, Känguru Island Tipp gegeben. Rivers, beaches u. Touristtowns, die Costa Brava von Melbourne. Erholungscamp **Aireys Inlet** mit Kakadu u. Papageien, weiße u. gelbe Häubchen, no fotolight.

3.3. Auf *M1* im Sog des Pulks nach **Melbourne**, elegant untertunnelt per Südwestarterie. Tankstopp, im letzten Moment auf *South Gippsland Hwy* abgebogen, das war drei mal Glück: Tunnel, Tanken, Info u. Karte. Camping in **Wilsons Prom NP**, bescheidene Tierwelt, ein Känguru, aber handzahme Papageien, Fütterung mit Sonnenblumenkernen, Schnupperwanderung durchs Dickicht und zum Strand.

4.3. Über *Agnes Falls* zum *Tarra-Bulga NP, Tarra Valley,* australischer Urzustand: Ashtrees (Königseukalypten) u. üppige Baumfarne – dann Australien im Kulturzustand: Weizenfelder und Rinder. Krönung am Abend: T-bonesteak-dinner auf Etappenplatz, Zikaden. In **Bairnsdale**, Wohnwagenpeople am Rande der Gesellschaft. Erschrecken vor Spiegel: Milchschwamm u. Hafermastspeck!

5.3. Valley-Fahrt nach *Omeo*, frischer Eukalyptus u. flacher Farn, (schwarzwaldmäßig mit Eukalyptus), Weidehügel (allgäumäßig mit Kühen), hochalpin mit Busch-Eukalyptus, *Danny's outlook* auf blaue Bergrücken, kurvenreich hinunter nach *Bright*, fruchtbares Tal, Obst, Tabak, Wein u. Hopfen! Pappelalleen, **Beechworth**: »historical town«, Goldgräberflair, nach Feierabend zum »Lake Hume-Caravanpark«, Sunset am Lake, warme Brise, Dinner im Freien.

6.3. Gesprächiges Alterchen empfiehlt *alpin way*; im Tausch: Schrauben gegen Restvorrat Zucker, Salz, Öl. Wir haben uns für *Hume Hwy* entschlossen: »*speed, alcohol, fatigue are killers*«. Entspannter Spaziergang durch *Albury*, art-déco-shots, Filmreporter. »*fatigue can be fatal*«, auf *Hume Hwy* australische Szenerie, Weiden u. typische Orte. In *Yass* Tanken u. roadmap NSW, über *Gulburn* (Schafe) nach *Moss Vale*, wo ist Woolworth? *Fitzroy Fall*: 81 m hoch! In **Morton NP**, Känguru, ins pastorale Valley, sattes Grün, satte Kühe, in Dämmerung durch Regenwaldschlucht nach **Nowra**. Camping am *Shoalhaven River*, nachts Regenschauer.

7.3. Morgens letzter Provianteinkauf in *Nowra* (Aldi!?), Frühstück am **Seven Mile Beach**, frische Brötchen, durch NP nach *Kiama*, *Ludenham*, Christmas Tree, Hirsche. In *Kiama blowhole* schäumende Fontäne, jauchzende Japanesen u. gutgelaunte Holländer; nach *Yambero*, zu teurer Regenwald, 10 $ für 10 min. Pastorale Szene mit ruhendem Wild auf saftigen Weiden, deer farm. Dramatische Fahrt durch »fog and rain« über *Bulli Pass*! Über *Campbelltown* in die »Blauen Berge«, wieder fog and rain, Suche nach Camp im Regen, in **Katoomba** auf Betonpiste, rain all the night.

8.3. Start bei Nebel u. Niesel, bushwalk, *Evans Lookout*, wo ist der *blue gum*? Rindenästhetik, japanisch, »scribbly gum«, wechselnde Stimmung am zweiten lookout, Regenbogen am wehenden Wasserfall. Durch Obsttal steil hinunter nach **Windsor**, Übernachtung im »Caravan Village«, Rekordpreis, Packen, Steakdinner, Wein.

9.3. Letztes Packen, Rat der zwei Damen: auf die *Old Windsor Road*, unerwarteter Freeway zum Airport, wieder durch Tunnel, Ehrenrunde durch Airport, von Trucker letzter Tipp – heil bei *Britz Sydney!*

Mit Taxi ins Hotel »Pacific International Inn«, George Street, gepflegtes, renoviertes, altes Haus, gutes Zimmer nach Reklamation! Schnupperausflug durch die City bis Hafen mit Blick auf Opera. Zwei Konsumtempel aus der Jahrhundertwende: »Victoria House«, »Strand«, zünftiges *Victoria Bitter Draft* in old english Pub, quirlig, summendes Völkchen an vielen Stellen in der City, sehr viel junges Publikum, spezielles TV-Programm im Hotelzimmer!

10.3. Breakfast bei Air Condition, Continental Section, Pancakes u. Honig unlimited. Full day trip: *China Town, City Market, Darling Harbour* mit Entertainment, Shopping u. Kultur, Yachten, Glas u. Beton. Ital. Lunch: Pizzas u. Bier. *Opera House*, botan. Garten, diverse Brautpaare, Glücksschwein am Hospital, Vorinfo für City Tower (20 $), Wasser, Sushi u. Bier. Touristenviertel mit Souvenirmarkt, Brückenkletterer, schwindelfrei und stabile Kreislaufverhältnisse, bescheidenerer Walz auf der Brücke, Blick auf Opera House, St. Patricks Day, Parade...

2. Teil: Neuseeland:

12.3. Flug *Sydney – Auckland*, komplizierte Wagenübernahme, no discount, old vehicle (128.404 km), u. Angst um Fährpassage, üppiger Vorratskauf, Suche nach Camp, Halsabschneider, gesprächiger Alter, 29 Jahre, nichts gesehen.

13.3. Tipp von Langzeitpärchen (Schweiz): selber Fähre buchen, erfolgreich. Erste Impressionen: saftige Weiden, Kühe... Fragwürdiger Abstecher in *National Forest*, Rangerin: wortkarg, spröde u. ein bisschen boshaft.

Kurvenreiche Küste, etwas düsterer Strand, gefährliche Trucks, Autowracks in den Kurven, deutscher Biker, Schafe auf grünen Hängen im Gegenlicht. *Coromandel City*, entspannt, Erholungscamp, freundlicher, weißhaariger russischer Guru mit Tochter oder Elevin?

14.3. Passfahrt, grauer Himmel, Straßenbau, Thema: Farn u. Gebäum. Schweißtreibender Marsch zur *Cathedral Cove*, imposante Kulisse mit chinesisch-japanischem Touch, knorriger Baum auf fahlem Fels, alles daneben in Schwarzweiß mangels Sonne. *Hahai Beach* u. *Hot Water Beach*, Badegäste wie Goldsucher mit Schaufeln, in Kuhlen, bizarr gefärbte Felsen. Nach Passfahrt auf Camp in *Tarua*, englischer Rasen u. old english Paar sammelt Äpfel am Morgen, er liebt keine Quitten. Zuerst Regen in der Nacht, dann Wind u. klare Sternennacht.

15.3. Passfahrten, pastorale Szenerien, Wiesen mit Kühen, Schafen, in *Bay of Plenty* Obstplantagen. *Tepuke*: Riesenkiwi-Reklame, alles im Zeichen der Kiwi, von der Marmelade bis zur Seife. Wunderbare Lammfelle, Äpfel in Freshfruit, flathut-Pilze u. ein Jahr alte Kiwis. Kiwiernte erst im Monat Mai. Am *Lake Rotaiki* Chickenlunch mit schwarzem Schwan. Nutzwald, totaler Kahlschlag.

Blue Lake, *Green Lake*, ab 17:00 *Burried Village* closed, stattdessen Vorgeschmack im Park von **Roturoa**: dampfende Fumarolen u. grauer Blubberschlamm, Blick auf *Wakarewarewa*, Dampf aus Fumarolen zwischen Eingeborenenhäuschen. Im *Roturoa Thermal Holiday Park* Dinner mit bacon, egg u. flathut-Pilzen.

16.3. Boiling-water-Automat, typisch für Neuseeland: *Manuka*-Waldhonig, ähnlich wie *Karri-forest*-Honig, aber noch herber. Guided Tour zum **Wakarewarewa**-Maori-Zentrum: Holz- und Jade-Schnitzkunst, Versammlungshaus. Thermalgebiet mit Geysiren, kochendem Schlamm, »muddy bubbles« u. Teebaum – sieht aus wie großer Majoran mit pfefferartigen Früchten. Maori-Show mit Gesang u. Kriegern.

Waimangu Valley, »Bratpfannensee«, dampfend, hellblauer *Infernokrater*, ein unterirdischer Geysir, der einen See gebildet hat. Quellen u. Sinterterrassen, 2 h bis zum See mit *Taraoka* Vulkan im Hintergrund – schwarze Schwäne, Enten u. Vogel, kein Brot. **Waiotapu Roadhouse** ist die Rettung, »Golden springs camping« am Flüsschen.

17.3. **Wai-O-Tapu Thermal Wonderland**, in letzter Minute zum großen Geysirausbruch vor großem Publikum, *mud pool*, blubberndes, graues Geschlämm, roundwalk, kleine Krater mit Phantasienamen, »Devil's Tintenfass«, »Devil's home«, »Devil's bath«, »Opalpool«, »Champagnerpool«, »Alaunfelsen«, Sinterterrassen »prime rose«, Schwefelblüte – alles, was das Vulkanistenherz begehrt! No food, one apple only, *Huka Falls:* Wildwasserstromschnelle mit Wasserfall, von hellem Jadegrün bis Gletschermilch, tosende Wasser.

Taupo: Woolworth's, Wochenende futtermäßig gerettet, Fleisch, Wein... blumige Neuseelandweine sündhaft teuer. Camp am See in **Motuoapa**, schwarze Schwäne u. zwei mystische Hühnervögel mit blauem Hals und rotem Käppi, T-Bone-Steak-dinner, qualvolle, heiße Nacht, Sternenhimmel.

18.3. Walk zum See **Rotopounamu** (wie Titisee), *Lake Rotoaira* mit unzähligen singenden schwarzen Schwänen, Rabauke mit zwei Hunden vertreibt sie. Kiefernutzwald u. blühendes Heidekraut. **Tongariro NP**, kurioses Luxushotel »Le Chateau« am Fuße des *Ruapehu* mit Schneeresten u. Gewölk – immer wieder erhebende Ausblicke auf *Ngauruhoe* (~ arenalmäßig), perfekter Vulkankegel. Wanderung vom Ende der Straße zum Seitenkrater des *Ruapehu* hinauf zwischen Geröll u. Lavabrocken. *Lambchops*-dinner am Aussichtspunkt in Erwartung des Sunset, Vulkanglühen am **Ngauruhohe.** Am »Whakapapa Camp«, kalte Nacht, Aspirin u. 3. Schlafsack.

19.3. Das »Land der langen, weißen Wolke«, Abstecher von *Ohakune* zum **Mt. Ruapehu**, in Urwald mit »Nikau-Palme«, Hügel um Hügel, Kurve um Kurve, Schaf um Schaf – die Straße nach *Wellington*, windige Ebene ab *Bulls*, durch Flachland an die Küste. Baustellenromantik u. aufkommende Großstadthektik bis **Wellington**, Camping im »Lower Hutt Park« auf der anderen Seite der Bucht, Besuch der Schluri-Enten.

20.3. Von der *Queen's Wharft* aus (Parkplatzuhrbetrug? falsche Zeit), Sightseeing, Regierungsviertel, *Lamb-*

ton Square, chinesisches All-you-can-eat-Büfett, von Süppchen bis Kokospudding u. Karamelcrispreis, Th. kann besser!

Civic Center Fowler Building, Bibliothek, zum Parkplatz – positive Überraschung, nur 12 $, Winterzeit. An *Oriental Bay* vorbei, steil hinauf zum *Lookout Point* am *Mt Victoria*, kritische Phasen, »Blick total« auf Wellington u. Umgebung. Auf Camp Seniorenburgen aus Maui-Campern.

21.3. Gemütlicher Abstart, in Vorort *Petone* englische Holzhäuschenromantik, zwei Ostereier von freundlichem Herrn als Geschenk. Vor Einschiffung zur Südinsel kleiner Nostalgiewalk an der Waterfront von Wellington, Yuppielokale u. Straßenschluchten.

Topmoderner Riesenkatamaran, klimatisiert, Sitze wie im Flugzeug, diverse Aufenthaltsräume, Powerturbinen wirbeln Wasser auf, Cappuccino zwischen Wellingtonbucht u. *Marlborough-Sound* – der Duft von Freiheit u. Abenteuer (Zigaretten u. Pferdemief aus dem Unterdeck). Nach 2 h Ankunft in **Picton.**

Proviant u. nächstbestes Camp »Alexander«, Diesellock direkt über uns, klingt nachts, als würde sie durchs Schlafzimmer fahren. Entenherde gierig, Steakdinner mit bacon u. Ochsenauge.

22.3. Vor dem Fährpulk auf *Charlottedrive*, kurvig durch Fjordland. **Marlborough-Sounds**, völlig zerfurchtes Fjordgebiet, Wechsel zwischen Kahlschlag u. Nutzwald, nennt sich *Forest Scenic Reserve.* Maori-Name ergibt exotischen Touch – unbewohnt, aber nicht ungenutzt, Kahlschläge wie unschöne Wunden, Rosinen liegen verstreut, keine geschlossene Arche Noah. *Nelson* mit dem Motto »live the day«.

Durch Apfelparadies nach *Kaiteriteri Beach* am Rand des **Abel Tasman NP**, eine halbe Stunde den legendären *Abel Tasman Track* angewandert zur *Coquille Bay*, verwegener Reiter mit Touristin durchs Watt. Urwald struppig, nicht dekorativ. Kurvig und noch kurviger über *Takaka Hill* (eher *Mountains*), jenseits im Tal Wildfarmen: Rehe, Hirsche, auch Schafe, Kühe. Wir übernachten im

»Camp Pochara Beach« an der **Golden Bay**, *Porterhouse*-dinner und Sangria, Sternenhimmel, Milchstraße.

23.3. Richtung *Abel Tasman Drive*, beach und bowling, aber letztlich »bad road«. *Pupu Springs*, Riesenpool, zweite Quelle des *Takaka River*, *Takaka Hill* zum Zweiten! Mit Walk zum Lookout – Mini-Seychellenfelsen, geschenkte Äpfel im Apfelparadies *Motueka*, durchs Hopfental (~ Loire) nach **Murchison**, wie Milch u. Honig – »beech honey«, Buchenhonig. Neues Camp mit spärlicher Ausstattung – Unisex-Block, zu viele Camper.

24.3. Reh und Berge im Morgennebel, durch *Buller*-Schlucht mit one lane bridges zur Coast, durch Niesel zur Sonne u. den ersten Touri-Highlights, auf Parkplatz seltener »Wekabird« (falscher Kiwi). Plausch mit schwäbischer Erntearbeiterin (Probleme: teure Steaks, Opossumpest, Ginsterpest) u. zwei Jungs aus dem mittleren Osten. Heiße Tipps für *Doubtful Sound* u. Delfine an der Südküste.

Pancake Rocks Walk, in *Greymouth* Suche nach Jade, Ort ausgestorben, Samstag, »fishhook«-Jade, Maorimotiv. Aus Vernunftgründen zurück nach **Hokitika**, Etappencamp, sonnig, Haare, Bodypflege, Sangria, Wetter kippt.

25.3. Gewölk, von Hokitika im Regen nach **Franz Josef**, Wetterkarte für die nächsten Tage sieht schlecht aus, trotzdem zum Gletscher, vorher kurzer bushwalk. Gletscher im Niesel, fröhliches Italo-Trio mit Camcorder. Zum **Lake Matheson**, der erhoffte Superview ist mit grauer Wolkenwand verhangen. Wir hoffen auf das Wunder. Im Camp »Fox Glacier«, *Porterhouse*-dinner, banger Blick zum Sternenhimmel.

26.3. Das Wunder geschieht! Mt. Cook's Spitze in zarter Morgensonne, Stativ u. Drahtauslöser! Kenner schicken uns wieder zum Lake Matheson, jetzt Blick auf **Mt. Tasman** u. **Mt. Cook**! Kaffee am Straßenrand, keine Morgentoilette ... gleich zum Lake Matheson, »the view of the views!« Japanesen und andere vor uns, verwunschene Farn-, Moos- u. Moder-Romantik. Der Blick auf die Mountains ist noch einmal grandios, Stillleben und anderes. Im

Regen zum Auto, die Berge hinter grauer Wand, überraschend noch gleich zum **Fox Glacier**, garstiger Regen, unter Doppelplastik, ziemlich nahe zum Gletscher.

Grand Tour durch verwunschenes Westcoastland, gleichermaßen Lust und Frust, japanisch anmutende Eiben, Moosbaumromantik etc., aber zu starker Niesel, keine Chance für Fotografen – Farne, Moos und Moder, die Strecke der verwunschenen Ideen, keine Chance zur Realisierung, Regen. Abgründe der Kultur, Abgründe der Natur, an den Seen sind die Hänge kahl – die zwei Gesichter Neuseelands.

Wild entschlossen über *Haast Pass* am frühen Abend, romantical and wet – jadegrüne Wasser, graue Kies- u. Steinbetten, bemoostes Gehölz. Nach dem Pass irrwitzige Schafherden u. *Otago*-Hügel mit *Lake Hawea* u. **Lake Wanaka**, Gletscherseen, nachts Regen am »Lake Wanaka Camping«.

27.3. Die Farben des Tages zwischen Aschgrau (Berge) u. Goldgelb (»Tussok«-Gras), windig. Im »Fruit Stall« busweise Customer's. Weinberge mit Rosen, Weinstraße, Schafe u. Rehe, Wildfarmen, Bungeejumping an historischer Brücke, markige Scherze der Balkantruppe.

Queenstown, Lunch am See mit Blick auf die *Remarkables Mt.*, ohne Schnee. Es trübt sich ein, wie Schweizer See zu jeder Jahreszeit, die Farbe des Nachmittags: Nieselgrau. Zwischen den Wetterfronten, Orkanböen. Richtung **Te Anau** mehr Hirsche, Rehe, Rot-, Schwarz- u. Damwild als Schafe. Bei Dauerniesel auf »Holidaypark« am *Te Anau See*, old english, Lamm-Sausages mild, zart im Geschmack, Waschküche mit Spotlights, ein Tag in Schwarzweiß.

28.3. Nachts viele Orkanböen u. teilweise klarer Sternenhimmel, aber am Morgen: it's raining again! Kurzinfo im *Visitor Center* u. wild entschlossen auf **Milford Road**. Mit einer Wandergruppe (professionelle Ausrüstung) auf *Routeburn Track* von »The Divide« aus, wir mit anramponiertem Umbrella u. Flatterplastikumhang, trotzdem fantastische Stimmung – Moos u. Bartflechten, zwei rauschende Bäche, leichtfüßig getrekkt. Cheese-Lunch, dann durch rain, Wasserfälle stürzen von glänzenden Felswänden, frisch mit Schnee eingepuderte Gipfel, tosender Wasserfall an Straße, Graupelsturm.

Unheimlicher *Homer*-Tunnel, Fahrt wie in den Hades, schwach beleuchtet, Rohtunnel. Kurzer Look auf den wilden **Chasm**, endlich am **Milford Sound**, *Mitre Peak* nur halb u. im Regen, etwas düstere Stimmung, orkanartige Windböen. Steakdinner, sehr rustikal, mit »*Chasseur*« *dry white wine*, Nacht auf Parkplatz, wir hoffen auf freien Blick auf *Mitre Peak*. Kalte, stürmische Nacht, Graupelschauer u. Böen.

29.3. Und wieder geschieht das Wunder. Der majestätische Gipfel des **Mitre Peak**, mit Schnee gepudert, zeigt sich nach Morgengrauen, wir sind glücklich u. dankbar, auch »Elefant« u. »Löwe« können wir erkennen. Imposanter *Bowen Falls*, nochmals Stopp bei *Chasm*, schmale Wasserschlucht, saftiges Grün.

Abenteuerliche Fahrt durch Homer Tunnel, Busse im Gegenverkehr, Anweisung durch offenes Fenster, auch auf der anderen Seite frischer Schnee. Parkplatz mit *Kea*-Papageien – Kea, der Clown des Regenwalds, pickt tatsächlich an den Gummidichtungen unseres Autos. Trotz Frost u. Niesel ein letzter Walk am **Lake Gunn**, verwunschene Mooslandschaft mit Baumriesen (»red beech«), Rotbuche, alt. Honeymooner (Milford Sound) schwärmen von Heidelberg.

Ausgekühlt und am Ende unserer Kraft, Lunch: egg u. bacon u. gebackener Käsetoast. Wieder zurück u. vorbei an den unzähligen Wildfarmen, entspannt durch mildes Hügelland mit kuriosen Schafen in voller Wolle zum Städtchen **Gore**, Heizung an, Kälte u. Regen.

30.3. Ausschlafen, ohne Programmdruck, Proviant bei Woolworth: Steaks, Honig, Fruitcake... very scottish Wetter u. Landschaft, grün, grau, Schafe u. Niesel. Himmel klart auf, endlich Wärme. Scottish City **Dunedin**, farbig, bunt und quirlig, jung, Fotoshots im Schnellgang. *Moeraki Boulders* (riesige Donnereier) am Strand im Sand, urtümliche kristalline Kalksteinkugeln. Auf »Camp Moeraki«, am Meer, klein, aber fein, *Porterhouse*-dinner.

31.3. Leasy morning. Holländische Jungfamilie, Tierarzt, sie können wegen Maul- u. Klauenseuche nicht nach Hause, hängen in der Luft. *Oamaru* protzt mit neoklassizistischen Bauten, Tempel, colour & structure. Abstecher in die Berge, Schafe, Hirsche. In marodem Ort mit Kapelle auf einem ebenso maroden Örtchen die kleine Not verrichtet. Flusstal hinauf bis zu Stausee, weitere Stauseen folgen, verstepptes *Mackenzie country*, Hochland mit milchig blauen Gletscherseen.

Am *Lake Pukaki* grandioser Blick auf *Mt. Cook & Co*, Japanesen, malayische Moslems u. Siamesen im Fotorausch, Busfahrer macht Gruppenbild mit jeder abgelieferten Kamera. Weiteres Highlight: »Church of the Good Shepherd« u. der treue Schäferhund (Collie) in Bronze, nur gemeinsam konnten sie das Land erkunden (und ausbeuten). Milde Landschaft mit Hügeln, Schafen, Hirschen etc., bis »Farmcamp« bei *Geraldine*.

1.4. Klare, kalte Nacht, Nachbar mit Designer 4-wheel-Auto u. Internetanschluss. Er prophezeit: in zwei Monaten wird der Pazifik bereit sein für Infrarot-www per Satellit u. »bluetooth«. Schneebestäubter *Mt. Hutt* in weiter Ferne. Directly nach *Christchurch*, Sunday free parking in der City. Durch wenig bevölkerte City Mall, vorbei an belebten Cafés u. Restaurants am *Avon* Ufer – wo sind die Gondolieri? Zur Plaza mit Kathedrale, zwei wunderbare »Hokey-Pokey Ice Cream«, Vanille mit Butterscotch.

Kurzbesuch in Kathedrale. Ausfahrt *Picton*, durch liebliches Hügelland mit Schafen, Rehen etc. nach *Cheviot*, Idylle, Farmer, Motel Camp; junge Familie mit Hühnern, Schweinen, Eiern, Honig, Hund u. Katze, heimeliger Sanitärblock; first class *Scotch filet* dinner, *filet mignon* u. zwei frische »donation«-Eier, die gelbsten Eier, die wir je aßen – Natur oder Kunst?

2.4. Kalte Nacht, nebliger Morgen, weiter durch Hügel, Schafe etc., Nebel, diesig, grauer Himmel, Pappelreihen u. gestutzte Hecken im Cherokesenlook, kahle Hügel mit

Cherokesenhecken, ähnlich wie der gekämmte Kunstwald. Bei *Kaikura* an der **Goosebay** Möwenkolonien, dösende Robben und ängstliche Gänse? Weiße Brust, schwarzer Kamm, gelbes Auge, *black shaped cormoran?* Monster-Tang. In *Kaikura* alles im Zeichen von Whale-, Dolphin-Watching (50 – 90 $), auch hier Rehe, Hirsche.

An der Bucht Lady Cake mit Panoramablick, Graureiher, Kormorane? Lookout mit imposanter Seal-Kolonie, dösende Oldies, kämpfende Youngster u. spielende Kids. Goldgelbe Karamelohügel, Schäfchen, Salinen mit roten Becken, weiße, spitze Weinberge – alle Motive fallen ins Wasser, auch die Weinreben von *Blenheim,* inklusive City Center. Dafür 3 bessere Fläschchen Wein an Land gezogen. Kleiner tipptopp Etappenplatz in **Picton**. Voll im Regen feiern wir mit Schampus u. Brathähnchen die vollendete Rundtour um die Südinsel.

3.4. Restauration auf Camp, Powerpill u. Einschiffung auf *Lynx*–Fähre, blauer Himmel u. Optimismus, das blaue Wunder? *Marlborough Sounds* ade! Cappuccino Ritual in Lounge, leider düstert sich der Himmel wieder ein. *Wellington* wie eine Kulisse vor grauer Wand, bekannte Ausfahrt *N1* nach Norden. Entscheidungsprozesse über weiteren Weg, kurzentschlossen u. mit Chuzpe gen Westen, **Mt. Taranaki**, gegen die untergehende Sonne.

Sanfte, grüne Hügel – wie in schottischer Grafschaft. Wohlhabendes *Wanganui*, gepflegt. Vorbildlicher Sonnenuntergang sorgt für permanente Sichtbehinderung, vor ersehntem Ziel very windy. Etappenplatz »on very windy beach«, **Patea Beach.** Schluck schweren *Cabernets* auf Lo`s Geburtstag. Man muss Freund u. Feind feiern, um sie magisch in Schach zu halten.

4.4. Banges Schauen auf Vulkan *Mt. Taranaki* (Egmont NP), seitwärts eingewölkt... Erste Stichstraße blockiert durch Kuhtrieb u. road closed; zweite Stichstraße erfolgreich durch Urwald bis Baumgrenze; kalter Wind, Warten auf freie Sicht, mächtige Wulste, schneebestäubter Gipfel nur sekundenlang als Ahnung. Kurzer Forestwalk durch verwunschene Moos u. Flechtenromantik, ansonsten ganze Umgebung britisch solide u. gepflegt, Cheeselunch an stimmungsvoller Rest Area an stürmischer *Tasman Sea.*

Awakino River Schlucht mit Scenic Reserve, *Nikau* Palme u. weiterhin viel pastorale Idylle; englische Hügel-szenerie bis Etappenplatz am See **Hurtly**, Platzwart mit drei Katzen im Penthouse, Lammdinner u. Spitzenwein, *Sauvignon blanc* aus *Hawke's Bay, Twin Island*s, Gold-medaille, Blauhalsrotkäppchenhuhn auf Gelände.

5.4. Treibjagd auf dem Hwy durch **Auckland**, nur kurz-er Blick auf Skyline möglich, weiterhin auf *N1* nach Nor-den, ungemütlich, Trucks, verrückte Fahrer etc. Die weni-gen Scenic Reserves erinnern an *Coromandel:* Baumfar-ne, besonders schönes *Poi Poi* Gras. Nach Proviantein-kauf (delikates BBQ Hähnchen) Irrfahrt durch **Whangarei**, Preis für Sentimentalität.

Suche nach dem idyllischen Picknickplatz am Quai, ohne Rast u. Ruh bis »Paihia Camp« an privater Bay. *BBQ chicken* dinner, Rotwein *Cabernet Sauvignon* mit *Merlot, Jackman Ridge Weißwein 13,5 %,* Twin Islands

6.4. Plausch mit Wiener Konsul, Landcruiser in Geral-don, Westaustralien, Samoa... Er gibt uns seine Adresse in Wien. Fotostopp an der *Bay of Island*, dösig graue Stimmung. Querung gen Westen, englisch u. üppiges *Poi Poi* Gras, nordisch.

Ägyptische Szenerie (Assuandünen) am Fjordausgang von *Opononi.* **Waipoua = Tane Mahuta Forest** mit impo-santen *Kauri* Bäumen, 2000 jährig, der »Gott des Wal-des« u. der »Vater des Waldes« u. die »4 sisters«, look-out auf bewaldetes Gebiet, »Trounson Kauri Park«, River-camp, Chicken – Lamm Dinner.

7.4. Walk durch **Trounson Kauri Park**, 1000 jährige Kauris, die Kraft der Giganten geschöpft, wo ist der Kiwi? Milde Hügellandschaft, letzte Baumfarnwälder u. viel *Poi Poi* Gras. Manchmal schon Anklänge an Vertrautes, Heu-weiler, sachtes Überblenden nach Dümpel-city? Wir hof-fen auf kurzes, aber heftiges Brillantfeuerwerk in Auck-land u. Melbourne. Kurze Wiederholungsstrecke auf *N1,* Kaffeepause an belebter Rest Area, Paar sitzt im Gras.

Über flaches Hinterland zum **Muriwai Beach**, heftiger, kalter Wind, Walk zum Viewpoint: Tölpelkolonie, geometrisch auf nackter, hoher Felsklippe angeordnet, einzelne Seglertölpel mit gelbem Kopf. Fototeam mit gezinktem Schild, *90 mile beach*, Wind, Strand, Sandsegler. Durchgepustet, ausgekühlt, spannende Suche nach Camp, plötzlich im Sog des Motorway, rettende BP Tankstelle, Benzin u. Auskunft für Motorcamp in *Auckland.* Keine Beschilderung, trotzdem auf Anhieb erreicht. Standplatz auf solider Betonplatte, Vollmond, letztes *Scotch Filet* dinner u. *Jakobs Creek* Schampus!

8.4. Sunny sunday, Spaziergang durch wenig belebte City, **Auckland** hat Metropolenflair, freundlich, ohne History-muff, Aussichtsturm ähnelt Insulinspritze. Abenteuerliche Ausfahrt zum Flughafen u. *Britz* im Industriegelände, 6 $ cash zurück für Gas, ansonsten *no discount!*

Neuseeland 5.811 km + Australien 8.066 km = summma summarum: **14.000 km**.

Letzte Cheesesandwiches im Airport u. die legendären Äpfel. Fensterplatz im Jet, letzter Blick auf Brandungswoge der *Tasman Sea.* Ankunft Airport *Melbourne*, mit Taxi nach **Melbourne** City, unwirklich schimmernder Eisblock-Skyscraper vor Abendhimmel. »Batman's Hill«, old fashioned small Hotel, Zimmer im Gefängnislook mit Summsound im Hintergrund. Chinesischer Manager sagt besseres Zimmer zu. Waschbecken im Badezimmer, geräumiger, mit Fenster. Schnupperbesuch im *Crown Entertainment Center*, mixture aus Las Vegas, Fresshalle u. Shoppingmeile, zwei Croissants für morning coffee.

9.4. Montag, sunny **Melbourne**, grand city tour. Glas-, Beton-, Marmorhallen der diversen Macht- u. Geldtempel, einer mit Goldwand. Prachtstaßen *Collins* u. *Bourke Street*, mit dem Flair von 5th u. Park Avenue in NY vergleichbar, Historie u. Top Moderne gut gelungen kombiniert. Pubs, Cafés, Shops in Atriumhallen, überdachte Innenhöfe mit Springbrunnen, überflutete Wände...

Fußgängerzone für die Masse, Myer`s Kaufhaus, old fashioned Musicaltheater, bescheidene Mini-Chinatown, all in one day. Observationdeck im Rialtotower zum Sunset, Topaussicht u. *VB* Bierchen an historischer Stätte.

10.4. Dienstag raining Melbourne, kalter Wind, Filmkauf, zum *Victoria Market*, riesige Ramsch- u. Kitschhalle, bescheidenes Obst u. Gemüse, aber fantastische Fleisch- u. Fischhalle. Fleißige Metzger, italienische Fischer, die Mamas auf der Suche nach dem besten u. billigsten Stück, tolles Angebot an Calamares, Krustentieren u. Fisch jeder Größe u. Gattung, moderate Preise 8-15 $ pro kg, die Freuden u. Ernte des Pazifik – Melancholie derer, die dieses Angebot nie haben werden. Warten auf circle tram, zu kalt, zu Fuß zum *Southgate*, Pizzastücke beim Kebab-Türken am Bahnhof.

Jenseits des *Yarra River* geballte Kultur, schwerfällige Bauten, gefängnisähnliche Betonarchitektur, Rundbau u. Quader, Glamour-forever-Ausstellung, Glamour, Pink u. Messing. Old fashioned Flaniermeile am Fluss, diverse Dampfer u. Ausflugsboote, mäßig benützt. Durchhängephase auf Bank, schwere Arme u. Augenlider, wann beginnt der Erholungsurlaub?

Cafés u. Shops, *Panograph Ken Duncan.* Noch einmal in »Crowns«: *Thai Special, chicken in green u. red curry u. lemon gras*, Mongolenbeef, Jasmintee. Virtuelle Spielhallen, Flugsimulator, Autorennen, Feuer löschen, Ski Abfahrten etc., wie in Las Vegas – heimliche Fotoschüsse, dank perfekter Überwachung bald entdeckt, Spion mit Knopf im Ohr: »Do you use camera? Please, no cameras!« Die Süchtigen, das fast-Roulette, Bildschirm statt Roulette-Tisch, Einsatz per touch screening, süchtige Seniorinnen verkabelt, Kreditkarte steckt im Spielautomat, undurchsichtige Kartenspiele. Viele Chinesen auf Glückstrip – morgens Räucherstäbchen, abends Glücksspiel, dazwischen emsiges Arbeiten. *Exibition and Convention Center* unergiebig. Bier aus »Batmans bottle shop«, game-shows im TV zum Eingewöhnen an Germany.

11.4. Mittwoch durchwachsen und kalt, Nachlese nach Frühstück mit üppigen Donuts aus frischer Herstellung von »7 days shop« um die Ecke. Th. holte nüchtern eine ganze Beuge am Tag davor! Letzter Fotoversuch am »Eisblock« (Architektur). Mit Italiener-Taxi zum Flughafen, Golf u. gute Tipps zum Thema »Rent a car«.

Donuts u. Milchkaffee, letzte Dollars für Schokokaffeebohnen, Ei von Osterhasen, Macadamianüsse im Dutyfree. Im Flugzeug relativ weit vorne, 28. Reihe, Schampus-Ritual, Shrimpspasta, Film etc., Zwischenstopp in Bangkok nach 8,5 h. Airport urzeitlich, draußen schwüle Hitze, noch einmal 11,5 h Flug, dann hat uns die heimische Erde wieder. Lückenloser, aber strapazenreicher Rückzug per Flughafenshuttle zum Bahnhof. In Dümpelcity steht das Haus noch, Autobatterie hat Geist aufgegeben, hilfreicher Nachbar Tom. Jetzt heißt es: Jetlag überwinden u. sich eingewöhnen – all by the old!

Die Fortsetzung unserer Reiseberichte:

TuK on tour

Teil 2

Malediven 2002
Malorca 2002
Norditalien/Venedig 2003
Südfrankreich 2003
Thailand – Kambodscha 2005
Argentinien 2005
USA – Kanada 2006
Argentinien/Brasil./Chile 2006
China 2007
USA/Südstaaten 2008

TuK on tour

Teil 3

Vietnam 2009
Kanada – USA 2009
Dubai – Süd-Thailand 2010
Kreta 2010
Kapverden 2011
Oman – Sansibar 2011
Abu Dhabi – Thailand 2012
Usbekistan 2012
Tansania 2012
Thailand/Phuket 2013
Dubai – Phuket 2014
Kanada/Yukon – USA 2014
USA/Nordost – Kanada 2015
Südsee 1983

Detailliertes Bildmaterial: www.thomas-ebersberg.de
www.highlights-round-the-world.de